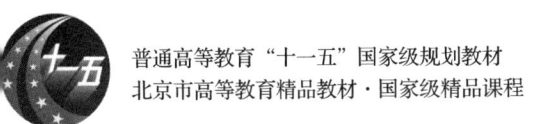
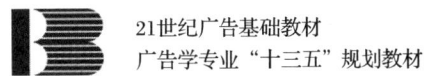

现代广告通论

（第四版）

丁俊杰　康瑾　著

Introduction to Advertising

中国传媒大学出版社
·北京·

序
老勾其人

给许多人写过序,给老勾写是第一次。

老勾是我的同事,开始的时候曾是我的助手,我是七七级,他是八三级,所以,他是下级。后来,他进步了,与我同级;再后来,成了我的上级。老勾为什么能够成为我的上级呢?有一年在深圳开会,凤凰卫视的刘庆东对我说,世上有四种人:第一种是本事小脾气小,第二种是本事小脾气大,第三种是本事大脾气大,第四种呢,属于本事大脾气小。老勾应该属于第四种人,本事大脾气小,可以做大事,也能团结人,所以,比起你老黄进步要快。刘庆东现在是凤凰卫视的铁嘴主持之一,之前是广院新闻系副主任,开设公关理论与实务课程,我常常讥笑他以说废话为己任,唯独这番话,一言中的,让我释怀。

站在专业的立场来说老勾本事大,真有点拍马屁的感觉,所以不好多说,在这里补充一点,就是他的专业精神。当年我在东京留学,执行导师关于中国企业营销与广告的一项课题研究,委托了南方的两所大学执行,前一所临到问卷发放前中止了;后来一所,问卷回来基本是废品。处在绝望的关头我向广院求救,三个月之后问卷和统计表回来了,问卷填答完全符合要求,统计表是手抄的,我逐一核对,无一差错。事后我才知道,这是老勾的手抄统计表,整个执行也是他负责的。

90年底我刚刚回国,巨大的落差致使我情绪上多少有点低落。老勾多次从紧东头的定福庄跑到紧西头的八角村来看我,除了打气鼓励之外,还提供了很多的专业帮助。我当时完全没有高校教书的经验,正为上课的事情发愁。他来我家,给了我厚厚的一包资料,打开一看,是老勾的广告策划课教案、大纲细目、案例讲义,还有许多杂志剪报资料,最宝贵的还有教学日志和教学感言。我就是参考这个思路编写设计广告策划课程的。

老勾为人十几年如一日,细腻,沉稳,而且大度。一事当前,他总是说,你先挑,自己留着啃骨头。92年的60万份潘婷样品派发,他说,你做宏观指导,我来现场指挥。我至今记得当时的情形:烈日炎炎的北京街头,潘婷样品的纸箱子垒成小山,上百名学生川流不息,老勾蹲在马路牙子上,一手油饼一手地图,声嘶力竭。我们有很多的合作项目,无论是颁奖还是成果出版,如果有人问谁前谁后?老勾总是说老黄在前。这种惯例延续多年,最近遭遇到一点麻烦,因为老勾已经是领导了,理应排位在前。当我们这样处理的时候,他说狗屁,按既定方针办,谁冲锋陷阵谁就排头。久而久之,这就成为广告学专业的一种文化:尊重一线、尊重劳作的文化。

在广告专业独特的文化氛围中,老勾起到一个什么作用呢?我想最起码有三个作用:一是缓冲,二是沟通,三是激励。老勾脾气好,这是定福庄有名的,所以,无论是普通校工还是大牌教授,有事都喜欢找老勾说说。老勾不管是谁,肯定会认真倾听,而且,努力回应,梳理倾诉者的思路同时向积极方向引导。我说老勾像居委会大妈,善于化解种种矛盾,他答,帮不上什么,口头鼓励罢了。高校这几年的环境相当复杂,处在行政与市场的交差复合点上,既无体制优势也无物质保障,到处充满灰色的陷阱,花拳绣腿猖獗,实事求是难行。我担任广告专业的负责人,常常处于两难的境地——做事难,不做更难。每到困难的时候,就找老勾商量,每次商量必然是鼓励和支持,两人说得兴起,就摩拳擦掌上山打虎。无论是早年的《IMI 年鉴》还是后来的中国广告博物馆筹备,原先细小粗糙的点子经他一番激励而演化成轰轰烈烈、有声有色的大剧。

老勾对待别人的事情好商量,但是,对待自己的事情相当较真。他主讲广告概论这门课多年,前后参与两本美国大学广告专业教科书的翻译,1999 年出版的这本《现代广告通论》已经再版多次,广告人书店的徐智明说,改改再版好了,但是,老勾一直没动。级别越高事务越多越不能动了。到了后来,他的学生康瑾主动给他当助手,这本《现代广告通论》几经修改之后,再版才提到议事日程。记得 1992 年我和老勾到东京参加一项共同研究,每到一地,老勾都仔细地把宴席的菜单、参观点的介绍说明叠好收起来,说授课缺实例,有用。我见过他的笔记本,夹着很多这类随手发现的东西,旁边还有他插空写下的心得感言。广告学院成立那年,大家正为专业短缺历史资料发愁,老勾给我们四大本资料,翻开一看,从 1989 年的专业成立报告,到 1999 年的企业合作合同,应有尽有,当中还有我的一份住房申请。去年筹备成立中国广告博物馆,他说了一句颇有分量的话:一个没有记忆的行业,是个可悲的行业。可能也就是为了让这个时髦的行业不那么可悲、那么肤浅,老勾做起专业的事情分外仔细、认真,而且,一做就是 18 年。广告专业从创立到现在,大小事情一一铭刻在心。

三年前老勾进入校领导班子的时候,要我们务必给他留着广告教员的位置。他说,他最喜欢的职业其实就是当一个普通的广告专业老师,写写《广告通论》之类的教材,如果兼职,就当广告档案馆的馆员好了。我说笑话,还是当领导好。老勾依然那句经典,狗屁!然后一脸的苦相。几年下来,老勾真的老了,两鬓发白,头发稀疏,这使我想起几年前的一件事情。那年在广州开会,老勾台上发言,底下有人拍我肩膀说,呵,那是你的领导呀,看来,老黄还是大有希望呀。当时哈哈大笑,事后回味有点酸楚。老勾比我年少 10 岁,看上去却比我年长,这就是忍辱负重、八方周旋的代价。应对如此环境,夜深人静在办公室整理自己心爱的"广告藏品",修改教科书《现代广告通论》,一定是无比幸福的事情,对吧!

所以,我特地作序。

黄升民
2006 年冬

目　录

引　言 / 1

第一编　广告概述 / 3

第1章　广告概述 / 5

第一节　广告概念 / 6
　　一、广告的定义 / 6
　　二、广告活动的要素 / 12

第二节　广告的分类 / 12
　　一、根据广告的受众来划分 / 13
　　二、根据广告的传播范围来划分 / 14
　　三、根据广告的媒介来划分 / 16
　　四、根据广告的功能来划分 / 16
　　五、根据产品生命周期来划分 / 19
　　六、根据广告的目的与效果来划分 / 21
　　七、根据广告的诉求方式来划分 / 21
　　八、根据广告是否有营利动机来划分 / 22

第2章　广告活动的本质 / 25

第一节　作为传播过程的广告活动 / 26
　　一、广告活动概述 / 26
　　二、作为传播过程的广告活动 / 28

第二节　作为营销要素的广告活动 / 34
　　一、市场营销的重要影响因素 / 36
　　二、市场营销观念 / 38
　　三、广告在营销组合中的作用 / 40
　　四、广告在整合营销传播中的地位 / 42

第3章 广告历史 / 48

第一节 广告产生的动力及其初始形式 / 49
一、古代的西方广告 / 49
二、中世纪的广告 / 50
三、印刷术的发明与广告 / 50

第二节 现代广告的发展 / 51
一、前工业化时期:19 世纪以前 / 52
二、工业化时期:19 世纪初到 19 世纪末 / 52
三、工业时期:20 世纪初到 20 世纪 70 年代 / 55
四、美国广告业的后工业时期:20 世纪 80 年代以后 / 65

第三节 中国广告的历史 / 67
一、广告在中国的起源和发展 / 67
二、近代中国广告 / 68
三、当代中国广告 / 70

第四节 广告学说的发展历程 / 75
一、广告学说的起源 / 75
二、广告学说的发展 / 79

第4章 广告的功能 / 83

第一节 广告的经济功能 / 84
一、广告对商品供需的影响 / 85
二、广告对竞争的影响 / 86
三、广告对价格的影响 / 91
四、广告对消费者的影响 / 91

第二节 广告的社会影响 / 94
一、虚假广告 / 94
二、潜意识广告 / 96
三、广告中的低俗格调 / 98
四、广告与儿童 / 100
五、广告与消费主义 / 102
六、广告与刻板印象 / 104
七、广告与流行 / 106

第 5 章　广告环境 / 110

第一节　广告环境概述 / 111
　　一、广告环境的概念 / 111
　　二、广告环境的活动 / 111

第二节　广告的外环境 / 113
　　一、广告的经济环境 / 113
　　二、广告的社会文化环境 / 116
　　三、广告的控制环境 / 119

第三节　广告的内环境 / 121
　　一、广告行业内环境的构成 / 121
　　二、广告发展与行业内环境的互动 / 122
　　三、竞争环境 / 123

第二编　广告活动的参与者 / 125

第 6 章　广告主 / 127

第一节　广告主概述 / 128
　　一、广告主的定义、职责与分类 / 128
　　二、广告主在广告活动中的重要任务 / 131

第二节　企业广告部门与品牌经理制度 / 134
　　一、企业广告部门的设立 / 134
　　二、企业广告部门的主要类型与职责 / 136
　　三、企业品牌经理制度与广告 / 139

第 7 章　广告公司 / 144

第一节　广告公司的种类与组织形态 / 145
　　一、广告公司的种类 / 145
　　二、广告公司的组织形态 / 154

第二节　广告公司与客户的关系 / 157
　　一、伙伴关系 / 157
　　二、有偿关系 / 161

第8章 广告媒介 / 164

第一节 广告媒介概述 / 165
　　一、广告媒介的作用与分类 / 165
　　二、主要广告媒介的特点 / 167
　　三、常见的数字广告类型 / 171

第二节 广告媒介策划 / 175
　　一、媒介策划的意义 / 175
　　二、媒介策划流程 / 176
　　三、选择媒体时考虑的主要因素 / 180
　　四、程序化购买 / 185

第9章 广告活动的对象 / 189

第一节 广告活动对象概述 / 190
　　一、广告对象的概念 / 190
　　二、广告对象与广告活动互动的规律 / 190
　　三、广告对象的角色 / 191

第二节 作为社会人的广告对象 / 193
　　一、人的角色和地位 / 193
　　二、人的需要与人的自我 / 194
　　三、人及其群体 / 195

第三节 作为消费者的广告对象 / 197
　　一、消费者与消费行为 / 197
　　二、影响消费者行为的因素 / 198
　　三、消费者购买决策 / 201
　　四、消费者与广告的互动 / 203

第四节 作为媒介受众的广告对象 / 204
　　一、广告受众与大众传播受众 / 204
　　二、制约传播者和受众理解讯息的要素 / 205
　　三、受众接收讯息的选择性定律 / 206
　　四、与受众相关的几种传播学理论 / 207

第三编　广告活动 / 211

第 10 章　广告调查 / 213

第一节　广告调查概述 / 214
　　一、调查的历史源流 / 214
　　二、营销调查与广告调查 / 215
　　三、调查的一般步骤 / 218
　　四、调查方法 / 219

第二节　受众与受众调查 / 222
　　一、受众调查的基本功能 / 222
　　二、受众调查在广告运作中的作用 / 225
　　三、广告运作中受众调查的主要指标 / 225

第三节　广告效果测定 / 227
　　一、广告效果的含义 / 227
　　二、广告效果的主要特点 / 228
　　三、测定广告效果的理由 / 229
　　四、广告效果测定——过程中的统一 / 230

第 11 章　广告策划 / 239

第一节　广告策划的本质与原则 / 240
　　一、广告策划的本质 / 240
　　二、广告策划的原则 / 241

第二节　广告策划涉及的内容 / 244
　　一、理解营销战略 / 244
　　二、调查与分析 / 249
　　三、确定广告目标 / 251
　　四、制定广告策略 / 253
　　五、确定广告预算 / 255

第 12 章　广告创意 / 258

第一节　创意的本质 / 259
　　一、创意＝创异＋创益 / 259
　　二、创造力——广告创意的驱动力 / 262

第二节　广告创意的管理 / 264
　　一、创意目标的设定 / 264
　　二、广告创意的有效管理 / 264

第三节　讯息战略——广告创意成功的策略保证 / 266

一、讯息战略与讯息战术的区别 / 267

二、确定讯息创意 / 268

三、文案纲要——创意蓝图 / 269

四、讯息策略——广告实施步骤 / 270

五、讯息战略种类 / 271

第四节　经典广告创意法 / 272

一、李奥·贝纳的固有刺激法 / 272

二、罗瑟·瑞夫斯的独特销售建议法 / 275

三、大卫·奥格威的品牌形象法和3B法 / 276

四、威廉·伯恩巴克的实施重心法 / 278

五、艾尔·里斯和杰克·特劳特的定位法 / 280

六、理查德·伍甘的讯息模式法 / 282

第13章　广告文案 / 284

第一节　广告文案概述 / 285

一、广告文案的概念 / 285

二、广告文案的作用与分类 / 289

第二节　广告文案的构成 / 290

一、报刊广告文案 / 290

二、广播广告文案 / 294

三、电视广告文案 / 295

四、数字广告文案 / 296

第三节　广告文案写作 / 297

一、广告文案写作的程序与要求 / 297

二、广告文案写作指南 / 298

参考文献 / 305

再版后记 / 308

三版后记 / 310

四版后记 / 311

引 言

如果你生活在现代都市中，那么也许你对下边描述的情景并不陌生：

清晨，闹铃宣布了新的一天的开始，你冲出家门，在小区的便利店里买好了早餐和晨报，边走边看，还没看到头条新闻，整版彩印的房地产广告就先闯进了眼帘，你心里默默盘算着："房子不会再涨价了吧？"

冲进地铁站，通道里整面墙壁都是连绵的巨幅广告招贴，画面里的俊男靓女，比身材高挑的你还要高大。虽然他们青春逼人、动感十足，但还是带给人一点点的压迫感。搭上地铁，人头攒动，车厢摇晃，目力所及之处，到处都看得到醒目的广告，车载电视、座椅、扶手、车门、车窗外隧道两侧的墙壁，概莫能外。你感觉不到呼啸的列车是在地下十几米的深处，倒像是在一片炫目的光影中穿梭。

8:50准时到达单位。在写字楼的大堂里，等候电梯的人们漠然而有序，目光都凝聚在电梯旁的液晶显示屏上，蒙牛早餐奶的广告提醒你，早上在便利店里买的牛奶还没有喝。

奔波了一路，终于坐在自己的办公桌前了，打开电脑，联网，收信，这是每天早上的第一组"规定动作"。电子邮箱里除了公务信函外夹杂几封邮件广告也是常事。"滴滴滴"，QQ的小企鹅在歌唱，对话窗口里朋友远隔千山万水的一声"早上好"和广告位里的"苹果7Plus价格狂降"都让你心情不错。

工作起来时间过得很快，转眼快乐的午休时间到了，和同事共进午餐是公司里的仪式，在那里你能听到许多关于时尚的心得和打折的消息。午餐归来，上网娱乐一下，登录八卦网站，但想看到趣闻就必须先忍耐网页上弹出的广告和横飞的图标，在你抱怨那些广告的时候，也许并没有注意到自己用的鼠标其实正是这家网站的赠品。

晚上加班，得叫外卖了，麦当劳、肯德基、必胜客甚至办公楼附件的餐厅都可以网上订餐了，广告里各种食物诱人的图像在脑海里跳跃，怎么选择倒成了一个问题。等待的时候看看朋友的微信，或者和家人用Facetime视频一会儿，时间很快就打发过去了。

工作完成，终于可以回家了，钻进出租车的时候已是浑身疲惫，听着车载收音机里断断续续插播的汽车广告、装修广告，看着主干道两侧被路牌装点着的都市夜色，倦意袭来，霓虹灯渐渐连成了一片……

推门进家已是夜色阑珊，打开电视，斜倚在沙发里，享受一天中最放松的时刻。电视剧集不再被插播的广告打断，可是太多的植入广告让你分不清哪些是故事哪些是广告。也许，原本这就是现代都市生活的真实写照吧。

正像这篇短文描述的一样，广告如水银泻地一般沁入现代人的生活。打开这本书，我们将和你一同分享有关广告的知识，你将学习广告的含义和本质，理解广告的作用和历史，了解广告主、媒体、广告公司的全貌，掌握广告的运作规律。

我们将尽量使本书适合你的学习，希望带给你的是开阔的视野、完善的结构、实用的知识和鲜活的案例。让我们从现在开始，从"旁观者"变成"内行人"。

第一编
广告概述

第1章　广告概述

第2章　广告活动的本质

第3章　广告历史

第4章　广告的功能

第5章　广告环境

第 1 章

广告概述

本章学习目标

☑ 了解"广告"一词的来源。

☑ 准确掌握广告的定义及其丰富的内涵。

☑ 知道有关广告的概念在历史上经历了哪些变化。

☑ 了解广告的分类。

> 我不认为广告是一种娱乐或艺术,我认为它是资讯的传播媒介。在我写一条广告时,我倒不希望你觉得它很有"创意",而是希望你觉得它很有意义而去购买那产品。
>
> ——大卫·奥格威(David Ogilvy)

第一节 广告概念

在这一节里我们将开宗明义,介绍"广告"的概念。概念是建构学科的关键和重要的学习工具。当知之甚少的时候,"概念"是我们进入学科的捷径;当知之颇多的时候,"概念"是我们开拓创新的突破口;特别是当行业快速变革的时候,"概念"能够帮助我们穿过迷雾、通向未来。因此我们希望这是你学习广告学知识的第一课,也希望你在读完这本书之后能够用自己的理解重新审视这一节的内容。

人们口中的广告,往往指日常生活中所接触到的商业广告。本书所说的广告,除非特别指明,一般也指商业广告。但是我们必须知道,商业广告只是诸多广告类型之一。

一、广告的定义

1. 对"广告"一词的理解

"广告"一词的含义,并不是从开始就一成不变的。

在英文中,与"广告"对应的单词有 advertising、advertisement 和 commercial。一般认为,advertising 的动词 advertise 与拉丁文 advertere 之间存在词源关系[①],原意是"唤起大众对某种事物的注意,并诱导于一定的方向所使用的一种手段"。advertisement 第一次出现是 1645 年,*The Weekly Account* 杂志第一次开辟广告专栏,首次在表述"广告"这个意思时使用了沿用至今的"advertisement"一词。到 17 世纪 60 年代时,它已被频繁地使用在商业信息的标题上,特别是商店广告。在实际使用中,虽然 advertising、advertisement 和 commercial 都可以用来指称"广告",但它们的侧重点各不相同:advertisement 一般用在表述广告作品或平面广告的场合,advertising 一般用在表述广告统称或广告活动的场合,而 commercial 则一般用在表述商业广告或影视广告的场合。

在汉语广泛使用"广告"一词以前,用得更多的是"告白",随后"告白"与"广告"并用,直至民国时期,"广告"才逐渐取代"告白"而成为通用的说法。

---

① 汤梅,桂世河.汉语"广告"一词源于拉丁语吗?[J].新闻知识,2016(8):20–24.

"告白"是汉语自源词,原本是动词,表示"汇报""报告"的意思,作为名词则最迟在明代后期就已经用来表示向公众介绍信息之意[1]。到了清末,近代中国本土广告活动逐渐活跃,"告白"也被更加广泛地使用。

中文"广告"一词的情况略显复杂。早在隋唐时期,佛教典籍中就已经把"广""告"两个字结合在一起,用来描述佛法传播的仪式了[2]。这里的"广告"作为偏正词组,包含了"广而告之"的意思,强调人际传播。而指代经由大众媒介进行传播、现代意义上的广告活动的"广告"一词则受到日文"広告"的影响。"広告"是日文对 advertisement 的对译,早期留日的华人政治家和报人接受了"広告"的观念,并将其与中文既有的词语"广告"对应起来使用,完成了一个"回归借词"逆向输入的过程[3]。

2. 广告定义的流变

广告实践是随着时代变迁不断发展的,因此,广告定义也不是一成不变的。今天,数字技术改变了消费者的生活方式、媒体的性质、营销的目标、传播的环境、竞争的规则,当然也使广告发生了巨大的变化,如何重新定义广告已经成为一个既重要又困难的问题。

学习广告学,要有历史观,让我们展开历史的图卷,沿着时间轴去解读过去一百年中曾经占据主导地位的广告定义,并以此为基础,真正理解今天的广告。

20 世纪初,广告才成为一门正式的学科,有了行业组织和正式的定义。但是,在此之前已经有很多人们约定俗成的对广告的界定,其中影响较广的一个是"广告是有关商品或服务的新闻"(news about product or service)。这种观点强调了广告的信息性,广告被视为一种起告知作用、与新闻报道类似的传播手段。例如,1710 年,英国新闻工作者约瑟夫·艾迪生(Joseph Addison)认为"广告是告知(inform)人们哪里有他们日常所需之物出售"[4]。

从 1904 年开始,关于广告的另外一种"新"说法流行起来:"广告是印刷形态的推销手段"(salesmanship in print)。这个定义最初来自美国现代广告之父阿尔伯特·拉斯克尔(Albert Lasker)所在的 Lord & Thomas 广告公司,代表了那个时代广告人对广告应该通过什么途径、达成什么目标的看法。这种观点认为广告就是推销,它只是不同于直接的人员推销,要通过印刷形态的媒介,比如报纸,去完成推销任务。"推销"从本质上说就是把买卖双方对立起来,由卖方想办法说服买方购买产品。

---

[1] 钟明立."广告"小考[J].语文月刊,2011(6):88-89.
[2] 王凤翔.对汉语"广告"一词意义流变的考察[J].新闻与传播研究,2016(4):116-125.
  注:"道宣和尚(596—667 年)的《续高僧传》:又有厌隔人世,生送森林,广告四部,望存九请,既失情悟,龟俛与事,道速赞善,候从相催。……虽符极教,而心含不净,多存世染。"
[3] 华珍."广告"小考[J].中国语文,2004(1):92-93.
[4] 王凤翔.对汉语"广告"一词意义流变的考察[J].新闻与传播研究,2016(4):116-125.

链接:"广告"一词的早期使用

1901—1905年是"广告""告白"两词并用期,1906—1915年是"广告"一词使用的主导期。民国建立后,"告白"一词逐步消失。

广告一词,可能是从日本汉字中直接取来的。日人铃木保良在《现代广告手册》也有考证,认为"广告"一词最早出现在日本明治5年(1872年),至明治20年(1887年)才被公认和流行开来。广告一词之所以能够取代"告白"而流行我国,梁启超起过重要作用。梁启超在日本创办的《清议报》第十三期(1899年4月)登有日语《记事扩张卜广告募集》标题与"广告料"(广告费)等,这是中国人在自办报刊上"告白"栏第一次使用"广告"一词。

在中国首次使用广告一词作为商业信息发布标题的报刊媒体,是日据台湾时期的报刊媒体。1896年6月创办的《台湾新报》(《台湾日日新报》前身)、1898年5月创办的《台湾日日新报》,均辟有"广告栏"。两份报纸的"广告"一词来自日语"広告"一词。

中国大陆地区报刊第一次使用"广告"一词作为标题的是1901年8月《申报》10166号第四版的"鄂垣厚生福土庄广告",比日本晚了34年,比我国台湾地区晚了5年。

1906年《商务官报》第二期《美国商用输出入通法》:"多设广告之法,使店与货物之各得闻于外国也"。这是最早出现"广告"一词的大陆官方报纸。

1907年清政府发行《政治官报》,其《政治官报章程》"广告第九":"如官办银行、钱局、工艺陈列各所、铁路矿务各公司及经农工商部注册各实业,均准送报代登广告,酌照东西各国官报广告办理。"说明官方及其官方报纸认同"广告"一词及其传播的价值,支持广告发展与商业繁荣。

《清议报》中的"广告募集"

摘编自:华珍."广告"小考[J].中国语文,2004(1):92-93;王凤翔.对汉语"广告"一词意义流变的考察[J].新闻与传播研究,2016(4):116-125

1926年,我国著名报学史专家戈公振在研究中国报学史的过程中提出了对广告的看法:"广告为商业发展之史乘,亦即文化进步之纪录。人类生活,因科学之发明日趋于繁密美满,而广告即有促进人生与指导人生之功能。故广告不仅为工商界推销出品之一种手段,实负有宣传文化与教育群众之使命也。"① 这个定义突出了广告在经济功能之外的社会功能和文化功能。

---

① 戈公振.中国报学史[M].北京:三联书店,1955:220.

背景故事:拉斯克尔办公室的传奇谈话

1904年春的一天,阿尔伯特·拉斯克尔(Albert Lasker)的办公室收到一封便签,上边只写了几行字:"我就在楼下的酒吧,我可以告诉你广告究竟是什么,我知道你对此一直困惑不解。能为你答疑解惑对你我都意义重大。如果你想知道广告究竟是什么,让门童回一个'是'即可。"这封信激起了拉斯克尔的浓厚兴趣,很快写了便签的人约翰·E.肯尼迪(John E. Kennedy)就被带进了Lord & Thomas公司的办公室。肯尼迪曾经是一名加拿大骑警,退役后做起了撰写文案的自由撰稿人,他当时的主要雇主是生产Dr. Shoop's营养补剂的公司。拉斯克尔花了整整一个下午与肯尼迪畅谈好广告的秘密究竟是什么。拉斯克尔说了一些与新闻有关的模糊观点,而肯尼迪则反驳了他,肯尼迪说"新闻是呈现的技术,而广告与它完全不同,简单地说就是三个词,广告是"印刷的推销手段"(salesmanship in print)",他进一步解释,有效的广告就是把一个能干的推销员要面对面和消费者说的话印在纸上。"判断广告好坏的标准只应该是在给定的成本下卖掉产品,'把(产品)名字推到人们眼前'是不对的,'把推销术印在纸上'才是对的。"

拉斯克尔深受这番谈话的启发,他邀请肯尼迪留下来工作,还招募了9名年轻的记者交给肯尼迪,让他按照自己的方法把他们训练成文案人员。肯尼迪的第一项工作是为一种滚珠家用洗碗机撰写文案。他换下了其他广告公司以前写的标题"Are You Chained To Your Wash Tub?"改为"Let This Machine Do Your Washing Free",配图是一位家庭主妇一边坐在摇椅里悠闲地读书一边用一只手轻松地操作洗衣机的情景。

为了贯彻以推销为导向的广告理念,拉斯克尔还着手建立了专门记录广告效果的部门,Lord & Thomas公司要求自己的每一位客户在新广告发布以后提供每周的销量或新增的消费者访问量报告,以便识别并停止那些效果不佳的广告。

拉斯克尔对文案人员要求极为严格,但同时也给他们很高的报酬,是其他公司同类职位的4倍,1906年肯尼迪从公司取得了7.5万美元的报酬,遗憾的是他本人因为个性腼腆,不善在众人面前讲话,又跟不上公司迅速扩张的节奏,于1907年离开了Lord & Thomas公司。而未来接替他位子的,也是一位了不起的广告人——克劳德·C.霍普金斯(Claude C. Hopkins)。

编译自 adbrands.net[EB/OL]. https://www.adbrands.net/files/us/lord-and-thomas-us.htm.

1932年,美国专业广告杂志《广告时代》(Advertising Age)公开向社会征求广告的定义,得票最多的入选定义是:"由广告主支付费用,透过印刷、书写、口述或图画等,公开表现有关个人、商品、劳务或活动等讯息,用以达到影响并促成销售、使用、投票或赞同的目的。"[①]这是一个凝聚着广告从业者共识的正式定义,完整地说明了广告活动的主体、形式和目的,从中我们可以发现:做广告的不仅是产品,还可能是人、服务或者活动;广告的目的不仅是为了传达讯息,还要实现销售或者让人们赞同某些观点。

1948年,美国市场营销协会定义委员会(The Committee on Definitions of the American Marketing Association)为广告下了定义,并于1963、1988、1995年等年份又进行了几次修改,形成了迄今为止影响较大的一个定义:"**广告是由可确认的广告主,对其观念、商品或服务所作的任何方式的付费的非人员性陈述与推广。**"可以说,就商品广告而言,这个定义是比较准确的。事实上,这个定义也被许多国家从事商业广告活动的从业人员所接受。此外,这个定义最重要的一点,是指出了在广告活动中要有"可以确认的广告主",即广告受众应该能够判断出谁是发出讯息的主体。

---

① The printed, written, spoken, or pictured representation of a person, product, service, or movement, openly sponsored by the advertiser and at his expense for the purpose of influencing sales, use, votes, or endorsements. Definition of Brooklyn man held best[J]. Advertising age, 1932(28):1.

今天，美国市场营销协会对广告的定义是：商业公司、非营利组织、政府部门或者个人为了告知(inform)或者劝服(persuade)特定目标市场或者受众，而置于任何类型大众媒体时空中的，关于产品、服务、组织或者观念的声明或者劝服性讯息。① 该定义仍然沿用了老观点的基本要素，坚持认为广告是通过大众媒介完成的，包含告知和劝服两个基本目的。

但是，21世纪以来，数字技术改变了媒体的形态、消费者的习惯和企业的营销策略。在这样的背景下，很多机构和研究者都开始思考重新定义广告的问题，例如美国得州大学奥斯汀分校的杰夫·I. 理查德(Jef I. Richards)和克赖顿大学的凯瑟琳·M. 加伦(Catharine M. Curran)，他们给广告下的定义是："广告是一种由具有可识别性的(identifiable)信息来源所规划的，旨在劝服接收者现在或者未来采取某种行动的、付费的、经由中介完成的传播活动。"(Advertising is a paid, mediated form of communication from an identifiable source, designed to persuade the receiver to take some action, now or in the future.)② 又如，澳大利亚昆士兰科技大学的盖勒·克尔(Gayle Kerr)和美国密歇根州立大学的杰夫·理查德(Jef Richards)在2014年10月至2015年6月对全球18位学者和业界专家进行了访问，根据他们的意见提出了一个新的广告定义："广告是一个由可识别来源设计的、有偿的媒介传播形式，用来说服接受者在现在或未来产生行为。"(Advertising is a paid, owned and earned media communications from an identifiable brand, intent to persuading the consumer to makre some congnative, affective or behavioural change, now or in the future.)再如，2016年瑞典斯德哥尔摩经济学院的迈克尔·达伦(Micael Dahlen)和莎拉·罗森格伦(Sara Rosengren)提出了一个极为简化的广告定义："由品牌发起的，旨在影响人们的传播行为。"③ 国内的许多学者也提出了自己的看法，北京大学的陈刚认为："广告是由一个可确定的来源，通过生产和发布有沟通力的内容，与生活者进行交流互动，意图使生活者发生认知、情感和行为改变的传播活动。"④ 武汉大学的桂世河认为从广告定义的演变过程来看，它越来越接近"营销传播"。⑤

综合比较以上所列举的较有代表性的广告概念和定义，可以发现这样一个事实：国际上，广告专家和学者对广告的认知及看法是有差异的，每一个定义，都是根据具体情况而界定的。由于认识广告的目的、角度、时代等不同，所下的定义也有所不同。为了帮助大家完整地理解广告，在本书当中我们将采用20世纪末以来被广泛接受的一个广告定义，该定义简明清楚地表达了广告活动的关键要素，有助于我们全面理解传统广告，也为我们观察不断变动中的广告实践提供了一个比照的框架。

广告是由可识别的出资人通过各种媒介，通常是有偿的、有组织的、综合的和非人员性劝

---

① The placement of announcements and persuasive messages in time or space purchased in any of the mass media by business firms, nonprofit organizations, government agencies, and individuals who seek to inform and/ or persuade members of a particular target market or audience about their products, services, organizations, or ideas[EB/OL].[2018-07-14] https://www.ama.org/resources/Pages/Dictionary.aspx.
② RICHARDS J I, CURRAN C M. Oracles on "Advertising": searching for a definition[J]. Journal of advertising, 2002, 31 (2): 63-77.
③ DAHLEN M, ROSENGREN S. If Advertising won't die, what will it be? Toward a working definition of advertising[J]. Journal of advertising, 2016, 45(3): 334-345.
④ 陈刚, 潘洪亮. 重新定义广告——数字传播时代的广告定义研究[J]. 新闻与写作, 2016(4): 24-29.
⑤ 桂世河. 中外流行广告定义的邻近属概念之演变及启示[J]. 山西大学学报(哲学社会科学版), 2016, 39(6): 43-49.

服的,进行的有关商品(产品、服务和观点)的信息传播活动。①

3. 广告定义的核心内容

一般而言,现代广告包括以下几个要素:

(1)广告必须有可识别的"出资人"

对于广告公司而言,"出资人"就是他们的"广告客户",他们是广告的主人,即广告主,是广告行为的主体。他们付钱让媒体发布广告的目的就是要显明自己的企业、产品和服务,或者表明自己的观点、立场、态度。

(2)广告通过一定的媒介进行传播

过去人们把通过报纸、杂志、广播、电视等大众媒体进行传播作为广告的重要特征②,近年来伴随着科技的发展,媒体越来越多元化和细分化。因此,从广义上讲,广告已经不仅仅局限于传统意义上的媒体,手机、移动终端、可穿戴设备、数字化公共设施……任何可以传递讯息的介质都可能成为广告媒体。

(3)广告传播的不单单是关于有形产品的信息,还包括关于服务和观念的信息

广告除了表现某些看得见摸得着的有形产品外,也表现无形的服务或者企业理念和社会价值观。

(4)广告(一般指商业广告)是有偿的

广告是有偿的信息传播活动,这是广告与新闻、公关的重要区别。广告主要向为其代理广告的广告公司和为其发布广告的媒介支付费用。广告主希望投入在广告上的费用能够最终通过产品销售获得补偿,广告费用通常计入产品或服务的成本并作为成本的一部分反映到产品或服务的价格中。

(5)广告是由一系列有组织的活动构成的

广告本质上是策略性的传播活动,广告策略服务于品牌的营销策略。广告作品的发布是广告活动的组成部分,广告作品并不等同于广告活动,广告活动由一系列有组织的活动构成,目的是完成广告策略的意图。美国《广告时代》专栏作家、著名广告评论人威廉·泰勒(William D. Taylor)指出,广告的成功,有赖于始终不懈和重复实施,很少依赖创作方面零星的灵光闪现。而成功的广告,不但在技术上要有完美的表现,在战略上也要有系统的规划。

(6)广告是非人员的信息传播活动

"非人员的"传播是广告与人员销售的最大区别:广告借助传播媒介与消费者沟通,无论通过哪种传播媒介,广告讯息的传播者和接受者之间都不直接面对面;人员销售则由销售人员向消费者面对面地提示和说明商品,并劝服其购买。因此,广告与人员销售不同,具有自己独特的说服规律。

(7)广告是劝服性的信息传播活动

劝服是有意图地改变他人态度的行为。任何广告都是由特定的组织或个人为了达到一定的目的而发布的。根据广告效果层级理论,广告的目的是通过反复的告知活动使受众形成

---

① 阿伦斯,等. 当代广告学:第11版[M]. 丁俊杰,程坪,等译. 北京:人民邮电出版社,2010:7.
② WELLS W,BURNETT J,MORIARTY S. Advertising:principle and practice,Upper Saddle River:Prentice-Hall Inc. ,1989:8.

有关产品、服务或者观念的认知,进而影响和改变他们的态度,最终使他们产生有利于广告主的行为意向。在多数情况下,消费者(受众)了解广告主策略性传播行为的动机,因此他们在处理广告讯息的时候会有一定的心理预设。

二、广告活动的要素

1. 广告活动的参与者

广告是一种多方参与的活动,自言自语不能叫广告。顾名思义,"广告"的"广",就是要广为人知,这就要求必须要有发出讯息的一方,又要有接收讯息的一方。但仅有这两方只能完成最简单的传播活动,如街头叫卖。现代广告活动单靠这两方已经无法完成了,还必须要有其他人的参与。

从现代广告活动的运作规律来看,广告活动的参与者主要有五个:广告主(advertiser)、广告代理公司(advertising agency)、广告下游公司、广告媒介(advertising media)和广告受众(advertising audience)。广告主(又叫广告客户 advertising client)是那些对自身及其产品进行宣传的企业、组织或个人,如可口可乐公司;广告代理公司(以后简称"广告公司")为广告主策划、创意、制作和投放广告以及促销材料;广告下游公司包括摄影室、图片社、印刷厂、设计公司、数字管理平台、咨询公司、调查公司以及其他专业服务公司等;广告媒介出售时间和空间,将广告主的讯息传递出去;广告受众则是广告讯息传播的对象,但他们是否接受广告主的诉求并进一步采取广告主所期待的行动,则完全取决于他们自己,受众在长期接触广告的过程中逐渐形成了自己的广告素养,广告素养帮助他们判断广告的真假、决定如何利用广告提供的信息为自己服务。

2. 与广告活动有关的人员

一提到广告,很多人马上便会联想到那些在广告公司工作的人:创意人员(creative)、文案人员(advertising copywriter)和美术指导(art director)。人们有这种想法很自然,因为人们最终接触到的广告作品是由他们来完成的。但实际上,这种想法是不全面的。在广告活动中,参与其中的人不仅有广告公司的人员,还有广告主一方的人员。除他们之外,下游公司和媒介中还有很多直接或间接为广告服务的人员。广告是一个涉及面相当大的行业,在其中工作的人不仅包括创意人员、文案人员、策划人员、媒介购买人员、美工、美术指导、影视制作人员,还包括销售人员、调查人员、管理人员、财务人员、计算机人员、法律专家、传播专家以及演员、模特等相关人员。业界一般将从事广告工作的专业人员统称为广告人(adman)。

第二节 广告的分类

广告有多种分类方法和标准。对广告分类进行研究是建立广告学范畴体系和概念体系的基础,通过对广告进行分类,可以更加深入地了解研究对象的具体内容。

根据不同的需要,人们可以依据受众、广告主类型、广告内容、广告媒体、广告功能等多个侧面、多个层次来划分广告。从总体上来看,人们对广告的划分主要着眼于两个方面:一是对广告的基本认识,二是实际运用的需要。

一、根据广告的受众来划分

广告的基本受众可以分为两大类:消费者和企业。因而相应地,广告也可以分为两大类:消费者广告和行业广告。

1. 消费者广告

消费者广告(consumer advertising)主要针对那些为自己购买并最终消费产品的受众,他们不会将产品专转卖或用于生产过程。消费者广告包括零售广告(retail advertising)、常规价格广告(regular price advertising)、减价广告(sale advertising)、清仓广告(clearance advertising)、特价广告(loss leader advertising)、促销广告(promotion advertising)、售点广告(point-of-purchase advertising)等(见图1-1)。

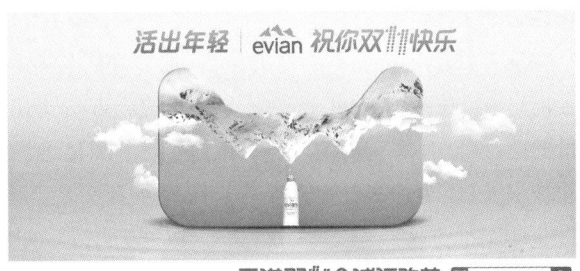

图1-1 2017年天猫"双11"联合国际品牌针对消费者发布的广告

2. 行业广告

行业广告(business advertising)主要针对生产厂家、中间商或专业人员,针对生产厂家时称为产业广告(business to business advertising,也有人译为"企业对企业广告"或"生产资料广告"),针对农村及相关行业时称为农业广告(agriculture advertising),针对中间商(批发商或零售商)时称为贸易广告(trade advertising,也有人译为"同业广告")。有些企业只针对消费者发布广告;而有些企业则可能同时还向中间商或机构购买者发布广告(见图1-2、图1-3)。

图1-2 美的公司针对经销商的广告

图1-3 《麦格劳-希尔》杂志20世纪50年代发布的针对企业客户的广告

除了上述行业广告外，还有一类比较特殊的行业广告，即针对教师、律师、会计师、工程师、建筑师等这类专业人士的广告，这就是专业广告(professional advertising)。这类广告一般发布在专业协会的正式出版物上，如《建筑工程》。

二、根据广告的传播范围来划分

根据广告传播范围的不同，广告可以分为地方性广告(local advertising)、区域性广告(regional advertising)、全国性广告(national advertising)、国际广告(international advertising)。根据企业目标市场的范围确定到底做哪一类广告，将有利于企业利用较少的广告费用达到预期的广告目的。

1. 地方性广告

地方性广告是针对本地的广告，地方性广告强调价格、可获得性、地理位置以及营业时间等信息[1]。在美国，每年高达亿万美元的广告费支出中有一半是地方性广告支出；在中国，大量的医疗广告、零售促销广告、餐饮广告也都是地方性广告。地方性广告经常和零售广告一同被提及，因为大多数地方性广告的发布者都是当地的零售机构，但除此之外，也有不少其他行业使用地方性广告。地方性广告主主要有以下四种类型：

◎ 为全国性企业主经营某一主要产品或服务的经销商和地方分店，例如上海大众在北京的汽车销售店；

◎ 经销多种品牌商品的店铺，例如中友百货、天客隆超市；

◎ 提供专业服务的机构，例如美容院、餐馆、医院、汽车修理店、银行、律师事务所、会计行等，这些服务无论是针对人的(如美容院)还是针对物的(如汽车修理店)；无论是向个人提供服务的(如餐馆)还是向机构提供服务的(如会计行)，都要求服务提供者和服务接受者之间有直接的接触，因此通常是地方性的(见图1-4)；

◎ 官方、准官方和非营利性机构，如市政府、公用事业、慈善机构等。

图1-4 苏格兰爱丁堡羊头酒吧在其停车场发布的广告

---

[1] LEE M, JOHNSON C. Principles of advertising—a global perspective, New York: The Haworth Press, 1999:9.

地方性广告主有别于全国性广告主的突出特性,就是他们更为积极地倡导整合营销传播(Integrated Marketing Communication,简称 IMC)①,因为他们更加直接地面对终端消费者。为了建立与顾客的关系,为了得到良好的口碑,为了能够实现最终的交易,他们会调动媒介广告、公关关系、价格折扣、人员推销等多种手段。

数字广告可以提供基于地理位置的定向投放,这为地方性广告的投放提供了更多的可能性。广告主可以设定投放广告的地理坐标范围,当消费者持有的移动终端进入这个地理范围以后,就会收到广告主推送的广告(见图1-5)。

2. 区域性广告

区域性广告只针对国内某一地区,比如我国华北地区,它们的广告主只在那一地区进行销售,大多为区域性百货店、特色产品生产商、政府机关、酒店连锁以及电话公司分支机构等。

区域性广告介于地方性广告和全国性广告之间,因此它们既可以向地方性广告靠拢,也可以向全国性广告延伸,视具体的战略目标而定。

3. 全国性广告

全国性广告通常由产品生产商发布,尽管全国性广告并不一定非要覆盖全国,但在大多数情况之下,全国性广告的传播范围通常会覆盖多个地区。全国性广告主多为包装品牌生产商、耐用商品生产商,或提供全国范围服务的服务商,如百货连锁店、全国性金融机构、通信公司等,它们的主要目标是提升品牌知名度、树立品牌形象(见图1-6)。

4. 国际广告

国际广告通常指在多个国家发布的广告。在经济全球化的背景之下,越来越多的产品的销售市场从原产地扩展到了其他国家,这些国家可能在语言、文化、习俗、法律以及市场成熟度等多方面都有差异。面对这些挑战,企业一般采取三种策略:全球统一的标准化策略,按照这种策略发布的广告被称为全球性广告(global advertis-

图1-5　面包新语向深圳市福田区深南大道东海缤纷天地附近的微信用户推动的朋友圈广告

图1-6　卫龙食品的全国性广告

---

① 阿伦斯,等.当代广告学:第8版[M].丁俊杰,程坪,等译.北京:人民邮电出版社,2005:107.

ing);尊重差异的本地化策略,按照这种策略发布的广告称为国际广告;以及适当兼顾标准化和本地化的权变策略。

三、根据广告的媒介来划分

以广告投放的媒介来分类也是最常见的一种广告分类方法,常见的类型有:报纸广告(newspaper advertising)、杂志广告(magazine advertising)、广播广告(radio advertising)、电视广告(TV advertising)、户外广告(out-of-door advertising)、网络广告(Internet advertising)、直邮广告(direct mail advertising)、交通工具广告(transit advertising)、电影贴片广告(cinema advertising)、赛场广告(venue advertising)等。其中报纸、杂志广告称为印刷媒介广告(print advertising),广播、电视广告称为电子媒介广告(electronic advertising),网络广告和其他一些发布在新兴互动媒体上的广告称为数字互动广告(digital interactive advertising)(我们将在第8章"广告媒介"进一步探讨)。

根据广告媒介设置地区的不同,广告又分为销售现场广告和非销售现场广告。设置在商业街、购物中心及商店内的广告,一般叫作销售现场广告,如橱窗广告(见图1-7)、货架陈列广告、商品包装物广告,以及在销售现场设置的其他户外广告,如霓虹灯广告、路牌广告等。凡是所宣传的商品不能在现场立即买到的广告均称为非销售现场广告。

图1-7　北京三里屯太古里香奈儿店橱窗广告

四、根据广告的功能来划分

按照广告的功能,可以对广告进行如下分类:产品广告和企业形象广告;基本需求刺激广告和选择性需求刺激广告;直接响应广告和延时响应广告。

1. 产品广告和企业形象广告

产品广告(product advertising)是为了提高某种产品的知名度、促进这种产品的销售,利用与销售或产品直接有关的表现形式去说服消费者购买产品的一种广告形式。产品广告(见图1-8)能直接产生促销效果,是企业发布的主要广告类型之一。根据产品的具体种类,这类广告可以进一步分类,如化妆品广告、家用电器广告、自行车广告等。有多少种商品,就有多少种划分。按行业种类进行划分的标准没有明确的规定,因地域或国家不同有而所区别。例如在日本,一般采用电通广告公司的行业广告分类标准,共17类:(1)能源、材料;(2)食品、饮料;(3)药品;(4)化妆品、梳妆用品;(5)时装、配饰;(6)出版;(7)生产用

图1-8 奥利奥饼干产品广告

品;(8)精密仪器、办公用品、文具;(9)家电、自动监视器;(10)汽车及汽车配件;(11)家庭日常生活用品;(12)房地产、住房设备;(13)物流、商店;(14)金融、保险;(15)服务、业余生活用品;(16)国家机关(团体);(17)教育及其他。

企业形象广告(image advertising)是为了树立企业形象、维持企业信誉、提高企业知名度从而间接达到销售产品这一目的而发布的一种广告。这类广告能产生间接但较持久的效果,它通过对企业历史、规模及业绩等方面的介绍,增强消费者对企业的好感度(见图1-9)。

图1-9 陶氏化工支持绿色奥运的企业形象广告

2. 基本需求刺激广告或选择性需求刺激广告

基本需求刺激广告旨在增强消费者对一般产品和服务的需求。在基本需求刺激广告中,广告主努力为整个产品品类创造需求,这种广告教育潜在购买者,告诉他们某类产品的基本价值,而不是强调某个具体的品牌(见图1-10)。通常,协作网络会选用基本需求刺激广告,如美国农机协会和牛肉加工委员会,它们要扩大消费者对其会员公司所生产的产品的需求,或树立其企业形象。

选择性需要刺激广告旨在突出某个具体品牌相对于竞争者的优点。作为一种交通工具,摩托车可以被视为一种基本需求,但指名要哈雷摩托车,就是选择性的了。

选择性需求刺激广告常用于企业,多半是在基本需求建立起来后才使用,以提高消费者对某一品牌的需求,也常用作保证某一品牌稳定地位的手段。

图1-10 1993-2014年美国加州牛奶加工者委员会为鼓励消费者养成多喝牛奶的习惯而推出了一系列基本需求刺激广告"got milk"。图为艾美奖获奖美剧 *Everybody Loves Raymond* 剧组于2000年做所的广告

3. 直接响应广告和延时响应广告

直接响应广告(direct response advertising)旨在激发消费者的即时反应。① 如果广告邀请消费者立即行动,包括点击、注册、购买、拨打电话等,那它就是一个典型的直接响应广告(见图1-11)。与主要目的为塑造品牌形象的广告不同,直接响应广告通常提供价格折扣、限时促销等有力激发消费者行动的理由,同时会给消费者提供方便的行动途径。

延时响应广告(delayed response advertis-

图1-11 OPPO手机在天猫首页发布的直接响应广告

ing)通过形象和信息强调品牌的优点以及它能够使顾客满意的特点。延时响应广告的目的不是激发即时的行动,而是希望通过广告使消费者在一段时间内能够识别并认可品牌。一般来说,延时响应广告多用来建立品牌知名度、强调品牌优势、提升品牌偏好或建立品牌形象。当消费者进入购买决策过程的时候,延时响应广告就会发挥作用。我们在电视和杂志上看到的大多数广告都属此类。

五、根据产品生命周期来划分

现代市场学认为,企业的市场营销战略必须适应产品生命周期的发展变化。随着某种产品生命周期发生变化,企业必须相应地改变这种产品的市场营销战略,这是企业在动态市场上能否生存和发展的关键。产品与其他任何事物一样,也有从产生到消亡的一个自然过程。一般来说,我们把产品从最初进入市场到最终退出市场的过程分为四个阶段:导入期、成长期、成熟期和衰亡期,这一过程在时间序列上的体现,就是产品的生命周期。根据产品生命周期的不同,广告可以分为告知性广告、竞争性广告、提示性广告和铺垫性广告。

1. 告知性广告

新产品刚刚进入市场的时期,一般称为导入期。在这个阶段,消费者和经销商对新产品不了解,甚至存有戒心。此时,企业大多采用告知性广告(awareness advertising),即以提高企业的知名度、促进消费者了解和认识产品为特点的广告。例如,在2003年"非典"爆发之前,大部分中国居民没用使用专用洗手液洗手的习惯,这个突发性事件直接导致了洗手液市场的迅速形成。在此期间,滴露和威露士等专业消毒液生产商所做的广告主要是告知性广告,即告知消费者该品牌的主要功效。

2. 竞争性广告

随着产品进入成长期,新产品被广大消费者和用户迅速接受,产品的销售和利润迅速增长,竞争对手便日益增多起来。此时,企业多采用以占领市场为目的,以提高企业信誉、加强

---

① O'GUINN T C, ALLEN C T, SEMANIK R J. Advertising and integrated brand promotion[M]. Cincinnati:South-Western Publishing Co., 2003:31.

产品影响力为特点的广告,这就是竞争性广告,其中运用得较多的是比较广告(comparative advertising)。此时,由于很多企业都在生产和销售同类产品,因此,企业会将信誉提到更高、更重要的位置。

3. 提示性广告

当产品处于成熟期时,产品已被大多数潜在消费者接受,产品的销量达到顶峰,销售增长速度放慢。此时,因为要对付竞争对手,市场营销费用相应增加,所以产品利润较为稳定或稍有下降。提示性广告也叫维持性广告,以保住已有市场为特点。这种广告的特点是一切尽在不言中,标志比较简单而明显,设计不复杂,广告口号比较简短甚至没有口号。这类广告也可用于产品的衰退期。图 1-12 是麦当劳在多伦多高速公路旁的广告牌,广告截取了人们熟悉的麦当劳金拱门的一部分,提示驾车人不远的前方出口附近就有麦当劳餐厅。

图 1-12　麦当劳在加拿大多伦多高速路旁投放的提示性广告

4. 铺垫性广告

任何产品都不是市场上"不落的太阳",老产品总会老化,哪怕是包装、规格、价格等不适应市场了,即可视为衰退。处于衰退期的产品,销售和利润趋于下降,此时的广告应突出一个"久"字,针对消费者的心理,向消费者承诺将长久为消费者服务,满足其需求。但是由于消费者口味变了,要求高了,为了更好地满足消费者的需求,厂家要转产了,或要更新换代了,以便为新产品的推出打下一个基础、做一个铺垫。这种广告形式与提示性广告相类似,不同之处在于:提示性广告重在维持,而铺垫性广告则着眼于未来,重在为新的营销活动和广告活动打下基础、做好铺垫。

六、根据广告的目的与效果来划分

影响人类行为的因素大致可以分为文化、社会、心理及个人条件等,其中以心理因素最为直接,也最为密切。换言之,影响人类行为应先从心理着手。由于广告的目的在于引导人们朝一定的方向去思考、去行动,因而广告必然要以影响诉求对象的心理为前提。从另一个角度讲,根据学习理论,学习须经过认知、情感、行动三个过程,而认知、情感、行动本身又可以分成若干个过程,因此有不少学者将学习过程细分为许多阶段。鉴于广告对诉求对象而言也属于一种学习活动,为了达到某种预期的目的,广告活动的展开也应该因消费者的购买历程不同而分为若干个步骤。于是,广告中的 AIDMA 法便产生了,即注意 Attention、兴趣 Interest、欲求 Desire、记忆 Memory 和行动 Action。

1961 年,美国人科利(Colley)又提出了 DAGMAR 理论,他写了一本名为 *Defing Advertising Goals for Measured Advertising Results* 的书(直译为《为可测量的广告效果确定广告目标》),取这本书的书名字头组成了 DAGMAR 法则。在这本书里,科利将广告目标定义为:"广告目标是针对特定的受众在一定程度及一定的时间内应该达成的特定的传播行为。"他提出了阶层论,即消费者通过广告,对待产品的态度或行为是分层次的,要经过"未知—认知—理解—确信—行动"这一过程,目标可以针对不同阶段而设定。

根据 AIDMA 法则和 DAGMAR 理论,我们将广告分为以下几类:
◎认知广告:期望消费者认知产品的广告;
◎理解广告:让人们理解产品性能和内容的广告;
◎确信广告:打动产品的需求者,使其有足够理由购买本产品的广告;
◎行动广告:在店铺内或零售环节直接向顾客宣传,让其购买的广告。这种方法在大众宣传媒介以外用得较多。

七、根据广告的诉求方式来划分

按照广告的诉求方式来划分,是按照广告采用什么样的表现及表达方式来引起消费者的购买欲望并采取购买行动的一种分类方法,主要分为感性诉求广告和理性诉求广告。

1. 感性诉求广告

感性诉求广告主要指广告采取感性的说服方法,诉诸于情,使消费者对所广告的产品产生好的感情与态度。感性诉求强调广告的人性化因素,以引导消费者产生强烈的感情,着重于建立强劲的品牌形象和温馨的感觉等(见图 1-13)。

广告图 1-13 扬·罗必凯广告公司为阿根廷著名冰激凌品牌 Freddo 创作的感性诉求广告。该作品获 2016 年戛纳创意节金奖

2. 理性诉求广告

理性诉求广告主要指广告采取理性的说服方法,有理有据地直接论证产品的优点和长处,让消费者自己判断。理性诉求强调以直接的方式表达非人性化的产品逻辑,着重于产品功能性与功利性的诱导及说服,解决消费者的问题,带给消费者最大的、额外的利益,或进行产品间的功能比较等(见图1-14)。

图1-14 宜家家居的理性诉求广告(该广告获2006年亚太广告节海报类银奖)

八、根据广告是否有营利动机来划分

按照广告是否具有直接的营利动机,可以将广告划分成为商业广告和非商业广告。

商业广告(commercial advertising)是较为常见的广告形式,广告主多为产品或服务的提供商,他们通过付费的方式,经由一定的媒介直接或者间接地向顾客推销自己的产品,以达到营利的目的。这是狭义的广告。

非商业广告(non-commercial advertising)以传播观念、思想和行为方式为目,不追求经济回报,往往由慈善机构、非营利组织、政府机构、宗教团体等出资制作。公益广告是非商业广告的重要组成部分,在美国也被称为"公共服务广告"(public service advertising,PSA)。公益广告的目的在于增进公众对突出的社会问题的了解,以影响他们的看法和态度,改变他们的行为和做法,从而促进社会问题的解决(见图1-15)。

除了非营利机构发布的公益广告以外,一些营利性企业也会在广告中传达自己对社会问题的关注和态度,表明自己的社会责任。此类广告在美国被称为意见广告(opinion advertising)或机构广告(institutional advertising)。

图1-15 中央电视台发布的消费者权益保护公益广告

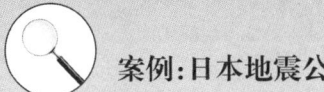

案例：日本地震公益广告

日本在2011年3月11日发生里氏9级大地震并引发了大规模的海啸，灾难发生后，日本得到了包括中国在内的世界各国政府和人民的援助。一个月以后，日本政府在《人民日报》发布了这条题为"纽带"的广告。时任日本首相的菅直人在广告中感谢各国的援助赈灾。他表示，全世界朋友们所给予的情谊纽带使日本国民大受鼓舞，要由衷地说一声谢谢。日本必能重生复兴、更加繁荣昌盛，届时将报答各方人士。

【文案】

Thank you for the Kizuna.（谢谢您给予的情谊纽带）

我国遭受史无前例的大震灾已经过去了一个月。众多宝贵生命逝去，尚有15万余人不得不过着避难生活。

在被地震后的海啸洗劫一空的地区，曾经没有水、没有电，也没有食物，甚至联络中断。此时海外朋友们的援助，给予了我们莫大的勇气。

一碗热汤、一条毛毯，给处于寒冷中的身心提供了一份温暖。搜救队奋力地在街道的瓦砾堆中找寻同胞，医疗队忘我地为受伤的身心提供治疗。

时至今日，我们还不断收到世界各方的无数的鼓励和祈愿。全世界朋友们所给予的情谊纽带，使我们大受鼓舞。对于予以大力支援的所有国家和地区，还有您，我要由衷地说一声：谢谢！

重建工作业已拉开序幕。针对福岛第一核电站的情况，我们仍在全力以赴以使其稳定下来。

日本必能重生、复兴、更加繁荣昌盛，依靠国民的潜力与国际社会的协助，一定能够实现。届时将报答世界各方人士的温馨援助。

为了这一天的到来，我们万众一心，投身重建，把对朋友们的衷心感谢化作希望，再次道一声谢谢！

菅直人

日本国内阁总理大臣

A Friend In Need Is A Friend Indeed.（患难见真情）

日本政府于3.11大地震后发布的广告"纽带"篇

链接：原生广告

"原生广告"是一个近些年来在广告业界受到普遍关注的新概念，但是对于原生广告是什么，学界、业界并没有统一的界定。2011年9月联合广场（Union Square）风险投资公司创始人弗雷德·威尔逊（Fred Wilson）提出：新的广告形式将存在于网站的"原生变现系统"（Native Monetization Systems）当中，这是"原生"概念第一次出现在广告领域。

美国互动广告局（IAB）于2013年12月4日发布了《原生广告手册》。《手册》虽然并没能给出关于原生广告的明确定义，但指出"原生广告既是一种'愿望'，也是一系列广告类型"。所谓"愿望"，指广告主和发布商希望广告投放能够做到三个一致：与页面内容一致、与网页设计一致、与受众在平台上的行为一致。所谓"广告类型"，则包括六种典型的原生广告形式，分别是：信息流广告（in-feed）、付费搜索（paid search unit）、推荐工具（recommendation widgets）、促销列表（promotionl list）、广告内的原生单元（in-ad with native element units）以及定制单元（custom）。

我们认为，原生广告不是某一种特定的广告形式，它包含了能够将品牌内容融入用户使用体验的各种广告类型，其本质是一种能够指导广告实践的策略理念，核心意图是通过"融入用户体验"，使品牌化的内容成为对消费者有价值的"信息"。①无法融入用户体验的广告会被消费者视为有劝服的（persuasive）性质，而能够融入用户体验的广告则会被消费者视为信息性的（informative）。从消费者感知的角度看，品牌化内容是劝服性的还是信息性的对效果有明显的影响：如果消费者认为内容是劝服性的，可能随即产生忽略、回避、排斥等消极反应；如果消费者认为内容为他们提供了价值（无论是功能型的价值还是享乐型的价值）就是信息性的，可能随即产生注意、记忆、分享等积极反应。

原生广告的类型和衡量标准：详见公众号文章 https://mp.weixin.qq.com/s/MboVdYbyS-rH0sI3ngJ9O5Q.

---

① 康瑾. 原生广告的概念、属性与问题[J]. 现代传播（中国传媒大学学报），2015,37(3):112-118.

重要术语

广告	产品广告	印刷媒介广告	理解广告
广告主	企业形象广告	电子媒介广告	确信广告
广告人	基本需求刺激广告	数字互动广告	行动广告
广告代理公司	选择性需求刺激广告	产品生命周期	感性诉求广告
广告媒介	直接响应广告	告知性广告	理性诉求广告
广告受众	延时响应广告	竞争性广告	商业广告
下游公司	国际广告	提示性广告	非商业广告
消费者广告	全国性广告	铺垫性广告	公益广告
行业广告	地方性广告	认知广告	原生广告

练习题

1. 请尽量详细地记录自己一天中看到或听到的所有广告,并根据本章中讲述的分类方法将它们归类。
2. 请比较历史上的广告概念与当代广告概念之间的差异。

网络资源

美国全国性广告主协会(ANA):www.ana.net

《广告时代》:www.adage.com

中国公益广告网:http://www.cnpad.net

推荐读物

奥格威.一个广告人的自白[M].林桦,译.北京:中信出版社,2010.

霍普金斯.科学的广告 我的广告生涯[M].邱凯生,译.北京:华文出版社,2010.

迈耶.麦迪逊大道:不可思议的美国广告业和广告人[M].刘会梁,译.海口:海南出版社,1999.

阿伦斯,等.当代广告学:第11版[M].丁俊杰,程坪,等译.北京:人民邮电出版社,2010.

广告学概论编写组.广告学概论[M].北京:高等教育出版社,2018.

第 2 章

广告活动的本质

本章学习目标

☑ 了解"广告"一词的含义。

☑ 掌握广告的定义及其丰富的内涵。

☑ 了解有关广告的概念在历史上经历了哪些变化。

☑ 了解广告的作用及分类。

☑ 认识广告活动的参与者。

就像海面上的冰山一样，我们能看到的广告作品只是浮出海面的部分，而真正支撑它的，是海水下我们看不到的部分。

——杜恩（Dunn）

第一节 作为传播过程的广告活动

一、广告活动概述

1. 广告活动的特性

广告是一种动态的存在，而不仅仅是静止的展示，只有广告作品才是静止的展示。广告作品可以是一幅报纸广告，可以是一块路牌广告，可以是一张招贴广告，可以是一条30秒的电视短片，可以是一段60秒的广播录音节目，也可以是微信朋友圈里的一条推送，或者游戏当中作为道具的品牌露出。但是，广告活动却不只局限于此，它是一个过程。只有树立了广告"活动"的观念、"动态"的观念、"过程"的观念，才可能由表及里、比较准确地把握广告的本质含义，才可能有效地运用和控制广告活动。

广告主根据自己的营销需求提出广告目的或目标之后，广告代理公司便会同广告主及其有关部门制定达成这一目标的最佳方法，然后在此基础上确定达成广告目标的阶段、手法及措施，把以上这些努力与企业的其他营销努力结合起来，去执行所计划的这些活动。这个过程，就是广告活动。简言之，广告活动就是设定广告目的，制定广告策略，然后在市场上执行这些策略的过程。按照美国广告和营销专家唐·E. 舒尔茨（Don E. Schultz）的观点，广告运动最简单的方式至少包括四个要点，即"制定出适当的销售讯息；使此讯息到达适当的视听众；选择适当的时机；花费合理的成本"。[①]

2. 广告活动的流程

就一次最简单的广告活动来说，其科学的活动方式至少要经过以下五个环节：

◎ 调查：调查是广告活动的起点，调查的任务就是详尽准确地了解市场、产品、消费者和环境的动态，从而为如何开展广告活动打下基础。通过搜集、分析资料，才能发现问题，找出解决企业难题的钥匙，使广告活动有的放矢。

◎ 策划：策划是广告活动的核心，策划的任务是在调查的基础上对如何开展广告活动提出具体的建议和设想，从而拟定广告计划书。策划的过程是确立广告战略与战术的阶段，

[①] 舒尔茨，等. 广告运动策略新论（上）[M]. 刘毅志，等译，北京：中国友谊出版公司，1991：3.

这里解决的是广告的宏观设想与具体手段相结合的问题。

◎ 表现：表现就是根据广告战略的需要和广告战术的安排，构思、设计和制作广告作品。

◎ 发布：发布就是通过一定的媒体把广告作品刊播出去，发布的主要任务是选择、组合媒体并落实具体的刊播事宜。发布也是策划思想的体现，需要考虑各种因素。在互联网时代，大数据支持下的广告发布活动在一定程度上依赖程序化的实时定价系统去完成，效率更高，到达的目标消费者也更精准。

◎ 效果测定：这里的效果测定主要指发布后的广告效果测定。从时间及阶段上看，广告效果测定包括事前测定、事中测定及事后测定。广告效果事后测定的目的是检查广告的效益，为新的广告活动提供必要的依据。

广告活动不是静态的，它是一个动态的过程，广告活动的各个环节根据各个方面情况的变化，始终处在调整、变化之中，一成不变的广告活动是不存在的。

狭义的广告活动是紧密围绕广告作品的策划、创意、制作和发布等一系列活动；广义的广告活动则可以延伸到为广告主解决问题的所有传播活动当中，对企业客户而言，广义的广告活动就是帮助品牌解决市场问题的所有传播活动，即所谓的营销传播。

无论是狭义的广告活动还是广义的广告活动，都不是孤立的行为，它是与广告主的意图有关的策略性传播。广告活动通常不是一次性的行为，而是在较长时间内进行的、有一定延续性和连贯性的推广活动。人们不会因为看过一次广告，就记住并接受广告所传达的主张，所以一个广告活动也不会仅有一个广告作品支撑，广告主通常会长期、多次、系统地刊播他们的讯息。这就是为什么我们的广告学研究的是广告活动（advertising）而不是广告作品（advertisiment）。

图 2-1　绝对伏特加酒从 2009 年开始设立艺术奖，每年资助 1.5 万~2 万欧元给一名通过艺术形式进行融合创新探索的国际青年艺术家

图 2-2　绝对伏特加举办的 2017 年仲夏夜音乐节

二、作为传播过程的广告活动

广告是一种特殊的传播活动,在了解广告的传播过程之前,我们首先简单介绍一下人类传播的一般过程。

1. 一般传播模型

"传播"(communication)一词起源于拉丁语 communis,有共同分享的意思,由此可见传播是一种信息共享的过程。①"无论是信息发送者还是接收者,都必须积极参与同一交流活动,从而使得思想得以被双方分享。传播是一个人与另一个人同时做的事,而不是一个人对另一个人做的事。"②

传播活动是人类最为普遍的社会活动之一,从我们降生的第一天起,我们就在学习并实践以不同的方式与各种对象进行传播沟通。人类的传播行为主要有四种类型:

- ◎ 自身传播:人们自己对自己进行的传播,如阅读、沉思等;
- ◎ 人际传播:两个人或者若干人之间进行的传播;
- ◎ 组织传播:有组织有计划地对一群人进行的传播;
- ◎ 大众传播:通过大众传播媒介对数量众多的受众进行的传播。

从受众自身对广告传播的讯息进行分析并受其影响这个层面上看,广告是一种自身传播;从广告受众之间互相影响的层面上看,广告是一种人际传播;从广告的主要媒介——大众传播媒介对受众的影响这个层面上看,广告又是一种大众传播。

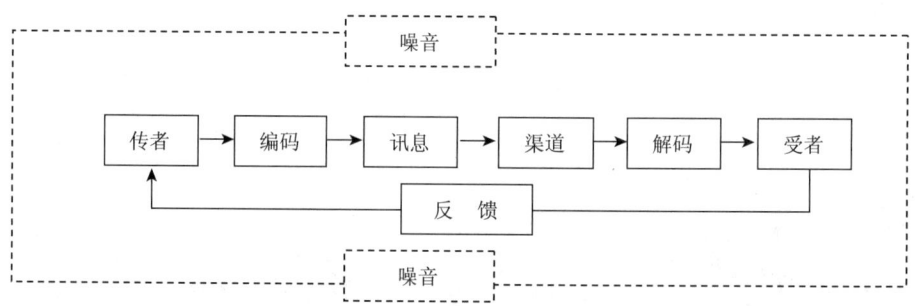

图 2-3 一般传播过程模型

图 2-3 是一个一般传播过程的模型。在模型的左端是传者即信源(source),传者是发出信息的一方,当信源形成观点以后,会将其编码(encode)为讯息(message),然后通过某种渠道(channel)传递给受者(receiver)即信宿。受者必须将收到的讯息进行解码(decode),才能理解讯息。

---

① O'GUINN T C,ALLEN C T,SEMENIK R J. Advertising and integrated brand promotion[M]. Cincinnati:South-Western Publishing Co. ,2003:15.

② SHIMP T A,DELOZIER M W. Promotion management and marketing communiction[M]. London:International Thomson Publishing,1986:26.

收到并理解了讯息之后,接收者会做出反应,并将形成的观点进行新一轮的编码,再经由渠道传回。接收者对讯息做出的反应构成反馈(feedback)。在整个传播过程中,会有来自内部和外部的干扰,传播学上称之为"噪音"(noise)。从上述模型中我们看到,传播活动是一个双向的过程,它由八个要素构成,其中信源(传者)和信宿(受者)是传播过程的参与者;讯息是符号化的信息;渠道是连接传者与受者的传播载体;编码和解码是参与者与讯息的互动;反馈是信息的反向流动;噪音是妨碍传播效果的因素。下面我们就来讨论这八个要素:

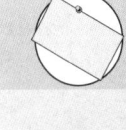

关键词

讯息(message):原意为消息、音讯、文电、文告等。在传播学中,讯息由一组信息符号组成,传达一个具体内容,在传播过程中,发送者发出讯息,接收者对这个讯息进行处理并做出反应。①

信息(information):原意为消息、情报、知识、资料、数据等。信息是用来减少或者消除一种情况的不确定性的事物。

注:在本章中,除非特别说明,对讯息和信息不做严格区别。

(1) 信源和编码

信源又叫传者、发送者或编码者,他因为要与另一个人、一小群人或一大群人(受众)分享观念或思想,因而处于传播过程的第一环。为了进行传播,信源必须将观念或思想变成讯息,这个变换过程就叫编码,这时要进行符号创造。

每个传播信源都有各自不同的传播环境。广告业中,传播者是广告客户、广告代理公司、广告制作公司、广告设计公司等。

广告信源的识别是一个特殊的范畴。有多种角色参与到广告讯息的制作过程中,包括广告公司、广告主、广告作品中的角色或者代言人。一般说来,广告公司不会被当作真正的信源,接收者可能会把广告主、品牌或者广告中的代言人当作信源。在消费者心目中,信源越可靠,广告说服力就越好。信源的可信性受到多种因素的影响,包括专业度、吸引力、相似度等(详见知识链接)。

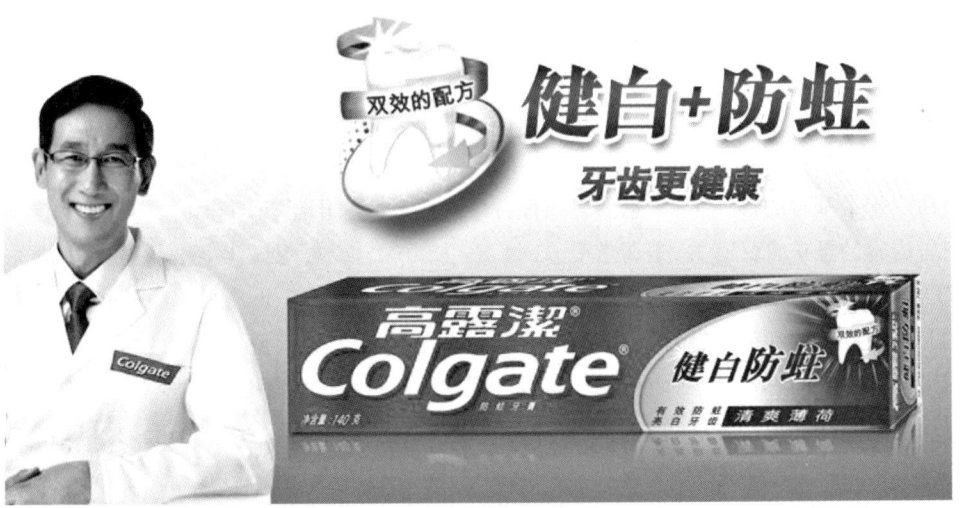

图2-4 高露洁健白防蛀牙膏采用可信的医疗科研人员的形象为品牌背书

---

① 施拉姆,波特.传播学概论[M].陈亮,周立方,李启,译.北京:新华出版社,1984:2.

链接：可信的来源是什么样的？

(1) 专业度高

专业度指传播者因具备普通人没有的专业知识或经验而能作出正确判断的能力。劝服性传播常常采用具备专业知识的信息来源进行说服。比如，在高露洁牙膏的广告策略中，具备专业知识的"牙医"通常作为劝服性信息的来源，向公众说明高露洁牙膏在口腔护理与防蛀方面的良好效果，传达"没有蛀牙"的内容诉求。

(2) 诚实可靠

诚实可靠指接收者认为传播者客观公正地做出了有根据的论断，发表了不为私利、不带偏袒的见解。接受者认为，传播者是诚实可靠（honest and reliable）、值得相信的。比如，在网购时，我们更愿意去看已购买者的购物评论、买家秀等，并将用户评分、买家秀、产品评论作为帮助我们做出消费决策的重要因素。相较于店主自卖自夸的宣传，用户的点评是一种不带私利动机的可靠评价，是可信赖的决策线索。

(3) 外形上有吸引力

研究发现，接收者更容易接受外形上有吸引力的信息来源的观点。例如雅居乐清水湾的广告，出镜表演的"一家人"虽然不是明星，但是男主人英俊、女主人优雅、孩子甜美，符合人们对美好家庭的想象，他们对地产项目的喜爱也因此更有说服力和感染力。

(4) 和接收者相似度高

在劝服性沟通中，人们更愿意相信与自己相似的传播者的观点。这种相似性包括民族、宗教信仰、政治主张、阶层、教育水平、态度以及年龄等。比如，中老年健步鞋的广告会采用老年模特讲述自己的穿着体验，他们与潜在消费者年龄相仿，对产品的需求相类似，故而更有说服力。

资料来源：公众号"新营销传播研究"，经典广告理论系列（六）：来源可信性（Source Credibility）综述（一）。https://mp.weixin.qq.com/s/EbsecfbMbuPdHvL-fRn9A_Q

(2) 讯息

传播，特别是广告传播，其核心是讯息，是信源对某一观念或思想编码的具体结果。事实表明，广告讯息的质量比负载广告的媒体更为重要。每条广告都由两方面组成：说什么（内容）和怎么说（方式），前者称为"创意战略"，后者称为"创意策略"，两者都与广告讯息的最终表现形式密切相关。而研究表明，无论是广告的内容还是表现方式的差异，都可能导致广告最终效果的大相径庭。

在广告最基本的形式中，讯息具有三种特性：讯息诉求、讯息结构和讯息密码。讯息诉求与广告内容的恳求含义有关，是请求受众对广告主的观念或思想做出有利反应的一种手段。在广告界，讯息诉求有时又叫作主题、创意、独特的销售主张等。诉求可以分为两种类型：理性的和感性的。理性诉求针对受众的逻辑思维，侧重于产品的质量、操作、经济、价值和价格等特点；与之相反，感性诉求针对受众的感觉，侧重于消费者的情感，如焦虑、快乐、骄傲、虚荣和爱等。讯息结构与广告的诉求安排有关，如讯息组块、表现顺序、结尾等；有时，讯息结构也被称作"表现手法"。讯息密码与广告编码使用的语言和非语言符号系统有关。语言密码是文字；非语言密码指声音、图像和音乐。这些因素的组合方法决定了广告主试图传递的内容的最终效果。

(3)渠道

经过编码的信息通过渠道(即媒介)传达给受众,而到达预定目标市场的能力则是选择渠道的前提,因为渠道的背景及特点既可以促进传播的成功,也可以阻碍传播的成功。毫无疑问,不同的广告主会根据各自特定的市场情况来选择适合自己的不同渠道。比如,生产大众消费产品(如牙膏)的广告主可能会选择电视媒介,因为电视具有向大面积的、全国范围的受众传递讯息的能力;相反,某一特殊产品的广告主则可能会选择网络搜索关键词或"今日头条",因为它们具有针对特定潜在购买者的能力。有时,具有相似目标的竞争对手也会选择不同的媒介组合。

(4)信宿与解码

信宿又可以称为受众、受者或者解码者、译码者。信宿可以分为个人或群体,是讯息的目标,他们是实际决定交流活动能否成功的人。只有当信宿将讯息译成对自己有意义的形式时,交流才算开始。

受众是交流过程的主动参与者而非被动参与者,他们的解码过程是一个复杂的、个性化的过程。如图2-6所示,受众带入讯息所处背景中的经验会影响他们的解码活动。信息发送者与接收者之

图2-5 繁华商业街的户外广告通常都处在强噪音环境中

间共同的经历越多,分享的思想越多,沟通的效果就越好。在整个解码过程中,每一种驱使受众解码的因素都是社会、经济、文化和心理等因素组合的一部分。有时,受众是一些头脑清醒、逻辑严密的解码者;有时,他们又沉于享乐,不受理智的支配,全凭感情行事。总之,即使可以精确地界定和预选受众,他们的解码效果和随之采取的行为也是不可控制、难以预测的。

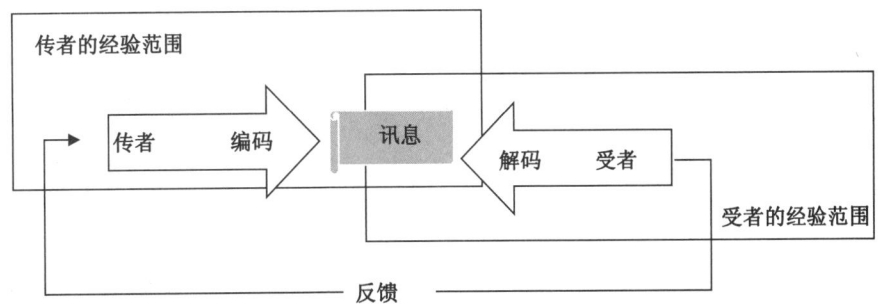

图2-6 传者和受者的经验范围

（5）反馈

反馈能告诉信源交流实际上完成了多少。其实，反馈就是将传播流程反转过来，使受者变成编码者、信源变成解码者。反馈可以是即刻的，如面对面的人际交流；也可以是延迟的。在数字技术的推动下，很多新媒体广告可以即时收集受众的反馈，这些反馈包括受众浏览、点击、转发广告或注册、留言、购买商品等反应行为。新技术的应用，大大提高了传者收集受者反馈并据此改善传播效果的机会。

（6）噪音

噪音指干扰信源与受众之间讯息编码、解码过程的任何成分。通常，噪音分为三类：

◎ 机械噪音：指交流过程中由机械问题引起的干扰。如双方正在进行微信视频通话，信号突然不稳定，对方的画面出现了卡顿；或者，你最得意的近照洗出来色彩却极其糟糕。

◎ 环境噪音：指信源和信宿之间交换讯息时的外部干扰。如你正在看节目，别人的谈话就是一种环境干扰。

◎ 心理噪音：指由信源和受众的编码、解码错误或疑问而引起的干扰。如你在上外语课，但心里却在想周末如何度过。

噪音的分类使我们进一步地认识到，广告传播活动可能在任何环节受到噪音的影响。消费者一般不会专注地观看广告，比如消费者在人头攒动的地铁通道里，一边赶路一边不经意间看到悬挂在墙面上的房地产广告，这时环境的噪音会影响他的解码。消费者一般都具有一定的广告素养，他们清楚广告想干什么：广告试图劝服他们以特定的方式思考、感觉乃至行动，因此在处理广告信息的时候，他们就会带着先入为主的自我防御意识，这是心理噪音。他们知道那"不过是广告"，他们可以轻而易举地避开它，完全不接受或者曲解广告的本意。广告想要克服这种先入为主的障碍，就必须理解消费者是如何看待广告的，从而在设计、制作和投放上巧做安排，这样才能抓住受众的注意力，减少误解，提高记忆度。

 案例：联邦快递广告联邦快递公司广告"Late is as good as never"篇

联邦快递的广告中采用了一款20世纪80年代的老式录音机，以此来隐喻：如果快递公司不能及时将货品送达，就会像这款过时的录音机一样毫无用处。在这个案例当中，广告的编码者用老式录音机来传达"late"的含义，但是如果解码者不认识、不了解这台机器，那么他就无法正确解读出广告的诉求。

扩展阅读：传播的基本模式

1948年，美国政治学家哈罗德·D. 拉斯韦尔(Harold D. Lasswell)提出了传播研究中最有名的命题："描述传播行为的一个便利方法是回答下列五个W的问题：谁(Who)？说了什么(Says what)？通过什么渠道(In which channel)？对谁(To whom)？取得了什么效果(With what effect)？"此后，这句被称为"拉斯韦尔模式"的名言便被广为引用，它对应了传播研究的不同领域，分别是控制研究、内容分析、媒体分析、受众分析、效果分析。

受雇于贝尔电话实验室的数学家、信息论创始人克劳德·香农(Claude Shannon)最初启发了社会科学家以模型的形式阐述他们关于传播的思考。1949年，香农与他的合作者沃伦·韦弗(Warren Weaver)在《传播的数学理论》中提出了"香农－韦弗模式"。在这个模式中，传播被描述成一种线性的单向过程：信源发出一个讯息或一组讯息供传播，下一步发射器将讯息转换为信号。这些信号被调整成适合于通向接收器的信道。接收器的功能与发射器的功能正好相反，接收器将信号还原成讯息。然后收到的讯息抵达信宿。其间可能受到噪音的干扰，信号不稳定。因为这个模型是用来描述机械传播的，所以并不完全适合人类社会的传播。

在"香农－韦弗模式"的基础上，德弗勒(De Fleur, 1970年)增加了"反馈"的元素。奥古斯德和施拉姆(1954年)则将传播过程视为一个高度循环的模型，传播双方是平等的参与者，执行着同样的编码和译码功能。这种循环思想与将传播视为直线型/单向传播的模式有重大的不同，特别适合人际传播，但是，这种模型在反馈较少或有困难的情形下就不那么适用了。丹斯(1967年)提出了螺旋模式来弥补不足。丹斯认为传播过程不是不折不扣的简单循环，而是动态发展的，在发展的过程中，传播结构和内容都发生了变化。他用螺旋模式来表述传播过程中不断变化的元素、关系和环境。例如，在一次谈话中，参与各方的认知场不断扩大，对话者们不断获得越来越多关于谈话的话题、他人的观点、相关的知识等信息。格伯纳(1956年)的传播基本模式是一个更加普适的模型，他注意到传播的内容就是人们感知到的内容。因此，传播就像一场谈判，讯息是否被接收，取决于发送者对接收者的假定、预知和传播的环境。人类传播过程是主观的、选择性的、不固定的、不可预测的，同时传播系统又是开放的。格伯纳开创了"受众中心主义"的传播流派。

资料来源：摘编自麦奎尔，温德尔，等. 大众传播模式论[M]. 祝建华，译. 上海：上海译文出版社，2008：7-25.

2. 作为传播过程的广告活动

广告活动是一种有组织、有计划、多方参与的传播活动，信源、讯息以及受者均有多个层面。美国拉特格斯大学的芭芭拉·斯特恩(Barbara Stern)提出了一个更适合这种复杂传播活动的模型，如图2-7所示。

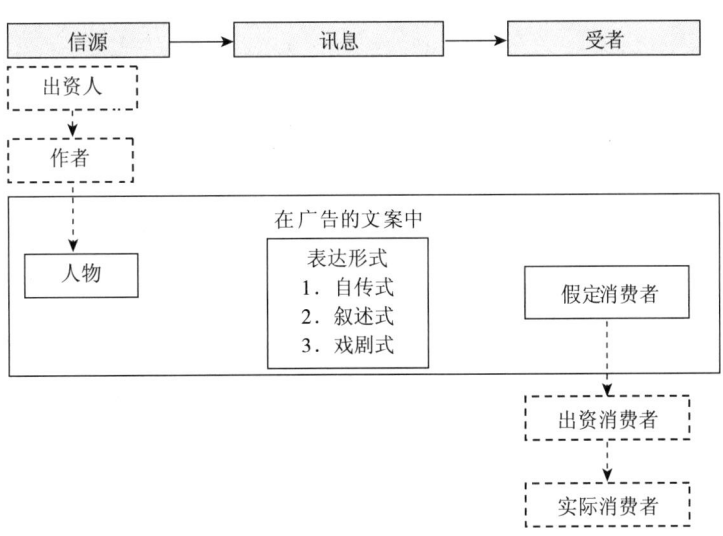

图2-7 作为传播过程的广告活动

图2-8 宝马的微信朋友圈广告及消费者对广告的"反馈"

(1)传者层面

"出资人",即广告主,对整个广告传播过程负法律责任,并确定将什么样的信息传递给实际消费者。出资人一般不自己制作广告讯息,这个角色由出资人委托的广告代理公司或者其他专家扮演。因此,广告活动的"创作者"实际上是广告公司里的一群创作人员,他们接受出资人的代理费,为其创作广告讯息。与此同时,广告文案中包含了一些真正的或者虚构的代言人,即"人物",他们赋予广告某种声音或者基调,对消费者来说,这些代表着出资人的人物就是讯息中的信源。

(2)讯息层面

广告讯息的创作者要决定选择什么样的人物和表现形式来承载和传递广告主想要表达的信息。常见的广告讯息一般有三种形式:自传式,即"人物"对受者讲述"我"个人亲身经历的故事;叙述式,即"人物"用第三人称向受者讲述他人的故事;戏剧式,即"人物"在戏剧化的场景内直接在受者面前进行表演。

(3)受者层面

广告的接收者具有多面性,通常可以分为几种类型:假定消费者,即广告文案中"人物"讲话的对象,是创意人员在进行创作时想象中的目标消费者;出资消费者,即出资方的主管或者经理,他们掌握着认可广告活动并为此提供资金的权力,是广告可否发布的"守门人";实际消费者,即现实生活中广告的目标受众,是出资人的讯息最终针对的对象。

(4)反馈与互动

反馈是完整的广告传播活动过程中的一个重要环节,它表明广告讯息被对方收到并产生了某种效果。广告反馈的形式多种多样,包括对广告做出评论、兑换优惠券、登录网站、电话查询、光顾商店、询问详情、销售增长、对调查做出反应或进行电子邮件查询等。随着互动媒体的普及,消费者有了更多、更便捷的方式对广告进行反馈,这无疑为广告主与顾客建立更为深入的关系创造了条件。

第二节 作为营销要素的广告活动

通过传播视角解决"广告如何表达"的问题,意味着如果将广告视为传播活动,可以帮助企业更好地把想要告诉消费者的讯息传达出去;而对"企业想要告诉消费者什么"以及"企业为什么想要告诉消费者这些",即"广告传达什么"的问题,我们则要通过营销的视角去理解。

 **案例：戏剧化诉求——招商银行留学生信用卡"番茄炒蛋"篇**

　　2017年11月1日，招商银行为新上市的留学信用卡（附卡）发布了一个主题为"你的世界，大于全世界"的推广活动。视频广告讲述了一个戏剧化的场景。初到美国的留学生男孩，为了在朋友聚会时做出一份家乡风味的番茄炒蛋，发微信向父母求助。远隔重洋的父母不顾时差，半夜起身为他一步一步录制做菜的视频，男孩做出了满意的番茄炒蛋，聚会上大受朋友欢迎，此时他才注意到父母录制视频的时候正值国内深夜。该视频迅速在微信、微博中被大量转发和评论。除此之外，招商银行还在前期征集了留学生生活视频，并从数百名中国留学生中海选出10位全球代言人。

　　那么，什么是营销？

　　营销（marketing）是企业经营活动的重要内容，美国著名管理学家彼得·德鲁克（Peter Drucker）更是认为："营销比销售的含义更为广泛，它绝不是一种专门的活动。营销涉及整个企业。从营销最终结果的观点来看，即从顾客的观点来看，营销是经营的全部。"[①]他还认为：

---

① 德鲁克.管理实践[M].毛忠明,译.上海:上海译文出版社,1999:43.

"市场营销的目标就是让销售变得多余,目的就是去很好地了解和理解顾客,从而让产品适合顾客并实现自我销售。理想情况下,市场营销应该让顾客产生购买意愿,随后需要做的事情就是提供足够的产品和服务。"①

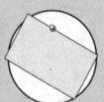

关键词

顾客价值(customer-perceived-value)

　　顾客价值又称顾客感知价值,指潜在顾客对特定提供物的全部利益(benefit)评价减去全部支出(cost)评价之差。

　　随着企业经营观念的变迁,对营销的界定也在不断发生变化。目前,美国市场营销协会将营销定义为:**营销是创造、传播、传递和交换对顾客、客户、合作者和整个社会有价值的市场供应物的一种活动、制度和过程**。②而组织中的"营销管理"职能则可以定义为选择市场目标并通过创造、传递、传播卓越顾客价值来获取、维持和增加顾客的艺术和科学。

　　从这个定义出发,在理解营销与广告的关系时,主要要掌握以下两个要点:

　　首先,作为一种组织职能,营销管理是以顾客为中心的一系列活动,这些活动当中既包含科学的成分也包含经验的成分,广告只是这些活动当中的一个组成部分,要与其他活动相互协调才能够完成"创造、传递、传播卓越顾客价值"的任务。通常我们用营销组合(marketing mix)来概括营销职能。营销组合包括生产、定价、分销和促销,广告只是营销组合中促销(promotion)活动可能采用的多种手段之一。

　　其次,广告在"创造、传递、传播卓越顾客价值"的过程中扮演着重要角色。顾客价值不仅仅是由产品或者服务本身创造的,广告塑造的品牌形象是形成消费者价值感知的重要基础。

一、市场营销的重要影响因素

1. 需要、欲望和需求

　　营销活动之所以对于企业而言至关重要,根本原因就在于营销活动能够化解和消除生产者和消费者之间的矛盾和不一致。一方面,消费者倾向于购买自己需要的东西,倾向于小规模和分散地购买,倾向于购买价格低的产品;另一方面,企业倾向于生产自己能够生产的东西,倾向于大规模地集中销售,倾向于以较高的价格销售。显然这些矛盾阻碍了买卖双方交易的实现。为了促成交易,企业管理者必须进行各种各样的营销努力,围绕消费者的"需求"调整产品、价格、促销和分销途径。

◎ 需求(demands):指对有能力购买且愿意购买的某个具体产品的欲望,它是现代营销的核心概念,同时也是营销活动的起点,在营销学中,与需求有关的还有另外两个概念:需要(needs)和欲望(wants);

---

① 科特勒,凯勒.营销管理:第15版[M].何佳讯,于洪彦,牛永革,等译.上海:格致出版社、上海人民出版社,2016:6.
② AMERICAN MARKETING ASSOCIATION. Dictionary of marketing terms[EB/OL].[2018-09-14]. http://www.marketingpower com/_layouts/Dictionary aspx.

◎ 需要：指某些没有得到基本满足的感受状态，例如饥渴、安全等；
◎ 欲望：指想得到满足这些基本需要的具体物品的愿望。

例如一个饥饿的人想去吃×××。人的基本需要是有限的，但是欲望却可以多种多样。各种社会力量和各种机构，诸如媒体、学校、家庭和商业企业总是在不断刺激人们产生不同的欲望，而广告是企业刺激消费者欲望的最常用的营销手段之一。企业关心的正是那些既有购买能力同时又有购买愿望的消费者，它们往往根据营销调查识别消费者的需求，根据消费者的需求生产产品、调整价格、组织渠道、实施促销。

2. 期望与满意

让消费者满意是营销活动的支点。满意的顾客可以带给企业很多利益：首先，满意的顾客可能发展成为忠诚的顾客，而忠诚的顾客就有可能重复购买产品，他们对价格不敏感且不易被竞争者的广告和其他促销活动说服；除此之外，花在忠诚顾客身上的营销费用比争取新顾客要少得多。其次，满意的顾客会带来良好的口碑，他们会向周围的亲友推荐他们使用过的产品或者服务。因此，消费者满意是企业营销努力的主要追求目标。

既然消费者的满意如此重要，那么满意是什么，它又是如何形成的呢？

满意（satisfaction）是消费者在使用产品或者接受服务以后的一种主观感受，我们经常用消费者满意度来衡量这种主观感受的水平。消费者满意度指个人对一种产品可感知的效果（或结果）与其期望比较后所形成的愉悦或失望的感觉。如果消费者对产品效果的"感知"超过他事先的"期望"，就会产生满意的评价；相反，如果消费者对产品效果的"感知"低于他事先的"期望"，就会产生不满意的评价。

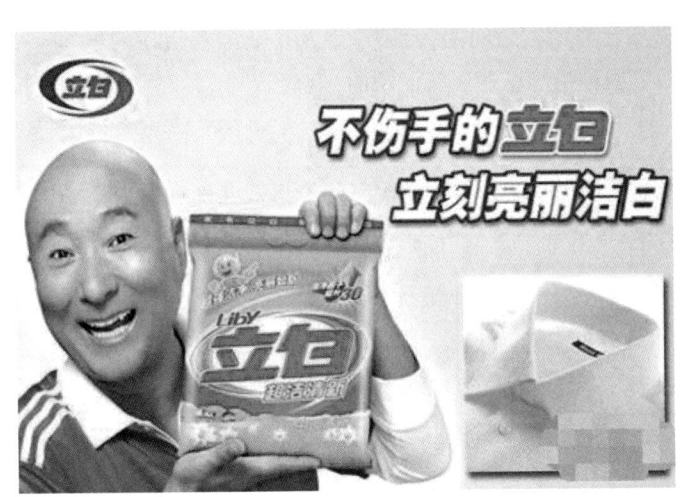

图2-9 立白洗衣粉向消费者承诺"不伤手"

在消费者满意的构成中，感知和期望是两个关键因素。感知与使用体验有关，消费者通过使用产品，可以知道产品能达到什么样的效果，如：胃药是否真的能缓解胃部不适？保健品是否真的能增强抵抗力？洗发水是否真的能使头屑去无踪？洗衣粉是否真的不伤手？消费者对产品的期望是一种试用前对产品和服务以及它们未来绩效的信任（belief），它建立在销售人员、朋友、家人或者意见领袖传达给他们的信息的基础之上；同时，消费者本人过去对同类产品的使用经验也是影响其期望的因素之一。

产品或者服务的广告活动会对消费者的满意度产生影响。简单地说，广告对于顾客是否满意的影响力主要体现在两个方面：首先，消费者会根据广告形成对产品或者服务的期望，例如某厨房清洁剂品牌的广告宣称只需将清洁剂喷洒在油烟机上，无须特别擦拭，油污就会溶

 **链接:营销观念的提出**

20世纪50年代相继成熟的各种营销概念和方法在1957年被总结、提升并赋予了一个广为流传的名字"营销观念"。通用电气公司的约翰·麦克金特立克(John B. Mckitterick)阐述了所谓"营销观念"的理念,声称它是企业效率和长期盈利的关键。他认为,如果一个组织脚踏实地地从发现顾客的需求入手,然后提供各种服务,最后使顾客得到满足,它便是以最佳方式实现了组织自身的目标。

资料来源:卢泰宏.解读中国营销[M].北京:中国社会科学出版社,2004:250.

解并很容易清洗。看过这条广告之后,消费者可能真的会动心,去商场买回了产品,在使用产品清洁厨房的时候,消费者会期待产品真的能像广告所描述的那么奏效。其次,广告会影响消费者购买以后以及使用过程中的感知。我们用下面这个例子来说明:你送给女朋友一枚戴比尔斯的钻戒,由于它实在价值不菲,所以有时候你不免会怀疑这个购买决策是否正确。消费心理学称这种状况为"认知失调",这是一种让人不安的感觉。当你为此烦恼的时候,如果经常能在电视上看到戴比尔斯"钻石恒久远,一颗永流传"的广告,或者在购物的时候看到戴比尔斯高雅炫目的霓虹灯广告,你的这种失调也许就会减弱,从而改善对产品的"感知"。

二、市场营销观念

企业如何看待市场,企业如何摆正自己与顾客之间的关系,这涉及企业经营活动的根本理念。通常我们认为,在社会中存在如下四种指导企业经营活动的"观念"。

1. 生产观念

持生产观念(production concept)的企业认为,消费者会喜欢那些价格低并随处可以买到的产品,因此企业应致力于提高生产效率、扩大配销范围,企业生产经营的核心在于生产环节而非消费需求。

这种观点在20世纪初非常盛行,美国福特汽车公司在T型车时代所表现出的经营理念就是典型的生产导向的观念。福特汽车公司在20世纪初就致力于把昂贵的汽车变成每一个普通美国人都买得起的汽车,它们采取的办法就是简化产品、流水线生产和科学管理,在1913年到1927年的15年间,福特汽车公司只生产黑色的T型车。由于大量标准化的生产和广泛的分销,福特汽

图2-10 美国福特汽车公司的T型车生产流水线

1927年的售价已经降至300美元左右,老福特实现了他让每一个美国人都买得起汽车的愿望。

2. 产品观念

持产品观念(product concept)的企业认为,消费者最喜欢质量高、功能多和具有某些特色的产品,在产品导向型企业里,管理层致力于生产优质产品,并按照企业的设想不断改进产品,企业生产经营的核心在于产品而非消费需求。

依照产品观念指导经营活动可能生产出技术上完美无缺的产品,产品精益求精的程度甚至可能超出消费者的想象。但是,一个在企业看来"好的产品"却可能被消费者抛弃,20世纪90年代美国铱星公司就在产品观念的指导下上演了这样一出"悲剧"。

3. 推销观念

推销观念(selling concept)认为,如果让消费者自行抉择,他们一般不会主动购买本企业太多的产品,因此企业必须主动推销和积极促销。消费者通常会表现出一种购买惰性或者抗拒心理,所以企业要想方设法劝服他们购买。对于持推销观念的企业而言,生产经营的核心在于推销和促销而非消费需求。

4. 营销观念

生产观念、产品观念和推销观念都以企业为中心,而营销观念(marketing concept)则以消费者为中心,因此营销观念的提出是企业经营理念的重大变革。

营销观念认为,实现组织诸目标的关键在于正确判断目标市场的需要和欲望,并且比竞争对手更有效、更有力地传送目标市场所期待的东西[①]。营销观念有两个基本导向:

第一,消费者导向,即以消费者特别是企业选择的目标市场中的消费者为中心。以消费者为中心的导向体现在营销组合的各个方面:企业将按照消费者的需求生产产品,而不是事先生产好产品再设法卖给他们;按照消费者能够接受并愿意支付的水平制定价格,而不是仅仅考虑企业的成本和利润;将产品分销到消费者容易购买的地方,而不是仅仅考虑方便企业的配销系统;按照目标消费者能够理解并易于受到影响的方式开展促销和广告活动。

第二,竞争导向,营销观念不仅考虑消费者的需要,同时也关注同一市场上的其他竞争者。在消费者需求差异较小的同质化市场,企业之间的竞争往往直接体现在价格方面;在消费者需求差异较大的非同质化市场,企业可以通过寻求差异化获得竞争优势,而营销组合的各个环节都有可能成为企业建立差异化竞争优势的领域。广告是企业展开竞争的重要工具,因为它不仅仅是将产品或者服务所具有的独特优势传达给消费者的途径,而且在很多情况下广告就是"差别"本身。

---

① 参见科特勒.营销管理[M].梅汝和,等译.北京:中国人民大学出版社,2000:23.

链接:内尔·H.伯登的营销组合要素

构成企业营销计划的要素
产品规划(产品线、销售市场、新产品策略)
定价(价格水平、特定价格、价格策略)
品牌术(商标选择、品牌策略——独立或私家、自有品牌或无品牌)
分销渠道(工厂与消费者之间的渠道、批发与零售选择度、同业间协作)
人员销售
广告
销售推广(针对同业市场、消费者)
包装
售点展示
售后服务
物流管理(仓储和运输)
调研和分析
……

影响营销运作的市场因素
消费者购买行为
行业购买行为
竞争者的地位和行为
政府行为
……

三、广告在营销组合中的作用

20世纪50年代,美国学者内尔·H.伯登(Neil H. Borden)正式以清单的方式罗列了企业的营销组合要素,这些组合要素由两份清单组成:构成企业营销计划的要素清单;影响企业营销运作的各种市场因素清单(见本页"链接")。

在最初的营销组合概念中我们就可以看到,广告被视为企业营销活动的重要组成部分。内尔·H.伯登还进一步指出,任何广告活动的广告语都是"基于制造商在其整体营销规划中将广告作为一种营销要素摆在什么位置"而决定的,"广告仅被看成是一种要素,它的运作形式和范围主要取决于它与企业整体营销规划其他部分的协调配合","一个能干的营销经理应该提出这样的问题:如何找到一种管理方案以便在对生产方式、产品类型、定价策略、促销和销售方法以及分销渠道等营销要素的组合中给予广告一个合适的位置"。[①]

20世纪60年代,密歇根大学教授杰罗姆·麦卡锡(J. McCarthy)发展了内尔·H.伯登的营销组合理论,将其概括为4P,即产品(product)、价格(price)、分销(place)、促销(promotion)。在广为流传的4P营销组合模型中,广告的地位以及广告与其他营销活动的关系得到了进一步的明确(如表2-1所示)。在营销组合中,广告是促销的主要工具之一,除广告外,促销还包括销售促进、公共关系、人员推销和直接营销,它们的含义如下:

---

① 伯登.市场营销组合概念[M]//恩尼斯,等.营销学经典:权威论文集[M].郑琦,等译.大连:东北财经大学出版社,2000:492.

◎ 销售促进,指鼓励使用或者购买商品和服务的各种短期刺激,例如赠品、游戏、示范表演等;
◎ 公共关系,指设计各种方案以促进或保护企业形象或其个别产品,例如媒体新闻宣传报道、慈善捐赠或出版与公司有关的书籍等;
◎ 人员推销,指与一个或者多个预期购买者面对面地接触,介绍产品、回答问题并取得订单,例如在销售现场由销售员向顾客介绍产品;
◎ 直接营销,指通过邮寄、电话、电子信箱或者互联网直接沟通,征求特定顾客和预期顾客的回复,例如通过目录邮寄进行销售,通过微信进行营销等。

表2-1 设计营销组合时应该考虑的因素

产品	价格	分销	促销
功能特征	平均价格	售点数目	广告
外观设计	差别价格	售点位置	销售促进
附加服务	竞争价格	售点类型	公共关系
产品线规划	支付方式	库存	人员推销
品牌	……	送货	直接营销
包装		信用	
		付款	
		培训	
		激励	
		……	

既然广告是企业营销组合的一部分,广告活动不是一个孤立的环节,那么企业的广告努力就应该与企业正在运用的整体营销战略相配合:广告活动的目标受众应该是营销战略所确定的细分市场上的消费者;广告诉求的内容应该与营销战略所确定的定位原则相一致;广告媒体的选择应该以有效到达目标消费者为准绳;广告发布的时间应该与促销环节的其他活动安排相配合。

很多广告实践的教训都告诉我们,大多数平庸的广告不是因为缺乏创意、没有娱乐价值或者制作粗糙,而是因为那些花费了巨额广告费的广告主并没有明确的营销战略。在企业里,人们把从事广告讯息规划和写作的人称为"创意人员",并从娱乐性、趣味性、艺术价值这样一些单一的方面评价他们的工作,忽略了广告讯息的真正作用应该是告知和劝服目标受众。[①]

导致营销人员误导广告的另外一个原因来自现代媒体环境。由于商业广告数量激增,消费者自然而然地会主动避开广告,因此每一个广告主都要求自己的广告能"跳出来"吸引消费者的注意。他们把大量的注意力都集中在如何设法让广告更能引起人们的注意上,忘记了自己更应该关注讯息的主题而非讯息本身,否则"抢眼"的广告吸引来的受众可能根本就不是产品的目标消费者。

---

① ROTFELD H J. Misplaced marketing:the real reason for real bad advertising[J]. Journal of consumer marketing,2002,19:299-300.

四、广告在整合营销传播中的地位

在了解整合营销传播视角下的广告活动之前,让我们先来做一个练习。

选择一种你经常喝的饮料品牌,回顾一下最近一周或者更长一段时间以来,你都和这个品牌有过哪些接触:是否在报纸、杂志、广播、电视或者户外的路牌上看到过它的广告?是否在新闻当中看到过与这个企业或者品牌有关的报道?是否在百货商场的货架上见到过它?是否被它的现场促销人员所吸引?是否注意过它的包装和价格最近有所改变?是否看到过同事或朋友饮用它?你们是否谈起过它?……

日常生活中,我们和品牌有很多种接触机会,有些情况下是我们主动注意品牌,有些情况下我们只是在无意识中遇到它。所有这些经历共同作用,使我们形成了对品牌的看法。作为普通的消费者,我们根本不必仔细追究这些看法到底是如何形成的;但是作为企业的营销人员,我们就应该关注广告、促销、公关、新闻、销售人员、包装、产品开发等所有这些营销努力是如何在消费者心目当中产生影响的。

整合营销传播观念正是应对上述挑战的一种方式。

1. 整合营销传播的概念

整合营销传播源于20世纪80年代的美国。1991年美国西北大学梅迪尔(Medil)新闻学院率先开设了整合营销传播的硕士课程,并作为教材出版了唐·舒尔茨等人合著的 *Integrated Marketing Communications:Pulling It Together and Making It Work* 一书。从此,整合营销传播理论在全球范围内传播开来。

对于整合营销传播,学界有不同的界定。梅迪尔新闻学院研究组将整合营销传播定义为:**以直接影响消费者的购买行为为目标,将所有消费者与企业的接触点当作传达讯息的渠道,运用综合手段进行有力传播的过程**。整合营销传播理论的另一位重要代表人物汤姆·邓肯(Tom Duncant)教授给出的定义是:**整合营销传播是一个运用品牌价值管理客户关系的过程**。具体而言,整合营销传播是一个交叉作用过程,它一方面通过战略性地传递讯息、运用数据库操作和有目的的对话来影响顾客和利益相关者,一方面创造和培养可获利的关系。[1] 韩国研究者金成河对整合营销传播的解释是:整合营销传播理论的独创性产生于"传播即营销"(communication is marketing itself)的理念,不仅营销传播的各要素(广告、推销、公共关系)要传达讯息,而且与产品有关的所有行动,包括产品本身、从业人员的态度、服务、分销政策、定价等,都要向消费者传达各种讯息。因此,所有这些要素都要与传播密切相关,单独实施各种传播活动不会得到任何协同效果。[2] 尽管对整合营销传播的概念有不同的定义,但无论其定义如何表述,**它都有两个共同的出发点,即"以消费者为中心"和"追求传播的协同效应"**。

---

[1] DUNCANT T. IMC:using advertising and promotion to build brands[M]. 北京:清华大学出版社,2004:36.
[2] 申光龙. 整合营销传播战略管理[M]. 北京:中国物资出版社,2001:24.

专论:广告学与营销学的关系

市场营销学是一门有着一百多年历史的学科。作为一门独立的学科,它的形成阶段大致是在 1900-1930 年之间,在这段时期内,广告问题和产品的定价、销售问题一起,构成了早期营销文献的主要内容。伴随着实践和理论研究的发展,营销学逐步形成了自己特有的研究领域和研究方法。作为一门应用型交叉学科,20 世纪 50 年代以前的营销学主要受微观经济学的影响;20 世纪 50 年代以后,营销学走向管理科学领域,营销被视为管理职能的有机组成部分;20 世纪 70 年代以后,营销学受到另外两种力量的推动:一是战略管理,二是消费行为学。

在营销学的发展过程中,广告始终是一个重要领域,我们可以举出很多这样的例子:1937 年成立的全球最具影响力的营销组织——美国营销协会(American Marketing Association, AMA)的前身就是 1915 年成立的全美广告教师联合会(National Association of Teachers of Advertising, NATA);重要的市场营销概念——营销组合——就是内尔·H. 伯登在研究广告的经济作用的过程中提出的;营销科学研究所(Marketing Science Institute)每两年会通过学者和业界的互动,发表一份指导全球营销研究的"优先研究议题报告",其中 2002-2004 年度报告中提出了"广告效果以及整合营销传播"课题,2004-2006 年度报告中包含了"评估广告对销售的影响、广告对于溢价、分销的作用"等课题。

广告学的产生时间与营销学大体相当,也是在 20 世纪初,所不同的是早期的广告研究更多地出自心理学家之手。美国西北大学的沃尔特·狄尔·斯科特(Walter Dill Scott)于 1903 年出版的《广告理论》(The Theory of Advertising)和 1908 年出版的《广告心理学》(Psychology of Advertising)标志着广告成为一门独立的学科,到 1930 年,教科书和关于广告心理的研究报告就已经很多了。尽管早期的广告课程和营销课程一同出现在美国许多著名商学院的课表上,但是从心理学角度对广告效果进行研究显然是主流。第二次世界大战中,传播研究获得了巨大发展,战后的广告深受传播学的影响,以至于大部分广告专业都设在了大众传播院系之内,例如美国得州大学奥斯汀分校广告学系设于传播学院、佛罗里达大学广告学系设于新闻与传播学院、密歇根州立大学广告学系设于传播艺术与科学院内。20 世纪 80 年代以来,整合营销传播的观念被广告业界广泛接受,从而大大促进了实践环节中广告活动和营销管理的整合。另外,消费行为学一直是广告研究所倚重的工具,这一点集中体现在两个方面:一是广告态度和广告效果的研究,二是有关细分和定位等广告策略领域的研究(心理图景、生活方式和目标群体)。

总体而言,广告学和营销学不仅在研究历史上颇有渊源,而且现代广告学和现代营销学在研究主题上也有很多共同之处,它们从各自的视角解释共同的问题,例如品牌研究和整合营销研究;它们还借鉴共同的学科范式,例如心理学和消费行为学。除此之外,作为社会科学的两个分支,它们还采用类似的研究方法。明确这些共性和联系,是我们在广告学专业中合理归置营销教学的前提和保证。

资料来源:康瑾. 广告专业的市场营销教学[C]//大学生广告教育论坛. 广告教育论坛论文集[C]. 2005:3.

2. 整合营销传播的内涵

(1)以消费者为核心

在整合营销传播中,消费者处于中心地位。一方面,唯有消费者才是企业生存的根本,因此必须以 4C 理论为基础,让一切传播活动围绕着消费者展开;另一方面,消费者在处理企业所传递的信息上拥有很大的主动权。虽然消费者被各种各样的商业信息所包围,似乎无处可逃,但是如果那些信息与他已有的信息不相关或互相冲突,那么他便会拒绝这些信息,从而导致传播失败。因此,传播者必须了解消费者已有的信息或经验范围如何。实际上,整个营销中的每一个环节都在与消费者进行沟通,广告、公关、促销、直接营销等是沟通,店内商品陈列、店头促销以及售后服务也是沟通。

关键词链接

4C理论： 由美国营销专家劳特朋于1990年提出，该理论强调以消费者为导向，将市场营销组合的四个基本要素重新设定为：消费者（consumer）、成本（cost）、便利性（convenience）和沟通（communication），谓之4C。

接触点（touch point）： 消费者与品牌相遇的任何机会，这种机会有可能是品牌有意制造的，例如消费者在电视中看到的品牌广告；也可能是自然发生的，例如消费者在朋友家里见到的产品。消费者的消费体验都会包含一个或者一系列品牌接触点，而每一个品牌接触点都在传播着品牌信息，同时都会或多或少地影响消费者的购买决策。

（2）以数据库为基础

以消费者为核心，就必须对消费者和潜在消费者有深刻而全面的了解，这就有赖于企业在长期的营销过程中所建立的数据库。消费者的方方面面，包括其人口统计特征、心理统计特征、购买记录、购买行为、使用行为以及其他一些习惯，等等，都是企业进行整合营销传播的基础。建立数据库之后，企业还必须不断分析陆续流入和持续加强的信息，从消费者的反应中分析走向、趋势变化和消费者的关心点。

（3）以建立消费者和品牌之间的关系为目的

整合营销传播的一个核心是与那些最有价值的消费者建立并保持长久的紧密联系。这意味着从消费者第一次接触品牌开始，到品牌不再能为其服务为止，企业都必须整合运用各种传播手段，使其与品牌的关系越来越密切、彼此互利。

（4）以"一种声音"为内在支持点

企业可以主动通过各种付费和非付费的媒介组合来控制讯息的内容和讯息的流动，不管企业采用什么哪种沟通方式，其中的产品或服务信息一定要清楚，品牌的形象和定位一定要一致。如果经过多种媒介传递出去的信息互相矛盾，就可能会让消费者不知所措或被他们忽视。

（5）以各种传播手段的协同为重点

整合营销传播应当做到让不同的传播手段产生协同效应，在不同的阶段发挥最大合力。传播手段各有优势，会展可以增加消费者的体验，搜索引擎广告可以让消费者快速找到自己想要的产品信息，品牌社区可以增加消费者之间的情感联系和对品牌的忠诚，吸引人的病毒视频可以利用消费者的社交网络进行二次传播。凡此种种，协同运作，形成合力，才能实现传播效果的最大化。

3. 广告在整合营销传播中的角色

汤姆·邓肯教授用整合营销三角模型解释了各种营销手段在整合营销传播过程中的地位和作用（见图2-11）。他认为，品牌的营销传播活动可以分为"言说""行动""确证"三个组成部分，这三者之间要具备内在一致性，才能提升品牌信誉（brand integrity）。品牌信誉（又可称为"品牌一致性"或"品牌道德"）指营销者必须兑现自己在品牌定位和差异化过程中提出的营销主张，品牌信誉代表着企业是否能实现承诺，是否能让消费者信任自己的品牌，目的是获得消费者的心理认同。①

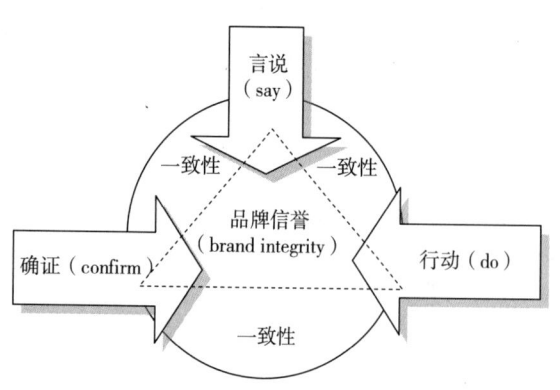

图2-11 邓肯的"整合营销三角"

---

① 科特勒,卡塔加雅,赛蒂亚万.营销革命3.0:从产品到顾客,再到人文精神[M].毕崇毅,译.北京:机械工业出版社,2012:39.

(1) 言说

"言说"指企业主动向外界做出承诺,而消费者则根据企业的"言说"形成对品牌的期望。"言说"负责传达计划内的信息,内容、形式、时间等都可以由企业决定,企业"言说"的途径有广告、销售推广、人员推销、新闻发布、活动赞助等。

(2) 行动

"行动"指通过企业的产品或者服务传达讯息,"行动"的内容包括产品的实际功用、价格以及购买产品和相关服务的便利性、员工与顾客之间的接触等。"行动"是消费者对品牌的切实体验,在一定程度上,"行动"可以由企业控制。

(3) 确证

"确证"是来自批评或者表扬品牌的其他人的讯息,是他人对企业言行的肯定或否定评价,具体形式包括消费者的口碑、公共媒体的评论、对手的评论以及各种难以预料的信息。"确证"往往是计划外的、不受企业控制的。

按照整合营销传播的观点,广告的角色发生了以下三个方面的变化:首先,广告是消费者与品牌发生关系的众多接触点之一,广告讯息应该与其他各个接触点的讯息保持内在一致性。其次,广告是企业"言说"的重要途径,是品牌对市场做出的承诺,这种承诺只是品牌与消费者关系的开始,而不是结束,只有当广告中"言说"的承诺能够在"行动"和"确证"环节得到履行和认可时,广告才会对品牌起到积极的作用。因此,广告承诺要适度,要能真实反映品牌的现实。再次,受众已不再只是单向的广告讯息的接收者,他们还在各种接触点上与品牌互动。因此,广告不应该再单纯地以促进销售为目的,而应该以创造与消费者互动的机会、提升品牌与顾客的关系为指导方针。

这是可口可乐公司针对全球妇女开展的可持续发展项目——"520计划"的一个子项目,主要围绕"商业的力量""女性的力量"与"知识的力量"三个维度展开,旨在通过零售商业技能培训、经济资助和导师支持等措施,到2020年实现50万中国女性学习、成长、为其家庭和社会创造更多价值的目标。

按照邓肯"整合营销三角"的分析框架,可口可乐的公关活动接触点是"言说",产品接触点是"行动",媒体接触点是"确证"。

图2-12 可口可乐的公关活动接触点:"妈妈大学"

图 2-13　可口可乐产品接触点：可口可乐 2018 年推出的新包装"城市瓶"

图 2-14　可口可乐的媒体接触点：可口可乐高含糖量的媒体报道

重要术语

广告作品	信宿（受者）	戏剧式表达方式	营销组合促销
广告活动	编码	假定消费者	销售推广
调查	解码	出资消费者	公共关系
策划	顾客价值	实际消费者	人员推销
表现	渠道	营销	直接营销
发布	反馈	需要	4P
效果测定	噪音	欲望	整合营销传播
传播	广告活动中的"出资人"	需求	整合营销三角
自身传播		期望	接触点
人际传播	广告活动中的"创作者"	满意	品牌信誉
组织传播		生产观念	言说
大众传播	广告活动中的"人物"	产品观念	行动
讯息	自传式表达方式	推销观念	确证
信源（传者）	叙述式表达方式	营销观念	品牌信誉

练习题

1. 请区别广告作品与广告活动，并说明广告活动通常由哪些环节构成。
2. 人类传播活动有哪些类型？

3. 请简述广告传播的流程及其要素。
4. 广告的传播功能是什么？
5. 在营销领域,消费者的期望和满意指什么？广告能对他们产生什么影响？请结合实例加以说明。
6. 请列举出企业看待市场营销的四种观念,并说明其含义。
7. 广告在企业的营销组合中处于什么地位？
8. 请简述整合传播营销的主要内涵。
9. 请简述在整合营销传播的视角下,广告的地位发生了什么变化。

网络资源

美国营销协会(AMA):www.marketingpower.com
美国广告委员会:http://www.adcouncil.org/

推荐读物

施拉姆,波特. 传播学概论[M]. 陈亮,周立方,李启,译. 北京:新华出版社,1984.
科特勒,凯勒. 营销管理:第15版[M]. 何佳讯,于洪彦,牛永革,等译. 上海:格致出版社、上海人民出版社,2016.
舒尔茨. 整合行销传播[M]. 吴怡国,钱大慧,等译. 北京:中国物价出版社,2002.
麦奎尔,温德尔,等. 大众传播模式论[M]. 祝建华,译. 上海:上海译文出版社,2008.

第 3 章 广告历史

本章学习目标

☑ 了解广告的起源。

☑ 了解现代广告的发展。

☑ 了解以美国为代表的西方发达国家的广告的特点和发展过程。

☑ 了解广告发展史上具有里程碑意义的事件。

☑ 了解中国广告的起源与发展。

☑ 了解当代中国广告的发展阶段。

☑ 了解广告学说的产生和发展。

为什么我们要为未来而回顾过去？因为我们实在没有别的地方好看了。

——詹姆斯·伯克

第一节 广告产生的动力及其初始形式

广告是商品经济的产物，它是伴随着社会经济的发展而发展的。日本神户高等学校教授中山静指出："广告不是社会制造的，而是自然产生的。"① 广告起源最直接最重要的动因就是人们在商品交易和其他商业活动中产生了将产品/商品信息广而告之的需求。由于商品交换活动在原始社会中已经产生，我们可以推测，在古代文明最为发达的地区，一定存在着某种初始的广告或者类似广告的活动，这一推测已经得到丰富的史料的证实。

一、古代的西方广告

（一）古巴比伦、古埃及的广告

广告的起源，以今天的广告定义来衡量，严格地说是从17世纪出现广告媒介才开始的。但是，作为广告初始形式的广告物早在17世纪前便已出现。公元前3000—前2000年左右，古巴比伦已经有了楔形文字，它是用芦苇、骨头、木棍、金属等东西在湿黏土板上刻文字，然后晒干制成瓦片保存起来的，其中记载着国王修建神殿、战胜碑等事件。这些记载反映出这个时代的商业已经比较发达，当时商人们雇用叫卖人为他们宣传，店铺的门外挂着商业招牌。

公认的现存最早的文字广告出现在公元前3000年②，是在古埃及底比斯（Thebes）城散发的"广告传单"，内容是悬赏追捕逃走的奴隶闪。这张用芦苇纤维制成的广告传单现保存在大英博物馆内，其内容如下：

> 男奴闪从善良的市民织布师哈布那里逃走。坦诚善良的市民们，请协助把他带回。他身高5英尺2英寸，面红目褐。有告知其下落者，奉送金环半副；将其带回本店者，愿奉送金环一副。
>
> 能按您的愿望织出最好布料的织布师哈布③

---

① 柏木重秋. 广告概论[M]. 王建玉, 李硕, 郑太宪, 译. 北京：中国经济出版社, 1991：1.
② 阿伦斯, 等. 当代广告学：第7版[M]. 丁俊杰, 程坪, 等译. 北京：华夏出版社, 2000：30.
③ 倪宁. 广告学教程[M]. 北京：中国人民大学出版社, 2004：34.

古埃及(公元前 700—前 176 年)也有专门雇叫卖人在码头上叫喊商船到岸时间的做法,有些船主还雇人穿上前后都写有商船到岸时间和船内装载货物名称的背心,让他们在街上来回走动。根据弗兰克·普勒斯利(Frank Pressbrey)的说法,夹身广告员就是从这时开始的。①

(二) 古希腊、古罗马的广告

公元前 1 世纪以前,古希腊和古罗马的店铺门口就开始悬挂招牌。公元前 79 年,古罗马的庞贝城因火山爆发而被火山熔岩吞没。大自然凝固了这段历史,忠实地记录下了庞贝城当时的生活实况。这一时期,正是我国的战国时代。当时,该城商店的招牌已很先进,店外围墙上种有常青藤的店铺是酒店,画有牛的地方是牛奶厂,画有骡子拉磨磨面的是面包房,画有水壶把的地方是茶馆。店铺门口旁边的白墙壁是用来写广告的②。白墙上的广告内容如下:"一队造营官的武士,在 5 月 31 日进行比武,同时也斗野兽,有遮阳光的篷子。""在阿里安的玻利安住宅区,格纳维斯的不动产从 7 月 15 日开始出租。房子是带有住宅的店铺和供骑士们居住的房间,如要租用,请向格纳维斯的奴隶提出申请。"③

此时,在北非的昔兰尼市(Cyrene)也出现了世界上较早的广告物——硬币。而在奴隶身上打上烙印(印记广告)的做法也至少有 3000 年的历史了。

尽管古代的广告物留下了广告起源的些许物证,但是这些广告物只表示警告或注意之意,与完全意义上的广告尚有距离。

二、中世纪的广告

在中世纪的欧洲,口头广告得到了很大的发展。吟游诗人和口述师在公共场所通过吟唱大做广告。1141 年,路易七世批准发证,同意卜莱省(Berry)由 12 人组成的口头广告团体成为省内口头广告的垄断组织。该团体的负责人与特定的酒店签订合同,在酒店内以吹笛子的方式招揽顾客(见图 3-1)。可以说,这是最早将口头广告合法化的做法。法国国王奥古斯塔(Philip Augustus)于 1258 年公布法令,保障叫卖人的权益,规定了叫卖人的报酬。

三、印刷术的发明与广告

在广告产生后相当长的一段时间,由于没有更先进的传播手段可供利用,世界各地的广告形

图 3-1 16 世纪法国巴黎的叫卖人

---

① 柏木重秋.广告概论[M].王建玉,李硕,郑太宪,译.北京:中国经济出版社,1991:4.
② 柏木重秋.广告概论[M].王建玉,李硕,郑太宪,译.北京:中国经济出版社,1991:5.
③ 柏木重秋.广告概论[M].王建玉,李硕,郑太宪,译.北京:中国经济出版社,1991:3.

式长期保持着初始的状态,或借助于手写、手画的传单、酒旗、招牌,或借助于人声和其他肢体语言进行传播,手段虽然丰富,却并不先进,信息的传播面很受限制。

活字印刷术在1045年前后由中国的毕昇发明,这种用陶土制成、可以反复使用的活字技术由马可·波罗辗转传入欧洲,并于14世纪至15世纪之间开始在欧洲流行。1450年,德国人古登堡采用铅和其他金属的合金浇铸成了字母。神奇的印刷技术革新催生了欧洲报业的繁荣,1609年德国出现了世界上最早的报纸《通告报》(*Aviso*)[1]。

印刷术的发明和使用从一开始就和广告业密切相关,它不但为广告提供了一种先进的传播手段,使广告传播的范围得到空前的扩大,也打破了广告缓慢发展的状态,使广告在世界各地都出现了飞跃。开办英国第一家印刷所的威廉·卡克斯顿(William Caxton)在1480年发行了一份传单,为其宗教礼拜仪式书《索尔兹伯里礼拜仪式通鉴》(*The Pyes of Solisbury Use*)做广告。第一份真正意义上的英文报纸《伦敦公报》(*London Gazette*)在62期刊登了一项声明,预告自己将于1666年6月发行一期特别广告增刊。1692年,约翰·霍顿(John Houghton)创办了一家报纸,它是《华尔街日报》(*The Wallstreet Journal*)的前身,这是第一份强调广告作用的报纸,约翰·霍顿还是那个时代少有的具有广告道德的人,尽管他的报纸接纳任何广告,但他只为那些他认为可靠的产品加盖"认可的印鉴"[2]。约翰·霍顿因此而被誉为"现代广告之父"。

这个时期除了报纸媒介外,还出现了类似广告代理店的机构。1610年,英国出现了最早的广告代理店,是英格兰国王詹姆士一世(James Stuart)让两个骑士建立的。1612年,在法国国王的特许下,泰奥弗拉斯托·雷诺德(Theophraste Renaudot)在法国创立了"广告局",为招聘、求职、出售房屋及其他需求的人提供服务。[3]

1645年1月15日,*The Weekly Account*杂志第一次开辟广告专栏,登出广告。在此之前,类似广告的意思大多使用"warning"(预告)这个词。该杂志首次在表述广告这个意思时使用了沿用至今的advertisement一词。

1702年12月,英国日刊报纸《伦敦每日时报》(*London Daily Courant*)公布,在报纸上刊登广告的税额一律为1先令。1712年,英国议会通过了对报纸和报纸广告征税的法案。

从广告发展史的角度考察,法规制度的建设不仅不会阻碍广告业的发展,相反,它至少会加快广告量的增长速度。到1803年,英国的广告税已提高到3.5先令。1800年,《泰晤士报》(*The Times*)平均每天刊登100条广告;而到1840年,这一数字已增长到了400条。

第二节 现代广告的发展

现代广告是相对于传统广告而言的。从全球范围看,现代广告的概念起始于美国。美国的历史虽然短暂,但其广告的发展历程却是世界广告发展史中极其重要的一页。进入现代广

---

[1] 埃默里,埃默里.美国新闻史:第八版[M].展江,殷文,译.北京:新华出版社,2001:3.
[2] 埃默里,埃默里.美国新闻史:第八版[M].展江,殷文,译.北京:新华出版社,2001:41.
[3] 杨海军,杨栋杰.试论世界广告的历史演进与历史坐标[J].广告大观(理论版),2010(02):76-81.

告阶段,美国在世界广告业中头把交椅的地位是公认的。时至今日,无论是人均广告费还是广告营业总额、广告费用总额占国民生产总值的比例,美国均居全球首位。探讨美国现代广告的来龙去脉对我们了解现代广告的含义及现代广告的发展极其重要,也极其必要。因此,我们在此将美国广告作为现代广告的典型加以分析。

按照较为公认的说法,美国广告经历了前工业化时期、工业化时期、工业时期和后工业时期四个历史阶段。

一、前工业化时期:19 世纪以前

1620 年 12 月 21 日,当一批清教徒怀着寻找自由新天地的愿望到达美国时,他们也把欧洲的商号招牌、报纸、广告传单等一同带到了美国。从这个时期起到 20 世纪初,是美国广告的萌芽时期,也可以说是印刷媒体时代。美国广告业的基础及其后来的发展模式和规模等各种因素均在这一阶段孕育形成。美国开国初期由英国殖民地形成的自给自足的农业社会,经过为解放黑奴而进行的南北内战,逐步开始进入初期大批量生产(mass production)的工业革命时代,广告也由原始的地方性报纸上的海上船期、新到货品名单等简单通告,发展成为工业革命中和工业革命后大批量生产的全国性商品的促销工具。

美国早在独立战争以前就有了报纸广告。1704 年创刊的《波士顿新闻信》(Boston Newsletter)①在创刊号上就登出了广告。虽然美国第一条报纸广告刊出的准确日期无法确定,但人们习惯上将《宾夕法尼亚公报》(Pennsylvania Gazette)的发行人本杰明·富兰克林(Benjamin Franklin)称为美国广告之父,他主办的这份报纸不但在政治和民意上颇具影响力,同时在广告经营上也创造了许多第一:第一家用线条将广告与其他内容加以区分,第一家在广告中采用插图②。富兰克林甚至亲自操刀撰写广告,并且从 1729 年起就开始以较大的标题字号、大量留白和增加美术设计等方式来提高广告的可读性。事实上,富兰克林是已知的最早在印刷广告中运用图画的美国人。③

二、工业化时期:19 世纪初到 19 世纪末

(一)背景

1. 经济社会背景

18 世纪中叶,工业革命在英国兴起,19 世纪上半叶,工业革命的浪潮开始波及北美。

19 世纪初的美国基本上仍然是一个只有农场、村庄和小型工业的国家,人们依赖本地生产的产品和服务来满足生活所需,家庭往往就是生产的场所。在这种情况下,刺激需求的因素几乎不存在。19 世纪后半叶,城市逐步形成并扩大,生产规模也扩大了。1870 年,农场主

---

① 埃默里,埃默里.美国新闻史:第八版[M].展江,殷文,译.北京:新华出版社,2001:28.
② 奥吉恩,等.广告学[M].程坪,张树庭,译.北京:机械工业出版社,2002:69.
③ 阿伦斯.当代广告学:第 7 版[M].丁俊杰,程坪,等译.北京:华夏出版社,2000:26.

和农场雇工构成了劳动人口的一大半;到1900年,工业人口的数量超过了农业人口。1917年,当美国参加第一次世界大战时,其农村劳动力已下降到只占全国人口的30%。至此,美国已成为一个城市化的国家。美国的这段城市化过程,通常称为工业化时期。在这段很短的时间里,现代工业企业迅速发展起来。随着交通和通信等基础设施的建成,铁路不仅定期快速地将邮件和旅客送往四面八方,也第一次为生产厂家运输原材料和制成品提供了可靠、周密及全天候的服务。与此同时,保障铁路正常运行的基础——电话和电报也使全美大部分地区的快速沟通成为可能。城市化过程使人们集中居住,组成了社区,从而为工业提供了稳定的、可预知的劳动力,而这正是工业的基础。

技术革新使机器取代了许多手工劳动,生产能力迅速提高,产量增加。这意味着商品不得不运往远处去销售。19世纪50年代,在美国东部中心城市,如纽约、巴尔的摩和费城,出现了批发体系,全美各地的零售商都跑到东海岸采购货物。铁路和电报出现后,批发活动也开始转向西部。很快,东部中心便和西部芝加哥、辛辛那提、圣·路易斯及其他城市的新兴流通中心展开了竞争。

2. 营销背景

这个时期是积极销售的时代。流动推销员四处招徕生意、接受订单,然后向其代表的批发商发回有价值的需求信息,并协助商店老板保证货物源源不断。到19世纪30年代,批发商已成为"经纪人",构建了大型的购销网络和组织,直接从生产厂家订货,再向农村的商店和日渐增多的专业零售商供货。这些批发商在各种出版物上刊登"现行价格公告",通知零售商有关基本的、无品牌商品的供货情况和运输情况,而零售商则向消费者告知这些信息。

大约在19世纪60—70年代,在纽约、费城、芝加哥和波士顿等大城市市场中出现了第一批大众零售商——百货商店,以梅西(Macy)、Marshall Field、Wanamaker等为典型代表。为了确保自己的利润,这些商店几乎普遍采用一个价格、大批量和大转手的战略。由于这种战略更接近消费者,因而百货商店比早先的批发商更依赖广告。这直接推动了现代广告和广告代理的产生与发展。当时的许多例子说明,大型零售商往往是广告代理公司的重要客户。

3. 媒介背景

到19世纪,美国的报纸完成了大众化的过程。下面这组数字可以帮助我们理解这样的历史:1870年至1900年,美国人口增加了1倍,城市居民增加了2倍,报纸数量增加了3倍,日销售量增长了近6倍,其中日报的发行总量从1870年的260万份上升到了1900年的1500万份。[①]

(二)现代广告代理制度

经济、技术、生产、分销以及媒介的发展催生了现代广告代理制度。

1. 媒体掮客阶段

(1)俄尔尼·帕尔默

大多数广告史学家认为俄尔尼·帕尔默(Volney Palmer)是美国第一位广告代理人。他

---

① 埃默里,埃默里.美国新闻史[M].展江,译.北京:新华出版社,2001:184.

从为各类报纸拉广告起家,1841年在费城创办自己的广告代理店,1845年在波士顿设立分理处,1849年又在纽约开办了分理处。俄尔尼·帕尔默劝说人们在他父亲创办的报纸《新泽西镜报》(The New Jersey Mirror)上登广告。他搜集各种报纸上的资料,无偿提供给广告主,并以此作为广告费的估价依据,有时也接受委托制作简单的广告稿件,广告贩卖店的酬金由广告主从付给报社的广告费中提取25%,俄尔尼·帕尔默的这种收费制一直沿用至今。

(2)乔治·P.罗厄尔

乔治·P.罗厄尔(George P. Rowell)为现代广告的稳步发展作出了巨大贡献。1860年,乔治·P.罗厄尔创办了与今天广告代理公司相似的媒介掮客公司。俄尔尼·帕尔默非常注重报纸,但乔治·P.罗厄尔却对所有的媒体都感兴趣,并且试图改进广告代理店提供的服务。他预测广告主的需求,买下大量版面,然后将版面分割成小块出售给广告主,从中赚取利润。出版商也愿意以低价将版面出售给他,让他充当中间人。乔治·P.罗厄尔的广告代理店是第一个向媒体垫付费用的代理店,他不像其他人那样等到广告主付费后才给媒体支付费用。他在付给报社现金的时候,从中收取50%的回扣,从而奠定了现在的代理费(回扣)制度。乔治·P.罗厄尔的另一重大贡献是他于1879年编辑的《美国报纸索引》。《索引》介绍了美国当时的5411家报纸,包括它们的发行量。1888年,乔治·P.罗厄尔创办了美国第一本以广告为主要内容的杂志《印刷品》(Printer's Ink,也有人译为《印刷者的墨汁》)。

到19世纪80年代,广告代理商的主要服务项目仍停留在"购买版面"的水平。乔治·P.罗厄尔相信,如果他的客户能让他为广告撰写文案,他完全可以为"改进广告力量和方式提出有价值的、切实可行的建议"。然而,当时一般人都认为广告文案写作不适合广告代理商,也不应该是广告代理商的分内之事,人们更愿意相信客户本身更适合为自己的广告写文案。

(3)J.沃尔特·汤普逊

城市化改变了生产厂家发送讯息的方式,也极大地改变了生产厂家的产品流通方式。城市化使市场集中起来,而市场的集中就意味着受众的集中。大众传播媒介与铁路交通使讯息得以到达这些受众。随着媒介环境的日益复杂,广告代理商开始推销报纸、杂志的版面。人们把将杂志发展成广告媒体的功劳归于J.沃尔特·汤普逊(J. Walter Thompson)。在J.沃尔特·汤普逊1869年加入威廉·J.卡尔顿(William J. Carlton)的广告代理店时,后者正专注于宗教宣传,J.沃尔顿·汤普逊说服威廉·J.卡尔顿向一般性杂志发展,尤其是针对女性的杂志。结果,到19世纪末,当其他广告代理商还在依据报纸"名单"招徕生意时,J.沃尔特·汤普逊已几乎垄断了一般性杂志这块市场。

2. 现代意义的广告代理公司

(1)艾耶父子广告公司

近似现代意义的广告代理公司最早出现在美国费城。1869年,年仅20岁的弗兰西斯·魏兰德·艾耶(Francis Wayland Ayer)向父亲借了250美元并以其父的名义(担心客户认为他年轻不可信,只好借其父的名义)创办了艾耶父子广告公司(N. W. Ayer & Son,后文简称"艾耶广告公司")。起初,他也与别人一样,只是一个广告掮客。1890年左右,艾耶转变了经营方式,他告诉客户自己从媒体购买版面的实际价格,然后要求客户在最后支付广告费用的时候按照实际的媒体购买价格再加上一定比例的佣金。这样艾耶广告公司便成了第一家按照

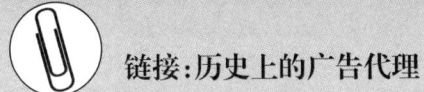

链接:历史上的广告代理

大多数学者都同意这样一个观点:广告代理在现代广告的发展以及其他经济活动的发展中扮演着比较重要的角色。美国历史学家拉菲·豪威尔这样总结1841年至1869年间广告代理所起的作用:"由于出版商和广告主双方都缺乏广告方面的专业知识和技巧,为了满足双方在经济利益上的需求,他们需要专门的帮助,并且这种帮助对各方都有利,这就为广告代理从中获利提供了机会,广告代理应运而生。广告代理为购买和出售广告空间提供了方便……从广义上看,早期广告代理的主要作用还局限于广告的初级效用,在此基础上,人们再去寻找更低廉、更有效的营销方法。"①

"版面纯成本"收取代理费的广告公司②。他还为客户设计、撰写文案,建议和安排合适的媒体并制作广告。因此,艾耶广告公司被广告历史学家称为"现代广告公司的先驱"。

广告代理公司的出现及其位置和角色的明确,基本上可以作为现代广告形成的标志。

拉菲·豪威尔(Ralph Hower)在一本有关艾耶广告公司发展史的书中,对广告主与其广告代理之间的关系做了如下描写:"艾耶广告公司听任广告主利用广告公司日益发展的技术,这样促使自己进一步发展成为广告领域的先锋。从那时起,广告代理公司便充分证实了自己策划和实施广告的能力。当然,广告是推销的一部分。这在过去是绝对不可能的。艾耶广告公司和国民饼干公司的合作非常密切。艾耶广告公司在企业推销的每个步骤都要提出建议,帮助协调饼干公司的销售力量与其零售商之间的广告工作关系。"③这种合作关系,使艾耶广告公司采用了"非竞争价格"方针。后来,这成了广告业中的一种标准做法。到1902年,艾耶广告公司专门设立了一个组织严密、专为国民饼干公司和标准石油公司策划公关活动的机构。在经历了广告代理仅限于为客户购买版面和撰写文案的阶段后,广告代理的业务范围迅速扩大了。

三、工业时期:20世纪初到20世纪70年代

广告的工业时期从20世纪初一直延续到20世纪70年代,工业基础在这个时期发展成熟。美国的工业已经可以满足人们的日常生活需求,商品市场趋于饱和,包装商品品牌逐步代替了过去无品牌的商品。

(一)全国性广告增长

生产厂家开始逐渐认识到企业的发展不仅与商品生产和分配(流通)有关,也与购买群体的形成有关,于是它们开始对以前零售商所从事的部分推销工作产生兴趣,并偶尔效仿零售商的做法,因为现有的批发商、零售商已经难以胜任推销和分配所有产品的工作了。生产厂家还意识到,如果自己生产的产品没有特色,自己就只能任由批发商处置。美国历史学家丹尼尔·鲍伯(Daniel Pope)指出:"当一些重要产业的企业主认定树立品牌形象和促销可以为自己带来利润时,全国性广告便应运而生了。"④

---

① HOWER R H. The history of an advertising agency, Rev. ed. [M]. Cambridge:Harvard University Press,1949:19.
② 阿伦斯.当代广告学:第7版[M].丁俊杰,程坪,等译.北京:华夏出版社,2000:27.
③ HOWER R H. The history of an advertising agency, Rev. ed. [M]. Cambridge:Harvard University Press,1949:94.
④ POPE D. The making of modern advertising[M]. New York:Basic Books,1983:62.

当时一些全国性广告活动的成功,向人们证明了这样一个道理:生产厂家可以利用全国性广告、商标和方便消费者的包装控制市场,从而创造和控制大众的消费模式。广告活动的成功表明,广告在生产厂家的产品推销活动中能扮演十分重要的角色。从20世纪初开始,广告迅速发展成为一种流行的经营战略和一种显而易见的文化现象。20世纪最初的20年,广告保持着迅猛发展的势头。

(二)调查成为广告活动的重要环节

在发展壮大的过程中,广告也开始受到公众的批评。为赢得民众的尊敬和职业尊严,广告业开始做出一些行业性的努力,如成立广告俱乐部、建立全国性行业协会、创办专业刊物、在大学开设广告课程、在广告界内部进行道德管理等。

其中最重要的举措是,广告业开始注重运用心理学等科学的方法和手段来研究和控制消费。随后,一系列研究市场反馈的技术诞生,问卷调查等成为广告业实际操作环节中的一个组成部分。

艾耶广告公司于1879年实施了今天人们认为的首次正式调查项目,但直到很久以后,调查才正式成为艾耶广告公司的业务组成部分。1915年,J.沃尔特·汤普逊在广告代理公司中率先设立了市场调查部门。

大约从1910年开始,新的调查种类出现:销售信息、批发信息、零售信息、媒介受众信息调查和更大规模的消费者调查。这类调查当时主要由媒介机构、社团、独立调查机构、市场调查公司、学术机构以及广告代理公司承担。

1929年的经济危机催生了调查业。丹尼尔·斯塔奇(Daniel Starch)、A. C.尼尔森(Nielsen)以及以民意调查为主要经营项目的乔治·盖洛普(George Gallup)分别组建了自己的调查小组,研究消费者的心态和偏好,提供有关公众舆论、广告讯息表现以及广告产品销售情况等方面的信息。

(三)文案写作专业化

随着广告量的增长,广告代理商之间的竞争越来越激烈,他们开始意识到,拙劣的广告有损于广告代理的形象。于是,20世纪初的大多数广告代理商都将业务范围扩大到了文案写作领域。

在两位杰出广告文案人员(业内通常称为"广告文案")——约翰·E.肯尼迪(John E. Kennedy)和克劳德·C.霍普金斯(Claude C. Hopkins)的帮助下,阿尔伯特·D.拉斯克尔(Albert·D. Lasker)创立了罗德-托马斯(Lord & Thomas)广告代理公司,以写作广告文稿为主要业务。克劳德·C.霍普金斯本人更是一位传奇的广告文案文案。作为一名研究人类本性的学者,他很早就认定人有喜欢购物的天性,进而他又发现人们虽然喜欢购物,但又常常缺乏购买东西的理由。基于这一点,克劳德·C.霍普金斯开创了简洁、直接的广告形式,即人们常说的"理由式"文案。克劳德·C.霍普金斯的研究和实践,为现代广告的发展补充了丰富

链接:乔治·盖洛普小传

乔治·盖洛普(1901—1984)出生于美国中西部的艾奥瓦州,早在艾奥瓦大学担任《艾奥瓦州日报》编辑期间就对研究人们如何阅读、能读到多少以及他们怎样理解产生了浓厚的兴趣。

他博士论文的题目是"测量报纸读者兴趣的客观方法",论文的研究基础便是对《得梅因注册报》(The Des Moines Register & Tribune)的社论和广告的调查。

1928年在艾奥瓦大学获得博士学位后,他任教于德雷克大学、西北大学和哥伦比亚大学,在此期间他又有机会做了大量的报纸调查。

1931年,他在西北大学进行的杂志读者调查引起了罗比凯(Rubicam)的注意,1932年乔治·盖洛普加入扬-罗比凯公司(Young & Rubicam)。他回忆说:"罗比凯对广告如何产生效果比任何人都感兴趣,他给我提供了自由进行调查的机会。"

盖洛普在扬-罗比凯公司待了16年,但是他从没有离开过自己的学术研究,他在扬-罗比凯公司的工作帮助这家公司赢得了"艺术与科学完美结合的广告公司"的称号。

20世纪20—30年代,乔治·盖洛普发明了许多不同的调查方法,这些方法广泛应用于广告和文案有效性的测量、媒体和受众描述等研究中,其中"Reading and Noting"方法用于认知测量,"Impact"方法用于回忆测量,此外还有用于测量广播电视收听收视状况的电话调查法、日记调查法和家庭测量仪法(metered-household)。

1935年,乔治·盖洛普成立了美国舆论研究所(American Institute of Public Opinion,简称AIPO),将市场研究的方法应用于社会和政治问题的调查。通过这些方法,他成功地预测了1936年美国大选的结果。

乔治·盖洛普于1977年入选广告名人堂,并被美国权威的《生活》(Life)杂志评为一百年来对美国历史影响最大的人物之一。

的内容。他于1923年撰写的《科学的广告》(Scientific Advertising)一书更是被广告界奉为圣经,在书中,他宣称"广告已经达到了科学的高度,它以固定的法则为基础。"[1]

(四)广告公司业务多元化

1929年,美国发生了影响全球经济的经济大崩溃,随后几年的经济大萧条导致全美国四分之一的人口失业,广告支出由1929年的34亿美元降到1933年的13亿美元,许多广告公司宣布破产。由于商业活动不景气,广告的作用及功效也开始遭到人们的质疑。

在广告不景气的同时,公众反对广告的呼声也越来越高,有些反对广告的主张最终变成了具体的限制。如食品药物检验局、贸易委员会等机构的设立。可以说,大萧条时期也是广告的困惑时期。拉菲·豪威尔这样总结这几年:"由于整个经营环境的缘故,广告业面对艰巨的经营困难,遭到了公众的耻笑和改革派的强烈攻击,经历了同行间激烈的竞争和工业迅速变化的困扰,置身于苛刻的法律威胁之中。广告业在许多方面都不得不做调整。无论是在消费大众的眼中,还是在使用广告的广告主的观念中,广告都显得大大地衰落了。然而,广告却成了我们的社会生活和经济生活中更有用、更不可缺少的技巧。"[2]

---

[1] 霍普金斯. 我的广告生涯 科学的广告[M]. 邱凯生,译. 北京:新华出版社,1998:175.
[2] HOWER R P. The history of an advertising agency, Rev. ed. [M]. Cambridge: Harvard University Press, 1949:152.

大萧条使许多客户都经历了销售持续下降的痛苦,许多人认定减少广告预算是一条相对无痛的削减成本的出路。于是广告主开始追究广告的效果,严格审查广告公司的服务,广告公司面临第一次重大危机。

广告量的减少使许多广告公司在生死线上挣扎,广告业开始了激烈的竞争。在经济困难时期,广告客户不仅要求广告公司提供更有效的广告,而且还要求提供文案写作、创意、媒体实施以及调查之外的服务,他们开始寻求可以在任何时候帮助自己的人——无论是在经济萧条时期还是在经济繁荣时期。

受广告业日趋激烈的竞争的刺激,广告公司提供的附加服务越来越多。当时,有人这样描述广告业务范围的扩大:"广告公司设立了调查部门……它们培养艺术家,使广告公司的工作可以为装潢设计、商品风格和广告表现服务。广告公司研究推销术,组织交易会,巧妙地进行推销谈判,培训推销员,制定销售战略。它们策划、设计、装饰、美化商店、工厂、办公室和交易所,重新设计旧产品,创造新形象。它们打扮橱窗,制定宣传技巧并组织会议。"[1]但并非所有的人都对广告公司扩大业务范围持肯定的态度。有人认为,在不增加服务费用的情况下提供额外的服务会削弱广告公司有效提供基本服务的力量,进而导致广告公司与企业之间的关系更加脆弱。

(五)媒体的发展和演变

1920年,第一座商业化的广播电台诞生。早在1916年,西屋电气公司(Westinghouse Electric Corp.)的工程师弗兰克·康拉德(Frank Conrad)就在匹兹堡自家的车库里试验无线电广播了。1920年,西屋电气公司将弗兰克·康拉德的播音室搬进了匹兹堡的工厂,并申请了广播执照。最初建立广播电台播送音乐和新闻的主要是类似于西屋电气公司这样的设备生产商,广播节目被视为提供给购买无线电收音设备的用户的附加服务。但是在随后20年的发展历程中,广播的广告传播价值逐步被发现并得到认可,广播网与推销全国性品牌产品的公司合作,使得无线电广播成为美国占主导地位的传播媒体和广告媒体[2]。

第二次世界大战以后,电视媒体走入美国家庭,它不但改变了人们的阅听习惯和生活方式,更成了战后广告业发展的重要领域。电视于1941年诞生,但在第二次世界大战结束以后才开始普及,到1960年已经有90%的美国家庭中至少拥有一台电视机。此时,电视广告飞速发展,很快成为广告收入最多的媒体。广播失去了往日全国性媒体的主导地位,不得不改变形态,从联网模式转向专业模式,基本上变成了地方性媒介。

(六)第二次世界大战后的著名广告人及其代表作品

第二次世界大战以后,美国广告业进入一段繁荣时期,出现了一批杰出的广告人,他们创作了很多脍炙人口、流传久远的广告作品,在这个时期出现的广告观念对整个行业都产生了深远的影响。

---

[1] BRISTOL L H. Management takes a square look at agency practice[J]. Advertising and selling,1932,11:13.
[2] 菲德勒. 媒介形态的变化[M]. 明安香,译. 北京:华夏出版社,2000:106.

1. 李奥·贝纳(1891—1971)[①]

芝加哥广告学派的创立人。

李奥·贝纳(Leo Burnett)出生于美国密歇根州圣约翰城,大学时代就读于密歇根大学新闻系,并担任校报编辑。他当过小工,教过书,做过刊物编辑。在他父亲的杂货店,李奥·贝纳第一次接触到广告的构图和文字。后来,他效力于卡迪拉克汽车,并于1919年成为该公司的广告经理。1935年8月,他以5万美元创办了李奥贝纳广告公司(Leo Burnett),开始时只有一家客户,营业额仅为20万美元。但到1981年,李奥贝纳广告公司已跻身于世界广告公司十强,位列第八,营业额增至13.36亿美元。在"创造现代广告的6位巨擘"中,李奥·贝纳是最其貌不扬也最大器晚成的一个。在他44岁创业的时候,美国经济大萧条,没有多少客户来找他;他喜欢大众化的语言,文风平实清新。因而当经济恢复、广告开始复苏时,广告界风行的华丽文风使李奥·贝纳的广告难受青睐。但李奥·贝纳不为环境所动,他坚信好的广告总有一天会被人赏识,他等到了这一天,这时,他已经60岁了。

李奥·贝纳的广告生涯长达半个多世纪,著有《写广告的艺术》,他所代表的芝加哥广告学派强调广告"固有的戏剧性"。按照他的说法,每件商品都有其戏剧化的一面,而当务之急就是要发掘出商品的特点,然后让商品戏剧化地成为广告中的主角。他不但在广告经营管理上取得了巨大成就,还在广告创作上建树颇丰。由于在广告创意方面的杰出贡献,他被誉为美国20世纪60年代广告创意革命的旗手之一。

他倡导优秀的广告人应该是"一个社会的调查人,从心理学研究人性的人,对人类的兴趣、情绪、感情、倾向、爱好和憎恨各方面进行深入观察的人"。他创作的一些广告作品被公认为"经典之作",如老虎托尼、豌豆绿巨人,有些使用了20多年。他认为广告创作中有三大禁忌:其一是用许多不证自明的事实凑成一篇毫无趣味、自我标榜的文章;其二是用明显的夸大之词构成夸张的猜想曲;其三是一味炫耀作者自己的才华,只知舞文弄墨,却把商品本身的特征弃置一旁(关于李奥·贝纳,本书第12章"广告创意"中还有更多介绍)。

他对广告创作的很多观念,至今仍在指导着全球的李奥贝纳人,如:

◎ 如果你不愿意将自己当成消费者,那么你就根本不该步入广告这一行;

◎ 做生意的唯一目的,就是服务大众;而做广告的唯一目的,就是对大众解释这项服务;

◎ 占领市场必须占领消费者的心;

◎ 有趣却无销售力的广告,只是在原地踏步;但有销售力却无趣的广告,却让人厌烦;

◎ 有能力的创意者,不会认为自己的工作只是做一条或一套广告,他一定会下功夫用心去了解影响产品销售的其他原因;

◎ 对生活抱有全面的好奇心,这是一个伟大创意者成功的秘诀;

◎ 简单点吧!让我们挑最明显的特点——最共通的属性,然后把它做得不同凡响;

◎ 做广告不要超越人们的普通智力,否则就会落得无人问津;

[①] 参见百度百科。

专论：广播与广播广告的诞生和发展

电子传播时代始于意大利发明家伽利尔摩·马克尼（Guglielmo Marconi）的"无线"电报和人们对电磁辐射的应用。

在20世纪最初的20年里，一些业余无线电爱好者推动了电子媒介的发展。他们在晚上无线电干扰最小的时候接收微弱的信号并且彼此交换信息，他们当中曾有人预测无线电将会取代电话成为自由的、延伸的人际交往形式。这些初期的探索者一方面把无线电通讯作为个人爱好，另一方面也自豪于自己的技术优势并借此提供一些公共服务。1910年，他们当中的一些人开始尝试播放音乐和新闻，到20世纪20年代初，美国已经有15 000个发射台，有250 000人收听这些广播。

1916年，西屋电气公司的工程师弗兰克·康拉德开始在自己匹兹堡的车库中定期发送新闻和音乐，他的业余爱好在同事中小有影响，也引起了其雇主西屋电气公司的注意，而当时的西屋电气公司正在为自己的无线电设备开拓市场。当时，无线电话基本上被定位为有线电话的竞争者，弗兰克·康拉德的行为使西屋电气公司的老板相信，无线电的真正潜力可能是充当一种大众媒体。1920年，西屋电气公司将弗兰克·康拉德的播音室搬进了匹兹堡的工厂并申请了广播执照。

广播电台的成功推动了西屋无线电设备的销售，在此后的10年间，许多无线电收音机生产商都纷纷效仿西屋电气公司，开办自己的无线电台。

20世纪20年代，消费者对无线电广播的好奇心已经逐渐转变为对节目质量的要求。1926年美国无线电公司成立，公司改进了收音效果，提高了节目质量，使受众规模进一步扩大，逐渐地，广播变成了广告主得以到达大规模全国受众的重要媒体。

◎ 我们希望消费者说"这真是个好产品"，而不是说"这真是条好广告"；
◎ 广告无法为人们不需要、不渴望拥有的产品创造奇迹，但是，技艺高超的广告创意却可以将产品原本被忽略的特点表现出来，从而激发人们拥有它的欲望；
◎ 一个真正优秀的创意人员，对实事求是比能言善辩更有兴趣，对感动人心比甜言蜜语更觉满足；
◎ 在我们这个行业，当你开始关心数钞票胜于做好广告和服务客户时，你很快就会发现没有多少钞票可数；
◎ 广告原创的诀窍，不在于制造新奇花哨的图像文字，而在于组合那些熟悉的文字、图片，从而产生全新的趣味；
◎ 要单纯，既要使人记忆深刻，更要让人乐于注意、看得有趣；
◎ 在演出的舞台上，广告不是一出独角戏，它是在营销统领下各项活动集体演出中的一员，它必须与其他活动和谐一致，才能收到好的演出效果；
◎ 好广告应该是图片与文字的快乐联姻，而不是它们之间的相互竞赛；
◎ 即便是写废话，也要写得像个样子，不要写得粗糙低俗；
◎ 在物色创意人选时，那些对生命近乎天真般好奇的人，总会让我产生万分兴趣。

2. 大卫·奥格威(1911—1999)

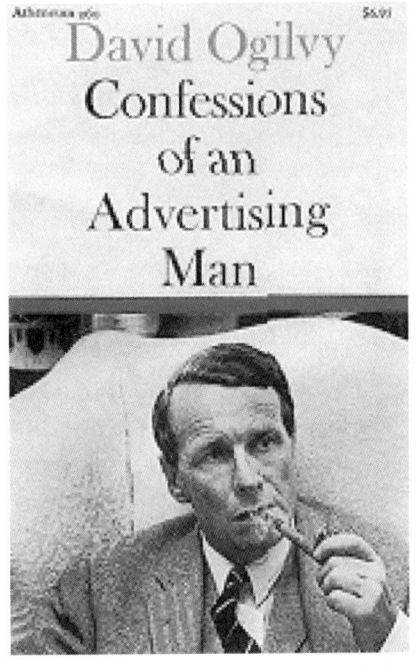

图3-2 奥格威著作《一个广告人的自白》英文版封面

大卫·奥格威(David Ogilvy,业内习惯称"奥格威")是苏格兰裔美国人,他职业经历丰富,大学毕业以后的第一份工作是在巴黎的皇家饭店(Hotel Majestic)做厨师,为了尽早结束在厨房里工作艰辛却收入低微的处境,奥格威接受了向英国厨师推销一种名叫"雅家"(Age)的烹饪炉具的工作。奥格威是一名出色的销售员,雅家公司甚至委托他撰写指导其他销售人员的手册。他将自己写的这份手册寄给了在伦敦美瑟—克劳瑟(Mather & Crowther)广告公司工作的兄长,意外地获得了在这家广告公司工作的机会。在那里工作了三年之后,奥格威去了美国,加入了乔治·盖洛普的公司,并和这位调查业的泰斗一起工作,奥格威自己称这是他"一生中最幸运的转折"[1]。

1948年,奥格威创建了现在名满天下的奥美广告公司(Ogilvy & Mather),直到1989年该公司被WPP集团收购,他一直领导着这家公司。在奥格威时代,奥美广告公司是许多知名企业和品牌的广告代理,其客户名单中包括:哈撒韦(Hathaway)衬衫、健力士(Guinness)黑啤、劳斯莱斯(Rolls-Royce)汽车、壳牌(Shell)石油、多芬(Dove)香皂、西尔斯(Sears)百货和美林(Merrill Lynch)证券,等等。

奥格威是"品牌形象"观念的首创者和实践者,他认为每一条广告都是对品牌的长远投资,任何产品的品牌形象都可以依靠广告建立起来。品牌形象并不是产品固有的,而是在产品的质量、价格、历史等外在因素的引导和辅助下形成的。因此,广告活动应该以树立和保持品牌形象这种长期投资为基础。在奥格威看来,"每一个品牌都是一个产品,但不是所有的产品都是品牌"。"品牌形象"观念在广告界产生了巨大的影响,引起一场广告观念的变革。

奥格威特别重视创意的力量,他曾说,除非广告建立在伟大的创意之上,否则无异于锦衣夜行,难以为人所知。由于注重以事实为依据的长文案,创作出的广告精致典雅,奥格威被称为"广告古典主义者"。职业调查员的经历使奥格威深信广告是科学而非艺术,"说什么"比"怎么说"更重要。同时,他也是最早强调零售机构"服务特征"的广告人,在为西尔斯百货创作的广告中他强调百货公司给顾客提供的是服务的价值,而不是商品本身。

---

[1] 奥格威.大卫·奥格威自传[M].麦慧芬,译.海口:海南出版社,1998:77.

 **案例:穿哈撒韦衬衫的男人**

大卫·奥格威从 1951 年起为哈撒韦衬衫创作广告,他尝试了 18 种方法,通过"故事诉求"(story appeal)的方式表达产品与众不同的品牌形象。

【广告标题】穿哈撒韦衬衫的男人。

【广告正文】美国人开始认识到穿一套高档西服却配一件批量生产的廉价衬衫有多么破坏整体效果,而且滑稽透顶。因此,哈撒韦衬衫的日渐流行,正是它所处阶层的需要。首先,哈撒韦衬衫非常耐穿——可以穿很多年。其次,因为哈撒韦衬衫衣领裁剪精致,因而能使你看起来更年轻、更高贵。整件衬衫不惜工本的剪裁,会令您觉得更为舒适。下摆很长,可以深入裤腰。纽扣是用珍珠母做成的——非常大,也非常有男子气。甚至缝纫上也带着一丝南北战争前的高雅气质。最重要的是,哈撒韦品牌使用从全世界各地进口的最有名的布料来缝制衬衫——从英国来的棉毛混纺斜纹布,从苏格兰奥斯特拉德来的毛织波纹绸,从西印度群岛来的手织绸缎,从英国曼彻斯特来的宽幅细毛布,从巴黎来的亚麻细布。穿着如此完美风格的衬衫,定会使您得到超乎衬衫本身的众多满足。

哈撒韦是缅因州小城沃特威的一个小公司里虔诚的手艺人缝制的,他们老老少少在那里工作了整整 114 年。假如您想在离您最近的店家买到哈撒韦衬衫,请写明信片到:"C. F. 哈撒韦,缅因州,沃特威",即复。

奥格威创作的哈撒韦衬衫广告

奥格威于 1963 年撰写了《一个广告人的自白》(Confessions of An Advertising Man),于 1985 年撰写了《我的广告观》(Ogilvy on Advertising)。这两本书集中反映了奥格威的广告理念,被译成多种语言出版,影响了几代广告人(关于奥格威,本书第 12 章"广告创意"中还有更多介绍)。

3. 罗瑟·瑞夫斯(1910 – 1984)

罗瑟·瑞夫斯(Rosser Reeves)被认为是广告史上最具影响力的人物之一。他出生在美国的弗吉尼亚州,并在那里上大学。美国经济大萧条开始时,19 岁的罗瑟·瑞夫斯不得不辍学去工作。他最初从事新闻报道工作,而后进入弗吉尼亚银行,为银行的内部刊物撰写文章,不久刊物停办,他转而到银行的广告部门工作,在这里他获得了接触纽约的广告公司的机会。之后,罗瑟·瑞夫斯离开故乡去纽约。作为一个年轻而勤奋的广告文案人员,他辗转多家广告公司,直到1940年加入达彼思广告公司(Ted Bates and Company),并在这里开创了自己辉煌的事业。他帮助总督(Viceroy)香烟、高露洁(Colgate)牙膏重塑了形象,推动了玛氏(M&M)巧克力的销售。1952年,罗瑟·瑞夫斯为德怀特·艾森豪威尔(Dwight David Eisenhower)成功地策划了竞选总统的电视广告,从而对美国的政治广告活动产生了巨大的影响,同时罗瑟·瑞夫斯也为广告从印刷媒体走向电视媒体作出了贡献。

1961年,罗瑟·瑞夫斯出版了《广告的真相》(The Reality of Advertising)一书,集中表达了他的广告观念。他认为广告不是用来娱乐人们的,广告应该抓住人们的注意力,并且不断地重复一个单一的信息。这种观念被概括成USP(Unique Selling Proposition),即"独特的销售主张"。其主要含义为:(1)每一条广告都必须向顾客提出一种主张(proposition),它绝不仅仅是几句话或者对产品的吹捧,每一条广告都必须告诉每一个读者,购买这件产品他就会得到这种独特的好处;(2)这种独特的好处必须是竞争者没有或者还没有传达过的,它必须是品牌特有的或者其他同类产品的广告中还没有表现过的;(3)广告所提出的主张必须足够有力,能打动成千上万的人。

罗瑟·瑞夫斯与同一时代的大卫·奥格威有许多共同之处:他们都创作了许多著名的广告作品,他们都是霍普金斯科学广告观的追随者,他们的广告观念对后世均有重要影响(奥格威的品牌形象观念一直沿用至今,而罗瑟·瑞夫斯的USP理论与里斯和特劳特的定位理论一脉相承),他们甚至娶了一对姊妹为妻。但是罗瑟·瑞夫斯对待广告创意的态度却与奥格威迥然不同。罗瑟·瑞夫斯对文案人员有特殊的要求,他说"如果一个广告文案人员不是一个销售人员,那么他一定是一个差劲的文案",他还认为应该在广告中使用科学的证据。为了坚持自己的广告理念,他明确表示反对那些一味追求"创意"的广告,甚至半开玩笑半威胁地对自己的新员工说如果有谁获得了创意方面的奖项,他就炒他的鱿鱼(关于罗瑟·瑞夫斯,本书第12章"广告创意"中还有相关介绍)。

4. 威廉·伯恩巴克(1911—1982)

威廉·伯恩巴克(William Bernbach)出生在纽约的布朗克斯镇,在纽约大学获得英文专业学士学位,毕业后的第一份工作是在某酒业公司做门房邮差。他在业余时间为公司创作广告,但却并没有引起人们的注意。威廉·伯恩巴克广告生涯的真正起步是在第二次世界大战之后。1945年,从军队退役的他进入葛瑞广告公司(Grey),从一般文案人员做起,仅仅用了四年时间,他就成了创意总监。随着威廉·伯恩巴克在纽约广告界的名气越来越大,他越来越觉得葛瑞广告公司所信奉的"根据调查创作广告"的风气与他自己的广告理念有很大的冲突。1949年,他与一起共事的尼克·多耶尔(Ned Doyle)以及麦克·邓恩(Mac Dane)一起离开葛瑞,成立了恒美广告公司(Doyle Dane Bernbach,业内习惯称DDB)。威廉·伯恩巴克为大众汽车(Volkswagen)、艾维斯(Avis)出租汽车、宝丽来(Polaroid)拍立得相机、美国航空(American Airlines)、哥伦比亚咖啡(Cafe de Colombia)等公司服务,并创作了一系列至今仍被广告界称道的作品。在《广告时代》(Ad Age)杂志评选的20世纪100位卓越广告人中,威廉·伯恩巴克位列第一;在100件最优秀广告作品中,有四分之一来自DDB。这样的成绩,足以说明威廉·伯恩巴克在广告史上的重要地位。

威廉·伯恩巴克、大卫·奥格威和罗瑟·瑞夫斯都是美国"创意革命时代"的代表人物，但是威廉·伯恩巴克的广告观念却与后两者大相径庭。人们认为威廉·伯恩巴克具有"反调查的情节"（anti-research sentiment），他认为定量调查会消磨创造力，鼓励单一和平庸的广告作品。他坚信广告创意要依赖直觉和灵感，要相信自己的本能，倾听自己在无意识状态下涌现出的念头——它们往往会在人精神放松、漫步小路甚至是即将入睡时出现。

为了保护员工的创造力，威廉·伯恩巴克鼓励员工在广告中运用个性化的表达方式，并在 DDB 推行团队工作方式。今天，这种工作方式已经被很多强调知识管理的公司采用，但在 20 世纪五六十年代却显得非常与众不同。他让文案人员和设计美工协同工作，改变了当时在广告业中普遍存在的"先文案、后设计"两步走模式。正是宽松的创作氛围和管理上的变革，使 DDB 为客户创作出了很多脍炙人口的广告。在广告表现方面，威廉·伯恩巴克认为广告应该以真诚的方式表达，应该采用人们的日常用语，应该传达简单的讯息，应该将广告主的产品与消费者联系起来，因为"无趣的东西固然无助于销售，但毫无关联的花哨东西同样毫无用处"。图 3-3、图 3-4 为威廉·伯恩巴克的经典之作（关于威廉·伯恩巴克，本书第 12 章"广告创意"中还有相关介绍）。

【标题】：当你只是第二，你会更加努力，否则

【正文】：小鱼儿必须不停地游。大鱼总在不停地追逐它们。艾维斯深知小鱼儿的难处。我们只是租车业的第二，如果我们不更加努力，就会被吃掉。我们永不停歇。我们总是清空烟灰缸，在租出汽车前加满油箱，充足电池，检查挡风玻璃的雨刷。我们只出租崭新的福特汽车。因为我们不是个头最大的鱼儿，所以你不必担心在柜台前被挤得像沙丁鱼。

我们这里顾客不挤。

图 3-3　艾维斯汽车租赁公司广告

【标题】：想想小的好处

【正文】：我们的小车并不标新立异。许多从学院出来的家伙并不屑于屈身于它；加油站的小伙子也不会问它的油箱在哪里；没有人注意它，甚至没人看它一眼。其实，驾驶过它的人并不这样认为。因为它耗油低，不需防冻剂，能够用一套轮胎跑完 40 000 英里的路。这就是为什么您一旦用上我们的产品就会对它爱不释手的原因。在您挤进一个狭小的停车场时，在您续交那笔小小的保险费时，在您支付那一小笔修理费时，或者在您用自己的旧大众换得一辆新大众时，请想想小的好处。

图 3-4　大众汽车"想想小的好处"篇（1959）

四、美国广告业的后工业时期：20 世纪 80 年代以后

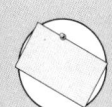

关键词

婴儿潮世代（Baby Boomers）：第二次世界大战结束以后，大批美国青年返回家乡建立家庭，于是在 1947—1961 年间，美国出现了战后的补偿性生育高峰，婴儿潮时期出生的人占到目前美国全国人口的四分之一左右。

从 20 世纪 80 年代开始，美国的广告业进入后工业时期。

在这个时期，美国婴儿潮时期出生的孩子成为消费的中坚力量，他们在美国战后和平富裕的环境下成长，基本生活需求已经得到满足并有所保障。因此，他们比前一代人更加在意生活质量，他们关注自我，同时寻求社会的认可。

20 世纪的最后 20 年是美国社会分化、媒体碎片化的时期。由第二次世界大战促成的"心智上倾向于相互协作与团结一致"的社会从 80 年代开始逐渐解体，美国社会中出现了不同的利益集团，人们在价值观和生活方式上的差别也越来越明显。在媒体方面，报纸和杂志从面向大众的媒体转变为针对特定受众的专业化媒体，原有的三大电视网：哥伦比亚广播公司（CBS）、全国广播公司（NBC）、美国广播公司（ABC）和新兴的有线电视新闻网（CNN）、福克斯新闻频道（Fox News）以及为数众多的地方电视台给了受众更多的选择余地。此时，"美国社会比以往任何时候都更为支离破碎，广告主更需要各种视听形态以吸引比以往更狭窄和更确定的受众"①。

80 年代以来，环境污染、资源短缺等问题凸显，在消费者和一些民间组织的"反营销"声

---

① 塔洛. 分割美国：广告与新媒介世界[M]. 洪兵，译. 北京：华夏出版社，2003：41.

浪中,企业开始注重公益形象,保护环境、节约能源、倡导健康生活方式和承担社会责任成为企业在广告中对公众的庄严承诺。

在这一时期,消费者对广告的态度充满了疑惑。根据1980年扬凯洛维奇、斯克利和怀特做的一项研究,70%的美国人对广告的真实性或者欺骗性表示关注。在这个充满反控制气氛的年代,70%的人认为应该对广告进行更加严格的管理。[①]

一方面是受众对广告的质疑,另一方面是广告主对广告效果的不满。消费者越来越多样化,媒体越来越碎片化,传统的广告方式已难以利用有限的广告费用达到广告主的要求。20世纪90年代初,美国出现了经济衰退,许多客户削减广告预算,转而把钱花在能够看到即时效益的广告形态上,如折扣券、直接邮递和现场促销。在这样的背景下,许多广告公司开始接纳并采用"整合营销传播"的观念,这种观点强调营销运作应该摆脱粗放、单一的状态,走向高效、系统和整合。

从20世纪80年代末开始,一些国际资本通过收购和兼并独立广告公司形成了规模巨大的广告集团,其中位列前四的有奥姆尼康集团(Omnicom Group)、WPP集团、IPG(Interpublic Group)、阳狮集团(Publicis Group)。许多著名的美国广告公司,如奥美广告公司、恒美广告公司(DDB)都先后被这些集团收购。四大国际广告集团和它们旗下的主要成员如表3-1所示。新组建的广告集团大多不只经营广告业务,更在全球范围内为客户提供广告、营销传播、公共关系等一系列服务。在新的格局下,同属一个广告集团的各个公司之间既有协作也有竞争,面对宝洁(P&G)、可口可乐(Coca-Cola)这样庞大的跨国经营的客户,这些广告集团不仅能够在多个国家为它们代理广告业务,而且能够充分组织内部资源,为它们提供媒体购买、公共关系、销售推广、品牌管理、信息搜集等相关服务,以适应客户全球化经营和整合营销传播的需要。

表3-1 全球四大国际广告集团

名称	总部	旗下主要广告集团
WPP集团	伦敦	J. Walter Thompson(JWT,智威汤逊) Ogilvy & Mather(奥美) Young & Rubicam Advertising(扬-罗比凯) Grey(精信)
奥姆尼康 (Omnicom)	纽约	BBDO Worldwide(天高)* DDB Worldwide(恒美) TBWA Worldwide(李岱艾)
阳狮 (Publicis Group)	巴黎	Saatchi & Saatchi(萨奇)* Leo Burnett Worldwide(李奥贝纳) Publicis Worldwide(阳狮环球)
IPG集团 (Interpublic Group)	纽约	Foote, Cone & Belding Worldwide(FCB,博达大桥) MullenLowe Group(睿狮) McCann World Group(麦肯)

*BBDO与我国中广联的合资公司称"天联",其国际公司中文译名为"天高";Saatchi & Saatchi与我国的合资公司为"盛世长城",其国际公司译名为"萨奇"。

[①] 转引自舒德森.广告艰难的说服[M].陈安全,译.北京:华夏出版社,2003:61.

第三节　中国广告的历史

一、广告在中国的起源和发展

我国最古老的广告形式是由口头叫卖、吆喝声逐渐发展而来的各种各样的销售现场广告。早在殷、周时代，我国便形成了"日中为市"，"致天下之民，聚天下之货，交易而退，各得其所"的交易形式。要进行交易，必然要把供交换的东西摆出来引起人们的注意；而要唤起人们进行交易，还得叫卖。因此，可以说陈列和叫卖（北方称之为"吆喝"）是比较原始的广告形式。

"日中为市"以后，又有各种各样的交易形式出现。有的商贩走街串巷，以叫卖声引人注意。《论语·子张篇》中说"百工居肆，以成其事"，这里的"肆"就是古代城市中店铺集中的地方。各种店铺为了招徕顾客，发展出了比叫卖更丰富的广告形式，主要有旗子、幌子、招牌等。

各种形式的古代广告，不仅可以从我国古典小说和诗词歌谣中得到进一步的印证，还可以从古代的一些名画中找到踪迹。关于酒旗，《韩非子》中就有记载："宋人有沽酒者，悬帜甚高著。"历代诗词中也有许多关于酒旗的诗句，如"城外春风吹酒旗"（唐·刘禹锡）、"西风酒旗市，细雨菊花天"（宋·欧阳修）、"酒店门前七尺布，过来过往寻主顾"（《元曲选·后庭花》）等。关于招牌，明末小说《醒世恒言·张廷秀逃生救父》中有这样的描述："自起了一个别号，去那白粉墙上写两行大字'江西张仰亭精造圆木家伙，不误主顾'。"

《清明上河图》（见图3-5）描绘的是北宋都城汴梁（今开封）和汴河两岸清明时节的市俗人事。从图上可以看出，当时街市上的各种广告形式已经非常丰富了：在汴河岸边上靠近桥头的一座彩楼上，有一条上书"新酒"二字的彩条旗，这是酒店的旗帜广告；在彩楼下面的店门口，悬挂着一只写有"脚店"字样的灯笼，这是旅馆的灯笼广告；进入高大的城门后，沿街两旁的店铺门口，有写着"正店""香醪""孙羊店"字样的招牌，有"刘家上色沉檀拣香"的竖标，有"王家罗绵帛铺"的横幅，还有挂着"解"字的市招……《清明上河图》不仅反映了当时汴梁商业的繁荣，也从一个侧面证明了我国古代商业广告的形式的确多种多样。

图3-5　清明上河图（局部）

图3-6 北宋"济南刘家功夫针铺"广告铜版

我国隋唐时代就出现了雕版印刷技术,现藏于中国历史博物馆的北宋济南刘家功夫针铺的雕刻铜版,是世界上迄今发现的最早的印刷广告物。铜版高12.5厘米、宽13厘米,人们将它印在包装纸上。铜版布局规整、图文并茂,中间有一白兔在台上做捣药状,白兔两旁分列"认门前白兔儿为记"的字样,白兔下方写着:"收买上等钢条,造功夫细针,不误宅院使用,客转为贩,别有加饶,请记白。"(见图3-6)

在明代,雕版印刷书籍十分盛行,书商常常在书尾印上推销书籍的广告。活字印刷虽然在北宋时代就已经发明,但是迄今还没有发现同时代的活字印刷广告物。

二、近代中国广告

1840年,中国进入近代史阶段。随着商品生产和商品流通的发展,各种销售现场广告已远远不能适应生产和流通的需求,于是,期刊广告、报纸广告、广播广告和专门的广告机构相继出现。

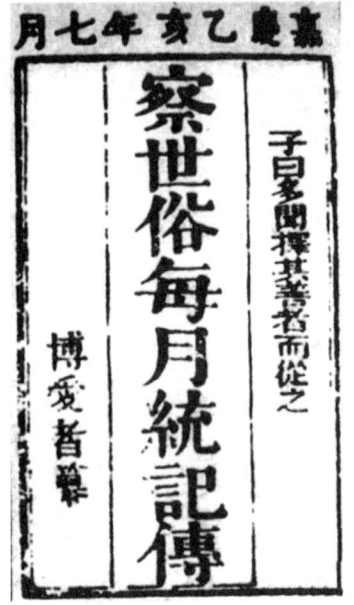

图3-7 《察世俗每月统记传》封面

1815年8月,英国传教士马礼逊(Robert Morrison)、米怜(William Milne)在马来亚创办了《察世俗每月统记传》(Chinese Monthly Magazine)(见图3-7),这是最早刊登广告的定期中文刊物。1853年,由英国传教士在香港发行并销售到广州、上海等地的《孖剌报》增出中文版《中外新报》,率先刊登了商业广告。接着,一些报纸、杂志相继开辟了广告专栏,主要有《中国新闻》《上海新报》《万国公报》《申报》《新闻报》《字林西报》《闽报》《苏报》《湘报》《东方杂志》《生活周刊》等。例如1924年,广州一家报纸就刊登了通用电气公司的一条电灯泡广告(见图3-8)。

近代科学技术在广告方面的应用,使广告成了一种专门的技术服务。1910年后,外商在华设立的广告公司日见增多,主要集中在上海。较早的是法国商业机构法兴印书馆开设的广告部,它们经营路牌广告,还用广告船行驶于内河。1915年,意大利人贝美创办了广告社,经营户外广告。1918年,新闻记者出身的美国人赫伯特·卡尔·克劳(Herbert Carl Crow)创办了克劳广告公司,经营路牌和报纸广告。1921年,英国商业机构美灵登广告公司成立,主要经营路牌和报纸广告,同时还承包了上海电话公司的电话号簿广告和电车、公共汽车广告。

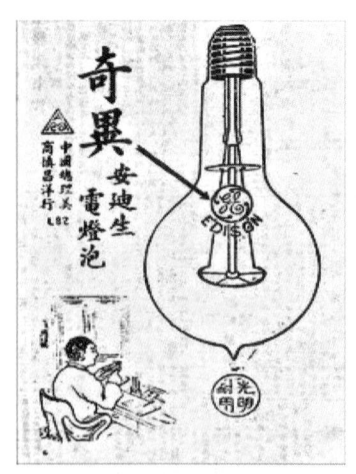

图3-8 1924年6月19日刊登在广州一家报纸上的通用电气(GE奇异)电灯泡广告

1922年,美国商人E. G. 奥斯邦(Osborn)在上海设立了中国境内的第一家广播电台,并于1923年开始播音,在每晚一个小时的节目当中,除了新闻、音乐以外,也播出一些商业信息。中国人自己办的第一家广播电台于 1927 年由新新百货公司设立(见图 3-9)。此后,随着广播听众人数的增加,广播中的广告也越来越多,私营电台大多依靠广告收入维持运营。①

除了报刊广告、杂志广告和广播广告之外,路牌广告、橱窗广告、霓虹灯广告、车身广告在上海等商业中心也已经非常常见了。1926 年,上海南京东路伊文思图书公司的橱窗内首次出现了霓虹灯广告——宣传皇家牌 Royal 打字机的英文广告吊灯。与此同时,于 20 世纪初成立的上海先施、新新、永安、大新四大百货公司也设置了大型橱窗广告(见图 3-10)。②

中国人自己开办的广告公司中,规模较大的有成立于 1926 年的华商广告公司,其创始人是毕业于美国哥伦比亚大学的经济学硕士林振彬,他将西方先进的广告理念带回中国,在经营过程中特别注重客户的意见,每天早晨都会按照惯例拜访客户,听取他们的意见和要求。十年间,华商广告公司的客户数量从初建时的两家发展到近百家。另一家规模较大的广告公司是 1930 年由耀南、商业、一大、大华四家广告社合办的联合广告公司,由《申报》经理张竹平担任董事长。1936 年,联合广告公司投资王万荣开设的荣昌祥广告社,后组建为荣昌祥广告股份有限公司。1935 年,联合广告公司和华成烟草公司合办联华广告公司。

20 世纪 30 年代中是新中国成立之前上海广告业的全盛时期,"克劳""美灵登""华商""联合"并称为上海的四大广告公司。1927 年,上海的六家广告社成立了中

图 3-9 20 世纪早期的新新百货公司

图 3-10 1918 年 9 月开张的上海永安公司

---

① 陈培爱. 中外广告史[M]. 北京:中国物价出版社,1997:48.
② 陈培爱. 中外广告史[M]. 北京:中国物价出版社,1997:49.

华广告公会,以解决同业纠纷和争取共同利益,这是我国广告业最早的行业组织。

20世纪初,我国的广告已能做到图文并茂,广告公司不但为客户设计广告词,还有专门的美工为广告配图。在广告表现方面,除了突出品名、品牌以外,更以手绘图画表现产品性状、消费者形象和使用场景。

三、当代中国广告

新中国成立后,在全国范围内对包括广告业在内的诸多行业进行了社会主义改造,过去在上海、北京、天津等大城市的私营广告公司逐渐萎缩,取而代之的是国营广告公司。例如,在上海成立了上海市广告装潢公司和上海市美术设计公司,在北京成立了北京市美术公司,这些公司主要为企业提供报纸广告、杂志广告、路牌广告、橱窗设计等服务。

从20世纪50年代一直到70年代末"文化大革命"结束,这段时间由于计划经济体制等因素的影响,中国的广告业处于停滞甚至消亡的状态。户外广告被拆除,换成了政治宣传标语;报纸数量减少,报纸广告逐渐消失,1970年1月19日《人民日报》在刊载完最后三条工业广告后,撤销了广告版面。在这一时期,广告公司有的被撤销,有的则变成了专门制作政治宣传画的机构。

1978年年底,中国共产党第十一届三中全会召开,会议提出将全党的工作重心转到社会主义现代化建设上来,这标志着改革开放时代的到来。第二年年初,报纸媒体率先恢复了广告业务。

从1979年开始,中国广告业保持了20多年的持续发展,广告经营额从1979年的0.1亿元增长到了2011年的3000亿元。

按照广告经营额的增长速度,我们可以将新中国成立后的广告业发展划分为三个阶段。

1. 第一阶段:初步恢复阶段(20世纪70年代末到80年代初)

(1)广告解禁并逐步被社会接受

1979年中宣部发出《关于报刊、广播、电视台刊播外国商品广告的通知》,《文汇报》首先发表文章《为广告正名》。

(2)广告管理逐渐规范化

1981年,中国对外经济贸易广告协会成立(简称"外广协")。

1982年,国家工商行政管理局下设广告司,同时颁布《广告管理暂行条例实施细则》。

1983年,中国广告协会成立(简称"中广协")。

1984年,国家工商行政管理局下达文件,禁止利用广播、电视、报纸、书刊、路牌、灯箱、霓虹灯、招贴等媒体发布烟草广告。

(3)国有大型广告公司组建

1979年,北京广告公司正式成立;广东省广告公司、广州市广告公司、天津市广告公司也相继成立;上海美术公司改称上海市广告装潢公司,恢复广告业务。

1981年,中国广告联合总公司成立,成为我国第一家集团性质的广告公司。

> **链接：1979 年的中国广告**
>
> 1979 年，中国广告业发生了很多具有里程碑意义的事件，这些事件标志着中国广告业的全面复苏：
> 1 月 4 日，《天津日报》率先恢复商业广告，刊登了天津牙膏广告。
> 1 月 14 日，《文汇报》发表文章《为广告正名》。
> 1 月 23 日，《文汇报》刊登第一条外商广告。
> 1 月 28 日，上海电视台播出第一条商业电视广告——参桂补酒。
> 3 月 15 日，上海电视台播出第一条外商电视广告——瑞士雷达表。
> 3 月 15 日，中央电视台第一次在全国范围内播出外商电视广告——西铁城手表。
> 6 月 25 日，《人民日报》刊登恢复广告以后的第一条广告——宁江机床厂广告。
> 北京市政府同意恢复户外广告和其他广告业务。
> 北京广告公司在王府井竖起 10 块广告牌，其中 6 块是国内广告主的广告，4 块是国外广告主的广告。

(4) 广告研究和广告教育起步

1980 年，《人民日报》发表《必须研究广告学》的文章。

1981 年，中国广告学会成立，第一届全国广告学术研讨会在太原举行。

1983 年，厦门大学开办广告学专业，这是我国高等院校开办的第一个广告学专业。

2. 第二阶段：补偿性发展阶段（20 世纪 80 年代中期到 90 年代中期）

(1) 低起点、高速度发展

经过了复苏时期的发展，20 世纪 80 年代中期到 90 年代中期的中国广告业进入一个以"低起点、高速度"为特点的补偿性发展阶段：广告营业额从 1983 年的 2.34 亿元增长到 1993 年的 134.09 亿元，累计增长 57.6 倍，与上一年相比增长率基本保持在 30% 以上，其中 1992 年和 1993 年较上一年增长幅度更是高达 90% 以上；同时，全国广告经营单位的数量也从 1983 年的 2340 家发展到了 1993 年的 31 770 家，增长了 13.6 倍；全国广告从业人员从 1983 年的 34 853 人增长到 1993 年的 311 967 人，增长了 9 倍。通过数据对比我们发现，在营业额高速增长的背景之下，平均每个广告经营单位的员工人数从 1983 年的 15 人减少到了 10 人；1983 年每个广告经营单位的营业额约为 10 万元，1993 年每个广告经营单位的营业额约为 42 万元，虽然增加了 4 倍，但是比起近 60 倍的广告营业额增长速度来说，这却是一个较低的比例。这一系列数据反映出我国"低起点、高速度"的发展阶段大量存在着中小型广告公司，这和广告业的准入门槛较低有关，不少广告公司只有一两个人即可经营，在经营过程中也有很多不规范的行为。

(2) 企业经历广告"蜜月期"

在这个阶段，不少国内企业逐步认识到了广告的作用，在广告特别是电视广告上大量投入，从而造就了一批知名品牌，包括燕舞、大宝、太阳神、健力宝、郑州亚细亚等。尽管此时广告主的广告活动还相对单一，但是市场反应却非常好。在经历了长期的短缺经济之后，这些率先进行广告宣传的企业很容易就在消费者的空白心智中留下了深刻的印象。这一阶段从广告中得到好处的企业正在经历它们与广告的"蜜月期"。

(3) 外资广告公司登陆中国

从 20 世纪 80 年代中期以来，全球顶尖的广告公司陆续登陆中国，这些公司最初进入中国市场的直接理由是它们代理的国际品牌进入了中国市场，这就要求代理公司的广告服务也

链接:《为广告正名》

电视转播文艺演出或体育比赛时,往往有"场内休息",电视观众也不得不跟着休息。我想,这是对荧光屏幕的很大浪费。据我了解,在国外,晚上七至九时是电视收视率最高的"黄金时间",在此间插映广告,效果大,价格高,一分钟播映费数万到数十万美元不等,真叫"寸金难买寸光阴"。当然,我们的电视台不一定这样做,但对广告的运用却是一个值得讨论的问题。

提起广告,人们往往容易把它和"摆噱头""吹牛皮"联系在一起。林彪、"四人帮"一伙大搞假左真右,说什么"广告是资本主义生意经,要它干什么?""橱窗里摆的都是吃、喝、穿,是在宣扬封、资、修"。在这种思潮的影响下,所有广告统统被砸烂,甚至商店橱窗也统统封闭起来,不见有商品陈列。

现在,拨乱反正,为了使社会主义市场丰富多彩,对橱窗设计布置已经开始重视起来,但广告是不是都属于"摆噱头""吹牛皮",似乎尚未澄清。

我们对于资本主义那种不择手段的盈利,当然是不赞成的,但对于工业发达国家的企业用人少、效率高、会做生意这一点,却不但不能反对,反而需要分析、研究,并加以学习。因此,我认为,对资本主义的生意经要一分为二,要善于吸取它有用的部分,广告就是其中之一。我们有必要把广告当作促进内外贸易、改善经营管理的一门学问来对待。在经济发达国家里,专业的广告公司林立,许多大专院校都有广告专业。它们的广告设计,往往是建立在对市场周密研究的基础上,对同类产品进行分析比较,然后,结合消费者的心理,有针对性地进行的。广告设计大都文字简洁,画面富于形象化和吸引力,它能指导商品的流向,促进销售。这一点,对于我们社会主义经济来说,也是可以用来促进产品质量提高、指导消费的。

其实,有些国家广告的发展并不一定都局限在做生意上。譬如美国,香烟广告上注明"吸烟对健康有害",同时,还在香烟包装上印有"吸烟危害身体健康"的字样。它们用广告与公害(吸烟易致癌)作斗争。这种做法,至少比我们单单在电视节目中播映"请您戒烟"效果更好。又譬如噪音对城市也是一种公害,汽车喇叭声常常使人头脑发胀。有些国家的一些商业广告也参与了和公害作斗争,一家机车制动器公司的广告,有这样的警句:"靠刹车,不靠喇叭。"它既是推销制动器的广告,也是减少城市噪音的一种忠告。

我们对国外广告也要做引进工作,洋为中用,吸取一些国家广告之所长,来发展社会主义的广告。我们应该运用广告,给人们以知识和方便,沟通和密切群众与产销部门之间的关系。广告也是一种具有广泛群众性的艺术,优秀的广告可以美化人民的城市,令人赏心悦目,使人在愉快的艺术熏陶中,感受到社会主义经济文化的欣欣向荣。

目前科学技术发达,广告要高效率地发挥其作用,广告牌当然是需要的,但更要借助于报刊和广播、电视。我们的报纸、刊物、广播、电视等,都应该多为我们的新产品、新技术、新工艺、新的服务部门做好广告。我觉得,目前报纸上的电影、戏剧广告虽然有一点,但实在做得太简单了,为什么不能图文并茂呢?另外,为了发展对外贸易,在我们的报刊、广播、电视中有选择地刊登、放映外国广告,这也能扩大群众眼界,对增加外汇收入也是有好处的。

资料来源:丁允朋.文汇报[N].1979-01-14.

要相应进入中国。尽管由于政策限制,外资公司在这个阶段只能以合资公司非控股股东的形式进入,但它们成熟的管理体制和完善的代理服务仍给中国广告业带来了很大的震动。

1985年,奥美(中国)广告公司在香港成立,为中国客户提供全面服务;1991年奥美广告公司与上海广告公司合作成立了上海奥美广告公司。

1986年,第一家合资广告公司——电扬广告公司成立,由中国国际广告公司、纽约中国贸易公司和电通美国以及扬·罗必凯公司合资兴办。

1991年,美国天高(BBDO)广告公司与中国广告联合总公司共同合资组建了天联广告公司。

1992年,英国萨奇兄弟公司(Saatchi & Saatchi)与航天部长城公司合作成立了盛世长城广告公司。

3. 第三阶段:转型发展阶段(20世纪90年代中期至今)

(1)广告市场增幅趋缓、略有起伏

根据国家工商行政管理总局(现国家市场监督管理总局)提供的广告营业数据(见表3-1),20世纪90年代中期以来,我国改革开放的头十年,中国广告市场的高速发展状况已发生了明显的转变,在大多数年份,广告营业额的增长都维持在10%-20%之间,2005年以后广告营业额增幅继续降低,在国民生产总值中的比例一度出现下降的情况,但是由于过去发展的累积效用,中国广告市场的总量依然巨大。2017年,中国广告经营额为6896.41亿元人民币,占国民生产总值的0.84%,排名全球第二。

表3-1 1979—2017年中国广告业营业额、广告支出占GDP的比重以及人均广告支出

	广告经营额(亿元)	比上年广告额增长(%)	广告占GDP的比重(%)	人均广告支出(元)
1979年	0.10	—	0.0025	0.01
1980年	0.15	50.00	0.0033	0.015
1981年	1.18	686.67	0.02	0.12
1982年	1.50	27.12	0.03	0.15
1983年	2.34	56.00	0.04	0.23
1984年	3.65	55.98	0.05	0.35
1985年	6.05	65.75	0.07	0.57
1986年	8.45	39.67	0.08	0.79
1987年	11.12	31.60	0.09	1.02
1988年	14.93	34.26	0.10	1.35
1989年	19.99	33.89	0.12	1.77
1990年	25.02	25.16	0.14	2.19
1991年	35.09	40.25	0.16	3.03
1992年	67.87	93.42	0.26	5.79
1993年	134.08	97.57	0.39	11.31
1994年	200.26	49.35	0.46	16.71
1995年	273.27	36.46	0.48	22.56
1996年	366.64	34.17	0.55	29.96
1997年	461.96	26.00	0.63	37.37
1998年	537.83	16.42	0.68	43.09
1999年	622.05	15.66	0.76	49.41
2000年	712.66	14.57	0.80	56.30
2001年	794.00	11.51	0.83	61.15
2002年	903.14	13.62	0.88	69.47

续表

	广告经营额(亿元)	与上年比广告额增长率(%)	广告占 GDP 的比重(%)	人均广告支出(元)
2003 年	1078.68	19.44	0.92	82.98
2004 年	1264.60	17.32	0.79	97.29
2005 年	1416.30	12.00	0.77	108.42
2006 年	1573.00	11.10	0.75	119.67
2007 年	1741.00	10.70	0.71	131.77
2008 年	1899.56	9.07	0.63	143.04
2009 年	2041.00	7.45	0.61	152.91
2010 年	2340.50	15.10	0.58	170.77
2011 年	3125.56	33.54	0.64	218.90
2012 年	4698.38	50.32	0.87	346.99
2013 年	5019.75	6.84	0.84	368.90
2014 年	5605.60	11.67	0.87	409.82
2015 年	5973.41	6.56	0.87	434.55
2016 年	6489.13	8.63	0.87	469.31
2017 年	6896.41	6.28	0.83	496.12

资料来源：根据国家工商行政管理总局、国家统计局历年统计资料整理

(2)广告管理依法进行

经过长时间的酝酿之后,《中华人民共和国广告法》(以后简称《广告法》)于1994年颁布,并于次年正式实施。尽管《广告法》中仍有很多不尽如人意之处,但是"有法可依"仍然是我国广告发展史上一个具有里程碑意义的事件。2015年4月,第十二届全国人大常委会第十四次会议对《广告法》进行了修订,补充了很多条款,使之更适应新的广告环境。次年,国家工商行政管理总局发布了《互联网广告管理暂行办法》,旨在规范飞速发展的互联网广告活动,保护消费者的合法权益。

(3)媒体格局变化

在这一阶段,作为广告主体重要组成部分的媒介的格局发生了巨大变化,报纸扩版,省级卫视上星,互联网渗透率上升,楼宇广告等新型广告形式不断涌现……大众媒体过去因广告版面或时间供不应求而获得的强势地位已有不同程度的改变。特别是互联网渗透率大幅度上升后,国内网络用户已经达到7.72亿,其中移动用户7.53亿[①]。2017年,网络广告收入已达2980亿元人民币,网络成为最重要的广告媒体类型。

(4)广告主趋于成熟

在经历了企业CI热潮、中央电视台标王争霸等事件以后,企业的广告观念渐趋成熟。20世纪90年代后期,"整合营销传播"观念被引入中国,企业逐渐接受了将广告当作营销手段的

---

① CNNIC:2018年第41次中国互联网络发展状况统计报告[R/OL].[2018-09-18]. http://www.199it.com/archives/685063.html.

一个有机组成部分的观点。2000年以后,广告主越来越重视数字媒体创造的双向沟通机会,在广告策略上不仅追求消费者对品牌的记忆和好感,也追求与消费者的互动,鼓励消费者参与广告创作、转发广告讯息,以实现品牌与消费者在行为上和心理上的深度契合。

(5) 国际广告公司迅速发展

国际化广告公司在这个阶段完成了从登陆到布局到占据领导地位的过程,从前只为外资品牌服务的情况在这一阶段有了明显的变化,联想等本土品牌纷纷进入国际广告公司的客户名单。中国加入世界贸易组织以后,相应地减少了对外资广告公司的限制,2004年3月颁布的《外商投资广告企业管理规定》允许外资拥有中外合资广告企业的大半股权,但股权比例最高不得超过70%。2005年12月10日以后允许设立外商独资广告公司,但实际上,在此之前国际广告公司已经有计划地完成了对中国本土广告公司的大规模并购工作。

第四节 广告学说的发展历程

一、广告学说的起源

广告形成比较独立的学科门类,是19世纪末至20世纪初的事情;而广告学的萌芽,则与现代广告的产生和发展有着直接的关系。有三个方面的原因推动了广告学的产生:首先,19世纪末,欧美主要市场化国家的经济已经高度发达,专业广告公司已经出现,从而在客观上推动了广告学科的建立;其次,商品经济的发展对广告业提出了更高的要求,急需在广告理论上将广告实践中的经验加以总结和提高,以便进一步完善广告业本身;最后,19世纪末20世纪初是社会科学学科独立分化的集中时期,广告学科适应了这一学科大综合和大分化的客观形势,把原属新闻、传播、营销和心理活动的概念、范畴加以综合、抽象和分离,进行了新的结构组合和逻辑构造,构建了独立的广告学科理论体系。

1. 专门论述广告的文章和专著的出现

早在19世纪,美国的一些学者就已经发表和出版了分别论述推销、广告、定价、产品设计、品牌建设、实体分配等方面的文章和论著,为广告学的形成奠定了基础。在此基础上,乔治·P.罗厄尔于1888年创办了美国第一家广告专业杂志《印刷品》。1900年,美国心理学家哈洛·盖尔(Harlow Gale)出版了《广告心理学》一书,强调商品广告的内容应该便于消费者了解,并应适当运用心理学原理去引发消费者的注意和兴趣。1901年,美国西北大学校长、社会心理学家沃尔特·斯科特(Walter Dill Scott)在芝加哥的一次集会上首次提出要将现代广告活动与广告实践发展为科学,他连续发表了12篇有关论文,并将它们整理成册,出版了《广告论》一书。这被视为世界上最早的广告学科著作。1903年,他撰写了《广告理论》一书,在这本书里他首先提出了科学广告必须遵循的一般原则。1910年,他在系统研究了广告活动实践经验的基础上,又撰写了《广告心理学》一书。沃尔特·斯科特认为,广告是通过设计、文案、图片和实物等诸多媒介针对消费者心理进行诉求的一种方法,他运用心理学的基本原理分析了消费者接受广告的心理特性。这本书虽然不及今天的广告学专著那么系统,但却标志着广告学学科体系的初步形成。

链接:沃尔特·斯科特小传

沃尔特·斯科特(1869—1955)出生在美国伊利诺伊州努马附近的一个农场,由于父亲多病,沃尔特·斯科特从小便担负起了管理农场的重任。也就是在家务劳动的过程中,沃尔特·斯科特对如何提高工作效率产生了浓厚的兴趣。[①]

为了读大学,沃尔特·斯科特做过黑莓罐头,捡过金属废料,19岁时终于获得了伊利诺伊州立大学的入学资格。他曾希望到中国做传教士,但当他从芝加哥神学院毕业的时候,一时却找不到传教士的空缺。其间,沃尔特·斯科特有机会听了一些心理学课程,他很快发现这才是自己的兴趣所在。经过从1898年开始的两年的心理学学习,沃尔特·斯科特获得了博士学位,之后便开始以心理学和教育学讲师的身份在西北大学工作。几年以后,一名广告主管找到他,请他运用心理学的知识帮助他们提高广告效果。从此,沃尔特·斯科特的研究兴趣转向了广告。

在随后几十年的时间里,沃尔特·斯科特先后撰写了一系列广告心理学书籍。关于广告活动,他的基本观点是:消费者的行为是非理性的,因此他们很容易受到外界的影响,冲动的情绪、通感等都会使消费者更易于接受暗示和说服。他主张企业运用直接指示的方式销售产品,他还建议企业使用折扣券,因为这样可以直接带来顾客的行为响应。至1910年,他的方法和观点已被全美的广告主普遍接受。

除了广告研究之外,沃尔特·斯科特还是人力资源方面的专家。在第一次世界大战期间,他帮助美国军队挑选军官,并获得了军方授予的勋章。战后他成立了一家咨询公司,向企业提供招聘和提高工作效率方面的咨询服务。1920年至1939年期间,他还担任西北大学校长一职。

沃尔特·斯科特的研究建立在丰富的实践基础之上,此前,一些关于广告技法的文章已为广告学理论的形成打下了一定的基础。1883年10月6日,日本《时事新报》上刊登了福泽谕吉的《告商人书》。这篇文章可以被视为广告技法论,虽然它的论述停留在操作层面,但我们却可以将它视为开创日本广告理论研究先河之作。1902年,滨田四郎发表了日本第一篇广告论文——《实用广告法》,第二年山崎繁树写了《最新广告法》,笠原正树写了《最新广告术》。

这些早期的关于广告的专业文章和论著,可以被看作广告学的起点。

2. 广告研究的系统化和广告教育的起步

20世纪初期,美国的大学讲坛上第一次出现了市场营销学(marketing)这个概念:1905年,克罗西(W. E. Kreusi)在宾夕法尼亚大学讲授产品市场营销课程;1909年,匹兹堡大学开设产品市场营销课程;1910年,拉尔夫·斯塔尔·巴特勒(Ralph Starr Butler)在威斯康星大学讲授市场营销方法课程。1913年,路易斯·韦尔德(Louis D. H. Weld)在威斯康星大学开设农产品市场营销课程。此时,正式的市场营销科学虽然尚未形成,但上述营销方法课程的开设,却对大学开设广告类课程起到了极好的促进作用。

[①] SCHULTZ D P, SCHULTZ S E. A history of modern psychology[M]. Cambridge:Wadsworth,2004:239-242.

人类的广告意识虽然很早便得到了启蒙,但现代广告教育的滥觞却与各国大众传播媒体的兴起密切相关。放眼全球,可以发现广告教育大多被当作大众传播教育的一环,但也有一部分广告专业设在市场营销或企业管理之类的商学系里。广告专业教育的侧重点因设在新闻传播类系科或商学类系科里而有所不同:设在新闻(传播)系科内的广告专业教学偏重于广告创意和广告策划,例如得州大学奥斯汀分校广告学系设于传播学院、佛罗里达大学广告学系设于新闻与传播学院、密歇根州立大学广告学系设于传播艺术与科学学院;而设在商学类(经济学)系科内的广告专业则偏重于广告的管理功能。

1902年至1905年间,美国宾夕法尼亚大学、加州大学、西北大学、密歇根大学的经济系都开设了广告学方面的课程,其中以1904年沃尔特·斯科特在西北大学开设的广告课程影响最大。

在这一时期,广告研究也开始逐渐系统起来,心理学研究、统计研究、社会学研究等均对广告活动有所涉及。1912年,美国哈佛大学教授赫杰特(J. E. Hagerty)访问了许多大企业主,并研究了他们的市场活动、广告活动及市场销售情况,据此编写了第一本以讲授广告方法和推销方法为主的教科书,其中对广告理论进行了较为初步的探讨。1915年,美国成立了全美广告教师联合会(National Association of Teachers of Advertising, NATA),对广告学进行了较为广泛、深入的探讨,并出版了一批广告学教材和著作。随后,英国、法国等经济较为发达的国家也开展了广告学研究。

与此同时,在日本,最热心于广告研究的是早稻田大学的商科:1913年10月,早稻田大学商科学生为纪念早稻田大学成立30周年举办了广告展览会;1914年1月17日,以参加这个展览会的学生和教授为主成立了早稻田大学广告研究会,会长为田中穗绩,后来田中穗绩出任早稻田大学校长。这是日本第一个以学生为主研究广告的团体。1920年,在神户高等商业学校任教的中山静教授对美国大学的广告教育状况进行了研究,他认为美国是世界上的广告大国,科学的广告研究是最先进的。他通过调查得出,在美国,开设了商科专业的学校一般都设有广告课程。美国的广告课程一般分为广告心理学、广告—销售关系、广告美学等。中山静的研究,对日本大学开设广告课程起到了极大的促进作用。1921年,日本首次在神户高等商业学校(今神户大学)开设广告论课程。1922年,明治大学正式设置广告课,讲师由《实业界》杂志社社长井关十二郎担任。

在我国,广告学研究的起步是在1920年前后。早期,它是大学的报学系(即现在的新闻系前身)和新闻学学术团体教学、研究中的一部分,后来才逐渐独立出来成为一门单独的学科。我国最早出版的广告学研究专著是由甘永龙编译的《广告须知》,译自美国的 How To Advertise 一书,全书篇幅不大,1918年6月由商务印书馆出版,至1925年11月已出至第7版。

在我国,对广告教育作出突出贡献的是新闻学专家徐宝璜和戈公振。1919年12月,北京大学新闻学研究会导师徐宝璜出版了我国第一部比较系统、全面的新闻学著作《新闻学》,全书共14章,其中把"新闻纸之广告"列为第10章予以专章探讨。戈公振是我国著名的报学史专家,他于1927年出版了《中国报学史》,其中在第6章"报界之现状"中比较系统地论述了广告的历史和现状,提出了发展中国广告的一些主张。

专论:《新闻纸之广告》摘编

新闻纸最要之收入,为广告费,至其卖报所得,尚不足以收回其成本,此世所熟知者也。故一报广告之多寡,实与之有莫大之关系。广告多者,不独经济可以独立,毋须受人之津贴,因之言论亦不受何方之缚束,且可扩充篇幅,增加材料,减轻报资,以扩广其销路。又广告如登载得当,其为多数人所注意也,必不让于新闻。故广告加多,直接亦足推广一报之销路也。故为一报自身利益计,实有谋其广告发达之必要。况广告者,乃有力之商业媒介。新出物品之发卖,旧货之减价出售,某物之优点何在,均可由此而传达于全社会,既动世人欲购某物之心,又促原拟购某物者之实行。新公司亦可借此而招足股本,旧公司可借此而推广营业。故其足以推广商业,毫无疑义。又广告者,人事之媒介也。例如当一公司欲请一经理而不能得其人,一人欲担任该经理而不能得其事之时,各登一广告,二者各如其愿矣。故为发达商业计,便利人事计,一报又有谋发达其广告之必要也。

发达广告之法,最要者有二,即推广销路与用有广告知识之广告员及广告经理是也。

登广告者,多觅销路最广之新闻纸登之,因其效力最大也。故销路广者广告多,销路狭者广告少,而求一报广告之发达,应先求其销路之推广也。推广销路,为道多矣,当自详言之。其一则为登载正当之广告也。广告者,与货物有别。商人对于货物,无论何人,凡愿付相当之代价者,均可举以售之。而新闻社对于广告,则不可如是。当先审查其内容何如。若所说者为实事,而又无碍于风纪,则可登出之。若为卖春药,治梅毒,名妓到京或种种骗钱之广告,则虽人愿出重资求其一登,亦当拒而不纳。因登有碍风纪之广告,足长社会之恶风,殊失提倡道德之职务;而登载虚伪骗人之广告,又常使阅者因受欺而发生财产之损失。此损失纵使于法律上,不能向该新闻社索赔偿,而就道德方面而言,该社实有赔偿之义务……

尚有一层,与广告之发达有重大之关系者,即广告经理与广告员之得人与否是也。广告现已成专门技术,非泛泛之所能胜任。必请精于斯道者经理,方能谋其发达。夫商人以谋利为目的者也。使广告之刊登,能令其商业兴隆,博得厚利,则必不惜资而登之。现时所以多不愿登者,以其于商业无大补,徒为奢侈品耳。然非广告果无补于商业也,多因登者不知如何使其能易刺人目与令人不忘耳。否则鲜有不发生效力者也。求其易刺人目,则编者应知人者,以一己为中心者也。与其告以某事某物之可以利人,不如告以可以利己之为当。故编者心中,应常有货物与顾客二者并存其间,对于货物之佳处,于顾客之利益,先有明了之见解。然后以平易简明之文,将其一一记出,如店伙之语顾客然,原原本本,绝无张皇招摇之概。如是自能动阅者之兴趣,而激其观感也。若编者无一定之主意,仅开一货物详单,或徒以促人购物,道别家短处,及不关痛痒(如以"某某号广告"为题,下列"本号开设已若干年"一类之千篇一律的话)之言,充塞篇幅,则与喋喋多言无异,徒滋人厌,虽用大字刊出,无益也。至求其令人不忘,则广告之刊登,应继而不辍。因世人强半善忘,昨日所见于报中者,今日或已不能复忆,唯坚持方能使其不忘,广告之文与式,使积久不变,千日一例,则又与读者之仅有数语刺刺不休无别,足滋阅者厌恶。故宜常以新者易旧者。不过新旧二者,亦应有相同之点,使人能认识其仍为一事耳。上之所述,不过要点。然编撰广告,需要专门知识,非多数商人所优为,已可见矣。设经理广告者得人,则可代商人编得当之广告,并指导一切,使其货品皆为应时之物,而索值又较市价为下。如是登出之广告,必发生较大之效力,而使其获利。商人见广告有效,必愿常登。从前视广告为奢侈品,或甚至视为慈善事业之荒谬观念,亦可从此打破,而知其为商业中必不可无之物,犹轮船之无汽,则轮即不能动也。广告固多不招自来者,然有待于招揽者,亦为数不少,使经理得人,必知招揽之方法。冬日则招揽冬货之广告,夏日则招揽夏货之广告。随时留心,随事注意。常能出新意,见商人所未见到者,急走而告之,为之拟适宜之广告,以备登载,如是则广告自不患其寥落矣。

资料来源:徐宝璜.老北大讲义·新闻学[M].长春:时代文艺出版社,2009.

我国最早的广告研究团体是1918年在北京成立的北京大学新闻学研究会,它将广告作为新闻学研究和教学的一部分。1920—1923年,上海圣约翰大学、厦门大学、北京平民大学、北京国际大学、燕京大学和上海南方大学的报学系、科先后建立起来,广告学被列为这些系、科的一门独立课程;上海南方大学报学系和哲学专修科将广告原理列为必修课之一;北京平民大学报学系开设了"广告学"课程,每周两课时。与此同时,《报业管理概论》等有关书籍则对报纸广告的经营管理提出了较为系统的观点。

19世纪末20世纪初,商品经济大发展,使得广告经营走向专门化、集团化,专门的广告公司迅速涌现;而商品经济的发展和市场竞争的加剧又对广告工作提出了更高的要求,这促使广告商、调查研究人员、新闻从业人员和经济、商业方面的学者不断加强对广告实践的总结。同时,一些新闻、商业院校也开始将广告列为正式课程进行研究和讲授。于是,广告学作为一门独立的学科诞生了。但是,囿于当时的商品经济发展水平、科学技术以及媒介、广告活动方式、范围等广告实践的制约,当时的广告学只研究了报刊广告。更重要的是,当时的广告学只研究了广告在社会中的简单作用,尚未形成完善、系统、严密的理论体系。广告学的真正发展还是在20世纪20年代之后。

二、广告学说的发展

20世纪20年代以来,在西方,由于科学技术的日益进步和社会政治经济(如经济增长、市场商品供过于求、消费者主义兴起、政府宏观管理加强等)的不断发展变化,加之工业革命在西方资本主义国家相继完成,西方各资本主义国家先后从自由竞争时期进入垄断时期。在这样的背景下,企业的广告活动和实践也不断发生变化。尤其是1929年的经济大萧条发生后,经济危机、市场疲软、企业倒闭,这些因素促使企业和经销商们不得不开始重视研究自身的销售问题,包括认识和研究广告在产品推销中的作用。人们开始比较认真而全面地研究广告在市场运行中的作用和地位,尤其关注广告如何发挥推销作用、如何发挥更完善的功能等问题。20年代以来,在广告学说的发展过程中,有两件事十分重要:一是广告活动开始注重运用市场调查结果,二是广播、电视的出现。

由于消费者在经济萧条时期抵制推销,广告业开始将注意力转向调研,以期提高广告的效力。为了深入洞察消费者的内心世界,A.C.尼尔森、丹尼尔·斯塔奇和乔治·盖洛普先后建立了各自的调研公司。后来,这些公司都成了企业经营管理中不可缺少的帮手。

人们之所以在市场低迷时首先想到市场调查,是有原因的:19世纪末20世纪初,市场调查在美国便已萌芽,当时开展市场调查的目的,就是为了拓展商品的销路。

新的广告媒体——无线电广播,于1920年11月2日在美国宾夕法尼亚州的匹兹堡诞生。随后,全国性广告主们开始大量利用广播发布广告,以期迅速将讯息传达给热衷于收听流行节目的听众,广播很快成了当时大众传播的主要媒体。1941年,电视诞生了。电视的出现,使曾经风光无限的广播逐渐沦为地方性媒介。20世纪50年代,彩电又诞生了。电视广告的急剧增多,为四五十年代掀起的消费热潮推波助澜。电子媒介广告的出现,很大程度上改变了广告活动的运作方式。

1938年,国际广告协会(International Advertising Association,IAA)在美国诞生。这是一个世界性的广告研究机构,它联合世界各地的广告研究组织及与广告研究有关的单位、机构、个人,形成了一个世界性的广告研究中心。之后,广告主协会、广告代理公司协会(4A)、广告实践委员会等组织相继成立,它们从不同的方面对广告实践、广告理论等进行研究,促进了广告学的发展。

链接：市场调查

A. C. 尼尔森与广告调查

A. C. 尼尔森(1898—1980)首创了营销领域市场份额的概念。1923年，尼尔森就开始通过计算食品店和药店货架上商品的转运情况来分析市场份额，他的销售核查系统解答了客户有关营销努力的绩效问题。随着电视时代的来临，他将核查系统移植到电视受众调查中。作为全球最大的营销调研机构，A. C. 尼尔森调查公司除了经营媒体监测、商场稽核业务以外，还提供优惠券清算服务(coupon-clearing)。另外，A. C. 尼尔森公司的千人成本(cost-per-thousand)概念一直广泛应用于媒体排期、销售推广和渠道配置等方面。

A. C. 尼尔森

丹尼尔·斯塔奇与广告调查

丹尼尔·斯塔奇(1883—1979)的代表作是于1906年出版的《广告：原则、实践和技术》(Advertising: Its Principles, Practices & Techniques)，这本书是广告研究和教育萌芽期的重要作品。丹尼尔·斯塔奇的主要贡献是发明了广告阅读效果测量量表。他面对面地向被访者出示正在刊登的广告作品，以此测量他们在真实情景下的广告阅读情况，并据此分析消费者对广告诉求的理解以及由此产生的购买意向，同时也评估广告媒体选择和预算的效率。丹尼尔·斯塔奇将经济的、社会的和人口方面的数据结合起来确认市场环境，并于1923年成立了丹尼尔斯塔奇调查公司(Daniel Starch & Staff)，还担任美国广告主协会市场调查部的首任主席。由于丹尼尔·斯塔奇对广告业的杰出贡献，他被《广告时代》杂志评选为影响广告业发展的100名广告人物之一。

资料来源：http://adage.com/article/special-report-the-advertising-century/ad-age-advertising-century-top-100-people/140153/.

20世纪二三十年代，我国广告学研究也呈现出一派繁荣景象，各地纷纷成立广告社，广告学著作、译作也相继出版。此时出版的编译、编写的各种广告学著作达十余种。从1918年北京大学新闻学研究会成立至1948年，我国出现的各种新闻教育机构(含高校、中等职业教育学校及各类函授、讲习班等)共计82个，其中很多都开设了广告学课程，很多商学院、工商或美术职业学校甚至中学也开设了广告学课程。教学的普及引发了市场对教材的需求。这些学校中，除燕京大学等少数有海外背景的学校可以直接使用英文教科书外，大部分还需要中国人自己编写的教材，这就使得很多广告学基础理论著作实际上成了为教学需要而写的教科书。

第二次世界大战之后，消费市场由于战后人们的需求大增而繁荣起来，加上第三次产业革命，原子能、电子技术、空间技术的开发和应用，带动了市场经济的复苏与活跃。此时的广告已成为整个市场营销活动的一个重要环节，向消费者传递信息、打开市场、在竞争中抢占先机成为广告要发挥的主要促销作用。广告学就在这种社会经济形势的推动下得到了空前的发展。

20世纪六七十年代，人们对广告的认识、对广告学的研究也有了飞跃性的发展。由于市场学、预测学、统计学、传播学等学科的发展，广告活动以及对广告的研究得以建立在科学和系统的基础之上。这时人们不再单纯地从企业的角度去看待广告在市场营销中的作用，而是从社会、经济、政治、文化、心理等大环境入手，多视野、多角度地研究广告与社会发展、生活方

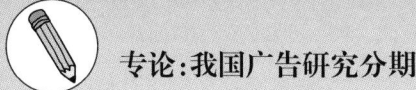

专论:我国广告研究分期

在《中国广告三十年——2008年全国广告学术研讨会观点综述》中,本书作者从广告学术本身出发,以广告研究的方法和情况以及著作的发表情况为分类标准,对广告研究进行了分期:

第一阶段:从1979年到80年代初,此时处于较低层次的理论导入阶段,理论研究大多是照搬和借鉴外来理论,强调学习和模仿。

第二阶段:20世纪80年代中后期到90年代,此时进入广告理论的探索期,广告学成了一个热门学科,许多高校相继开设广告学专业或广告学系,也出版了一批在广告理论研究方面较有影响的著作。

第三阶段:20世纪90年代以后,此时进入第三阶段,广告理论研究更加系统和多元,进入理论的创新期。

式、集体行为的关系,研究广告在经济运行系统中如何发挥作用才能使企业与市场、与整个外部环境达到最佳组合,从而满足消费者与整个社会的需要,研究广告如何影响人们的心理、如何运用广告进行政治宣传、引导舆论等。

广告学的研究和发展离不开社会大环境的制约和影响。只有随着社会、经济、政治、文化、心理等环境日益的成熟和发展,广告研究、广告学的深度和广度才可能有大的进步。广告学经过几十年的发展、完善和壮大,已经成了一门名副其实的独立学科,成了融多种社会科学与自然科学于一身的综合性边缘学科。

重要术语

口头广告	工业化时期	后工业时期	婴儿潮世代
前工业时期	工业时期	媒体掮客	市场调查

练习题

1. 印刷术的发明是如何影响广告的?
2. 美国的现代广告代理制度是如何形成的?
3. 广告代理公司中的市场调查业务是怎样开始的?
4. 美国广告在工业时期有哪些特点?
5. 当代中国广告的发展经历了哪些阶段?
6. 请简述广告教育的起步和发展。

网络资源

盖洛普调查公司:www.gallup.com
A.C.尼尔森公司:www.acnielsen.com.cn
中国广告协会:www.china-aa.org
国际广告协会网站:www.iaaglobal.org
Ad Age Top 100 Advertising Campaigns:www.adage.com/century/campaigns.html
Ad Age Top 100 People of the Century:www.adage.com/century/people.html

推荐读物

樊志育. 世界广告史话[M]. 北京:中国友谊出版公司,1998.

陈培爱. 中外广告史[M]. 北京:中国物价出版社,1997.

北京广播学院广告学院. 中国广告猛进史 1979–2003[M]. 北京:华夏出版社,2004.

许正林. 西方广告学经典著作导读[M]. 郑州:郑州大学出版社,2009.

桑德斯. 20 世纪广告[M]. 何盼盼,黄语生,颜可维,译. 北京:中国青年出版社,2002.

西沃卡. 肥皂剧·性·香烟——美国广告 200 年经典范例[M]. 周向明,等译. 北京:光明日报出版社,1999.

瑞夫斯. 实效的广告[M]. 李圣贤,译. 呼和浩特:内蒙古人民出版社,1999.

第 4 章

广告的功能

本章学习目标

☑ 了解广告对市场供需的影响。

☑ 了解广告对竞争和产业集中的影响。

☑ 了解广告对价格的影响。

☑ 了解广告对消费者态度及行为的影响。

广告在社会中的影响之大,可以与学校和教会等传统制度相匹敌。广告具有支配媒体、创造流行的巨大力量。在这一意义上,广告是能调控社会的少数几种形式之一。

——大卫·M. 波特(David M. Potter)[①]

第一节 广告的经济功能

广告得以产生并发展的直接原因,是其给经济和商业或市场所带来的效应。人们承认并肯定广告,也多半是因为其所具有的经济功能。这与广告对社会的影响似乎恰好形成了两种命运——人们对广告的指责或否定,多源于广告对社会的影响。

1963年就有美国历史学家在《富有的人们》(People of Plenty)一书中指出,美国资本主义经济之所以能够超过欧洲,其原因之一是广告。从经济发展历史的角度看,美国之所以能成为世界上第一经济大国,主要是因为它具有国土辽阔、资源丰富和欧洲移民勤劳等一系列客观因素。"但如果要挖掘美国固有的推动经济发展的因素,那么,可以说广告是其中之一。……战后,日本经济取得了世界瞩目的发展,这当然要归功于勤劳、优秀和技术经验丰富的日本国民的努力、新的生产技术和设备的引进、先进的经营技术和政府的合理政策等种种因素。但也正像波特说的那样,报纸、杂志、广播、电视等大众传播媒介的大量信息培养了人们对各种商品的需求,也使人们为满足需求加倍努力。生产水平的提高,扩大了就业和投资,其结果也就使国民收入有所增长,从而使整个经济和再生产得到扩大。为此,我们应该承认广告对经济发展起到的间接促进作用。"[②]

正如《当代广告学》一书的作者威廉·阿伦斯(Williams Arens)所说:"广告对于经济的作用犹如台球的开杆,企业从开始做广告的时候起,经济上的连锁反应便开始发生。连锁反应的结果虽然难以预料,但是一定与'击球'的力量有关。"(见图4-1)[③]

广告在宏观上对经济的影响,建立在其具体的功能之上,主要表现在以下四个领域:广告对商品供需的影响;广告对商品价格的影响;广告对市场竞争的影响;广告对消费行为方式的影响。

[①] 大卫·M. 波特,美国历史学家。
[②] 小林太三郎. 新型广告[M]. 谭琦,译. 北京:中国电影出版社,1996:42-43.
[③] 阿伦斯,等. 当代广告学:第8版[M]. 丁俊杰,程坪,等译. 北京:人民邮电出版社,2005:52.

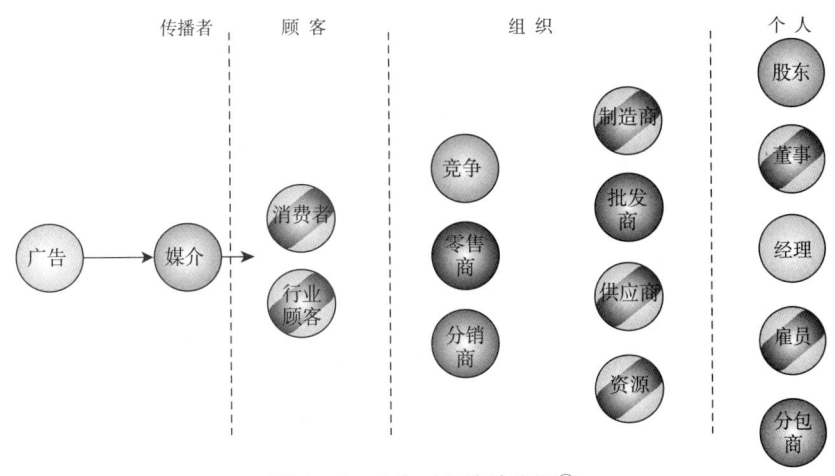

图 4-1 广告对经济的作用①

一、广告对商品供需的影响

1. 沟通产销,刺激需求

广告为社会和公众提供商品和劳务信息,有助于沟通产销,促进社会再生产过程的循环。

有经济学家认为,广告"扩大了社会整体的需求,提高了个人收入,增加了就业机会",这个事实不可否认。美国经济学家保罗·巴兰(Paul Alexander Baran)和保罗·斯威齐(Paul Marlor Sweezy)在《垄断资本》(*Monopoly Capital*)一书中曾这样论述说:"广告创造了消费者对某产品的需求,有了这种需求也就扩大了工厂及设备的投资。只是在旧产品上贴上新商标将成为一种'资源浪费'。但在可能失业的情况下,如果不这么做,有些设施将会被废弃。广告可以说是增加投资和收入所得的有效手段。……在美国,大批耐用性商品被装上卡车运到垃圾处理工厂。对这样一种社会来说,广告是陷入了慢性销售不良状态的垄断资本主义倾向的强力解毒剂。"②

企业和产品在市场推广与成长中遇到的种种障碍与阻力是广告存在的现实基础。广告的经济意义在于,通过广告活动,企业能够节约(减少)信息成本。市场的扩展和分工的深化导致市场交换规模的扩大和频率的提高,从而产生了对更高效的信息传播方式的需求。随着大众传媒技术的不断进步,广告能够不断降低市场的信息成本,提高市场的运行效率。

2. 加速流通,扩大销售

促进流通的方式有很多,如人员的、店头陈列方式的,但从效率上讲,广告是最好的方式之一。我国土地辽阔、人口众多、市场广大,假如只以人员销售为推广手段,那么想开拓全国市场几乎是不可能的,更不要说开拓国际市场了。关于这一点,人们论述得比较多,我们不再赘述。通过广告与人员销售、销售推广、公共关系等促销因素优与劣的比较,我们不难得出广告能够加速流通、扩大销售的结论(见表 4-1)。

---

① 阿伦斯,等.当代广告学:第 8 版[M].丁俊杰,程坪,等译.北京:人民邮电出版社,2005:53.
② 小林太三郎.新型广告[M].谭琦,译.北京:中国电影出版社,1996:51.

表 4-1　促销组合中四大成分比较

	广告	人员推销	销售推广	公共关系
优势	可以用相对较低的单位广告成本到达一大群潜在消费者;可以使最终讯息得到严格控制;可以针对大众受众和特殊受众细分;可以产生立竿见影的产品感知。	可以测定效果,引起更快的反应;可以剪裁讯息,使之适合消费者。	可以引起消费者更快的反应;可以引起注意,创造产品感知。	可以有效地培养消费者对产品或企业的有利态度;可以强化产品或企业的信誉。
劣势	不能准确地测定结果;一般不能完成销售;本质是非人际的。	几乎只依赖于推销人员个人的能力;每次联系的成本较高。	本质是非人际的;难以与竞争实力区分。	可能无法准确测定其对销售的作用;与市场营销目标无关的努力投入太多。

3. 对经济周期的影响

对于广告对经济周期的影响这个问题,长期以来争论不休。批评家指出,广告加快了经济衰退的循环周期,浪费了本可以在别处得到更好利用的资金;广告支持者则反击说,广告无论是在困难时期还是在经济繁荣时期,都可以增强消费者的信心。

然而,由于大多数广告主将广告当作一种固定的推销百分数,因此他们往往在销售通畅时增加广告支出,在销售不畅时减少广告支出,因而广告便表现出一定的周期性。不过,有证据表明,广告主因面临经济衰退而削减预算的倾向正越来越弱。麦格劳—希尔广告经营实验室曾对 468 家公司进行过一次调查,结果发现,那些在 1974—1975 年美国经济衰退期没有削减广告经费的公司后来都比那些削减了广告经费的公司获得了更高的利润增长额。

二、广告对竞争的影响

1. 利于竞争,促进企业生产经营

竞争涉及面极广,我们这里的竞争主要指同类产品或企业在同一市场销售或活动过程中存在的依存与威胁关系。

在现代市场活动中,除了一些特殊行业,总会有大大小小的竞争存在。"同一行业如果存在几家企业,那么这几家企业之间的敌对关系是不可避免的,如果在价格竞争上有所限制,这种竞争就将以其他形式表现出来。"①这些"其他形式"便包括竞争日益激烈的广告。为了获得相对于其他企业的市场优势和有利的市场地位,竞争企业采取了各种各样的手段,而利用广告影响消费者则是非常重要的一种手段。如果没有广告,产品的差别化竞争就无法展开;如果产品特性不能铭刻在人们心里,有效的竞争便无法进行。因此,广告是企业竞争的重要手段之一。

---

① 小林太三郎.新型广告[M].谭琦,译.北京:中国电影出版社,1996:47.

关于广告是否有利于竞争，在此要特别指出比较广告的问题。人们在谈论广告促进竞争时，往往忽略了这个问题。这里所谓的"比较"，指将广告的产品与同品类中的其他产品进行个别属性或整体产品的比较。随着社会的繁荣，商品的类别日益增加，导致消费者对产品讯息的需求也日益增加，因此广告所具有的信息传播功能就显得更加重要了，而比较广告恰恰能给消费者提供更多更有用的信息，能给予消费者更多评判、比较、选择的机会，降低消费者搜集信息所需付出的成本，降低购买风险并提高购买决策的质量。因此，从全球范围来看，比较广告的运用有逐渐增加之势。

就广告主的利益来说，当广告预算少而目标消费群与竞争者的消费群大体相同，或自己是新进入市场的小型广告主时，广告主往往可以通过比较广告来获得某些潜在优势。这种潜在优势主要指新品牌可以通过与领导品牌进行有力的比较来达到迅速占领市场的目的，因为恰当的比较可以让消费者快速认知本产品与他产品的相似性或相异性（而不仅仅是差异）。

关于比较广告是否合法，争议一直存在（见本书86页链接：比较广告的法律问题），在我国亦是如此。《中华人民共和国广告法》第十二条规定："广告不得贬低其他生产经营者的商品或者服务。"我国有关部门制定的《广告审查标准（试行）》第四章也专门谈了比较广告的问题，规定：比较广告应符合公平、正当竞争原则；广告中的比较性内容不得涉及具体的产品或服务，或采用其他直接的比较方式；对一般性同类产品或服务进行间接比较的广告，必须有科学的依据和证明；比较广告中使用的数据或调查结果必须有依据，并应提供国家专门检测机构的证明；比较广告的内容，应当是相同的产品或可类比的产品，比较之处应当具有可比性；比较广告使用的语言、文字描述应当准确，并且能使消费者理解，不得以直接或影射的方式中伤、诽谤其他产品；比较广告不得以联想方式误导消费者，不得造成不使用该产品将会造成严重损失或不良后果的感觉（安全或劳保用品除外）。

对于不居市场领导地位的广告主而言，使用比较广告可以形成潜在优势，尤其是在争夺已被领导品牌征服或影响了的消费者，或在广告预算低于竞争者之时。20世纪70年代末期，国外有些研究成果已经证明，小型广告主可以通过比较广告，借竞争者已建立的品牌及庞大的广告支出而获利。而市场领导者如果想追加广告经费打击弱小品牌的比较广告竞争，则会面临比较广告的风险，甚至会产生"弱势者效应"，让小品牌坐收渔翁之利，为它们扩大知名度。

比较广告的功能之一，就是借着新品牌与领导品牌进行有利的比较而进入一个既有市场，并获得市场中消费者的接受与购买，特别是想进入领导品牌已经占据的市场时，比较广告更是一种较为行之有效的方法。不论挑战者品牌的诉求是否优于领导品牌，通过运用比较策略，比较广告均能缩短两个品牌在消费者心中的心理距离，从而使消费者在做购买决策时将挑战者品牌与领导品牌同时列入其考虑的范畴之中。这种品牌关联，可以使挑战者品牌产生与领导品牌相同的品牌形象，甚至使消费者觉得它们之间具有相当程度的可代替性。

链接:比较广告的法律问题

有些国家和地区允许比较广告的存在,只是在法律上给予了某些限制,例如:

美国联邦贸易委员会认为,比较广告既能鼓励竞争又能给消费者提供更多的信息,因此予以支持。①

1997年6月10日,欧洲共同体颁布了关于修订欧洲共同体第84/450号《误导广告指令》(后文简称《指令》)的第97/55条,规定比较广告原则上是合法的,但比较的内容必须客观真实,并且必须反映商品或服务之本质的、重要的、可核实的和典型的特征。就这一原则而言,第97/55条确立的不仅仅是最低法律标准,而是固定的法律标准。也就是说,欧洲共同体各成员国既不得制定和适用高于《指令》的标准,也不得采纳低于《指令》的标准。在此背景下,德国法律和司法判例不得不放弃坚持了70多年的"比较广告原则上属于不正当竞争"的基本立场。②

印度《垄断与限制行为法》第36条规定,比较广告不得进行虚假的、误导性的比较,也不得对其他竞争对手的产品或者服务进行贬损。

日本《反不正当奖赏和易于误解陈述法》(后文简称《陈述法》)第4条规定,如果误导性陈述使消费者产生了错误的印象,即"认为其产品以压倒性优势优于竞争对手的产品",那么这样的产品描述或销售用语就是误导性陈述。法律禁止发布这样的广告,但并不禁止或限制广告主进行正当的比较。1987年4月21日,日本公平交易委员会发布了《比较广告指南》。该指南描述并澄清了《陈述法》的立法意图,且规定了比较广告的有效条件:(1)在广告中提出的主张必须能够得到客观证实;(2)对用于证实广告主张的数据必须给予准确并真实的说明;(3)用以进行比较的方法必须是公平的。

韩国将比较广告分为"批评性比较广告"和"寄生性比较广告":前者将广告主的产品与竞争对手的产品进行直接比较,以揭示后者在质量、价格方面的缺陷,但有可能给被比较产品的商标造成不必要的损害;后者则是更为精细微妙的一种比较广告,它通常不进行直接的比较,而是将广告主的产品与已经具有良好信誉的产品联系在一起,借后者推销自己(如艾维斯汽车租赁公司的广告)。韩国《不正当竞争行为防止法》第2条规定,明确表示此种产品为彼种产品,或在产品上或广告中所作的说明引起人们对该产品的质量、内容、生产方法、用途和数量产生误解……这样的行为均构成不正当竞争。

从总体来讲,广告在促进企业间开展竞争、保护竞争等方面都发挥着作用。没有广告,竞争就难以形成优势;没有广告,企业或品牌的竞争条件就难以公之于众;没有广告,消费者就难以对竞争商品进行比较和选择。这一切表明,竞争需要广告,广告促进竞争。

2. 广告与产业集中的关系

批评家经常指出,最强大的广告主往往拥有最强的市场地位,他们点出了某些公司——如康宝汤业公司的名字。康宝拥有汤罐头市场70%–80%的份额,而速食燕麦市场则被四大广告主控制,肥皂和洗涤剂市场被三大广告主把持。经济学家约翰·高博利斯和保罗·萨缪尔森认为,广告导致了产业集中,因为:(1)广告的规模经济使大广告主得以将小广告主赶出市场;(2)广告所需的大量资本以及对品牌忠诚的培养使得其他公司难以进入既有的市场。但是,广告主花费了如此多的广告费,真的能培育出让潜在竞争对手难以打入既定市场的那种品牌忠诚吗?大广告主真的能够通过谋求规模经济而将弱小竞争对手赶出市场吗?市场占有优势是广告支出的结果吗?抑或,市场优势是庞大的广告支出的结果吗?

---

① 曹新明. 比较广告之法律问题探微[J]. 法商研究,1999(5):94.
② 邵建东. 德国竞争法如何评价比较广告[EB/OL]. [2018-07-11]. http://www.jcrb.com/zyw/n237/ca241371.htm.

案例:汉堡王和麦当劳的比较广告

作为快餐行业的两大知名品牌,分别成立于1953年和1955年的汉堡王和麦当劳缠斗了60多年,"比较"手法是二者在广告营销中的常用策略。

20世纪70年代,汉堡王第一次推出攻击麦当劳的广告。广告嘲笑麦当劳是一个"高度自动化但缺乏灵活性"的汉堡机器,而汉堡王则可以满足顾客的个性化口味。汉堡王在当时提出的"Have it your way"(我选我味)的广告口号一直沿用到2014年才改成 Be Your Way。由此可见,这个定位是成功的。

下图为汉堡王20世纪90年代推出的平面广告,图中显示穿着外套的麦当劳叔叔来买汉堡王。这条广告暗示连麦当劳叔叔自己都不吃麦当劳,反而来买汉堡王,以此凸显出汉堡王比麦当劳更受欢迎。

对于汉堡王的主动挑衅,麦当劳也予以了反击。右图为麦当劳在法国投放的广告牌,两个广告牌分别指示如何前往麦当劳和汉堡王。麦当劳在这个巨型指示牌上详细罗列了驱车前往汉堡王的复杂路线,并声称需要开上258公里才能到达最近的一家汉堡王门店,而如果想找麦当劳,则仅需往前再开5公里。在这条广告中,麦当劳凸显了自身的便利性,顺便调侃了汉堡王的店铺数量太少、非常不便。

麦当劳在法国投放的比较广告

汉堡王20世纪90年代推出的"It just tastes better"系列平面广告

专论:解释广告强度与市场集中度关系的格里尔模型

1971年,经济学家道格拉斯·F. 格里尔(D. F. Greer)在《南方经济杂志》上发表了《广告与市场集中》一文,在文中首次提出了著名的"二次函数假说",即广告强度与市场集中度之间的双向因果关系非线性相关假说,如下图所示:

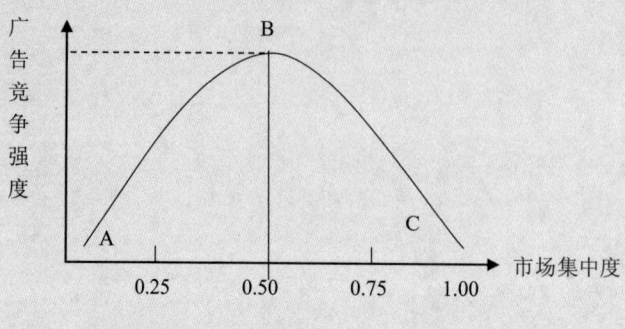

格里尔广告强度与市场集中度模型

格里尔认为,当广告支出超出广告阈限效应值(广告投资费用只有达到某一最低限度时,广告才会具有实际的需求刺激效果和需求转移效果)之后,同行业各个厂商竞相投放广告引起的广告竞争将导致市场集中度的提高。此时,广告竞争为因,市场集中为果。但当广告竞争推动市场集中达到相当水平时(例如行业市场的4家厂商集中度达到50%左右),则由于大厂商间相互依存性的提高,市场的这一较高集中水平此时对广告竞争将产生"反馈效应":一方面,各大厂商试图避免相互间无休止的广告战导致生产资源的过度消耗;另一方面,由于广告的规模经济效应,它们会在不影响广告促销效果的前提下,削减单位产品销售收益中的广告投资比重,从而造成行业性广告强度系数值下降。这时,较高的市场集中率导致广告竞争强度的减弱,而且市场集中度越高,广告竞争强度越低。即市场集中此时转果为因,而广告竞争强度转因为果。

资料来源:张纪康. 广告经济学实用教程[M]. 上海:上海远东出版社,1998:109.

　　为了解答这些问题,我们在此介绍两个基本概念:行业广告竞争强度和市场集中度。

　　行业广告竞争强度　行业广告竞争强度指就一个行业市场整体而言,全部或主要广告竞争厂商在一定时期内(通常为一年)的全部广告费支出总额在行业全部已实现销售收益总额中所占的比例,即整个行业的平均广告竞争强度。

$$行业广告竞争强度 = 全部厂商年广告开支总额 \div 全部厂商年销售收益 \times 100\%$$

　　广告竞争强度适于同一行业进行不同时间或地域的比较,用于跨行业比较则容易让人产生误解,比如美国汽车工业广告费支出庞大,但是相对于其高额的销售收益,其广告强度系数仍然显得较低,大约只占1%,而啤酒行业和化妆品行业在10%以上。

　　市场集中度　市场集中度指一个行业中数家最大的厂商(通常为四家或八家)所占市场份额占全部行业市场销售额的比例。用市场份额衡量市场集中度是衡量行业结构最常用的一种指标。

　　一些研究表明,广告与集中之间关系不大甚至没有关系,但另一些研究却表明这两者之间有正向相关关系。不少研究人员抓住正向的相关关系,认定广告主越强大,广告就越多,而不是广告使强大的企业得以借弱小竞争对手的广告费用壮大自己;另一些研究人员则抓住这个证据,说庞大的广告支出导致了产业集中。

　　对二者关系的研究虽然目前没有绝对的定论,但我们至少可以作出这样的判断:与其说广告是产业集中的原因,不如说是产业集中的结果。

之所以对这种关系缺乏明确的答案,一个原因是难以确定"竞争"与"产业集中"之间的关系。如上所述,企业的品牌既在内部彼此竞争,也与全国性的、地区性的以及"商业"性的其他品牌展开竞争。

鉴于调查的错综复杂,加上调查手段的缺乏,至今尚没有能完全证明广告是产业集中的原因的例子。

三、广告对价格的影响

广告对商品和服务价格的影响长久以来一直困扰着消费者和经济学家,即使那些有时在广告上投入了大量资金的实业家,也不敢肯定广告究竟是提高了价格还是降低了价格。但总体而言,广告对价格的影响主要体现为以下几点:

- ◎ 作为维持业务的众多成本之一,广告的成本的确是由购买产品的消费者来支付的。不过,在大多数产品中,与产品的总成本相比,广告费所占的比重一般都相当小。
- ◎ 广告是批量流通体系的一个元素,而批量流通体系又支持着许多生产厂家参与批量生产,进而才可能降低产品的单位成本,这部分余额则可以以低价的形式转让给消费者。广告正是利用这种间接方式降低了产品的价格。
- ◎ 在遵守政府价格规定的行业(如农业、公用事业),广告对价格没有影响。
- ◎ 在零售业,价格一直是许多广告的重要组成元素,所以,广告多半会促使价格降低;但是,生产厂家的广告往往要突出其产品的过人之处,因此,它们的广告又可能会支持其品牌的高价位。[①]

从零售广告来看,由于广告降低了生产成本和分销成本,降低的成本似乎以低价格的形式转移到了消费者手中。美国的大量调查表明,由于广告强化了竞争,的确降低了商品的价格。通过比较包含广告和不包含广告的市场,调查发现广告可以导致多种商品和服务的价格下降,包括眼镜、眼睛保健品、医用药品、汽油和专业服务。

关于广告对商品和服务价格的作用,最近的分析是:在零售环节,广告往往有助于降低商品的价格;而在全国性环节,广告则可能与商品价格的高低无关。

四、广告对消费者的影响

1. 对消费者需求的影响

生产者的产品与消费者的购买和消费在时间、空间上都存在着距离,广告作为一种信息传播手段,能缩短这种距离,即沟通产销。在沟通的基础上,广告可以通过不断刺激消费者的消费兴趣与欲求而引发他们的购买行为。广告可以刺激需求,包括初级需求与选择性需求。初级需求指对某类商品的需求,新产品进入市场初期,大多运用广告来刺激初级需求;选择性需求指对某个特定品牌的需求,是在初级需求形成之后的一种需求。

---

① 阿伦斯,等. 当代广告学:第8版[M]. 丁俊杰,程坪,等译. 北京:人民邮电出版社,2005:54.

案例:"GOT MILK?"与"我需要一杯牛奶吗?"

美国一项针对人们牛奶购买态度和消费行为的全国性民意调查发现,人们对牛奶的消费量降低了。于是美国 Body By Milk 发起了一项名为"got milk?"的公益活动。该活动邀请了一些有影响力的娱乐界、体育界明星拍摄"长牛奶胡子"的照片,向大众宣传喝牛奶的好处。莱昂纳多·迪卡普里奥、姚明、安吉丽娜·朱莉、成龙、贝克汉姆、章子怡等诸多明星都曾经出现在这个系列广告里。就连可爱的皮卡丘、力大无比的绿巨人、加菲猫、蝙蝠侠加入了这个"牛奶胡子"的阵营。

"got milk?"——超人   "got milk?"——泰勒·斯威夫特(Taylor Swift)

当前乳制品消费量增速减缓。究其原因,一是乳制品消费人口渗透率趋于饱和;二是人均乳制品消费量保持多年不变,甚至在其他品类的冲击下有所下滑。

为了找到有效的品类增长点,伊利于 2017 年发起了"我需要一杯牛奶吗?"的传播活动。此次活动中,伊利选取了八大热门 IP,以视频和平面广告为载体,推出了一系列符合明星(如刘涛、李晨等)及 IP(皮卡丘、杰克船长等)特性的品牌故事,从不同维度诠释"我需要一杯牛奶吗?"的传播主题,营造乳制品需求情景,强化现有消费人群的乳制品消费动机,加速品类的增长。

"我需要一杯牛奶吗?"——刘涛

"我需要一杯牛奶吗?"——皮卡丘

2. 对消费者选择的影响

批评家指责说,广告被强大的生产厂家用来局限消费者的选择,使得他们眼里只有某些广告成功的品牌;广告保护者则反驳说,广告实际上通过产品革新和提高质量拓宽了消费者的选择范围。事实如何？广告到底是局限了消费者的选择,还是拓宽了消费者的选择？

大家一致认为,广告不能孤立地为生产厂家的产品谋求市场渗透,除非这些产品对消费者具备差别优势。对某些产品种类而言,广告也许会通过建立品牌偏好而有助于限制消费者的选择,从而使一些弱小竞争者退出市场;但对另一些产品种类而言,广告也许会刺激产品革新,加强弱小厂家与强大的、地位牢固的生产厂家对抗的能力。

广告批评家和广告保护者双方面临的问题是不知道如何区别企业提供的产品优势到底是真实的还是一种粉饰。广告信息学派的支持者认为,累积证据表明,广告通过刺激更多的商品和服务品种面市,通过传播更多面市商品和服务的信息,拓宽了消费者的选择范围。以他们的观点来看,广告能增加消费信息,提高产品质量,拓宽可供选择的范围,促进消费者偏好与购买之间更好地吻合。

3. 对消费者感知价值的影响

现代营销学认为,消费者在多数情况下是理性的,他们总是在追求"价值最大化"。在这里,衡量价值的不是由生产者决定的客观标准,而是由消费者决定的主观标准,也就是所谓的"消费者感知价值"。形成消费者感知价值的渠道有四种:(1)由产品的功能、特性、品质、品种、样式等产生的产品价值;(2)伴随产品实体的出售,由企业向顾客提供的各种附加服务所形成的服务价值;(3)由企业员工的经营理念、知识水平、业务能力、工作效率、应变能力等产生的人员价值;(4)由企业及其产品在社会公众中的总体形象所产生的形象价值。

通过心理作用,广告能够对消费者的认知和情感施加影响,全面提升产品的感知价值,特别是能够提升以形象价值为主的主观的、非物质的感知价值。例如,同样一瓶无色无味的纯净水,没有做过广告的地方性品牌能够提供给消费者的价值只是"水",而做过广告的品牌,例如农夫山泉,能够提供给消费者的价值就远不只是"水"了,还包括健康、自然、环保、社会责任感等经由广告和其他营销活动所塑造的价值。

2009年美国上映的电影《模范家庭》(见图4-2)讲述了琼斯一家来到一个小镇生活的故事,他们很快就成了小镇的明星家庭,引领着消费和

图4-2 电影《模范家庭》海报

时尚。但事实上,琼斯一家是市场营销公司雇来的演员,他们把一种对奢侈品的消费欲望带到了这个小镇,用自己的"偶像明星"地位来推销生活方式和奢侈的生活态度,他们的工作就是刺激小镇居民拼命消费。这部影片用夸张的故事情节讽刺了广告和营销对人们的生活所造成的负面影响,也从侧面折射出人们对广告的基本看法。

第二节 广告的社会影响

基于其强力渗透性、重复性和掌握或运用大众媒介的特性,广告是现代社会中引人注意、增进了解、改变态度乃至支配行为的一个有效工具。面对这样一个影响力强大且无处不在的工具(或现象),人们不得不跳出商业视角或营销领域来探讨广告与社会的关系。正如内尔·M.阿普莱斯顿(Neil M. Aplerstein)在《日常生活中的广告》(Advertising in Everyday Life)中所说,广告是蒙在社会之墙上的壁纸,在我们每日的生活和梦境之中出现。[1]

许多人已经意识到,广告与学校等事物一样,具有普遍的社会影响力,但它到底具有什么样的社会影响力——正面的或负面的,却一直没有绝对性的统一观点。不管是广告的支持者还是批评者,谁都无法绝对精确地界定广告在现代社会众多交叉的社会动力中到底具有什么样的影响。

在批评广告的学者眼里,广告对社会的消极作用更多,因为它造成了社会目前的状态——虚荣势利、头脑发热、自私自利、不良竞争、物欲横流……与此相反,在支持广告的学者眼里,广告通过反映现存社会状况来与社会保持和谐,广告是在利用目标受众所理解和接受的标准和文化价值观。因此,广告只是反映社会——广告也是其中的一部分——的一面镜子,他们认为广告本身无所谓消极还是积极。

普通消费者对广告的态度也是多层次的,他们一方面认同广告给自己日常生活带来了好处,另一方面也抱怨、反感、指责甚至嘲弄广告。

广告受人关注的社会影响主要表现在以下七个方面:(1)虚假广告;(2)潜意识广告;(3)低俗格调;(4)广告与儿童;(5)广告与消费主义;(6)程式化表现;(7)广告与流行。

一、虚假广告

广告从业人员和广告法规制定者都认为广告应该真实、不得误导。一般说来,广告含糊不清或有意欺骗的情形并不多见,虽然这类事情的确有过。要判定一条广告是否具有欺骗性、是否属虚假广告,首先要明确哪些内容构成欺骗。

1. 欺骗

识别欺骗性广告是杜绝虚假广告的前提。我国的《广告法》中虽然明确规定"广告应当真实、合法、符合社会主义精神文明建设的要求;广告不得含有虚假的内容,不得欺骗和误导消费者",但并未提出可操作的标准。

---

[1] APLERSTEIN N M. Advertising in everyday life[M]. New York: Hampton Press, Inc., 2003: 5.

专论:《人民日报》的广告报道态度

选取《人民日报》图文数据库从1979年1月1日到2007年4月10日所有标题中带有"广告"的文章,共计1060篇,结果发现对广告有直接或间接评价的文章共556篇,其中有416篇文章涉及广告内容,另外还分别有107篇和94篇文章涉及广告的表现形式和传播方式,有87篇涉及对广告的监管。在这些文章中,有63%对广告持批评、否定或其他负面态度,高达349篇。与批评、否定或其他负面态度的庞大报道相比,对广告持肯定态度的仅有61篇文章,仅占556篇文章的11%。同时,值得注意的是,对广告持肯定态度的报道文章,在时间维度上多数集中在20世纪80年代初和90年代初;而对广告持批评、否定的声音则从1980年2月1日第4版的《看了广告之后》开始,一直没有间断过,并有持续走高的趋势。

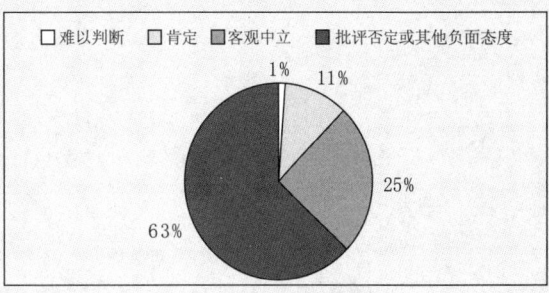

《人民日报》1979—2007年涉及广告的报道的态度倾向

资料来源:丁俊杰,黄河.为广告重新正名——从主流媒体的广告观开始[J].国际新闻界,2007(9):5—10.

美国是广告监管制度较为成熟的国家,1983年美国联邦贸易委员会开始实施针对虚假广告的新制度,该制度规定具有以下特征的广告即为欺骗性广告:由于广告的表述或由于未能透露有关信息,而给理智的消费者造成错误印象,这种错误印象又关系到广告所宣传的产品、服务的实质性特点的,均属欺骗性广告。广告发布者要对直接表述的不实信息、暗示的不实信息以及恶意隐瞒或遗漏的对消费者至关重要的信息负责任。

2006年4月27日,《青年周末》发表文章披露藏秘排油减肥茶涉嫌违规生产,广告多处违法。藏秘排油减肥茶其实只是将一款名为"百草减肥茶"的产品进行了重新包装。"藏秘排油"这个称呼当时并没有获得批准,且产品成分中也不含有藏药。但藏秘排油减肥茶广告却强调"藏茶"的概念设计制作,误导消费者。

2. 虚夸

广告法规专家伊万·普里斯顿指出,虚夸是一种"软性欺骗",伊万·普里斯顿给虚夸下的定义为:虚夸是一种一般读者、听众或观众不太在意的、夸大的主观表述(见图4-3)。他认为应该将广告中存在的虚夸也视为一种欺骗行为和违法行为。

然而,虚夸的承诺(例如"最佳""最高""××之王")是否确实影响消费者的选择或行为仍然是一个有待解决的问题。至少在目前,由于无法拿出有力的研究证据可供提出相反的意见,也无法具体地证实虚夸会影响消费者的

图4-3 广告与现实

 **链接：消费者不满广告的理由**

下面是消费者指责广告时常用的一些说法，具有一定的普遍性和代表性：
◎ 广告没有必要；
◎ 大多数广告贬低了一般消费者的智力；
◎ 广告常常劝服人们购买本不应该买的东西；
◎ 一般来讲，广告表现了产品的幻象；
◎ 生产厂家应该在它们的广告中向消费者讲清自家产品的局限性和缺点，如同它们告诉消费者产品的优点和好处一样；
◎ 大多数产品广告不真实；
◎ 广告中有关产品质量和操作的信息不可靠；
◎ 电视广告过分利用儿童；
◎ 广告诉求针对人们的感情而非理智；
◎ 广告给人们提供的有关广告产品的信息不全面、不充分；
◎ 应该通过法律限制厂家花在广告上的资金；
◎ 一旦发现广告虚假或误导，有关生产厂家应向消费者公开说明事实，直到消费者了解为止；
◎ 广告刺激了消费者对非必需品的欲望，导致自然资源的浪费；
◎ 与以前相比，今天的广告标准有所降低；
◎ 广告辱损民族语言；
◎ 广告贬低了女性。

行为，本着商业言论自由的精神，美国联邦贸易委员会仍会继续允许虚夸行为的存在。

不过，广告从业人员自己也认为市场中的欺骗行为会使消费者对产品产生反感，随之会迫使广告主自己改正。广告的情形可能的确如此，因为它们包含的信息极易被消费者证实其虚实，如价格和食品的新鲜程度。但是，我们现在还没有什么证据可以说明这种情况会有多少，也没有什么证据可以证明欺骗性广告是否比非欺骗性广告更能提高销量。

二、潜意识广告

潜意识广告(subliminal advertising)使用不太为人认识到，但又能下意识感觉到的刺激。人们相信，它可以在人们对传播毫无察觉的情况下影响人们的行为。潜意识刺激分为三种：(1)以极快的速度出现在视觉内的刺激，如电视或电影广告中的背景；(2)低音听觉讯息中的快速讲话刺激；(3)印刷品中包含的文字或形象类性感刺激。根据《潜意识诱导》《媒介性暴露》和《泛滥的廉价插图》的作者威尔逊·拜伦·凯的看法，广告和电视广告中广泛地使用了潜意识技巧，因而具有诱使人们购买广告产品的力量，如植入式广告。

植入式广告(product placement)是随着电影、电视、游戏等的发展而兴起的一种广告形式，植入式广告在电影或影视产品的剧情中刻意插入商家的产品、服务或具有代表性的视听品牌符号，在潜移默化中给观众留下一定的印象，以达到营销的目的。由于受众对广告有天生的抵触心理，把广告产品融入这些娱乐产品中的做法往往比硬性推销效果好得多。

植入式广告的表现空间十分广阔，在影视剧和娱乐节目中可以找到很多适合的植入物和植入方式，常见的广告植入物有商品、标识、VI、CI、包装、品牌名称以及企业吉祥物等，影视作品中常见的植入方式有：

专论：美国对虚假广告的界定

在美国，"虚假广告"的常用名字有四个 unfair advertising、false advertising、deceptive advertising 和 misleading advertising。unfair advertising 的意思是"不公平的广告"，根据学者解释，如果一条广告引起或可能引起消费者的实质性损害且消费者无法合理地避免这种损害，或者这种引起消费者实质损害的可能性超过了给消费者或竞争者带来的好处，这条广告就将被视为"不公平的"。在这种意义上，所有的 false advertising、deceptive advertising 和 misleading advertising 都可以说是 unfair advertising。unfair advertising 是美国在《联邦贸易委员会法》中最先使用的概念。

deceptive advertising（欺骗性广告）指广告所包含的内容有不实陈述或遗漏，这种不实陈述或遗漏在当时的环境下可能误导行为理性的消费者，阿齐鲍姆（Achenbaum）曾引用《韦伯斯特词典》的定义："欺骗（deceptive）系指欺骗某人使之为误，亦即引起某人接受事实上的虚伪不实与无效者为真实或有效，并因此误导。"这里的 deceptive advertising 就包含了 false 和 misleading 的内容。至于虚假（false）与误导（misleading）的含义，有学者认为：false 是指广告所言与事实之间有差距；而 misleading 指信息与事实之间有差距，也就是说广告主利用文字、图片、声音或影像，夸张或歪曲事实或遗漏应为陈述之事实等方法，使消费者有陷于错误之虞，并足以造成消费者或广告主同业之损失而言。美国在 1975 年《联邦交易委员会法》第 15 条（a）规定，将 deceptive advertising（侧重于虚假不实）修改为 misleading advertising（侧重于引人误解）。

从《联邦贸易委员会法》可以看出，美国规范的广告可以区分为"不公平"广告与"欺骗性"广告。从联邦贸易委员会的观点来看，商业行为是否属于不公平行为依法应当考虑以下三个要件：(1) 行为是否对消费者构成了伤害；(2) 行为是否违反了公共政策；(3) 行为是否属于强迫的、草率的、有悖道德的或伦理的。联邦贸易委员会认为构成欺骗性广告的要件有两个：(1) 要有欺骗相当数目的消费者的倾向或能力；(2) 不须具有伤害消费者的意图或结果。当然美国联邦贸易委员会在到底是保护特别易于受骗之人还是一般理性之人、广告欺骗是仅须"可能"还是"倾向或可能"问题上还有些摇摆不定。1983 年以前，美国联邦贸易委员会采用的观点是：当广告陈述有欺骗无知、思虑不周和轻信的消费者的能力和倾向时，该广告属欺骗性广告。这是一个相当保守的标准，对广告真实性的要求并不过分。联邦贸易委员会现在的观点是：如果广告陈述或遗漏或行为有可能误导在当时情况下行为理性的消费者，以致其损害时，就属欺骗性广告。

资料来源：参见张世鹏.虚假广告民事责任研究[D].中国政法大学博士论文.

◎ 台词植入：将产品或品牌编进影视作品的台词中，如在电影《一声叹息》中，妻子在电话中多次提到"欧陆经典"。
◎ 道具植入：让产品作为影视作品中的道具出现，如在电视剧《欢乐颂》中，在办公室桌上和家中无处不在的零食"三只松鼠"（见图 4-4）。
◎ 场景植入：如电影《非诚勿扰》对日本北海道和我国三亚美丽景色的呈现，将酒店、约会地点、风景区等很好地植入了场景。

图 4-4　三只松鼠在《欢乐颂》中的道具植入

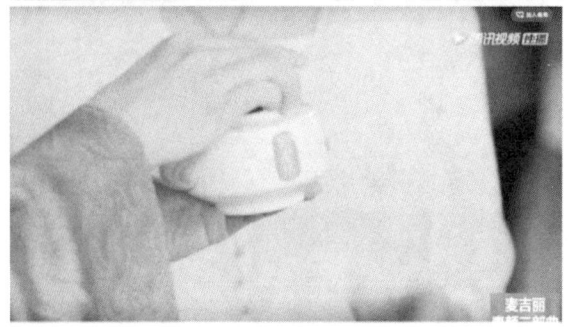

图 4-5　电视剧中的剧情植入广告

◎ 剧情植入:将产品等植入剧情设计的桥段和专场戏等,如在电视剧《扶摇》中,我们可以看到剧中主要角色逛"御泥坊"店铺购买其产品的剧情(见图4-5)。

除了植入广告,现在网上还出现了一种新的广告形式——沉浸式广告(immersive advertising),这是 Neopets.com 公司开发的一种专利技术,即将广告主的产品或服务与潜在消费者的上网体验捆绑在一起。

虽然在过去的 20 多年中,公众对潜意识技巧的感知已有所增长,但对于潜意识广告的实际效果仍缺乏足够的科学依据,即使有一些,也是矛盾的。

心理学家威廉·摩尔(William Moore)认为,虽然潜意识感觉是一种真实无欺的现象,但其效果却很微妙,要想获得这种效果,往往需要仔细设计、巧设背景。潜意识刺激一般都非常弱,接受者常常意识不到这种刺激的存在,但同时又明白自己的确受到了刺激。因此,潜意识刺激的潜在效果极易被同频道播放的其他刺激抵消,这些因素无疑会给市场营销的实施造成严重阻碍。

三、广告中的低俗格调

有的人因产品或服务本身而感到不快,有的人却因广告的表现方式而感到不快。一项针对黄金时间电视广告的调查发现,大多数观众的烦躁不安都与广告内容的特点有关。

如果广告:(1)情节可笑;(2)利用性刺激;(3)好几条广告不过是相同的没完没了的重复;(4)推出的产品或服务令人不快,如痔疮治疗、脚气治疗、不育不孕等,那么,这些广告通常会被当作讨厌的广告或格调低下的广告。一份调查报告表明,妇女紧身裤、腹带、通便剂、妇女卫生用品的广告均属电视上"最没味的东西"。

在美国,在一些被视为讨厌的技巧中,性暗示(见图4-6)和裸体最引人注目,因而也被研究得最多。好几个内容分析报告表明,虽然在过去的 30 多年中,性内容在规模上没有增长,但却更加具有挑逗性、更加刺激,人们从广告中看见了越来越多的情欲和裸体。

但广告中性暗示和裸体的增多并不意味着"性感"广告就一定更奏效。许多调查表明,性内容确实能引起观众的注意,但并不能转化成观众对内容的更好理解、态度转变或购买意图。

调查还表明,观众自身的性别还会影响到其对性内容做出不同的反应。

基于上述结论,我们似乎可以得出这样一个清楚的观点,即"性感"广告——无论其本质是官能的、想象的或象征的——只有与广告上的产品(如香水、健美服等)相匹配,针对恰当的受众,才能发挥出更好的作用。

又比如,BOSS 直聘网在 2018 年世界杯期间发布的广告中,穿着白色衬衣、脸上涂满绿色油彩的求职者们装扮成球迷模样,高举横幅,声嘶力竭、不断重复地高喊口号"找工作,直接跟老板谈!找工作,上 BOSS 直聘!升职、加薪……"。这种强行灌输的洗脑式广告引起了人们的反感(见图 4-7)。

每一个产品或表现技巧都会有人认为其格调低下或令人讨厌,这是广告业无法回避的一个事实。广告业甚至不可能指望提高公众的口味,但社会却期待广告主适应公认的庄重准则和受众口味。

广告格调低下的问题引起的社会最大担心,就是广告可能导致社会文化低俗化。不过,虽然这种说法似乎已成定论,但也有观点认为,广告中可称为人生忠告的内容也不少。广告内容之所以如此,是为了让更多的人不带任何抵触情绪地接受广告,也是为了使人们无须任何特殊训练和专业知识就能看懂广告,更是为了避免引起公众主流意识的抵触。

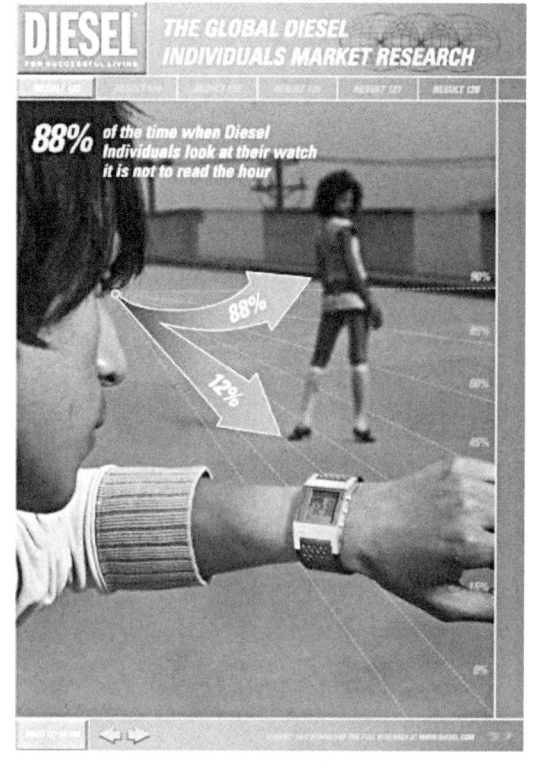

图 4-6　DIESEL 公司的广告

图 4-7　BOSS 直聘网的广告

还有一种意见认为,如果说古典音乐和文学才是高雅文化的代表而其他都属于低俗文化,那么,广告并不会使文化走向低俗,而是将那些过去为特权阶层所独占的、与大众无缘的文化普及了;广告不是降低了文化水准,而是普及了文化。这种观点认为,广告是一种介于高雅文化与大众文化之间的文化形式,它带有妥协性文化色彩,以大多数人能够接受为标准。也就是说,广告是一种以中等趣味为特点的文化形式①。

至于肯定还是否定广告降低了文化水准的观点,从目前的状况来看,双方都没有足够的论据提出一个结论性的意见。就算广告是导致文化低俗化的一个原因,我们也应该注意到,广告并非是使文化走向低俗化的唯一原因。

---

① 小林太三郎. 新型广告[M]. 谭琦,译. 北京:中国电影出版社,1996:40-41.

四、广告与儿童

许多人认为儿童尤其容易被广告操纵,因此,任何针对儿童的广告都应受到严格控制。他们认为广告会不合理地操纵儿童,因为儿童:(1)不了解广告的销售意图;(2)缺乏足够的保护自己不受劝服性广告诉求影响的识别能力。

对广告给儿童带来危险这个问题,一些组织已经表现出了相应的关心,并为广告主颁布了指南。国外一些广告法中已经明文规定,广告不能去影响没有判断力的孩子,但在我国,一些人在商业利润的驱动下,专门策划出一些颇具挑逗性的广告,影响儿童左右父母的购买决策(见图4-8),如:"甜甜的,酸酸的,妈妈,我要喝……""今天你喝了没有……""聪明的孩子要用……""今天的孩子要用……""健康的孩子要用……"

图4-8 小学生奖状背面的植入式广告

某实验小学打破往年惯例,除了每人发成绩单外,给几乎所有的学生都发了一张奖状,除了"三好学生"外,还有"劳动奖""体育奖""进步奖"等种类繁多的奖项,而奖状和成绩单后面则分别印有两家英语培训机构的广告宣传语。一张小学"模范生"的奖状背面写着"某某某外语:'寒假乐学营'盛大开营"及其简介,该学生的成绩单也采用光滑红色纸印刷,背面印有"某某外语学校:寒假班、春季班正在报名"及相关介绍。

资料来源:人民网 http://www.people.com.cn/GB/14748/16984493.html。

鉴于这种情况,我国有关部门对儿童广告也做了专门的界定和规范:(1)儿童广告必须有益于儿童的生理和心理健康,有利于培养儿童优秀的思想品质和高尚的品德;(2)不适于儿童使用的产品的广告,不得有儿童参加演示;(3)广告中出现的儿童或家长,应当表现为具有良好行为和态度的典范。对一些行为也有限制,如:(1)有损儿童身心健康或道德品质的,利用儿童给家长施加购买压力的,以是否拥有某种产品使儿童产生优越感或自卑感的;(2)儿童模特对宣传的商品的演示超出一般儿童行为能力的,表现不应由儿童单独从事的某种活动的,利用超出儿童判断力的描述的;(3)使用教师等名义或形象的。这些规定与限制,基本上得到了广告从业人员和社会公众的认同。若干调查发现表明:

- ◎ 儿童具有识别电视节目和电视广告的能力,起码二年级学生具有理解电视广告销售意图的能力,某些调查显示,这些能力甚至在学龄前儿童身上已经表现出来了;
- ◎ 随着儿童年龄的增长,他们对广告的注意随之下降;
- ◎ 儿童对广告的态度既有肯定的,也有否定的,但一般说来,儿童对广告的态度会随着年龄的增长而更趋否定;
- ◎ 广告并不是最能影响儿童购买行为和欲求行为的决定性因素;
- ◎ 儿童本身的智力比接触广告能更好地预示他们对广告的了解;
- ◎ 如果家长控制儿童的收看行为,儿童可以更好地理解广告的目的和本质;
- ◎ 广告表现风格会影响儿童对广告的态度;
- ◎ 如果某个家庭的饮食一向很差,则食品广告对儿童的危害更大;
- ◎ 儿童接触广告中的成人用品会影响他们对成人世界的看法。

虽然已经进行了大量的调查,但关于广告对儿童的影响到底有多大,目前仍未得出什么总结性的结论。我们知道广告会有影响,我们知道有的影响是好的、有的影响是消极的,我们也知道儿童是应该受到保护的特殊群体。问题是,儿童到底在广告方面需要多少保护?

链接:我国《广告法》中与未成年人有关的规定

2015年修订的《中华人民共和国广告法》中与未成年人有关的规定如下:
- ◎第十条 广告不得损害未成年人和残疾人的身心健康。
- ◎第二十条 禁止在大众传播媒介或者公共场所发布声称全部或者部分替代母乳的婴儿乳制品、饮料和其他食品广告。
- ◎第二十二条第一款 禁止向未成年人发送任何形式的烟草广告。
- ◎第三十三条 广告主或者广告经营者在广告中使用无民事行为能力人、限制民事行为能力人的名义或者形象的,应当事先征得其监护人的书面同意。
- ◎第三十八条第二款 不得利用不满十周岁的未成年人作为广告代言人。
- ◎第三十九条 不得在中小学校、幼儿园内开展广告活动,不得利用中小学生和幼儿的教材、教辅材料、练习册、文具、教具、校服、校车等发布或者变相发布广告,但公益广告除外。
- ◎第四十条 在针对未成年人的大众传播媒介上不得发布医疗、药品、保健食品、医疗器械、化妆品、酒类、美容广告,以及不利于未成年人身心健康的网络游戏广告。

针对不满十四周岁的未成年人的商品或者服务的广告不得含有下列内容:
(一)劝诱其要求家长购买广告商品或者服务;
(二)可能引发其模仿不安全行为。

链接：儿童怎样理解儿童电视广告

儿童对儿童电视广告的认知大致包括对儿童电视广告销售意图的理解度，对儿童电视广告的信任度，经由儿童电视广告对企业名称的记忆度，对儿童电视广告与产品的关联认知度以及对儿童电视广告与企业的关联认知度这五个方面。

儿童对儿童电视广告销售意图的理解是对广告本质的认知。8-9岁以下的儿童能很好地理解儿童电视广告的娱乐、教育功能，但不能很好地理解其中隐含的销售意图。比如有的儿童说"儿童电视广告是为了好玩的"，有的儿童说"是教育我们的"，有的儿童说"是教给我们知识的"，答案五花八门。但8-9岁以上的儿童对儿童电视广告销售意图的理解水平却突飞猛进，绝大多数都能认识到电视广告"是介绍产品"或者"推销产品"的。12岁时，儿童已经能够完全理解儿童电视广告的推销意图。

儿童相信儿童电视广告所传递的讯息吗？研究发现，6-12岁的儿童对儿童电视广告的信任度不太高，多数倾向于半信半疑，并且没有年龄上的差异。现在的儿童接受电视信息的影响早，获得信息的渠道多，见多识广，不轻易盲从，对事对物已有自己一定的主见。同时，由于电视广告讯息良莠不齐、真伪难辨，一些家长也有意识地从小教育自己的孩子抗拒广告的影响，甚至有些矫枉过正地教育自己的孩子："广告是假的""广告是骗你的。"久而久之，儿童渐渐增加了辨别信息真伪的能力，在没有绝对把握的情况下不会轻易相信。另外，随着独生子女家庭的增多和社会生活的日益复杂，父母也比较注意教育自己的孩子不轻易相信任何外来信息。因此，儿童对儿童电视广告讯息不太信任，应该是社会生活状态的一种反映。

研究发现，6岁左右的儿童有一半的人记不住任何企业（或品牌）名称，只有一半的人能够记住一个，能记住两三个企业（或品牌）名称的儿童人数更少。7岁以后，经由儿童电视广告，对企业（或品牌）名称的记忆度逐步提高，11-12岁的儿童绝大多数能记住三个。在探究儿童记住的广告讯息时，我们发现，他们对朗朗上口的儿歌、高露洁草本美白牙膏广告中的海狸先生、酷儿饮料广告中的酷儿、海尔广告中的海尔兄弟卡通形象记忆深刻。但我们同时也发现，儿童对企业名称与品牌名称混淆不清，他们把自己熟悉、喜欢的产品的品牌名称当作生产那个品牌的企业的名称，比如他们以为酷儿饮料就是那个叫"酷儿"的企业生产的，米奇书包就是那个叫"米奇"的企业生产的。

资料来源：徐红. 中国儿童电视广告态度解析[EB/OL]. www.allchina.cn.

五、广告与消费主义

消费主义指消费的目的不是为了满足传统意义上的实际生存的需要（needs），而是为了满足被现代文化刺激起来的欲望（wants）。换句话说，人们消费的不是商品或者服务的使用价值，而是它们在一种文化中的符号象征价值。[1]

广告不但可能创造出不存在的需求，还可以使抽象的概念具体化，将对人的感情转化为对物的崇尚。为什么会有这种现象？大卫·波特提出了他的解释："虽然广告拥有深远的影响力，但相较于宗教或教育，其运作并无社会目的与社会责任——除非它能自制而免于侵犯社会规范。我所争论的，是广告缺乏社会目的以平衡其社会影响力。"[2] 广告的目的在于激发消费者的欲望，因而在一定程度上，广告推动了消费者的购买行为，并倡导了消费主义的生活

---

[1] POTTER D M. People of plenty[M]. Chicago: University of Chicago Press, 1954: 177.
[2] 陈昕. 救赎与消费[M]. 南京：江苏人民出版社，2003: 8.

案例:台湾中兴百货公司广告

台湾中兴百货公司的系列广告反映了强烈直白的消费主义倾向,下面是一组中兴百货的广告文案:

1995年:"消费与道德无关,折扣与诚信绝对有关";"三日不购物,便觉面目可憎"。

1997年:"服装和化妆品的价值很可能不只是外貌肤浅的美好,真正爱流行的人自然找得到它存在的理由。"

1998年:"衣服是性别。衣服是空间。衣服是阶层。衣服是权力。衣服是表演。衣服是手段。衣服是展现。衣服就是一种高明的政治,政治就是一种高明的服装。"

1999年:"经济不景气不会令我不安,银行倒闭不会令我不安……缺乏购物欲才会令我不安。"

台湾中兴百货公司"三日不购衣便觉面目可憎"篇

方式。正如陈昕在《救赎与消费》一书中指出的那样:"消费主义生活方式的高消费是由商业集团以及附属于它们的大众传媒通过广告或各种文化艺术形式推销给大众的一种生活方式。……高消费生活方式的正当性以及大众媒介对这种生活方式推销的成功,都主要借助了消费商品的符号象征意义在大众中造成的心理与社会动力。地位、品位、时尚、现代性以及所谓生活质量等观念与象征价值是这种符号象征意义所创造的主要话语系统。"[1]

广告混淆现实与理想的距离,常常运用"消费就等于理想生活的实现"等承诺来增强消费者对商品的好感乃至产生购买动机。从消费者的角度看,"美好生活"象征着大众努力追求的理想典范,而广告中所展现的生活的确完美而令人神往。但从其他角度看,这些"样式"真的能仿效吗?从社会学的角度看,一旦仿效不成,人们必然会产生受挫感,久而久之,便会产生不信任社会的后遗症,甚至会产生社会攻击欲。加拿大多伦多神学院的一份研究报告指出:"广告中大量使用的'理想生活形态'会导致消费者对自己现实生活的不满;梦想像一把上了膛的枪,它既可能美化生活、推动文化,也可能毁弃人生于一种遥不可及的莽撞追求之中。"[2]

不仅如此,广告还用非理性的手法操纵社会大众。政治学家麦克柏德(Macbride)曾经指出,广告滥用人的情感,将真实的人生简化为刻板的印象,利用人们的焦虑和不满等去劝服大众,从而实现操控他们的目的。许多社会批判家也已经指出,广告运用隐性手法,抛开人的本

---

[1] 转引自陈昕. 救赎与消费[M]. 南京:江苏人民出版社,2003:10.
[2] TORONTO SCHOOL OF THEOLOGY. Truth in advertising:a symposium[M]. New York:Harper,1972:22.

质,强调物质消费的重要性,而且设计不合逻辑的情境,普遍地贬抑男人、女人、小孩,使其成为非理性的角色。这些批评家的看法也许过于激烈,但不可忽视。

弗罗姆(Fromn)则认为,广告的手法必然是非理性的,广告与商品的品质毫无关系,而且它们像麻醉药和催眠术一样抑制甚至扼杀消费者的批判能力;广告新片中的白日梦特质虽然给消费者带来了某种程度的满足,却同时也增加了他们的渺小与无力感。也就是说,在现代广告表现中,广告传达的讯息有时反而不如其呈现方式引人入胜。

最后我们必须指出,如果说购买和消费完全是由广告造成的,未免有些片面。购买量的增加有多种原因,广告只是起了促进购买的辅助作用。实际上,无论投放多少广告产品也没人买的情况也是有的,因而不能绝对地认为广告一定会造成消费主义,更不能像有些人那样,以为是广告造成了当今社会的物欲横流。

六、广告与刻板印象

广告是企业花钱实现其商业(或经营)意图的一种手段,以在或近或远的将来引起销售为目的。但在传播的过程中,广告却在有意无意之间与电影、文学、音乐等一样,成了消费者的娱乐内容,成了消费者的观赏对象之一,广告也逐渐为人际交流提供了各种各样的话题,甚至有人认为"广播电视广告已成为建立人际关系的基础"①。

在这个方面常常引起争论的是,有人认为广告在创造话题的同时,也形成了一些刻板印象。所谓刻板印象,是人们对某个群体或阶层成员所形成的相对简单、概括和固定的看法,通常集中在消极的、不利的方面。例如在广告中女性常常是"买买买"的"购物狂"、体型肥胖者常常是缺乏自信的"失败者"。

广告中的刻板印象突出表现在以下两个方面。

1. 女性刻板印象

女性更容易被当作展示时装、化妆品或干家务活的模特;而男性则更多地被表现为在工作或进行户外娱乐。根据联合利华 2017 年所做的一项全球广告调查,90% 的女性认为在广告中女性被过度渲染为性感偶像,表现女性领导力和专业性的广告太少;40% 的受访女性完全不认可广告中呈现的女性形象。

人们指责广告宣扬了不同社会团体的消极、传统的成见,许多广告主也敏感地意识到了这个问题,于是改变了做法。

再比如,对 2012 - 2015 年《IAI 中国广告作品年鉴》的内容进行分析发现,在我国的电视广告中,女性形象长期以来大多被定位为以下四种形象:

◎ 贤妻良母——广告中的女性为丈夫和孩子快乐地忙碌着,其情绪、行为都围绕着丈夫和孩子;

◎ "花瓶"——在电视广告中,绝大多数的女性形象年轻漂亮、身材婀娜,且通过"花瓶"的特写镜头给受众带来强烈的视觉冲击;

---

① 小林太三郎.新型广告[M].谭琦,译.北京:中国电影出版社,1996:41.

◎ 技术失语者——在以理性诉求为主的技术性商品广告中,女性形象出现的概率几乎为零,画面旁白往往也选用男声;
◎ 职业角色不明显,广告中的女性处于男性附属品的地位。

但是20世纪90年代以来,不断有研究表明,在广告中采用反刻板印象的女性形象会收到更好的效果。例如在广告中使用"女超人"这一反传统刻板印象会更受消费者偏爱,而符合女性刻板印象的广告描述则可能失去职业女性消费者。

2013年超能洗衣液开始以"超能女人用超能"为主题,打造反刻板印象的女性形象。代言人既有影视明星,也有文体名人和普通人,她们都在自己所处的行业领域变身为"超能女人"。2016年该主题进一步升级为"没有你应该,只有我应该",强调女性的自主性(见图4-9)。

2. 少数族裔刻板印象

尽管种族问题是非常敏感的社会话题,广告主在创意表现中通常会极力避免不恰当的表述,但仍有一些广告会传达出某种偏见,导致消费者不满。例如2017年多芬沐浴露的一则广告,内容表现了一位非洲裔的女性模特在使用了多芬产品之后变身为白人。该广告被消费者解读为带有隐晦的种族歧视,引发了大量批评。尽管多芬很快为此道歉,并撤换了广告,但多芬品牌和消费者之间的关系仍然受到了损害(见图4-10)。

图4-9 超能洗衣液反刻板印象广告

图4-10 多芬涉嫌种族歧视的广告

七、广告与流行

流行指新的行为方式和思维方式在社会群体成员中逐渐普及而形成的集合现象,它可以产生于社会生活的各个领域,无论是在人们的精神生活中还是在物质生活中,都有流行的现象。

流行具有以下几个特性:
◎ 新异性——流行的内容必须是新近发生的新颖的样式;
◎ 一时性——流行的整个过程在社会生活中显得非常短暂;
◎ 现实性——流行突出反映当时的社会和文化背景;
◎ 琐细性——流行围绕生活中的"琐碎小事"兴起和消亡;
◎ 规模性——流行要有一定数量的社会成员的参与。

按照最为普遍的分类方法,流行包括物的流行、行为的流行、思想的流行三个主要类型,最明显的流行现象是服饰和日常消费品的流行、歌曲的流行、词语的流行等。

流行与大众传播和现代社会生活中日益增加的广告有着密不可分的联系,大众传播和广告对流行具有以下三个方面的作用。

1. 促使流行的产生

通过大众传播媒介,广告可以提供关于新的样式、新的行为方式和思维方式的信息,并以同一内容毫无保留地传达给广大的受众。结果新的样式进入人们共同的环境世界,迫使、诱导人们去适应它们、接纳它们。人们在社会生活中不可能无视大众传播媒介提供的新的行为方式和思维方式,所以大众传播是流行得以形成的基础。

在大众传播促使流行形成的过程中,有两点值得注意:

第一,今天的流行是在大量生产、大量消费的经济环境中进行的广告传播的结果。

大众传播媒介中的广告不仅反复宣传和介绍新的行为和新的样式,还对人们在日常生活中如何运用这些新样式给予常识性的介绍,提示该样式的机能和实用性,同时千方百计地追求广告目标,宣传商品的时尚性。由于新的样式也在不断变化,因此广告的传播方式也必须相应地不断追求新颖,以促使人们形成采用动机,收到实际的动员效果。

第二,大众传播媒介提供新样式最新信息的做法已经制度化。

许多大众传播媒介将新样式的信息作为一种固定内容,在它们的反复宣传之下,受众形成了通过大众传媒把握流行信息的固定媒介接触习惯。

2. 促进流行的普及

大众传播媒介不但提供新样式的最新情报,而且还及时地报道它们被采用的情况。通过大众媒介,人们可以了解到时新样式在市面上的实际情况,比如由什么人采用、采用的程度如何、该样式具有怎样的价值、是否得到了社会的支持等。大众传播媒介为人们的行为提供参考,促使更多的人去采用流行样式,从而促进了流行的普及。

常常以大众传播媒介为传播载具的广告对于流行的普及也具有同样的作用。一些时髦商品的广告不仅传达产品信息,还传达什么样的人使用这种产品、这种产品是否具有新的特性、这种产品是否得到了人们的认同等。它们实际上也向人们解释了产品的使用情况,为更多的消费者购买和使用产品提供观念和行为上的参考及支持。

3. 促使流行的消退

这一作用实际上可以由以上的两种作用直接带来,因为大众传播媒介既然可以告诉人们什么是流行的,同样也可以告诉人们什么已经不再流行。大众传播媒介促使流行消退的作用往往通过两个途径来完成:

第一,大众传播媒介不断提示时新样式,创造崭新环境,以引起人们对以前的新东西的不满,使流行的势头减弱直至最终消亡。通过它们的宣传,人们又对即将出现的新样式产生兴趣和需要。

第二,在大众传播媒介对正在流行的样式进行批判和负面评价时,本来具有促进流行作用的大众传播媒介此时就起着完全相反的作用,规劝人们或者流行的采用者不再采用或者废弃这种流行。

大众传播媒介中的广告同样也起着这样的作用。许多广告常常暗含或者明示曾经流行的商品已经不再流行,说服人们放弃过气商品,转而购买更新的流行商品。

在日常生活中,通过广告创造出来的流行商品比比皆是,因为广告宣传而被消费者淘汰的商品也比比皆是。因此,广告人要明确广告对流行的作用,要善于把握流行,通过广告创造流行,从而为具有一定时尚性的商品创造良好的广告效果。

在广告的社会影响这一个章节中,我们大部分篇幅都在谈论批评者眼中的广告,在本章节的最后,我们有必要引用一些来自广告界的声音,以平衡这种可能造成偏见的力量:

广告有什么不对①

……

纽约一位从事社会研究的新闻学院教授教他的学生:"广告对美国人的生活是一股很强的破坏力。它造成智力和道德的污染。它操纵人们,使人们变得无聊、粗俗,它是不诚实的。广告正慢慢吞噬我们对国家和对自己的信心。"

老天,这就是我赖以为生所做的事?

……

我的观点是,广告只不过是推销产品的一种合理的有效方法。宝洁每年在广告上面所花费的钱超过6亿美元,它们的前任总经理霍华·摩根曾经说过:"我们相信广告是推销给消费者最有效和最快捷的方法。如果我们发现有更好的方法来把我们这种产品卖给消费者,我们就不做广告,而使用其他方法了。"

---

① 奥格威.奥格威谈广告[M].哈佛企业管理顾问公司印行,1984:206-216.

我们广告人很少晚上睡不着觉,很少对我们赚钱的方式有罪恶感。套句丘吉尔的话,我们只是 K. B. O.（Keep Buggering On 不断做下去）而已。在写牙膏广告时,我们并不认为自己是在做颠覆性的工作,如果我们做得很好,小孩就不用那么常去看牙医了。

……

并没有人会认为印刷厂是邪恶的,因为它们经常印黄色作品,也印《圣经》。广告只有在替邪恶的东西做广告时才是邪恶的。

……

如果广告被废止了,广告费用该怎样处理？花在公共建设上？或者以额外的红利分配给股东？或者送给媒体,补偿它们失掉的最大的收入来源？或者可以用来降低售价卖给消费者——大概降3%。

……

经常有人责备广告可以说服人们去购买劣质的产品,就算广告可以做到,也只是一次而已,消费者自会认清这个产品是不好的,永远不会再去买它。这对于利润来自重复购买的厂商来说,是一个致命的财务损失。

……

除了不诚实、无法让人忍受的政治性广告以外,一般广告比消费者想象中的要诚实。

——大卫·奥格威

重要术语

人员销售	市场集中度	欺骗性广告	潜意识广告
产业集中	附加价值	误导性广告	消费主义
经济周期	基本需求	虚夸	刻板印象
比较广告	选择性需求	虚假广告	流行
行业广告竞争强度			

练习题

1. 请具体说明广告对经济有什么影响。
2. 请采访不同年龄的五位消费者,了解广告带给了他们怎样的影响,并记录正面和反面的意见,然后与同学讨论自己的发现。
3. 请分析我国目前虚假广告的状况,并提出自己的解决方案。
4. 请举出消费者不满广告的几条理由。
5. 请观察最近四周的电视广告中有无什么程式化表现。

6. 你如何看待儿童广告问题?
7. 你是否接触过潜意识广告？如果接触过,请举出一两例。

推荐读物

菲斯克.解读大众文化[M].杨全强,译.南京:南京大学出版社,2006.

哈利.广告符码——消费社会中的政治经济学和拜物现象[M].马珊珊,译.北京:中国人民大学出版社,2004.

波德里亚.消费社会[M].刘成富,全志钢,译.南京:南京大学出版社,2001.

珍曼丝.如何做广告[M].庄淑芬,译.台湾:滚石文化股份有限公司,1996.

罗钢.消费文化读本[M].北京:中国社会科学出版社,2003.

第 5 章 广告环境

本章学习目标

☑ 掌握广告环境的构成。

☑ 了解广告环境的作用。

☑ 认识经济环境对广告的影响。

☑ 了解文化对广告的作用。

☑ 了解广告的控制环境。

广告是朝着我们微笑的僵尸。

——奥利维耶罗·德斯康尼(Oliviero Toscani)

第一节 广告环境概述

一、广告环境的概念

1. 广告环境的含义

广告实际上是整个社会系统中一个较小的组成部分,它处在广阔的外部世界的包围之中。无论是整个广告发展还是具体广告活动的执行,都无法脱离它所处的社会环境和行业现实条件。因此,广告总是处在特定的环境之中。

对广告环境也有广义和狭义两种不同的理解:广义的广告环境指整个广告存在和发展所处的世界,在这个世界中包含着对广告发展有巨大影响力的诸种因素;狭义的广告环境指执行具体的广告活动的时间、地点和存在于当时、当地对广告活动策略和计划具有影响力的诸种因素。

广义层面的广告环境,其影响力不但可以影响具体的广告活动,而且可以直接影响广告发展的进程,而狭义层面的广告环境则针对具体的广告活动而言,仅仅可以影响广告活动的策略、计划和实际效果,相对于广义的广告环境而言,它的作用是局部的、细微的。狭义的广告环境是广告策划中市场分析的重要内容,而我们在本书讨论的广告环境,则指广义的广告环境。

2. 广告环境的构成

广告处于一个三重结构的生存图景之中:最外层可以称为"广告的外环境",它由整个社会中与广告发展有各种关联的经济条件、社会/文化条件、政治/法律条件等构成;第二层可以称为"广告的内环境",它由广告业内部的科学技术、竞争、批评、人才、自律、交流与合作等条件构成;第三层是处于内环境和外环境包围中的"广告",包括广告主体(即由广告主、广告公司、广告媒介、广告组织、广告研究和教育机构构成的"广告业")、广告本体(即由广告运动、广告活动、广告作品构成的"广告")以及广告对客体(广告对象)的作用。

二、广告环境的活动

1. 广告环境的作用

无论是广告的外环境还是内环境,都对广告起着促进、调整和制约的作用。

"促进作用"为广告主体、广告本体以及广告对客体的作用的发展变化提供有利条件，"调整作用"促使广告主体、广告本体以及广告对客体的作用发生趋于适应环境的变化；"制约作用"为广告主体、广告本体以及广告对客体的作用提供有限的发展条件或者削减其有利条件，使它们在限定的空间内生存和发展。

同时，广告的外环境和内环境对广告主体、广告本体以及广告对客体的作用的影响又发生在不同的层面，产生不同的效果。

2. 广告环境的特点

在广告的三重生存图景之中，广告主体、广告本体、广告对客体的作用的发展变化是广告外环境和内环境综合作用的结果，广告是在二者合力的作用下生存和发展的。其中，外环境发挥着更大的作用，它不但从根本上决定着广告的生存和发展，而且也对广告内环境产生作用。而内环境的影响力则弱于外环境，它对广告主体、广告本体、广告对客体的作用的影响虽然直接，但是具体、细微，难以起到决定性的作用，因为它本身也处在外环境的影响之下。

内外环境的多种要素对广告的影响也各有不同的层面、不同的重点，因此各种因素的影响力也有大有小，其自身也有重要和不很重要之分。如经济环境是广告生存和发展的决定性因素，它全面影响广告的内环境、广告本体和广告主/客体；科学/技术环境主要影响广告的技术层面；社会/文化环境则主要影响广告客体的需求、广告的文化内涵、不同社会文化环境中受众对广告的接受度等。

3. 广告与环境的互动

在古代和近代，由于广告数量少、规模小，传播媒介和传播对象有限，广告对产品销售的作用也比较小，所以广告对外环境的作用不很明显。而在现代社会中，广告已经成为企业进行市场营销的重要手段，成为大众媒介传播的重要内容，其数量、规模、覆盖面都相当大。因此，不但环境对广告的作用日益明显，广告对环境的作用也越来越明显。

广告一方面在经济环境的影响下成为经济的晴雨表，另一方面也在影响着企业的生存发展和企业之间的市场竞争，影响着消费者的消费观念和购买行为，因而在社会经济生活中扮演着相当重要的角色。随着企业和消费者对广告依赖度的加大，广告对经济生活的影响也越来越大。

此外，广告在传播商品信息的同时，也在传播一定的社会文化、生活方式、价值观念的内容，对受众的社会心理和社会行为也会产生一定的影响，因此也会间接地影响到社会/文化环境。

由于广告业正日益成为一个重要的信息服务性行业，广告传播的内容、广告主体的行为日益复杂，也出现了许多必须通过法律、法规制止或者矫正的内容和行为。因此，广告的发展也对国家或者地区的立法提出了新的要求，在一定程度上促进了法制的发展与完善。

广告对环境的作用在现代社会已经受到了政府、公众和经济、法律、传播和社会等方面学者的广泛重视，也引发了不少关于广告伦理的讨论。广告对环境既有正面的影响，也有负面的影响，因而加强广告的正面影响、降低其负面影响，是现代广告从业人员必须具备的基本的社会责任感。

第二节 广告的外环境

一、广告的经济环境

在构成广告外环境的诸种因素中,经济环境是决定广告存亡兴衰的首要因素。

1. 经济的内在需求决定广告的存亡

作为广告主流的商业广告,其存在有两个不可缺少的因素:可供购买的商品和有购买能力的消费者,两者都直接取决于一个社会的经济形态。在一个根本不存在商品的社会中,不可能存在商业广告;而在一个能够生产大量的产品但却缺乏消费市场、产品不能成为商品的社会中,也不可能存在商业广告。

广告起源于原始社会的以物易物,当时的广告处于不自觉的状态,无论是手段还是形式都刚刚萌芽。在封建社会,以货币为手段的商品交换形式逐渐定型,工商业的发展也促进了商品推销手段的日益丰富,除了招牌、幌子、店铺楹联等类似现代"售点广告"的手段和叫卖等类似现代"促销活动"的手段外,还出现了成形的墙面广告、印刷广告。

进入资本主义社会以后,大工业生产制造出的大量产品必然需要更多的消费者和更大量的消费,因此广告迅速成为生产者向消费者传播产品信息的重要手段。经济发展的这种内在需求使广告代理业应运而生,也使广告媒介获得了快速的发展,广告的传播范围空前扩大,广告成为一个重要的服务性行业。

现代广告也处在商品生产规模不断扩大、消费不断增加的经济环境之中,并在它们的推动下向前发展。我国内地广告市场在20世纪60年代消亡和在70年代末复苏的根源,也正在于经济的发展。中国传媒大学资深教授黄升民就在其《中国广告的消失和复兴——中国广告产业发展的重要转折》一书中写道:

1953-1978年,中国国民经济基本格局具有"积累率总趋势不断上升、消费率总趋势不断下降""生产性积累比重逐步增大""人均消费水准增长速度极为缓慢"的特点。因此,"造成广告市场消失的原因正是上述的经济结构的偏倚。由于重工业优先、低消费、高积累的经济结构,致使广告产业在国民经济中的地位下降。在各类广告中,最敏感地反映这一变化的是消费品,……进入60年代,这方面的广告市场迅速走向萎缩,最早走向消失"。而"到70年代初期,随着计划经济的进一步强化、企业自主权的丧失、'自我循环'体系的完成,生产资料广告也自动从社会舞台上消失了"。1979年中国广告的复兴,则是由于70年代末的中国企业焕发了新的活力,生产出大量的商品,但由于消费尚不活跃,企业急需"为大量生产的、消费对象不明的产品寻求出路",而他们通过小心翼翼地尝试,发现广告正是这样一种有效的手段。这是中国内地广告市场重开的最重要的动力和原因。[①]

2. 经济的发展进程决定广告的发展水平

经济的内在需求决定着广告的存亡,而经济的发展进程则决定着广告市场的规模、广

---

① 黄升民.广告观——一个广告学者的观点[M].北京:中国三峡出版社,1996.

媒介的种类和规模、广告代理业、广告理论和广告手段的发展程度。

在封建社会,手工作坊生产的有限产品和它们各自所面对的少量消费者使当时的广告不需要受众广泛的媒介,也不需要较大的规模和多样化的手段,所以广告虽然在封建社会中发展了几千年,但是在规模和手段上却没有出现明显的飞跃。工业革命带来生产的扩大,从而将广告推到了一个非常重要的地位,此时的企业不但需要传播范围更广泛的媒介,更需要专门提供广告服务的广告组织。随着企业面对的市场越来越大,广告也要以更严密的组织、更复杂的媒介组合、更规范化的操作为广告主提供质量更高的服务。我们身处的现代广告业,也正是在经济发展进程的推动下不断发展起来的。

在整个经济发展进程对广告业的影响中,工业革命对英美广告发展的促进是一个突出的实例。18世纪下半叶到19世纪上半叶,首先发生在英国的工业革命,使英国一跃而成为世界上最发达的资本主义国家,机器大生产代替手工生产,使大批量生产同等质量的产品成为可能。产品数量的增加要求消费量也相应增长,因而广告的作用就显得比以往更为重要了。尽管英国政府在1803年将广告税增加至每条3.5先令,广告数量仍然持续上升,《泰晤士报》1800年每天刊登100条广告,到1840年已经增加到每天400条。

美国的工业革命始于19世纪初期,南北战争中北方的胜利更加促进了工业革命的迅猛发展。大量的产品需要更大的市场,横贯美国的铁路的建成又使生产商在远离产地的地方获得市场成为可能,广告在开拓新市场的过程中起到了巨大的作用。到1900年,美国的广告费已经达到5.42亿美元,占到当时其国民生产总值的2.9%。

3. 经济的景气与否决定广告的兴衰

与经济的内在需求和经济的发展进程相比,经济的景气与否是相对短期的态势,它虽然不会对广告的存亡和发展进程带来深刻的影响,却会对当时、当地的广告市场态势产生重要的影响。在景气的经济形势下,企业能够获得生产充分满足需求的产品所需的资金,消费者又有购买市场上大部分商品的能力,企业自然乐于投入广告,广告也能够对消费者的行为产生预期的巨大影响,所以整个广告市场呈现出比较繁荣的局面。

而在不景气的经济形势下,一旦企业面临资金困难,首先削减的便是广告费;消费者由于购买力相对不足,也持比较谨慎的消费态度。广告市场萎缩,广告业的经营也直接受到影响。1929年10月,西方社会爆发了大规模的经济危机,供过于求的严峻市场形势使得企业的广告支出大幅度下降,同时市场上也出现了试图向消费者转嫁危机的虚假广告,消费者保护运动从此发源。

第二次世界大战以后,世界经济全面恢复,人口增长出现高峰,市场迅速扩大,许多军火生产商转而生产民用产品,广告支出快速增长。

到20世纪90年代初,由经济形势恶化而导致的对广告业的打击再次降临。由于在经济衰退期企业首先削减的就是广告费用,因此到1991年,美国的广告费出现了30年来的第一次下降,比头一年减少了1.7%,世界头号广告集团WPP集团1991年的税前利润下降了65%,其旗下的奥美广告公司则裁员10%。

4. 企业经营观念和市场竞争态势的变化推动广告策略的演进

商业广告既然服务于企业的经营,就必然会受企业经营理念的影响。随着经济的发展,企业的营销观念和商品销售方式不断演进,其影响直接作用于广告最为核心的内容——广告策略。

多数企业在接受现代企业经营中已经相当普及的市场营销观念以前,曾经奉行过多种不同的观念,如:生产观念(注重生产大量的、廉价的、广泛配销的产品)、产品观念(注重生产具有更多特点的、企业认为更好的产品)、推销观念(注重对消费者进行大量的推销活动)。奉行生产观念和产品观念的企业由于对产品过于(然而盲目)"自信",因此很少使用广告,而奉行推销观念的企业又过分依赖广告的作用,它们将广告变成了一种纯粹的"推销工具"。奉行市场营销观念的企业则对广告的作用有比较清醒、明确的认识,它们既不盲目排斥广告,也不相信广告万能,而是将广告作为促销组合中的一种工具,将其纳入整个市场营销组合系统中,依据营销策略制定广告策略,任何广告都在科学、统一规划的策略指导下进行,由此衍生出丰富、实用的不同广告策略。

现代广告策略经历了"产品情报诉求"和"生活情报诉求"两个阶段,这是企业从"产品导向"转向"消费导向"的结果。在引入市场营销观念以前,企业往往单纯出于赢利的需要而生产和销售产品,很少考虑消费者的需求,广告诉求往往注重强调产品的优异之处,很少将产品的信息与消费者的生活需求相联系,于是产品情报诉求就成为这一阶段广告诉求的主流。而市场营销观念的核心则是"消费导向",即产品生产以满足消费者的需求为目的。因此,企业在广告中逐渐放弃了单方面传达产品信息的做法,而是注重将产品信息与消费者的生活相联系,于是生活情报诉求的广告逐渐成为现代广告的主流。

随着生产力的普遍提高和企业间竞争的加剧,广告中关于产品的观念也经历了从"产品至上""形象至上"到"定位至上"的变化。在20世纪50年代,企业一旦发明一种新的产品或者生产出独具特色的产品,就往往会在广告中传达产品的这些优势,这种"产品至上"的策略曾经是许多手中握有优秀产品的企业销售制胜的法宝。但到了60年代,市场上出现了产品同质化的倾向,企业很难再生产出与别家不同的产品,产品之间的微弱差别逐渐失去了对消费者的吸引力。因此,企业开始在广告中注重塑造产品的形象,希望通过与众不同的形象来吸引消费者。但是这种曾经行之有效的策略到了70年代再次失去大部分效力,因为不但产品可以模仿,形象也可以模仿,于是一种崭新的策略——产品定位策略出现了,其核心内涵就是确定产品在消费者心目中与众不同的位置,并通过消费者对该定位的认同而获得稳定的消费群体。产品定位策略以产品的优势形象为基础,但又不是二者的简单叠加,因为它将广告中关于产品的观念提高到了一种策略的高度,并深入到企业的产品开发、产品销售以及广告的各个层面。

5. 经济发展严重影响广告对受众的作用

广告通过直接作用于受众而达到目的,而受众作为社会总人口的一部分和商品的消费者,又处于整个社会经济环境的影响之中。因此,我们把在经济作用下的消费变化视为经济环境的一个重要组成部分。

消费可以从以下几个方面加以描述和分析:

◎ 消费者与产品之间的供求关系;
◎ 消费者总体的消费能力;

◎ 消费者普遍的消费观；
◎ 消费观的发展变化；
◎ 不同消费群体的需求；
◎ 不同消费群体的消费行为。

上述因素有些与宏观的经济形势相联系，有些则更侧重于消费者本身的观念和行为，但它们都是影响广告效果的重要因素。

近代工业革命带来的人口增长为工业大生产的结果——大量的产品——提供了足够的消费人群。但如果仅有大量的产品而没有足够的消费者，广告也难以生存。面对日益丰富的产品，人们越来越依赖于通过广告获得关于产品和消费的信息。与广告刚刚开始大量出现的时代相比，现代广告在人们的生活和消费中发挥着更大的作用。

经济发展带来了人们生活方式、消费行为和消费观念的变化，不断有新的产品进入人们的生活，也不断有旧的产品被淘汰。这一方面是广告影响的作用，另一方面也对现代广告提出了新的要求。由于经济发展，以大众媒介为主体的各种传播媒介也获得了快速发展，消费者接触媒介的途径和机会不断增加，广告越来越难以对被各种媒介的大量信息所包围的消费者产生预期的作用。

经济的多元化使社会生活形态更加多元化，进而在同一时间、同一地域造就了需求不同的多种消费群体，广告受众的构成变得更加复杂了。

从历史发展的角度来讲，整个社会的消费态势、消费者的消费行为和消费观念的变化，都会要求广告及时寻求更加适应形势变化的总体策略、诉求以及表现手段，这同时也促进了广告的发展。从横向的角度来讲，多元化的受众群体也会促使不同地域、不同经济环境中的广告适应不同消费群体的需求，从而使现代广告本身呈现出鲜明的多元化特点。

二、广告的社会文化环境

1. 广告社会文化环境的构成

任何广告本体都是在一定的社会生活和文化背景中产生、发展并在其中发生作用的，而广告作用的客体——广告的诉求对象，也总是处于一定的社会中，有其特定的生活方式和文化背景。因此，社会文化环境是广告外环境的重要组成部分。

"文化"指在群体经历中产生的代代相传的共同的思维与信仰方式，它是一个社会的思维方式以及适用于其成员的知识、信仰、习俗和技能的集合。"社会生活"和"文化"是两个不同的概念，在社会学、文化人类学、社会心理学等学科中都分别有细致的研究。但是由于二者联系密切、紧密互动，而且它们在广告的外环境中融为一体，共同作用于广告，彼此的作用很难明确区分，因此我们在此将它们概括为一个统一的"社会文化环境"。

社会文化包含许多丰富而细致的内容，我们提取其中对广告影响最大的因素，将其概括为广告的社会文化环境（见表5-1）。

表 5-1　广告的社会文化环境构成简表

文化	社会生活
生活习俗	家庭
民族心理	大众行为
道德观念	流行
价值观	消费行为
宗教信仰	非消费的社会行为
消费观念	

2. 社会文化环境对广告的作用

（1）广告与社会文化环境的互动

广告与社会文化环境的互动表现为：一方面，广告受到特定的社会文化环境的鲜明影响，是反映特定的社会文化的一面镜子；另一方面，广告本身也是社会文化的一个组成部分，对整个社会文化发生着潜移默化的巨大影响。

（2）社会文化环境对广告的影响

◎ 影响的途径

广告的创作者——广告从业人员——和广告作用的对象——广告的诉求对象，都处于特定的社会文化环境中，适应这种环境，并对它的诸种要素形成自己的体验和认识，而广告人正是根据自身的体验和认识，根据对诉求对象的生活方式、文化观念及其对生活方式和文化的未来设想的认识来制定广告策略、创作广告作品的。特定的社会文化环境就是通过它们作用于广告的。

◎ 影响的层面

社会文化环境对广告的主体、对象以及活动过程都有一定的影响，而受其影响最大的是广告活动本身，包括广告策略、广告战役的内容、广告战役的方式、广告的诉求重点、广告诉求方法、广告创意、广告主题、广告画面、广告文案、广告风格等。广告的这些因素中都直接包含着生活习俗、民族心理、道德观念、价值观念、宗教信仰、消费观念等文化内涵，而且反映一定的生活方式，所以它们必然会受到特定的社会文化环境的制约和促进，并随着社会文化环境的变化而及时调适。

图 5-1　奥迪为庆祝沙特解除女性驾驶禁令而拍摄的广告

2018 年，沙特阿拉伯解除了女性驾驶禁令。在此之前，沙特阿拉伯是世界上唯一一个要求车辆必须由男性成员驾驶的国家。为了庆祝这来之不易的社会进步，奥迪发布了一条名为 *Time to open new doors* 的视频广告。这条广告没有一句台词，以女主角一人的气度致敬女性，借势禁令的解除，不仅打开了沙特女性市场，而且树立了良好的形象，提高了品牌在消费者心中的好感度。

◎ 作用的内容

在这里,社会文化环境起到的仍旧是促进、调适和制约的作用。

首先,社会文化的变迁会促进广告反映文化和生活方式内容的变化,如近年来"休闲"成为一种流行的观念和一种时髦的生活方式,于是这一观念和生活方式在广告中也得到了充分的反映,而这在十几年前的中国广告中是非常少见的。

其次,由于社会文化具有非常广泛的涵盖面,违背特定的社会文化的广告很难对受众产生作用。因此,广告要时刻求得当时、当地社会文化的认同,要对自身所包含的社会文化内容进行调整。这一点突出表现为跨国营销的产品在不同国家和地区的市场推出不同风格、不同诉求重点的广告。

再次,在一定的社会文化环境中只能产生适应这种社会文化环境的广告,东西方广告在幽默手法上的巨大差异就是最好的例证(见图5-2、图5-3)。学者 Zhang 和 Gelb(1996)曾对中国与美国的广告在个人主义—集体主义的文化价值观维度上进行过对比研究,发现中国比较强调集体主义,而美国则强调个人主义。结果表明,采取与广告投放国价值观相符的方式进行诉求,广告更能得到该国消费者的认同,更容易使他们对广告及其宣传的品牌形成积极的态度。①

图5-2 蒂芙尼以同性情侣为主角的订婚戒指海报

2015年,美国最高法院宣布同性婚姻合法,与此相关的广告营销活动骤增。当年1月,拥有178年历史的珠宝品牌蒂芙尼(Tiffany)第一次推出以同性情侣为主角的订婚戒指宣传海报。借助这张海报,蒂芙尼公司拓宽了自己的市场,将顾客群拓展到了同性恋人群中。

---

① 徐金灿,徐洁怡.文化对广告的影响[J].心理科学进展,2003(11):85-91.

专论：文化价值观对广告的影响

美国学者芭芭拉·穆勒（Barbara Mueller）女士认为，一个国家的广告表现之所以不同于他国，除了法规或媒体的影响外，文化价值观也是左右广告表现特质的一个主因。

穆勒女士的研究按下列模式进行：她分别挑选日本及美国的代表性杂志，再从中抽出涵盖九种商品类别的广告共378条。这九种商品类别包括了高卷入度商品中的汽车、厨房用品、首饰精品；中卷入度商品中的手表、电视机及照相机，以及低卷入度商品中的护发用品、葡萄酒、食品等。然后她依据日本人和美国人的文化价值观各设定了三项代表性的广告诉求。代表日本文化价值观的诉求方式包括：(1) 集体共鸣式诉求——大家都用这种商品，你为何不用？(2) 感性诉求；(3) 尊老及传统诉求——往往以年长的使用者为诉求对象；(4) 身份地位提升诉求——经常在广告中使用外国演员或外来语；(5) 回归自然诉求。代表美国文化价值观的诉求方式包括：(1) 个人主义及独立性诉求——使用此项商品会使你与众不同……(2) 强力推销诉求——强调品牌或商品的优越性，甚至拿竞争品牌相比较；(3) 年轻及现代感诉求：常用年轻演员；(4) 商品利益诉求——强调商品的各种特点及优点；(5) 人类超越自然诉求——使用人类征服自然的镜头。

在美国，广告长久以来被视为大众生活的一部分，因为广告可以带给消费者有用的信息；但在日本，一般消费者仍把广告视为厂商向消费者推销商品的工具，目的是引诱人去购买不一定迫切需要的东西。比起日本消费者，美国人较实际且对价格斤斤计较，一般不会为了虚荣心去购买不实用的物品。因而，美国的广告很看重价格与产品特性说明，以便吸引消费者。而日本的年轻一代消费者因思想日渐西化，不见得处处受日本传统的影响，他们已比父辈更重视价格。美国人流动性很大，不像日本那样重视所谓的"老主顾的店"，这也使美国人更趋向经济实惠的生活形态。日本1987年的一项调查显示，日本消费者倾向于自上而下（top down）地处理消费信息，也就是说他们必须先对厂商的品牌建立印象及信心，然后才会考虑该商品是否是自己需要的，企业及品牌形象对他们来说是决定购买与否的一大因素，这也是为什么强调形象塑造的感性广告会在日本风行的原因。对于日本人的购买动机来说，"品牌偏好度"优于"商品特性"。一个国家或地区的文化价值观及人文经济背景对其广告表现有所影响，但是，广告毕竟是一项极为高昂的投资。因此，广告必须有效，企业才会花钱做广告；企业肯做广告，广告才有可能影响时代的气氛和精神，才有可能直接反映当地的文化。

三、广告的控制环境

1. 广告控制环境的产生

广告的控制环境是随着广告发展的需要而产生的，同时也直接针对广告行业的经营活动发生作用。

广告是涉及面非常广的经济活动，需要属于服务行业的各类广告公司、属于大众传播产业的各种大众传播媒介、属于各种行业的广告主的共同参与，并对它们的经营和整体发展产生巨大的影响。与此同时，广告虽然针对特定的目标消费群体展开诉求，但在客观上又对全体社会成员进行传播。广告的受众数量众多、构成复杂，且由于现代广告无处不在，因而广告又对受众的文化观念以及行为方式产生重要而巨大的影响。一旦广告行业的经营活动失控，在广告传播的内容上发生偏差，就会对整个社会产生不可估量的影响。因此，在现代广告行业产生之初，各个国家和地区的政府以及各种类型的广告行业组织就一直在努力对广告业的行为进行控制，制定了相关的广告法律、行业自律规则，建立了管理和监督广告行业的机构，由此产生了广告的控制环境。

图5-3 统一方便面"阿Q"篇

几乎每一个中国人都知道鲁迅先生笔下"哀其不幸、怒其不争"的"阿Q"是谁。他不仅仅是一个小说人物，更是人人皆知的典故和文化符号。统一企业的这条广告浸透了中国式的幽默和人生哲学——"阿Q一下，快乐就好。"

2. 广告控制环境的构成

对广告的控制一般通过法律、自律、监督三种途径来完成。

（1）国家法律

针对广告的专门法律是在世界广告进入现代广告阶段才出现的。古代和近代的广告规模小，经营行为相对简单，而且也没有专门经营广告的机构，对整个社会的影响非常有限，所以不存在通过国家法律对其进行规范和控制的必要。虽然在18世纪初就出现了政府对报纸刊登广告的规定，但是那些规定相对简单，仅仅是广告法律的雏形，还不是成形的广告法律。

在正式的广告代理行业形成后，广告的规模迅速扩大，广告经营行为日趋复杂，广告媒介、广告公司等专门机构的数量急剧增加，广告的社会影响力也逐渐增大。因此，政府制定专门的广告法律就显得非常必要。随着现代广告的发展，各个国家的广告法律逐渐趋于完善和复杂，形成了比较完整的广告法律环境。

广告法律一般由政府指定专门的机构监督执行，并通过政府或执法机关对违法行为进行评判和处罚，因此属于广告的外环境，是整个社会对广告进行控制的一种途径。

（2）行业自律

广告行业的自律是广告行业内部对所属机构和人员的广告行为进行控制的一种途径，属于广告的内环境要素，一般由广告协会、广告公司、广告媒介部门、广告主的广告部门依靠自我监督来完成。

最初的广告行业自律与其他行业的自律一样，是一种同行业必须遵守的行规，是基于同行业在价格、服务内容、经营手段等方面的公平竞争而制定的。随着广告业的发展，出现了许多新的问题，如受众对欺骗性广告的不满、广告的著作权侵权等问题。因此，现代广告的行业自律内容也变得更加细致和复杂，成为广告法律控制的一种非常重要且必要的补充。

（3）受众（消费者）监督

广大受众是广告的直接作用对象，随着广告在他们生活中扮演的角色日益重要，他们受广告影响的程度也逐渐加深，其中既包括积极的影响，也包括欺骗性广告等的消极影响，因此他们也提出了对广告进行控制的要求。这种要求，一方面促进了政府制定广告法律和广告行业加强自律，另一方面也促成了广告受众监督环境的逐渐形成。广告的受众监督一般由各种消费者权益保护机构来完成，它们代表消费者和广告受众的利益，既不属于政府部门，也不属于广告行业，因此是广告外环境的一个要素。

3. 广告控制环境的作用

（1）作用层面

一般来说，广告控制是针对广告主体和广告活动进行的，很少涉及广告受众。对广告主体的控制主要在广告主、广告公司、广告媒介的经营行为层面，对广告活动的控制主要在广告的内容（如虚假广告）、广告诉求的方法（如比较广告）、特殊产品的广告规范（如药品、酒类）等层面。

广告法律以保证广告良好的社会作用为出发点，对广告主体的行为和广告活动的特性进行细致、全面的规定，并通过法律责任和对违法行为的处罚来保证其实施。

广告行业自律以保证行业经营的合法性和维持良好的同业竞争秩序为出发点,主要对广告主体的行为进行道德约束,并通过行业的批评与监督保证其执行,必要时可以诉诸法律加以控制。

广告的受众监督以保证广告受众的利益不受侵害为出发点,主要对广告本体进行约束,并通过大众传播媒介舆论监督、广告受众的自觉监督来保证其执行,必要时可以诉诸法律。

(2)作用的特性

◎ 广泛性

无论是广告的法律控制、行业自律还是受众监督,都广泛地作用于整个社会的全部广告主体和广告活动,凡是进行广告活动和广告经营的广告主、广告公司、广告媒介及其发布的广告,都必须接受法律、自律的约束和受众的监督。

◎ 基本保障性

广告法律、行业自律、受众监督一般只对广告行业的经营和广告活动的特性进行基本的约束,以保障它们符合社会公益的原则,对社会和消费者起到积极的作用,并维持行业内基本的公平竞争秩序。在基本保障的前提下,对于具体的经营策略、经营行为和广告活动的具体内容和形式则不加约束。

◎ 适时、适地调适性

经由任何途径的广告控制都是从当时、当地的实际情况出发的,因而各个国家和地区的广告控制都有各自的特点。在不同的历史时期,由于广告发展水平不同,因而广告控制也有粗疏和完善之分,广告控制的具体内容也会发生变化,有其特定的侧重点。如在广告行业发展的初期,控制的主要目的是制定基本的行为规范;而在广告业发展到一定程度之后,新的问题不断出现,新的法律也随之出台。

第三节 广告的内环境

一、广告行业内环境的构成

广告的行业内环境指存在于广告行业内部、对整个行业和行业内的诸种机构和个体的发展起到促进、制约、调适作用的各种因素。

一个行业的发展,离不开相关的科学技术条件的支持。于是,支撑广告行业生存与发展的科学技术条件就构成了广告行业内的科学技术环境。

任何一个行业,都由从事相同或相关业务的多个机构构成,它们之间自然会存在竞争,而这种竞争在广告行业内表现得尤其激烈。广告行业内的竞争者和它们的竞争条件、竞争理念、竞争行为,构成了广告行业的竞争环境。

广告是一个以"智力"服务为主的行业,必然以高素质的人才为发展基石之一。广告行业的人才条件、人才培养机制、人才选择机制、人才交流机制构成了广告行业内的人才环境。

在外界环境通过政府法律和受众监督对广告主体的经营行为和广告活动的特性进行控制的同时,广告行业内部的各种机构还需要通过行业内广泛认可的自律规则对自己的经营行为加以自律,以维持良好的公平竞争环境,保证行业成员行为的合法性。这样,就构成了广告行业内的自律环境,包括自律规则、自律监督机构、自律行为等。

作为"文学批评"的一个同类语,"广告批评"还很少有人提及。但是通过对广告活动进行评论、褒贬,从而提高广告活动的质量和广告服务水平却非常重要。因此在广告行业内部,有必要形成一个良好的批评环境,包括形成广告批评的一般标准、产生从事广告批评的专业人员、为广告批评提供阵地等。

二、广告发展与行业内环境的互动

1. 广告发展与行业内环境互动的特点

广告发展与广告行业的内环境之间存在着正相关的互动关系:当广告发展到一定程度,形成一个具有一定规模的、独立的行业时,相对独立和封闭的广告行业内环境才逐渐形成;高度发展的广告必然伴随着高度秩序化的行业内环境,发展水平低的广告必然伴随着混乱、无序的行业内环境。整个广告发展水平的提高,会带动行业内环境向良性发展的方向迈进,而发展水平的现状则制约着当时、当地的行业内环境;广告行业内环境的发展始终与广告的整体发展保持同步。

从某种程度上说,广告的发展与广告行业的内环境是一体的,或者说是一个存在状态的两个方面,前者侧重对历史变化的描述,后者则是对此时、此地广告发展水平的实态的更为具体的描述。

2. 行业内环境各要素作用的层面

科学与技术、竞争、人才、自律、交流与合作、批评,这些虽然都是构成广告行业内环境的要素,都对广告发展的现状产生影响,为未来的发展提供有利或不利的条件,但是它们分别作用于广告发展的不同层面,重要性不尽相同,起到的作用也不完全相等:

◎ 科学与技术、人才是最为基本的要素,它们作用于所有广告主体的观念和行为,作用于所有广告主体的质量,为广告业发展现状进行最根本的限定,限制着竞争、交流、自律、批评的水平,并为未来的发展提供最强大的推动力,因此作用长久而深远。由于它们需要行业成员整体的推动,并且很难在短时期内出现飞跃,所以具有整体和静态的特点。

◎ 竞争、交流与合作存在于行业内的机构个体之间,直接体现为个体的观念与行为。由于个体发展的不平衡和观念的不一致,因而最容易显得混乱、无序,所以具有个体和动态的特点,它们往往能够直接引发整个行业非规范的行为和偶然的变动。有序的竞争、充分的交流能够促进行业的发展,而无序的竞争和个体间的自我封闭则容易使整个行业陷入低水平胶着状态,减缓发展的速度。

◎ 自律是一个最为重要的调适性因素,主要对行业成员的个体行为进行约束,因此其主要的作用在于调节竞争环境。由于其目的在于"避免问题"而不是"激发进步",所以很难对其他要素起到促进的作用。

◎ 批评主要针对广告活动本身而展开,批评的水平由理论发展水平和人才素质所决定,同时,高水平的批评又会促进理论的进步和人才素质的提高。由于其目的在于"找出问题""激发进步",所以对整体发展水平的提高具有较大的作用。

三、竞争环境

1. 竞争环境的构成

竞争环境由以下几个要素构成:

第一,竞争者。竞争者指广告行业内直接参与竞争的机构。广告公司和广告媒介是广告行业内的主要竞争者,在广告公司之间和广告媒体之间都存在着激烈的竞争,而广告主之间的竞争则属于广告业的外部环境,它们不与广告公司或广告媒介构成直接的竞争关系,因此不是广告行业内的竞争者。

第二,竞争条件。竞争条件指竞争者参与竞争的内在条件和与之密切相关的外在影响因素。内在条件包括机构的人员、资金、规模、技术、设备等物质条件和企业在同行业中的地位、凝聚力、声誉、员工积极性、企业应变能力等竞争性条件;外在的影响因素则来自服务对象对企业的支持、是否拥有有力的合作者、是否能把握有利的经营机会等。

第三,竞争理念。竞争理念指竞争者参与竞争时所抱的目的和企业的竞争策略。

第四,竞争行为。竞争行为指竞争参与者在竞争中的实际表现。

2. 竞争环境各要素之间的关系

竞争环境中的各要素紧密结合,构成了竞争者的竞争能力,直接影响着他们在竞争中的地位,进而影响到整个行业内的竞争环境。竞争关系决定了竞争者有能力达到什么样的目的,竞争理念决定了竞争者希望达到什么样的目的以及愿意为此付出什么样的努力,而竞争行为则是竞争者参与竞争的手段。

按照参与竞争的条件,广告行业内的竞争者可以分为强大的竞争者、普通的竞争者和弱小的竞争者;按照竞争理念,竞争者可以分为高瞻远瞩的竞争者和急功近利的竞争者;按照竞争行为,竞争者又可以分为理智的竞争者和冲动的竞争者。

跨国广告公司、全国性广告媒体、本地区最有影响力的媒体,都是强大的竞争者。它们在竞争中占据绝对的优势,竞争理念比较明确,多基于长远的发展,不易为眼前的利益所动,能够从容地参与竞争,不会为小的不利条件所困惑,也不会轻易改变自己的行为,而且能够挤占普通竞争者和弱小竞争者的市场。它们之间的竞争,往往能够带动整个市场形势的变化。

中型广告公司、影响力一般的大众媒体则是普通的竞争者,它们在竞争中的优势变化不定,因此竞争理念比较模糊,有可能为眼前的利益所吸引而放弃长远的竞争战略,但也有可能采取比较冲动、过激的竞争行为。它们往往做出最大的竞争努力,并为此付出代价,结果可能发展成为强大的竞争者,也有可能沦为弱小的竞争者。由于它们数量众多,因而它们之间的无序竞争很可能导致整个市场的混乱。小型广告公司、小型媒体是弱小的竞争者,它们的竞争能力最差,也缺乏有利的条件,很少有明确的竞争理念,往往追求短期利益,因而在行为上表现出鲜明的短期性。它们有可能成为竞争的牺牲品而被市场淘汰，但也有可能因一时投机成功而一跃成为市场上的强者。

3. 广告行业内竞争的主要内容

营业额是广告行业的一个重要业务指标，广告公司和广告媒介的排序常常以这一指标为依据，因此对营业额的追求就成了行业内竞争的主要内容，其本质就是对业务机会，即对广告主的争夺。对于广告公司和多数没有其他经济来源的广告媒体而言，广告收入是它们唯一的收入，因而它们常常以营业额的提高为自己的量化发展目标。广告公司以正当的竞争手段（如提高服务质量）和非正当的竞争手段（如回扣）吸引广告主来委托业务，而广告媒介则通过提高自己的阅读率、收听/收视率、代理费或给予多刊播多优惠的政策吸引广告公司和广告主将其列入媒介计划。

重要术语

广告环境	广告的外环境	产品情报诉求	文化
广告主体	广告的内环境	生活情报诉求	行业自律

练习题

1. 请说明广告环境的构成。
2. 经济环境对广告有什么影响？
3. 如何对广告进行控制？
4. 请简述广告行业内竞争的主要内容。

网络资源

中国广告监管网：www.ggs.saic.gov.cn
中国消费者协会：www.cca.org.cn
美国商业促进局委员会全国广告处：www.bbb.org/advertising

推荐读物

李尔斯. 丰裕的寓言：美国广告文化史[M]. 任海龙，译. 上海：上海人民出版社，2005.
西奥迪尼. 影响力[M]. 闾佳，译. 沈阳：万卷出版公司，2010.
法律出版社法规中心. 中华人民共和国广告法注释本[M]. 北京：法律出版社，2008.

第二编
广告活动的参与者

第6章 广告主

第7章 广告公司

第8章 广告媒介

第9章 广告活动的对象

广告活动的参与者

之所以要探讨广告活动的参与者,目的就是要了解广告活动中各个元素的功能、角色及其对传递广告讯息的影响。一条广告讯息,在传达给消费者之前会经过广告主、广告公司和广告媒介这三个元素之间的互动运作(见图A)。

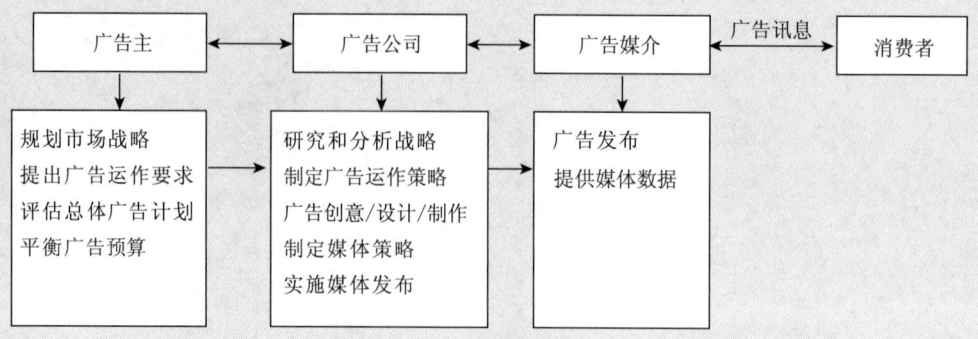

图A 广告主、广告公司、广告媒介与消费者

有人将广告主、广告公司和广告媒介称为广告市场的主体,这种划分主要出于对专业化要求和分工需求的双重考虑,否则,主体元素中还应该包括消费者。

在这三者之中,广告主负责给广告公司提供市场及商品资料,监督广告公司的运作过程,验收广告成品;广告公司负责整个广告活动的策划与执行,并扮演广告主与广告媒介之间沟通桥梁的角色;广告媒介负责广告的刊播工作并提供媒体数据。(这里的广告媒介指广告媒体机构,包括报纸、电视台等大众传播机构和以提供广告刊播媒体为主要业务的经济组织。)

除了上述三种情况外,广告主体的三个要素还存在下述几种情况:

第一种,广告主即广告公司。规模比较大、专业化较强的广告主基于工作效率和成本费用的考虑,往往在公司内部成立广告部门——自有广告公司(in-house agency),专门处理本公司的广告策划、广告发布等事务。

第二种,广告媒介即广告代表。简单的广告设计,可以不必大费周章地经由广告代表之手,例如普通大众刊播分类广告,报社会提供打字、编排等完稿服务。

第三种,广告媒介即广告主。媒介为自己做广告,电视节目预告便属此类。

由于广告业是一个专业分工极其细密的行业,同时广告业又是一个依附性很强的行业。因而在广告主体的构成中,还有一些相关组织,这些相关组织主要为广告活动提供专门的服务,如市场调查公司、艺人经纪公司、广告制作公司、广告设计公司、印刷公司、专业广告公司(如展览公司、邮政广告公司、交通广告公司、广告传单散发公司等)、媒介购买公司、公共关系公司等,这些相关组织主要与广告公司打交道,个别情况下也与媒介广告主打交道。由于相关组织的加入,图A便可能变更为图B的样子。

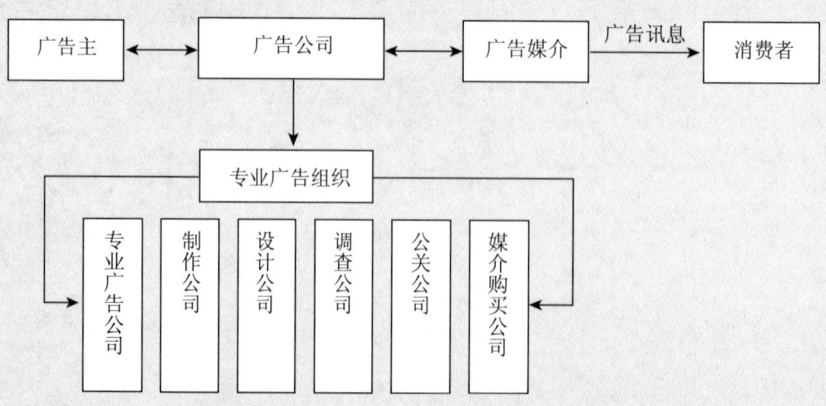

图B 广告主、广告公司、广告媒介与消费者

第 6 章

广告主

本章学习目标

☑ 认识广告主的职责。

☑ 了解广告主的分类。

☑ 学习如何做一个好客户。

☑ 掌握广告主选择广告公司的标准。

☑ 了解企业广告部门的功能。

☑ 熟悉企业广告部门的建构。

☑ 了解品牌经理的作用。

广告主发号施令,广告公司提建议,广告媒体请求下达托(播)刊单,而市场调查人员则冷眼旁观,这就是广告世界的缩影。

——马丁·迈耶(Martin Mayer)

第一节 广告主概述

一、广告主的定义、职责与分类

1. 广告主的定义

广告主是广告活动的主体之一,离开了广告主,广告就会成为无源之水、无本之木。那么,什么是广告主呢?

在此不妨复习一下本书第一章给出的广告定义:"广告,是由可识别的出资人通过各种媒介进行的,有关商品(产品、服务或观念)的,通常是有组织的、有偿的、综合的和劝服性的非人员信息传播活动。"

从中可以看出,**广告主(advertiser)就是为自己或自己的有关商品(产品、服务或观念)发布广告的组织或个人**,广告公司经常将其称为"广告客户"。它们既可能是宝洁、海尔、新东方等这类营利性组织,也可以是环境保护组织、妇女儿童保护组织等非营利性组织,还可能是政府或个人。

2. 广告主的职责

广告主是广告活动中不可缺少的角色,在广告活动中发挥着重要作用。要想使广告活动有的放矢、赢得人心并卓有成效,广告主至少要履行以下职责。

(1)在一定程度上控制广告活动

广告主必须在一定程度上控制广告讯息的发布,这是广告与公关活动、新闻报道等传播活动最主要的区别点之一。对于针对企业的新闻报道,记者写不写稿、写什么样的稿,媒体是否决定刊播、何时刊播等,企业作为被报道的对象无权干涉。但广告则不同,由哪家媒体刊播、何时刊播、刊播什么内容,广告主都有一定的控制权。当然,这种控制权也是有限的,因为广告必须符合各国的各项法规和政策,符合媒体的刊播标准,并非广告主花了钱就什么都可以发布。

(2)对广告的真实性负责

1995年2月1日施行的《中华人民共和国广告法》在界定"广告"时,加进了"以广告主的名义"这个修饰语。这既明确了广告主要对其所发出讯息的真伪负责,又可以使消费者放心地购买做了广告的商品。

（3）兑现在广告中做出的承诺

广告主在广告中对产品功能、服务质量的表述可以视为生产企业对消费者作出的一种"承诺"。在未使用产品之前，消费者会根据企业的这些承诺作出是否购买产品的决策；在使用之后，消费者会据此做出满意与否的判断。因此，广告主最好不要在广告中过度"承诺"。

3. 广告主的分类

广告主可以按照不同标准进行分类，本章所涉及的分类，主要以广告投放的地域范围为标准，也是业内常见的分类方式。按照这个标准，广告主一般分为地方性广告主、区域性广告主、全国性广告主、国际广告主等几大类。

（1）地方性广告主

地方性广告主（local advertiser）指只针对某一城市或区县地理区域内的消费者发布广告的广告主，它们发布的广告即称为地方性广告（local advertising），有时又叫零售广告。地方性广告主大多为零售店，除此之外，也有不少其他行业使用地方性广告，如银行、房地产企业、电影院、汽车维修、健身房等。

地方性广告主又大致分为四大类：

◎ 为全国性企业经营某一主要产品品类或服务的经销商或地方分店，如汽车4S店；
◎ 经销多种品牌商品的店铺，通常为非独家代理形式，如便民店、杂货店和百货店；
◎ 专卖店和服务公司，如银行、保险、餐饮、书店、旅行社、律师事务所、会计师事务所等；
◎ 官方、半官方和非营利性机构，如市政、公用、慈善、艺术团体等。

由于地方性广告主往往同时经销众多的不同品牌，因此，他们往往从局部入手，着眼于战术，非常重视地点，如花1万元布置一个橱窗能否给本店带来更多的客流量？

作为对自己产品代理商和批发商的一项补偿，同时也为了确保自己的产品在广告中得到恰如其分的展示，有些生产商和贸易协会会给地方性广告主提供现成的广告材料和广告方案，并承担一部分广告费用，共同发布联合广告（co-operative advertising），以期树立生产厂家的品牌形象，协助自己的经销商、批发商和零售商实现更大的销售。

（2）区域性广告主

区域性广告主（regional advertiser）指只在国内某一地区——比如我国东北地区——开展广告活动，并只在那一地区进行销售的广告主，它们大多为区域性百货店、特色产品生产商、政府机关、酒店连锁以及电话公司分支机构等，它们发布的广告即称为区域性广告（regional advertising）。

区域性广告主介于地方性广告主和全国性广告主之间，因此它们的广告既可以向地方性广告靠拢，也可以向全国性广告延伸，视具体的战略目标而定。

（3）全国性广告主

全国性广告主（national advertiser）指面向几个区域或全国发布广告，并在全国范围内销售产品和服务的广告主，如中国国际航空公司、一汽大众、新东方等，它们发布的这类广告即称为全国性广告（national advertising）。

全国性广告主注重树立自己的品牌,因此它们的广告往往侧重于品牌之间的竞争,从总体上策划、发布广告,建立并维护品牌。与地方性广告主不同,全国性广告主的市场营销人员很少关注单个的顾客,而是注重细分市场和目标市场。表6-1总结了地方性广告主与全国性广告主的主要区别。

表6-1 地方性广告主与全国性广告主之间的区别

广告主类别	全国性广告主	地方性广告主
侧重点	品牌	销售点
	市场份额	销售量、总销售额
	战略	战术
	市场	顾客
时间	长期广告	短期广告
资源	5万-1000万以上	不足100万
	许多专家	几个通才

资料来源:阿伦斯,等.当代广告学(第11版)[M].丁俊杰,程坪,等译.北京:人民邮电出版社,2010:117.

4. 国际广告主

国际广告主(international advertiser)指针对国外市场销售产品和服务,并在国外市场发布广告的广告主,它们发布的广告即称为国际广告(international advertising)。

国际广告可以针对各国的具体情况,如文化、语言、习俗等采用不同的讯息,甚至可以在发布广告的国家由当地的广告公司制作,如可口可乐针对我国传统文化而在我国投放的"春节"广告。在策划国际广告时,广告策划人员必须非常了解广告投放国的文化、习俗、语言以及与广告相关的规章、法律等,因而广告文案的翻译是一个非常重要的问题。

5. 全球性广告主

全球性广告主(global advertiser)指针对全球市场销售产品或服务,并在世界各地均采用统一广告讯息的广告主,它们发布的广告即称为全球性广告(global advertising)。全球性广告采用标准化模式,在全球范围内运用统一的广告创意、变化极少。

全球性广告的优点是可以统一配置资源、节省人力、简化流程,尤其是随着互联网的飞速发展,在全球成为"地球村"的今天,各种文化之间的交融越来越密切、隔膜越来越少。在这种趋势下,这种方法不失为一种统一管理的好办法。但这种方法忽略了各地区在政治、经济、文化等方面的差异和多样性,在这种情况下,如果在一些国家强行投放全球性广告,就可能触犯当地的文化禁忌,不仅达不到预期的广告效果,还可能引发外交纠纷。

图6-2 2018年中国出海品牌50强

排名	品牌	排名	品牌	排名	品牌
1	联想	18	TCL	35	科沃斯
2	华为	19	魔比神奇	36	兰亭集势
3	阿里巴巴	20	久邦GOMO	37	百度

续表

排名	品牌	排名	品牌	排名	品牌
4	小米	21	中国石化	38	奇瑞汽车
5	中国国际航空	22	GearBeat	39	银联
6	智明星通	23	游族网络	40	纳恩博
7	Anker	24	SheIn	41	中国工商银行
8	海尔	25	Tap4fun	42	海南航空
9	海信	26	OPPO	43	吉利汽车
10	猎豹移动	27	中国石油	44	京东
11	大疆创新	28	Vivo	45	比亚迪
12	一加手机	29	中国南方航空	46	格力
13	中国银行	30	龙创悦动	47	春秋航空
14	中国东方航空	31	腾讯	48	棒谷网络
15	中兴	32	长城汽车	49	Aukey
16	IGG	33	掌趣科技	50	美的
17	趣加游戏	34	Zaful		

资料来源：《2018年BrandZ中国出海品牌50强报告》

二、广告主在广告活动中的重要任务

1. 做一个好客户

这是广告大师奥格威在其《一个广告人的自白》中谈论的一个话题。在这本书里，奥格威说："我要写下15条规则，假若我是客户，我会遵照这些规则和我的广告公司打交道。"大师的15条原则，对于理解何谓客户十分有效。但是，原则终归是原则，好客户如同好人一样，很难有一个统一的标准。但做好人也有一定之规，做好客户亦然。具体而言，主要有以下七点。

（1）最高决策层必须重视广告

广告主一方的负责人必须强迫自己下功夫对广告代理工作的复杂性、公司广告活动的规模、广告活动对企业的重要性、公司内部广告活动的现状等方面进行比较深入的了解。

（2）企业实体以及产品本身在市场上有潜力

假如一个客户的广告费在同行中可以位列前茅，但其产品却毫无前途，这个客户的钱再多，也不是好客户。

大多数广告主及其代理公司愿意在重振问题产品上花费大量的时间、金钱和精力，却只花很少的时间去为已经功成名就的产品更上层楼而动脑筋。实际上，在广告业，看一个人是不是有胆识，就要看他是不是能面对测试的不利结果而舍卒保帅继续向前。

图6-1是市场机会矩阵图，纵列代表"成功的可能性"，横排代表"潜在的吸引力"，表示潜在的盈利能力。用这种方法来分析和评价广告客户，可能会出现四种不同的结果：

◎ 理想的企业(ideal business),即高机会和低威胁的企业;
◎ 冒险的企业(speculative business),即高机会和高威胁的企业;
◎ 成熟的企业(mature business),即低机会和低威胁的企业;
◎ 危境中的企业(trouble business),即低机会和高威胁的企业。

机会水平＼威胁水平	低	高
高	理想的企业	冒险的企业
低	成熟的企业	危境的企业

图6-1 市场机会矩阵

(3) 有健全的财务制度和良好的信用

许多广告公司在接触客户时会遇到这种现象:要么凭几个人的口头承诺就可以支付大笔款项,要么在该付款时或者提前或者滞后。这些现象表面看似对广告活动的策划与实施无伤大雅,但实际上往往是未来双方发生纠纷的隐患。健全的财务制度,是广告客户可靠的保证。

信用好的客户会按劳付酬,而不讲信用的客户却常常在广告公司提供了调查、策划、制作、促销等多项服务后,只付一种或一部分费用,以此搪塞广告公司。

(4) 有健全、合理的审查制度

广告客户内部各部门扮演的角色要明确,不要有关、无关的部门都可以对广告公司的工作进行决定性的干涉,更可怕的是,有些客户的内部诸部门把广告公司当成其内斗的筹码,使广告公司蒙受无妄之灾。奥格威对这个问题也深有感触,他曾说:"我知道有一位广告主,在自己的广告里搞了五道关卡来审查、确认他的广告公司为他制作的广告方案,每道关卡还都有改动和否定广告方案的权力。这种做法会产生严重的后果。它会使秘密信息泄露出去,会将有能力的人拴在一个又一个毫无必要的广告作品审查会议中,将原来简明朴素的方案搞得面目全非。"

(5) 尊重与广告公司的合作和广告人的劳动

有些广告客户自认为自己是出钱的,凡事很少替广告公司设身处地地考虑,自以为广告公司挣我的钱,就必须听我的吩咐,甚至随意让广告公司给回扣、陪客喝酒,我什么时候让你做完活,无论广告公司是否有时间,就必须在我指定的时间里给我。以这样的态度对待广告公司,广告客户与广告公司之间就不可能有良好的关系,工作效果自然会打折扣。

(6) 有明确的产品营销策略

没有营销策略就要求制定广告策略,这个广告客户一定是糟糕透顶的客户。谁接受了这个客户,谁就会有无休无止的麻烦。如果你按照客户的广告策略做出广告,他心情好也许就通过了,心情不好就通不过。早晨通过的,也许晚上他还会再来找你否定早晨的决定。这样,广告公司的工作就会相当难做。

广告活动虽然特别注重调查,但它仍然有很主观的东西。如果广告主没有明确的营销目标,每次广告方案做出来便有可能承办的人说很好,但更高层的主管却说不好。如果没有确定的营销思路,仅着眼于广告活动,就会出现类似问题。

(7) 有选用广告公司的标准

这就要求客户方负责广告的人一定要懂广告,并且懂得如何善用广告公司。广告客户要能够依据自己的企业形态、经营方式、公司规模和预算大小等来制定自己选用广告公司的标准。这样,即使公司负责广告的人变了,选择广告公司的标准也不会变。

广告客户要向广告公司全面彻底地介绍自己的情况,确保广告公司有利可图,以效果而非费用来评价广告活动,不与广告公司斤斤计较。这些,都是作为一个好客户所要具备的条件。

总之,尽管广告主会从广告公司那里获得信息和帮助,但是所有关于广告活动的决策和计划最终都是广告主的责任。广告主的主要责任是要确保提供精准的营销纲要,选择适当的代理公司以及监督广告公司的工作。对广告公司的监督包括保证营销纲得到正确的理解,创意和媒介活动能够保证目标的实现,制作过程、执行环节遵照预定计划进行并同时将成本控制在合理的范围内。[①]

2. 选择合适的广告公司

选择一家合适的广告公司并尽量与之保持良好的关系,是广告主的重要工作之一。选择广告公司的标准或条件很多,一般来讲,在委托或终止与广告公司的合作关系时,应着重考虑以下几个主要因素:

◎ 相容性——广告公司是否有自己的经营原则?该原则是否与你的公司或品牌相容?广告公司的规模是否符合自己的要求?

◎ 广告公司的构成——广告公司的工作人员都有些什么人?他们在广告业中的声誉如何?进一步讲,将为自己服务的工作团队都有些什么人?他们是否还承担着其他工作?广告公司是否能指派足够的人员替客户提供良好的服务?广告公司的人员培训工作如何?员工更新情况如何?

◎ 稳定性——广告公司的稳定性如何?尤其是其财务纪录、为现有客户提供服务的范围以及每年的营业量如何?

◎ 经验——广告公司过去是否接受过同类产品的广告案?效果如何?

◎ 能力——广告公司如何为其现在的客户服务?从广告公司的广告策划、创意战略、媒介策划与实践、调查研究与市场营销、传播方案等所有因素的协作能力来看,它有哪些优势和弱点?

◎ 报酬——广告公司要求客户付出的酬金对你的公司和对它本身是否恰如其分?如何处理与广告公司未来的合作关系?

◎ 财务状况——广告公司的财务状况是否良好?是否在良性运转?

◎ 信誉——广告公司的信用是否可靠?比如是否享有良好的口碑。

表6-3是一张简要的广告公司评估表,可供广告主选择广告公司时参考。

---

① WILMSHURST J, MACKAY A. The fundamentals of advertising[M]. Oxford: Buttworth-Heinemann, 1999: 81.

表6-3　广告公司评估表

1. 基本资料	小组成员：姓名_____ 职称_____
规模（上年度广告承揽额）_____	姓名_____ 职称_____
公司负责人：姓名_____ 服务年资_____	姓名_____ 职称_____
姓名_____ 服务年资_____	4. 处理同类广告案的经验
姓名_____ 服务年资_____	个案名称_____ 成绩_____
营业现况：过去5年中获得的客户_____	5. 广告公司重视本案的程度_____
过去5年中失去的客户_____	6. 现有客户的规模大小_____
经营理念或定位：_____	7. 广告公司现有客户的评价_____
2. 采取何种策略处理本次广告案_____	8. 广告公司的收费标准_____
3. 负责本次提案/未来广告工作的人员_____	9. 广告公司的财务状况_____
负责人：姓名_____ 职称_____	公司财务报表_____
	银行/信用证明_____

第二节　企业广告部门与品牌经理制度

虽然大多数企业都设有某种形式的广告部门，但广告部的重要与否却取决于企业的规模、所处的行业、广告活动的规模以及广告在该企业营销组合中扮演的角色，最重要的是，取决于上层管理人员对广告的重视程度。

一、企业广告部门的设立

1. 设立广告部的意义

企业的广告组织是企业内部统一负责广告活动的职能部门，它与其他职能部门共同构成企业的组织系统。在现代企业活动中，企业广告组织承担的责任十分重要，但是广告部门并不能取代广告公司。一般来讲，广告主会把监督的责任交给本公司的广告组织，而把策划、创意、制作等业务委托给外界的专业公司，主要是广告公司，原因在于：

◎ 广告活动的策划是一件繁复的工作，需要各方面专业知识的配合，广告主的广告组织一般个案经历比较单一，缺乏更精专的技术与技巧，自然替代不了广告公司的专业工作；

◎ 广告公司之于广告主，就像一个在营销推广方面得力的助手，广告主往往可以借助广告公司的服务获得市场信息、业界动态等，甚至可以得到许多免费或价廉的咨询、协助；

◎ 如果广告主自行策划、制作广告，势必要增加人事管理、硬件设备等成本的支出，与委托企业外部的广告公司相比，自然不划算。

 专论:大卫·奥格威致客户的一封公开信

先生或女士:

如果你已经决定委托一家新的广告公司,请让我给你建议一个简单的操作方法。

不要把选择权交给一些无用的人组成的委员会,他们通常都会做出错误的选择,所以你必须亲自来做这件事情。

从翻阅一些杂志开始,把一些令你妒忌的广告撕下来,查出是哪些广告公司制作的。

抽出三个晚上来看电视,把一些令你羡慕的广告记下来,查出是哪些广告公司制作的。

现在,你手上有了一些广告公司的名单,查出哪些是为你的竞争对手工作的,这些公司你不能选。

到此为止,你的名单缩小了。安排和每一家公司的老板及他的创意总监见面。你必须确定彼此之间的"化学作用"非常好。愉快的结合才能开花结果,不愉快的结合便不会有成果。

但不要要求和工作执行层面的人见面,这些人将来会被派来做你的产品。你或许会觉得和他们意气相投,却没有办法判断他们是否有才华;你或许会觉得他们态度冷淡——大部分有才华的人都是如此。有一个潜在客户,因为我介绍给他的一个很有才气的文案头发太长,拒绝给我们奥美公司任何机会。

向别人打听每家广告公司所制作的最好的六条印刷广告和最好的六条电视广告,挑出哪一家广告公司的广告方案最令你感兴趣。

询问广告公司收费的情形。如果他们提出15%,你要坚持付16%。多出的1%不会让你付不起,但却可以使广告公司的正常收入增加两倍,而你可以因此获得更好的服务。不管你怎么做,切忌不要对广告公司的报酬讨价还价。我知道一家大公司坚持要广告公司和他们的采购部谈,就像我们是卖办公家具的人。他们是否也要求律师和会计师找采购部谈?

坚持签五年的协议,这会使广告公司很兴奋,可以使他们在你的竞争对手以更高的广告预算来引诱他们时也不会背叛你。

……

一年给你的广告公司一份正式的绩效报告,将此视为问题的早期警报。

……

曾有世界上最大的一家公司允许公司内有五个层级来糟蹋广告,每个层级都有否决权,但是只有首席执行官有最后的决定权。不要用两个以上的层级来强迫广告公司绞尽脑汁。

……

广告界一直有个惯例,同一行业的客户不得超过一个。当我们为"东家牌"鞋油做广告的时候,我们就不能再接"西家牌"鞋油。有些客户在他们的广告公司打破这个惯例时会变得多疑善嫉,最终解除合作关系。

听起来似乎很简单,但却处处是地雷。假如一家广告公司已经有了一个鞋油客户,但是另一个客户也打算进入鞋油行业,这时应该怎么办?

假如我们在维也纳的分公司有一个鞋油客户,在吉隆坡的分公司也有一个鞋油客户,我们应该怎么办?

有些客户将这些冲突的定义扩大为:间接减少他们销售量的产品。如果我们已经有了一个鞋油客户而又来了一个凉鞋客户——木质凉鞋,不需要鞋油,我们应该怎么办?

这种冲突使广告公司非常苦恼,麦金塞的马尔文·鲍威尔(Marvin Bower)说:"如果一家公司出于情报不外泄的考虑,坚持不让自己的广告公司接竞争对手的生意,那它的发展基础便不稳固。实际上,竞争客户的利益不会因为负责制作这两个广告的人交换情报而有所损失。当然,没有哪个负责任的人会如此做——他们确实极力避免不慎的情报交换。多年来我一向对机密情报守口如瓶,然而我却认为,就是直接竞争的公司,它们的历史、组织、经营管理方法、员工心态、经营理念通常也大相径庭,以至于可以彼此交换情报而不会有任何损失。"

如果我是你,在我们的广告公司犯"重婚罪"时,我会考虑再三,是否要和它们解约。其他的公司也许不能为你制作那么好的广告。自负可是相当昂贵的奢侈品。

——大卫·奥格威

2. 设立广告部的方法

广告主需要借助广告公司的帮助已成定论，但借力的形式却因企业或国家不同而有所不同。在美国，广告公司与广告主一般是"一对一"的代理关系，即广告公司只为一种类型的一家公司或一种产品的一家公司代理广告，以保证广告活动的秘密不泄露出去。以客户为中心的"AE"制其实是"一对一"代理制的产物。在广告经营中，"一对一"是广告公司与客户的交易形态，而"AE"制则是具体的营业方式。在欧美广告业，这两者是广告公司的经营基础。

进入20世纪80年代后期，"一对一"原则越来越受到严重的挑战，主要是因为广告主方面多国籍化、国际市场统一化和广告公司集团化的多重影响。广告主在寻求广告公司时，除了要达成广告目标，得到专业帮助外，最关心的就是广告公司对自己的忠诚度和保密度。在日本，如果泄露同行业对手的情报，是违反商业基本精神的，因此很少出现广告公司泄密事件。与此同时，日本公司对于将本公司的工作全面委托给外部公司的做法也不放心，因此它们很少采用全面委托执行预算的做法。像美国那样委托广告公司执行预算，企业广告部只设一名负责人和一名秘书的情况，在日本是很少有的。

综合各国实际情况，广告主委托广告公司，寻求专业帮助的方式主要有三种：

（1）委托一家综合广告公司全权代理、处理广告事务

这种方式的优点是方便、单一，容易与广告公司沟通，便于广告公司全面掌握企业的整体情况，缺点是容易受制于一家广告公司，缺乏应变的弹性。

（2）将企业的产品分散委托给不同的广告公司

这种方式的优点是广告公司之间会形成良性竞争的风气，可以确保对广告主服务的品质；此外，这种方式还有分散风险的作用，不会因为一家广告公司的失败而导致满盘皆输。这种方式的缺点是广告公司之间可能发生争执，彼此的广告策略有时会发生冲突。

（3）广告主负担部分工作，不足部分再分别委托给广告公司

采取这种方法的多半是一些在广告方面具有一定实力的企业，比如有自己自有广告公司的企业。它们当中有些自行策划、创意和制作大众媒介广告，而将户外或网络广告委托给外部广告公司，有些则制作广告物料，供地方性广告主制作联合广告使用。

不管采用哪种方式，只要企业的广告组织设置得当、广告部门机能健全，就可以扬长避短，充分发挥外脑与外力的作用，收到较好的广告效果。

二、企业广告部门的主要类型与职责

1. 企业广告部门的主要类型

广告部门是现代企业组织机构中的一个必要组成部分。那么，应该由谁来管理广告部门？广告部门应该叫什么名字？广告部门的人数多少合适？这些问题并没有绝对的标准答案。如有的企业由总经理或最高负责人管理广告，有的企业则不是；再如，在日本的企业中，称广告部的占39.7%，称科的占38.8%，称室的占10.7%，称股的占4.2%；再比如，按照美国的模式，企业内的广告部门只设一个部长和秘书，在日本却不是这样，像资生堂这类企业的广

告部门,机构很庞大,从制定广告计划方案到广告制作,全部由公司自己的广告部来承担。一般说来,企业的广告部门主要有以下三种类型:

第一种,按地区市场构建的广告部(见图6-2)。

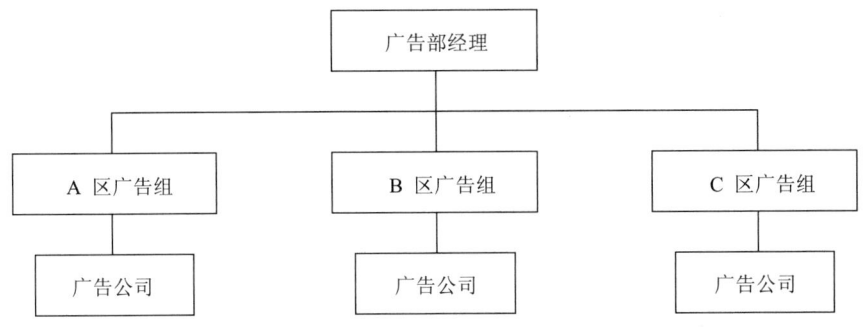

图6-2 按地区市场构建的广告

第二种,按产品类别构建的广告部(见图6-3)。

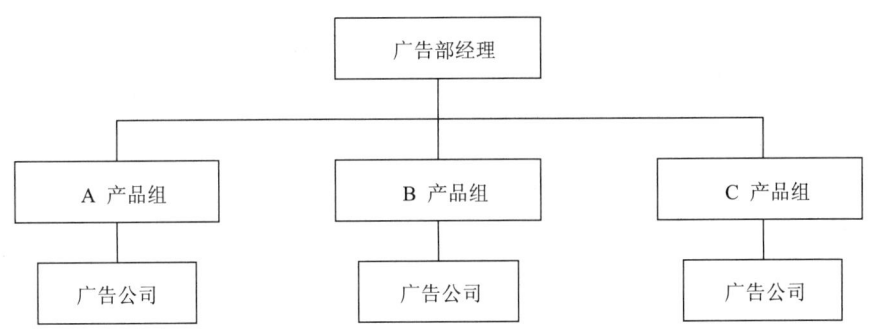

图6-3 按产品类别构建的广告部

第三种,按媒体类别构建的广告部(见图6-4)。

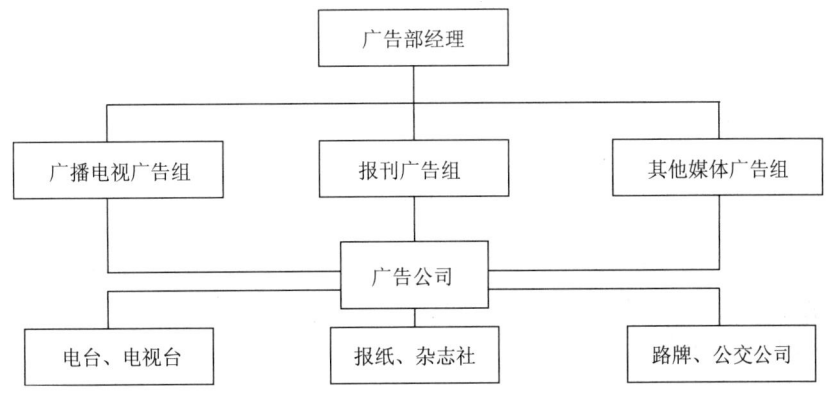

图6-4 按媒体类别构建的广告部

无论有多少种类型,综合起来,广告主的广告部为了完成横向沟通(即企业内部跨部门的沟通)和纵向沟通(即本企业与广告公司之间的沟通)的职责,其类型多依实际需求而定。从另外的角度看,广告部又可以分为中央集权式和地方自治式两种方式。所谓的中央集权式,即不管企业拥有多少品牌、多少不同种类的产品,都由同一个广告部门统一负责处理广告事务;所谓的地方自治式,即企业不同产品或品牌拥有各自独立的广告部门规划其广告事务。

2. 企业广告部门的主要职责

广告活动的主要目的是为了在或近或远的将来引起销售,因此,许多企业最初都将广告部设在营业部门。但是,广告活动和营业活动有许多不同之处。首先,广告的对象要比营业所面对的顾客广泛得多,只要这个对象群中的某一部分成为企业的顾客就可算是达到目的了。其次,广告活动必须先于营业活动实施才行。再次,广告部门担负着营业活动以外的整体广告活动。由于这些客观原因,广告部门开始脱离营业部门,逐步独立,变为直属于企业最高负责人的机构。有些企业的广告部门直接由企业最高负责人管理,有的则由主管营销或宣传的副总经理级的人物负责。无论受谁领导、隶属于哪个部门,企业广告部门的负责人都很关键,这里我们将其称为"广告经理"。

广告经理在各公司所处的位置有所不同。比如,在广告较少的小型组织中,广告经理(如设有广告部的话)可能直受公司主管的管辖;而在非常注重推销功能的公司,广告经理则可能是销售总经理领导下的一个部门经理。

但是,一般来说,广告都被当作市场营销功能的一部分,广告经理受市场营销主任的管辖(见图6-5)。在这种组织结构中,商业的三大职能——生产、财务和市场营销——便处在总经理的管辖之下了。广告部往往与公司外的广告公司(或特定客户代理)协同制作本公司的广告。

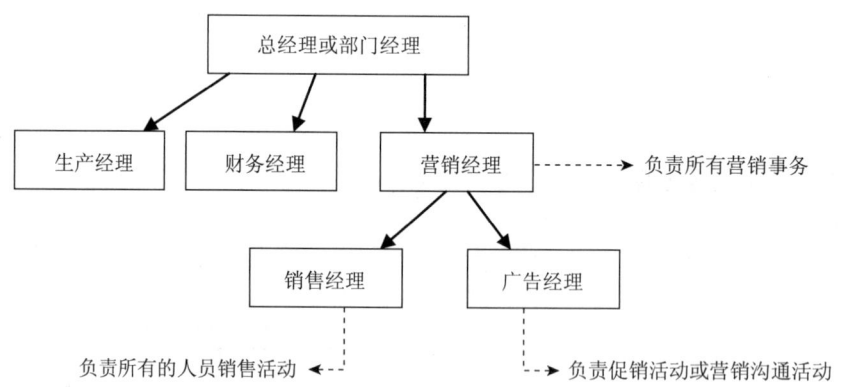

图6-5 职能型组织结构中广告经理的位置

企业规模的大小、广告在公司中的重要程度以及产品本身的特性均会使广告经理的特殊责任发生重大变化。当然,某些责任对大多数广告经理来说是相同的,比如:

◎ 策划广告活动,这是广告经理们最重要的工作,为此他们必须做出长期策划和短期策划,并像熟悉广告那样熟悉市场营销;

- ◎ 监督下属和广告公司实施上述策划;
- ◎ 指导选择和评估广告公司的工作,在选择过程中,广告经理自然要与本公司的管理层共同努力;
- ◎ 向高级主管请示有关广告事宜并向他们提出相关问题的建议,这一切要求广告经理熟知市场营销及传播的各个环节;
- ◎ 协调广告与其他市场营销职能之间的关系,包括帮助销售人员准备材料,帮助批发商准备销售推广材料(如POP展示、平面广告布局)等;
- ◎ 与生产部门合作,以便确定产品的最佳色彩、包装形式等;
- ◎ 在公关部的协助下策划并实施传播方案,以确保所有的广告有利于企业的形象;
- ◎ 协助其他部门的工作,比如会同法务部对竞争方案进行检查,以防竞争活动违反法规,会同财务部监督媒介和广告开支,或落实付款事宜;
- ◎ 与广告公司以及本公司的其他高层主管共同商定广告预算。

以上是广告主一方广告部门主管应当承担的工作,综合上面的分析,我们可以将作为组织或团体的广告主内部的广告部的职责表述如下:

- ◎ 参与制定企业的战略决策;
- ◎ 参与制订广告活动计划,每个企业都有各自的市场目标,广告工作以实现企业市场目标为目的,因而广告活动计划必须确定广告活动的力度;
- ◎ 确定广告目标;
- ◎ 开展广告及与广告有关的活动,如公共关系、宣传、促销、市场调查等,同时还要注意,只有协调运用上述有关活动,广告才会产生实际效果;
- ◎ 有效地选择和使用广告公司、广告调查公司、促销公司、制作公司等;
- ◎ 制定广告预算方案并征得上级对广告预算方案的认可,特别要在有效利用广告预算上尽最大的努力;
- ◎ 及时与广告公司沟通,选择最能使广告讯息有效地渗入目标市场的媒体;
- ◎ 协调、调动广告部门及广告工作人员开发能力、补充人才;
- ◎ 评估广告效果及广告公司、市场调查公司、公关公司等的工作;
- ◎ 与有关广告团体保持良好的关系;
- ◎ 及时将本部门与外围委托单位的情况通报给主管。

三、企业品牌经理制度与广告

1. 品牌经理与广告

有的企业经营着若干个品牌,希望这些品牌在企业内部相互竞争。在它们看来,如果本企业能在市场上保持两三个品牌而非一个,就可以为特定的产品获得较大的市场占有率,以宝洁公司为例,它的强力洗涤剂就不下10种。为谋求保住市场份额这一目标,较为流行的做法是指定一名品牌经理。

在品牌经理的管理下,各品牌一般都有自己的广告代理和独立的广告预算,品牌经理之间相互激烈竞争,一如他们与外部公司竞争。实际上,品牌经理就是某一品牌的市场营销经理,能就该品牌广告的大部分工作拍板。这样一来,公司的广告部总经理就可以只管理一个相对较小的机构,负责制定政策。

虽然品牌管理是一种流行多年的组织形式,但近年来也有所改变,最明显之处是在品牌经理之上又增设了一个管理层——品类经理,或者称"产品大类经理"。

品类经理负责确定公司所属品牌之间的边界和相互关系,发挥协调作用。过去,宝洁公司的高级管理层中有许多事业部营销副总裁,每人负责3—6个产品品类。为了减少企业内部各品牌之间的竞争,加强与力量日渐强大的零售商之间的合作,宝洁公司在20世纪80年代初开始推行新的制度,于1987年设置了"品类经理"一职,在公司所属的40个产品品类中,每个品类任命一名总经理并赋予其利润责任。同一类产品中的若干品牌经理受一名品类经理管辖,由他负责协调该类产品的营销努力,以获得最大的利益。比如宝洁公司的皂类及洗涤品部门最初被分为三个品类管理小组——洗碟剂、洗涤剂和特制品,同一品类的每个品牌均有一名品牌经理和一名广告经理,这种组织体系通常被称为品类管理体系(见图6-6)。

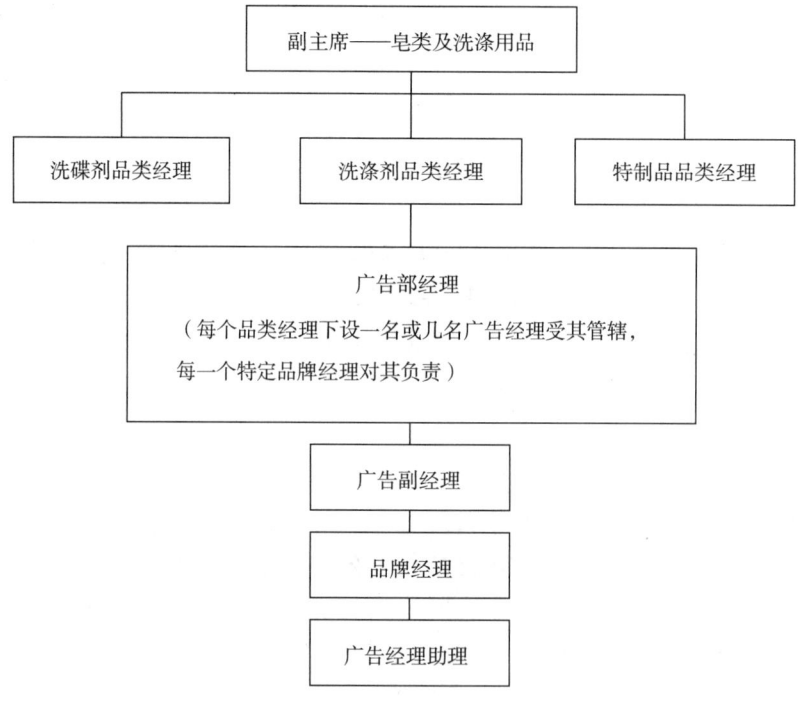

图6-6 宝洁公司洗涤品部门采用的品类管理体系

品类管理具有以下优点:
◎ 管理同类产品品牌可以使同类产品中各品牌之间的营销传播相互配合、形成合力;
◎ 可以较好地解决内部协调问题,大型消费品生产企业以品类为标准重组业务流程,每一个品类都有自己的队伍,品类经理相当于小范围的首席行政总监,另外还有品类销售经理、品类生产经理、品类财务总监和品类广告经理,通过他们对产品类别进行管理;
◎ 可以从消费者的角度出发,根据消费者使用产品的情况重新确定消费品类别。

2. 宝洁品牌经理制度的产生

始创于 1837 年的宝洁公司是世界上最大的日用消费品公司之一,在全球 70 多个国家设有工厂和分公司,其经营的 300 多个品牌畅销全世界 140 多个国家和地区。宝洁公司品牌管理系统的基本原则是让品牌经理像管理不同公司一样来管理不同品牌。

1923 年,宝洁推出了新的香皂品牌佳美,但业绩一直不尽如人意。出现这一局面的重要因素是佳美的广告及市场营销太像象牙皂,一定程度上成了象牙皂的翻版。象牙皂于 1879 年诞生,是宝洁公司的重要产品之一,已成为消费者心目中的名牌产品,销售业绩一直很好。与象牙香皂面对同一消费群体,又被规定"不允许进行自由竞争"的佳美香皂,自然成了宝洁公司避免利益冲突的牺牲品。

1930 年,宝洁决定为佳美选择新的广告公司,并向这家广告公司许诺,决不为竞争设置任何限制。在此之前,负责佳美和象牙品牌的是宝洁自 1922 年起唯一指定的广告公司。佳美有了自己的广告公司后,可以自由地、毫无顾忌地与象牙皂展开竞争,就如同与当时其他公司的力士、棕榄等品牌竞争一样。佳美的销售业绩随之迅速增长。

佳美品牌改变了宝洁的品牌管理模式,尽管它的目标竞争对手是力士等其他公司的品牌,但它同时也是象牙的竞争对手。在那个年代,与公司内部的不同品牌展开竞争还是人们闻所未闻的事。管理者为佳美选择新广告公司的举措无疑是一个进步,因为管理者意识到了管理相似或竞争品牌的最佳办法就是为它们提供差异化的广告策略。图 6-7、图 6-8 分别为 1933 年推出的佳美广告与象牙广告,从中我们可以看到它们各自的差异化诉求。

1931 年,负责佳美品牌促销和广告公司日常联系工作的人是内尔·麦克伊罗伊(Neil McElroy,他后来成了宝洁公司著名的首席执行官,并担任过美国国防部长),他发现,由几个人负责同类产品的广告和销售不仅会造成人力和广告费的浪费,更严重的是容易对客户顾此失彼,宝洁需要一个与其市场相匹配的特别的管理系统。于是,他起草了一份具有历史意义的备忘录,提出了"一个人负责一个品牌"的构想。该备忘录指出,宝洁的每一个品牌都应该有自己的品牌管理者,由他们来

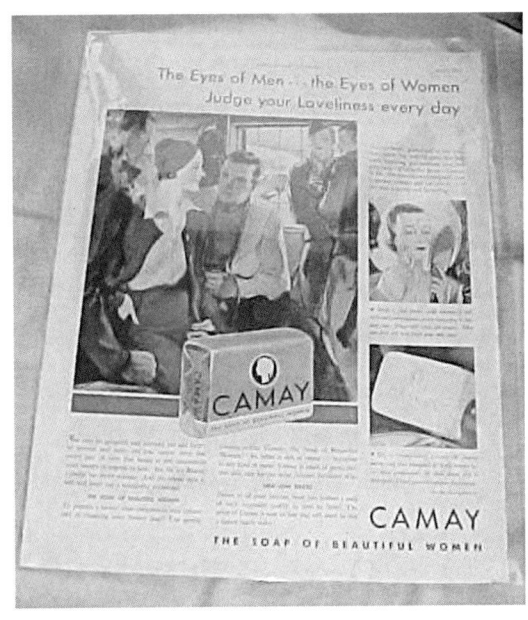

图 6-7 佳美香皂 1933 年的杂志广告"美丽女人的香皂"

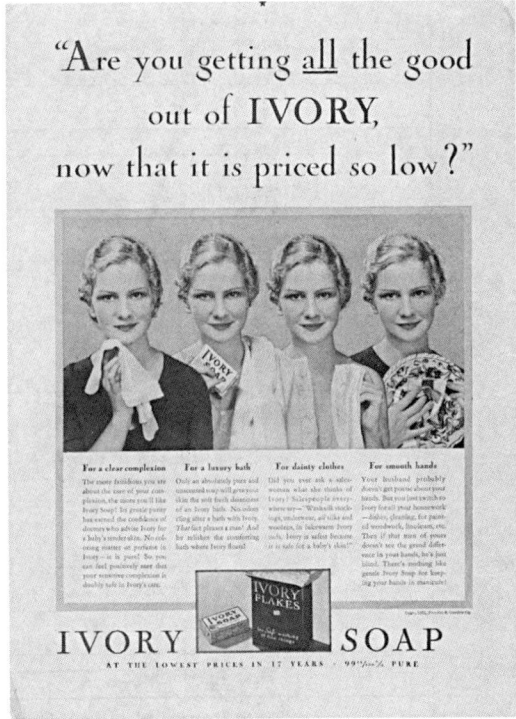

图 6-8 象牙皂 1933 年的印刷广告

决定品牌的广告和其他营销活动。他的建议于1931年5月31日获得了宝洁公司以倡导创新著称的董事长理查德·杜普利(Richard Deupree)的正式批准。这一天被认为是宝洁公司品牌经理制度诞生的历史时刻。麦克伊罗伊在备忘录中详细说明了"品牌专员"(brand man)、"助理品牌员"(assistant brand man)和"现场核查员"(field check-up man)(后者指绝大部分时间都在商场调查促销情况的人)的工作职责,并在文件里写道:品牌经理应该能把销售经理的大部分工作接过来,以便销售经理将主要精力放在销售产品的工作上。

内尔·麦克伊罗伊认为,应该通过分析不同市场的销售和利润状况区分"问题市场",以此来加快营销问题的解决。品牌经理的职责是开展研究,发现产生问题的原因,然后找出措施,解决问题,并保证这些措施能及时得到实施。解决问题的工具包括广告和其他营销手段,如价格策略、促销活动、店内展示、产品革新和销售刺激等。不过,这种制度也存在着一些固有的问题,那便是品牌之间的竞争和争夺资源的问题。

链接:2018年Brandz全球品牌价值20强

排名	品牌	类别	品牌价值(亿美元)	品牌价值年度变化(%)
1	谷歌 Google	科技	3020.63	+23
2	苹果 Apple	科技	3005.95	+28
3	亚马逊 Amazon	零售	2075.94	+49
4	微软 Micro-soft	科技	2009.87	+40
5	腾讯 Tencent	科技	1789.90	+65
6	脸书 Facebook	科技	1621.06	+25
7	维萨 VISA	支付	1456.11	+31
8	麦当劳 McDonald's	快餐	1260.44	+29
9	阿里巴巴 Alibaba	零售	1134.01	+92
10	美国电报电话公司 AT&T	电信服务	1066.98	-7
11	国际商用机器公司 IBM	科技	962.69	-6
12	威瑞森电信 Verizon	电信服务	848.97	-5
13	万宝路 Marlboro	烟草	819.14	-6
14	可口可乐 CoCa-Cola	软饮	799.64	+2
15	万事达卡 Master Card	支付	708.72	+42
16	联合包裹 Fedex	物流	604.12	+4
17	思爱普 SAP	科技	553.66	+23
18	富国银行 Wells Fargo	区域性银行	549.52	-6
19	迪士尼 Disney	娱乐	538.33	+3
20	家得宝 HomeDepot	零售	472.29	+17

资料来源:WPP 2018年5月发布的"2018年BrandZ全球最具价值品牌100强"榜单。

重要术语

广告主	全国性广告主	全球性广告主	品类经理
地方性广告主	国际广告主	广告经理	品牌经理
区域性广告主			

练习题

1. 广告主选择广告公司的标准有哪些?
2. 请简述企业品牌经理和品类经理管理制度。
3. 企业的广告部门有哪些职责?
4. 请简述广告主寻求广告公司帮助的主要几种方法。
5. 企业设立广告部有什么意义?
6. 如何才能做一个好客户?
7. 广告主在广告活动中应担负哪些职责?

网络资源

全美广告主协会:www.ANA.net
中国广告主协会:www.zqqz.org.cn

推荐读物

奥格威.奥格威谈广告[M].曾晶,译.北京:机械工业出版社,2003.
里斯,特劳特.定位[M].王恩冕,等译.北京:中国财政经济出版社,2002.
雷富礼,查兰.游戏颠覆者:宝洁CEO首度揭示品牌王国缔造的奥秘[M].辛弘,石超艺,译.北京:机械工业出版社,2009.
《广告主·市场观察》杂志

第 7 章

广告公司

本章学习目标

☑ 认识广告公司的种类。

☑ 熟悉广告公司内部的建构方式。

☑ 认识广告公司的主要职责。

☑ 了解广告公司与客户的关系。

☑ 了解广告代理制。

如果因为想要赚钱而在服务上偷工减料,你可能会被客户炒鱿鱼;如果不计代价地为客户服务,他们会爱死你,但却会使你一无所有。

——大卫·奥格威(David Ogilvy)

第一节 广告公司的种类与组织形态

一、广告公司的种类

广告公司(advertising agency)又称"广告代理公司",**是站在广告主的立场制定广告方案并根据这个方案购买媒介、实施广告活动的机构**。根据广告公司的服务功能和经营范围,可以将广告公司分为全面服务型公司和部分服务型公司。全面服务指为广告主提供涉及广告活动全过程、全方位的服务,包括产品分析、市场调查、销售方式分析、媒介调查、广告规划的制订和实施以及与广告相近、相关的其他市场活动的服务;部分服务指为广告主提供广告活动中的某一项或几项服务,如单一的设计、制作等。

1. 综合广告服务公司

综合广告服务公司就是我们上面提到的全面服务公司(full-service agency),它们能够提供与传播和推广有关的各方面服务,因此广告主与其合作后,一般不用再去寻找其他代理公司。综合广告服务公司向广告主提供广告范围与非广告范围的整体服务:广告范围的服务主要以完成广告策划为主,内容包括市场调查策划、创意、广告制作、媒体选择与购买等服务;非广告范围的服务是协助广告主制作一些促销素材、宣传文件、公司年报、商展陈列品以及销售人员培训素材等。

通常,人们说到广告公司到底能为客户提供什么服务时,指的就是综合广告服务公司。

(1) 广告公司的业务范围

美国广告公司协会(American Association of Advertising Agencies,简称"4A")是全球范围内的权威广告团体,根据4A章程,广告公司的一般目的是向广告主瞄准的目标受众解释产品或服务的益处。因此,按照4A的规定,广告公司的业务包括以下几项:

◎ 调查客户的产品或服务,确定产品本身固有的优点与缺陷,明确客户与竞争对手的关系;
◎ 分析产品或服务目前面对的市场以及将要进入的潜在市场;
◎ 了解分销与销售因素及其方法;
◎ 了解所有可以利用的媒介和手段,以便有效地利用它们向消费者、批发商、中间商、转包商等传达产品或服务的信息;

◎ 制订明确的计划并向客户演示该计划;
◎ 实施该计划,具体包括:广告脚本、设计与演示;签订广告所用的版面、时间或其他手段的合同;将讯息合成墨稿递至媒体;检查、核实广告的刊登、播放及展示等情况;稽核并支付广告的服务、版面以及准备的费用;
◎ 与客户方的销售人员合作。

上述是大家公认的广告公司的基本业务。不过,许多广告公司的业务现在都已经扩大,可以为客户提供包装设计、销售调查、销售培训、销售与服务准备、直接营销、销售展台设计、公共关系以及宣传等多方面的服务。

(2) 广告公司的服务项目

广告公司的功能主要是由其代理行为决定的。一些描写广告业的流行文章总在暗示广告公司存在的根本目的就是撰写漂亮的广告口号,然后将其提供给求之不得的客户。实际上,任何广告公司,无论其大小与形式,都必须拥有各种经验丰富的专家。虽然公司与公司之间的专业部门数量大不相同,但几乎所有的广告公司都有这些职能:策划、创意、营销、客户联络以及财务管理等。具体地说,广告公司可以为客户提供下列服务:

◎ 帮助或协助广告主制订广告规划,在市场调查的基础上提出广告目标、广告战略、广告预算的建议供广告主选择、确认。在广告公司接到广告主的委托之后,广告主可以要求广告公司就其广告活动的目标和战略提出建议,广告公司也应当向客户说明自己准备如何运用技法及经验实施广告战略和战术。许多广告公司通过计划理事会或执行委员会来保证战略和战术的实施,还有些广告公司则利用信息发布会。

◎ 根据广告代理合同实施广告战略,运用专业知识、技能和手法,将广告主的意愿表达出来,即创意、设计、制作广告。广告公司的一个非常重要的职能就是为广告主提供创意服务。

◎ 根据代理合同约定,与广告媒体签订广告发布合同,保证广告在特定的媒体、特定的时间或版面发布。这项工作主要由广告公司的媒介部来完成。媒介部负责将广告投入不同的媒体中,并检查媒介计划是否得以顺利执行。有时为了达到广告活动的传播目标,还要对媒介计划进行修改,这意味着媒介专家必须熟悉所有不同的媒体、它们的覆盖面以及广告主想要到达的受众。广告公司在提出建议之后,媒介部便着手准备一份广告规划,标明印刷广告的出版单位、日期、位置、大小或广播电视广告的播出时间与频道等,然后媒介部制定合同,最后由该部门结账。

◎ 提供市场调查服务。近年来,调查的重要性越来越明显了,无论是广告公司的策划人员还是客户,都一直很重视了解实际情况。每家广告公司都能承担一些基本的调查活动,有些大型广告公司的业务中还包括实地调查和编写详尽准确的调查报告。

◎ 监督广告发布是否符合发布合同的约定,测定广告效果,向广告主反馈市场信息。

◎ 为广告主的产品设计、包装、营销、企业形象等提供服务。近年来,广告公司提供的销售推广方面的服务越来越受到广告主的重视,广告公司经常与广告主和批发商共同制订零售促销POP广告和其他能提高广告效率的促销计划,销售推广部门(或业务部门)可以开发销售推广材料,并会同营销部经理将其提供给销售人员和批发商。

除了上面这些比较明确的项目外,广告公司还要为广告主研究流通、销售等诸环节及其实际动态,并发挥广告的最大效益,协助广告主搞好销售活动。

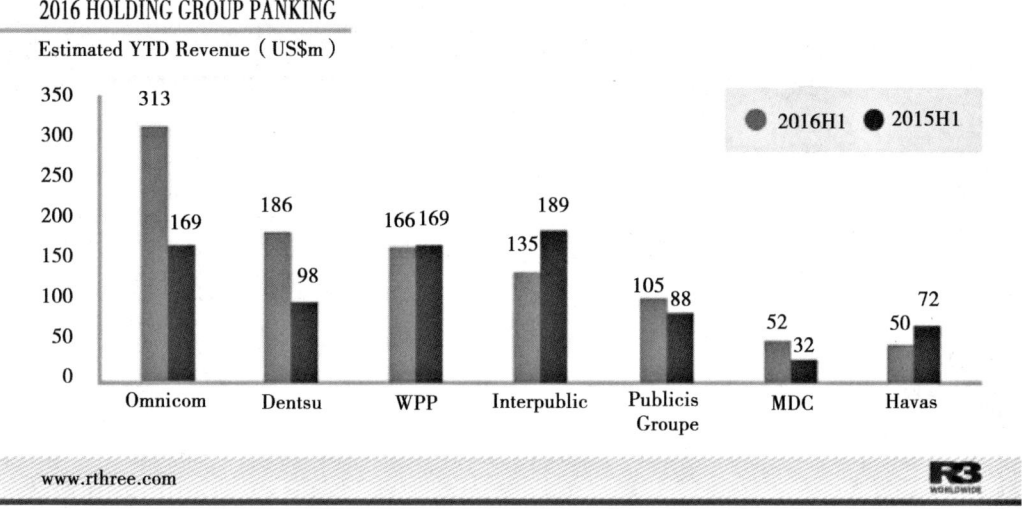

图7-1 全球五大广告集团2016年上半年收入(单位:百万美元)

注:全球五大广告集团2016年上半年业务(包括旗下的创意、媒介和数字化营销公司)
资料来源:http://www.rthree.com/cn/insight/detail/022JTDJ/

2. 专业广告公司

在广告业中,除了给客户提供全面服务的综合代理公司以外,还有一些只能为客户提供有限服务的公司。20世纪90年代以来,广告公司一方面朝着规模化方向发展,形成了数个全球性的广告集团;另一方面朝着专业化方向发展,形成了大批专业广告服务公司。这些规模相对较小的专业广告公司往往只承担广告运作环节中的部分任务,因此服务也更加专精。常见的专业服务广告公司有创意工作室、媒介购买公司和网络广告公司。

(1)创意工作室

美国市场营销协会如此定义创意工作室(creative boutique):**创意工作室是一种提供有限服务的广告代理公司,它的业务集中于为客户开发出具有高度创意的广告讯息。**

创意工作室有时直接受雇于广告主,有时则受广告主的全面代理广告公司的委托,完成创意部分的工作,它们的任务是推敲出绝妙的创意并制作出新颖、别致的广告讯息。创意工作室虽然不能为广告主提供包括调查、策划等在内的全面服务,但是其独特的组织结构、推崇创造力的企业文化以及特立独行的员工队伍保证了它们在创意方面的优势。如创意驱动的广告公司W+K,其前身就是创意工作室。在中国上海,也出现了天与空这样的创意热店。

麦肯广告公司是可口可乐公司的全面服务广告公司,但是可口可乐的大部分创意工作却是由创意艺术家公司(简称CAA)完成的。① 创意艺术家公司是好莱坞一家成立于1975年的

---

① 阿伦斯,等.当代广告学:第8版[M].丁俊杰,程坪,等译.北京:人民邮电出版社,2005:115.

图7-2 NIKE"Running makes the world go round"

耐克委托 W+K 广告公司在上海美罗城开展了一场名为"Running makes the world go round"的传播活动。当人们在50米高的巨型旋转地球上跑步时,地球会运转,跑得越快,地球转得越快。

资料来源:RUN THE WORLD http://www.wk.com/campaign/run_the_world#2018-7-3.

演员经纪公司,为25 000名电视、电影、戏剧、音乐等方面的艺员提供经纪服务,可口可乐和宝洁都曾经委托它们进行广告活动。麦当劳在1996年推出的金色拱门系列广告则是由一家名为 Fallon McElligott 的创意工作室制作的,它们承接了麦当劳750万美元的广告业务,这项业务的费用甚至超出了麦当劳当时的全面服务广告公司李奥贝纳和恒美(DDB)为麦当劳服务的费用。①

(2)媒介购买公司

早在20世纪初,在美国就有很多媒体掮客,他们替媒体发行报刊并负责征订广告,后来这些媒体掮客逐渐脱离媒体,成为独立的为广告主提供服务的第三方力量——媒介购买公司(media buying service)。20世纪80年代以后,以新面貌出现的媒介购买公司成为广告行业的重要组成部分。由于在广告活动中媒介购买费用高昂,因而广告主比以往任何时候都更加关心媒介购买费用的有效性和经济性。在此背景之下,一些大的媒介集团首先将自己所属广告公司的媒介购买业务合并起来,成立专门的媒介购买公司,以提高媒介购买的效率。例如 WPP 集团将奥美广告公司和智威汤逊广告公司的媒体业务合并,交由传力媒体(Media Share)代理;奥姆尼康旗下天高广告公司(BBDO)、恒美广告公司(DDB)以及李岱艾广告公司(TBWA)的媒体业务交由浩腾媒体(OMD)代理;阳狮集团(Publicis Group)的媒体

---

① LEE M, JOHNSON C. Principles of advertising—a global perspective[M]. New York:The Haworth Press Inc.,2005:56.

业务由实力媒体(Zenithmedia)负责;哈瓦斯(Havas)广告集团的媒介业务由 MPG(Media Planning Group)代理;而 IPG(Interpublic Group Companies)集团旗下的媒介购买公司则为盟诺(Magna)。

(3)数字广告公司

随着互联网在 20 世纪最后 10 年的飞速发展,从事数字广告业务的公司应运而生,这个时期的数字广告公司往往规模不大,网络传播的经验并不丰富,它们凭借着与网站的良好关系,辅助客户或者客户的广告公司实施相对简单的网络广告设计和发布活动。人们也称这样的广告公司为网络广告公司或互动代理公司。它们为客户设计网站、策划和发布网络广告,有时业务也渗透到数据库营销领域。

如今,从类型上来看,数字广告公司分为两种,一种是传统广告公司或广告集团为了在互联网时代更好地服务客户而发展出的专门的数字广告部门或并购的数字广告公司,如电通广告公司的电通数码、WPP 旗下的群邑互动。全球五大广告集团基本上都有专门为自己提供数字广告服务的公司。这主要是由于客户在整体传播计划中越来越重视数字业务。

另一种是新兴的数字广告公司,它们在数字环境中成长起来,带有天然的数字基因,能为客户提供独特的网络广告或网络营销的增值服务,如以数据和用户价值来驱动流量购买、广告投放、销售提升的公司。为品牌提供技术驱动整合数字营销解决方案的时趣互动,以及基于用户触点、为客户提供全域数字整合营销方案的好耶便属此类。

据易观智库统计,2017 年我国互联网广告市场规模已达 2980 亿元,成为广告市场中最主要的增长点[①]。随着网络广告技术和市场的发展,广告投放过程也呈现出自动化、数据化、智能化的特点。程序化购买(programmatic buying)作为一种全新的营销模式,引发了网络广告生态的一些新变化[②]。在新的广告生态环境内,除了广告主、网络广告代理商、互联网媒体等,还出现了许多新的网络广告参与方,如需求方平台(DSP,Demand-Side Platform)、供应方平台(SSP,Sell-Side Platform)、数据库管理平台(DMP,Data Management Platform)、广告交易平台(Ad-Exchange Platform)等。

程序化购买指通过广告技术平台自动执行广告资源购买的流程。程序化购买的实现通常依赖于需求方平台(DSP)、供应方平台(SSP)和广告交易平台(Ad-Exchange Platform),并通过实时竞价模式 RTB(Real-Time Bidding)和非实时竞价模式(Non-RTB)这两种交易方式完成购买。

需求方平台服务于广告主的广告投放和广告管理,广告主在需求方平台上设置好需求,需求方平台就可以去广告交易平台接入符合条件的媒体资源、锁定目标受众,从而实现广告的精准投放。

供应方平台服务于媒体的广告投放和广告管理,帮助媒体实现广告展示控制,如展示时间、展示频次等,从而能够帮助媒体实现流量资源的优化。对于来自广告交易平台的广告请求,供应方平台能够帮助媒体设置展示优先级,帮助优质媒体以及媒体的黄金广告位找到出价更高的广告主,从而帮助媒体消化剩余流量,匹配其他有广告需求的广告主,提高创收。

---

① 段淳林,杨恒.尺度与边界:"创意中插"广告的研究框架与规制构建[J].广告大观(理论版),2018(2):43-48.
② 许正林,马蕊.程序化购买与网络广告生态圈变革[J].山西大学学报(哲学社会科学版),2006,39(2):72-78.

数据库管理平台(DMP)在整个程序化购买产业链中把分散的第一方、第三方数据整合起来,纳入统一的技术平台,并对这些数据进行标准化和细分,从而把这些细分结果推向现有的营销环境中。具体来说,数据库管理平台以技术为驱动,具有数据管理、数据分析、数据调用等功能①。

广告交易平台类似于股票交易平台,充当广告交易的买方和卖方,即广告主和广告位的拥有方。需求方平台和供应方平台最终都要通过广告交易平台发生交易,通过竞价或非竞价的方式完成程序化购买(关于程序化购买流程,本书第8章有更详细的介绍)。②

图7-3 2017年中国程序化购买市场产业链图谱

数据来源:艾瑞咨询. 中国程序化购买市场趋势展望,2017-6.

---

① 孙黎,徐凤兰. 新媒体广告[M]. 杭州:浙江大学出版社,2015.
② 程序化购买、DSP、SSP、Ad-Exchange,参考:黄杰. 大数据时代程序化购买广告模式研究[J]. 新闻知识,2015(4):58-60.

链接:数字时代广告公司形态研究[①]

数字时代,大多数广告主都在进行数字服务化的转型,许多传统广告公司不得不对自己的业务流程进行数字化调整。关于广告公司形态变化的研究大多出现在2005年左右,关于互联网的发展对广告公司形态的影响研究,集中出现在2008年以后。目前,广告公司的新形态可以概括为两个方面:第一类形态是转型,转型指针对互联网的发展,广告公司在原有形态的基础上进行局部调整与探索,是在原有模式上进行变革与改进,是一种阶段性的策略与变革。第二类形态是重构,重构强调未来发展方向,即彻底打破现有广告公司模式,根据数字营销传播的方向进行广告公司形态的创新。

广告公司的转型探索可以分为六个方面:

1. 媒介购买公司和创意制作公司从分离到融合。为了将媒介购买的效益最大化,媒介购买部门被独立出来,形成了一批强势的媒介购买公司。但根据数字技术空间中的业务发展方向,这两个业务模块呈现出融合趋势。融合有两个原因:一是传统媒介购买业务不断下滑,程序化购买发展极其迅速;二是借助各种数字技术工具,互联网各媒体平台的创意制作和投放必须速度快、一体化,而创意制作和媒介投放分开的模式无法适应这种变化。

2. 组织结构扁平化。为了提高管理效率,快速应对客户的多种需求,广告公司的组织需要实现扁平化,去掉所有不必要的内部层级制度。

3. 强化技术部门。未来广告公司提供的服务将会远远超出传统广告的业务范畴,从创意的生产、到接触生活者的终端设计,都要充分依赖数字技术。

4. 加强大数据应用能力。在大数据平台上,企业能够实时、真实地发现消费者的变化,从中发现创意、传播的机会。

5. 组织内部的"细胞化"。广告公司内部形成多个微型服务团队,这种团队具有相对的稳定性,内部即可具备设计、文案、策划、创意、销售、AE等多个功能。

6. 组织本身成为孵化器。广告公司或者创意团队可以在外部选择合作伙伴和合作方式,辅以相应的制度安排,提供资金、管理、技术等多种支持,帮助创业公司探索合适的服务模式。

数字技术革命解构了原有的广告产业链,并逐渐形成了新的产业格局。重构模式下,新的产业格局包括传播管理咨询和创意传播执行两个方向。

1. 传播管理咨询。目前,很多广告公司把未来的价值押在大数据方面,而从技术研发及应用的变化来看,将来大数据主导权主要控制在互联网平台和广告客户方面,一些大企业已经开始设立数据管理部,大数据成为企业传播管理的工具。在传播管理过程中,虽然广告主有专业的数据处理人员,但还是需要借助外脑才能更好地完成传播管理工作。广告人具有良好的洞察力与策略思考能力,广告公司能够成为广告主传播管理的咨询伙伴。

2. 创意传播执行。互联网时代,广告客户所需要的不再是公关,也不再是广告,而是专业化快速生产的高质量、规模化的商业内容,这可以概括为创意传播。在高质量、规模化、专业化、全天候的创意传播内容生产中,广告公司将是传播执行的主体。在挖掘和优化加工生活者与品牌相关的内容方面,广告公司有着明显的优势。创意传播执行将会成为互联网时代广告公司收入的重要来源。

---

① 陈刚,石晨旭. 数字化时代广告公司形态研究[J]. 湖北大学学报(哲学社会科学版),2016,43(2):98-103. 文字有修改。

表7-1 互联网广告公司排名前十位(2017)

排名	名称	资源整合度(30%)	创新能力(25%)	广告技术(15%)	广告主口碑(15%)	团队能力(15%)	综合评分
1	华扬联众	96.14	97.37	94.32	95.79	95.84	96.08
2	新意互动	94.09	95.34	93.67	94.87	93.55	94.38
3	利欧	95.34	93.31	92.87	94.53	93.84	94.12
4	群邑互动	94.48	94.15	94.03	93.17	92.97	93.91
5	蓝色光标	95.11	94.49	90.80	94.24	92.40	93.77
6	电众数码	95.65	92.55	92.51	94.41	91.03	93.53
7	互动通	93.16	92.69	93.78	93.64	92.34	93.08
8	好耶	88.11	88.33	92.56	90.78	91.41	89.73
9	新合传播	92.34	87.44	86.65	89.35	93.58	89.53
10	Cheil 鹏泰	89.55	89.97	88.71	79.09	92.91	88.46

资料来源:互联网广告公司排名前十,中国报告大厅[EB/OL]. http://www.chinabgao.com/enterprise/364.html.

注:电众数码2016年7月1日更名为电通数码。

3. 自有广告公司

自有广告公司(in-house agency 或 house agency)是广告主自营的广告代理公司,有时也叫专属广告公司,指由特定的某一广告主经营、支配的广告公司,经营上从属于该广告主。广告主通过它自己制作广告(或全部,或部分)、代理发布业务等。广告主之所以自己设立广告公司,通常基于这几个因素:企业的广告量很大,有足够的获利来支付独立经营代理公司所需的成本;广告主为高度专业化的行业,外界广告公司不易掌握其状况;广告主对经营广告代理有浓厚的兴趣。例如1928年成立的灵狮(Lintas,Lever International Advertising Services 的缩写)最初就是联合利华(Unilever)自营的广告公司。

当然,一家企业是否自己设立专门的广告公司,取决于一系列市场营销和广告因素。业界对这种做法一直存在着不同的意见,主要是因为这种做法的优缺点都非常明显:

(1)优点

◎ 节省费用:自有广告公司可以担负外界广告公司所担负的责任,因而可能在花费更少的情况下发挥广告作用;如果到外面找一家全面服务的广告公司,费用可能高得多;

◎ 便于保密:有些公司不愿向外透露本公司的某些营销或广告信息,因此它们觉得与内部的自有广告公司合作比与外界的广告公司合作更方便、更保密,自有广告公司也可以获得广告活动策划所需的全部资料;

◎ 易于沟通:广告主与其广告公司之间的沟通有时很复杂,可能会产生一些问题,而设在公司内部的自有广告公司则可以与公司主管有更直接的联系;

◎ 便于协调与控制:某些高级主管认为,如果从协调广告与其他市场营销手段、控制广告支出的角度考虑,公司内设广告公司的这种做法能发挥更好的作用;

- ◎ 更加熟悉本公司及产品情况:作为广告主自己的雇员,自有广告公司的工作人员更了解本企业的产品及经营原则;
- ◎ 更尽心尽力:广告主是自有广告公司唯一或最大的客户,因而自有广告公司自然会竭尽全力满足广告主的要求;
- ◎ 营利:自有广告公司除了服务本企业之外,有时也可接受公司外客户委托的其他广告案,成为广告主的一个营利单位。

(2) 缺点

图7-4 贝纳通"UNHATE"主题广告之"奥巴马和查韦斯"篇

摄影家奥利维耶罗·德斯康尼1982年加入贝纳通公司,作为贝纳通自有广告公司的创意总监,他开创了贝纳通品牌独特的广告风格。

- ◎ 难以客观:企业之外的广告公司可以客观地看待广告问题,它们往往代表着许多不同类型的广告主,每位广告主都有自己独特的市场营销状况,而设在公司内部的自有广告公司则可能因为离问题太近反而熟视无睹、思路狭窄;
- ◎ 影响服务质量:虽然企业利用内设广告公司的费用可能低于委托外面的广告公司,但有时却不得不为广告的"质量"担心;
- ◎ 缺乏专业人员:自有广告公司可能不像外面的广告公司那样拥有众多老练的专家,因而企业有时不得不另外聘请企业外的人才提供广告创意和制作所需的许多特殊服务;
- ◎ 工作关系有障碍:企业管理部门可能会发现与另一家公司打交道更容易,而自有广告公司却是属于本企业的另一个机构,企业外的广告公司可以辞掉,而企业内部的广告公司,即使工作令人不满,也很难辞掉其中的任何一个工作人员;
- ◎ 竞争力薄弱:自有广告公司长期为一个客户服务,缺乏为其他专业或产业服务的经验,与其他广告公司相比必然显得竞争力薄弱;
- ◎ 资料不充分:综合性广告公司一般拥有丰富的资料库,而广告主自设的广告公司往往在资料搜集方面能力不足;
- ◎ 成本增加:企业增设一个新的单位,在人力、物力、财力上的开销可能会使广告主负担更多的成本支出。

在数字广告时代,广告主重新成为主导广告活动的中心。这主要是因为,首先,企业的广告和营销活动更加强调整合,包括广告在内的多种营销传播工具必须各尽其能、协调使用,相对于广告公司,广告主是更有力的整合者。其次,数字技术打破了人们对广告的传统认识,广告在传递产品信息、树立品牌形象的同时也连接着销售和服务,而这一系列工作是嵌入到企业的日常经营活动当中的,很难完全委托给广告公司去完成。

链接：4A 广告公司的工作流程

以下是某国际 4A 公司的操作流程，比较有代表性（客户为全面代理客户，合同已签）。

首先，客户提出需求，想做××新产品的全国推广。客户经理接到消息后，向客户总监反映，然后，安排好具体会谈时间，客户方负责人会向广告公司就该产品做一个介绍，并谈一下客户方对推广的初步设想和营销目标（如第一年实现销售5000万元等）。

一般来讲，在会谈之前，客户经理会和 AE 一起通过网络等各种途径了解××产品所在行业的基本情况，以便在会谈中争取主动。

会谈结束后，经客户总监同意，客户经理制定工作进度表，表明工作的内容、负责人、时间安排等，并交客户确认。

然后，客户经理通知各相关部门总监（包括策划部、媒介部、创意部），并介绍项目基本情况。

项目正式开始运作，但请注意，一般不是同时进行，而是按次序交叉进行。

大致程序如下：

1. 客户联络（比客户经理更低一级的客户服务人员）和客户经理开始搜集产品资料、竞争对手资料、行业资料等。与此同时，媒介部开始搜集竞争对手的广告投放情况（近年来的投放地区、金额、媒体种类等）以及竞争对手的广告表现（客户一般也会提供部分资料）。
2. 必要时可能委托市场调查公司进行定量和定性的市场调查。
3. 客户联络整理所有资料，提交给客户经理、客户总监、策划总监、策划经理（注意，很多广告公司没有策划部，策划工作由客户部完成），大家消化资料。
4. 客户经理、客户总监、策划总监、策划经理开几次碰头会，讨论各自的看法和思路，正常时间为一周左右。一旦大家就某一策略思路达成共识，便由客户经理和策划经理整理细化，并形成文字（策略思路）。
5. 客户经理和策划经理开始讨论策划方案的框架与细节，两人合作或者指定其中一人完成整个提案的撰写。同时，向媒介部说明策略思路，由媒介部完成媒介方案，并编制创意简报，经客户总监和创意总监签字后，召开创意简报会，参加者为客户总监、客户经理、客户主任、创意总监、文案、美术指导。会上客户经理向创意部讲解创意简报，并就创意部的疑问给予解答。
6. 创意部开始工作。文案和美术指导开始发想创意概念（或叫点子），总监负责把关。创意部有了几套比较满意的方案后（注意，只是构想，并没有做出来，也可能画了草稿），向客户部做一次非正式提案。这种提案会一般有几次，双方达成共识后，开始正式设计创意表现。文案撰写标题、内文以及影视脚本，美术指导开始设计表现稿，创意总监把关；与此同时，完成的策略方案也会提交给客户总监和策略总监，请他们提出修改意见。
7. 客户经理根据进度，制定内部提案时间，到时进行内部正式提案，不断完善提案（一般会进行一到两次）。
8. 内部提案通过，与客户约定时间进行正式提案（一般由总监执行）。如果通过，根据方案开始执行；如果未通过，则一切重来或者客户解约；基本通过，则做部分修改，再进行二次提案。

资料来源：www.ad-ren.com，上传者 adworld。

二、广告公司的组织形态

1. 综合性广告公司的组织形态

综合性广告公司的组织形态一般可以分为两种：一种是比较传统的组织形态，可以称为资源集中式。这种组织形态最大的优点是可以将公司的人力、物力资源集中起来利用，便于公司进行有效的管理，缺点是容易造成公司内部各部门间的沟通障碍，影响工作效率。常见的资源集中式广告公司组织形态见图 7-5 所示。

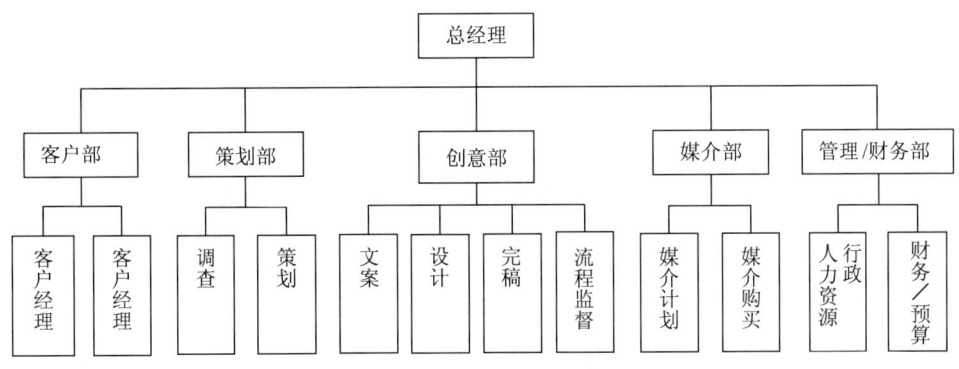

图7-5 资源集中式广告公司组织结构

第二种组织形态是小组作业中心制,即根据客户的种类和要求,将公司的工作人员划分为若干个小组,每个小组负责单一或几种不同品牌产品的广告活动,小组成员包括AE(或客户主任)、文案与设计等(见图7-6)。这种组织结构最大的优点是每个客户都有专人专责处理,服务品质有保障,而且公司也可以充分掌握每一个客户的情况,可以根据业务量扩展或缩小小组规模,还可以同时接受两种或两种以上同类产品品牌委托的广告活动。其缺点是:因为每个客户大小不一,容易造成各小组资源分配不均,进而引起冲突;有时客户会误认为别的小组比公司派给自己的小组实力更强,从而对广告公司失去信任,中止合作。

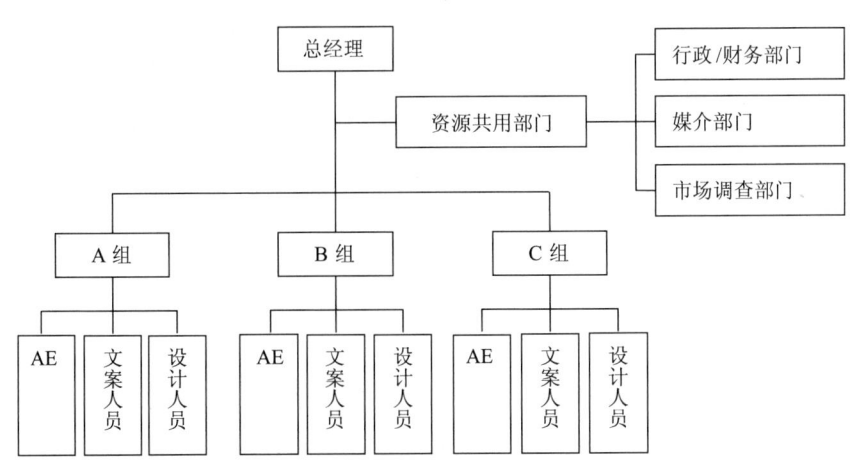

图7-6 小组作业式广告公司组织结构

2. 广告公司的人员配置及分工方式

按照美国4A协会的界定,广告公司应该为其客户提供全面的服务,这些服务包括:调查客户的产品,找出产品的优缺点;分析产品市场的现状、潜力和消费者;运用自己在分销渠道和媒介方面的知识,形成一份计划,将广告主的讯息传达给消费者、批发商或经销商;撰写、设计和制作广告;购买广告媒介,核查发布情况;应客户的要求提供其他诸如培训、展览、促销等活动。为了实现这些功能,广告公司通常会设立以下八个职能部门和职位。

(1) 客户部

广告公司中最重要的部门,就是客户服务部(也叫业务部)。客户部由数个客户经理(advertising executive,简称"AE")组成,一个客户与广告公司的合作通常由一个客户经理负责,在广告公司内部,客户经理直接向公司的客户总监负责。

客户服务部是广告公司与广告主之间的桥梁,要想推动全公司产生最有效的广告活动,要想制作出最有效的广告,客户人员就必须深入了解客户,包括其产品、市场反应及业务;必须不断接触市场,尤其要不断接触消费者;必须具备丰富的广告及相关知识。客户人员首先要能代表客户督促并协助广告公司保质保量按期完成委托的任务;而在面对客户时,客户人员又要能代表广告公司,将任务争取到手,将预算争取到手,将广告公司的一切想法准确及时地传达给客户。当沟通双方发生冲突时,客户人员还要妥善处理广告公司与广告客户之间的关系,同时还必须站在广告公司的角度考虑问题。概括地讲,客户部的主要工作就是争取并维护广告客户,充当广告公司与广告客户之间的沟通桥梁,负责将广告客户的要求带回公司作为广告策划、创意和实施等工作的依据,适时向广告客户说明广告作业的内容与进度,取得他们的认同。

客户经理是一个非常具有挑战性的职位,不但要求担当此任的人员在知识和能力上有很高的水平,而且还要求他必须具备成熟的个性和丰富的经验。"他必须既要有开创精神,又勇于承担责任;既会盘根问底,又要机智得体;既风度翩翩、口齿伶俐,又明察秋毫、宽宏大量;既善解人意、能说会道,又合情合理、小心周到——集所有长处于一身。还必须准时完成工作,而且不超预算。"[1]

(2) 市场调研部

市场调研部主要由市场分析人员、市调设计人员、统计人员、访员、资料处理人员等组成。市场调研部的主要工作分为事前测定、事中测定和事后测定三个部分:在广告活动策划前,主要开展市场、产品、消费行为、媒体等方面的调查研究工作,以提供完整的情报作为广告策划的参考;在广告活动执行过程中,开展广告文案等测试调研工作,为修改广告内容提供依据;在广告活动结束后,开展广告效果评估的调查工作。

(3) 广告策划部

客户策划(account planning)是连接客户部和创意部的桥梁。策划部或者通过调查部获得情报,或者通过直接接触、观察消费者获得策划依据。在整个广告运作流程中,广告策划人员都要坚持从消费者和市场的立场出发,努力找到客户产品的特征与消费者需求、偏好之间的最佳结合点——广告诉求点,然后再由创意部进行视觉化表达或以恰当的文字进行表达。策划部应该最了解市场竞争和消费者偏好,"他们协助创意人员将调查结果转换成美妙的、成功的广告,他们既不依附于客户人员,也不依附于创意人员,因此可以在双方之间保持平衡"[2],确保调查结果——市场和消费者的态度能够在广告中得到体现。

---

[1] WEISBERG L,ROBBS B. Why best and brightest shun account exec role[J]. Advertising age,1994,65(24):28.
[2] 阿伦斯,等. 当代广告学:第8版[M]. 丁俊杰,程坪,等译. 北京:人民邮电出版社,2005:118.

(4) 创意部

创意部的工作涵盖文案与设计两个方面，由创意总监(creative director)统一督导创意工作。文案方面一般有文案指导(copy director，简称"CD")和文案(copy writer)组成，CD一般由资深文案担任；设计方面设有艺术指导(art director，简称"AD")、视觉化人员(visualizer)、插图绘制人员(illustrator)以及广告素材布局人员等。创意部将广告创意具象化——通过撰写文案、挑选或绘制图片，再加上整体编排，使抽象的创意概念变成最后具体呈现出来的广告作品。

(5) 媒介部

媒介部主要包括媒介策划(media planning)人员(或分析人员)和媒介购买人员(media buyer)两部分。媒介部必须熟悉各类媒体的情况并与各媒体建立良好的关系。媒介部的主要任务是媒体选择、时间安排、媒体购买以及发布核实。

由于媒体购买费用占了广告主广告支出的绝大部分，因此媒介部的策划、谈判和控制能力就显得尤为重要。近年来，随着媒体数量的持续增加、新型媒体的不断涌现以及广告客户在整合营销传播方面的要求日益提高，媒介部的工作变得越来越复杂。前文中提及的专业媒介购买公司就是在这种背景下产生的。

(6) 制作部

制作部包括完稿人员、流程监控人员等。完稿人员负责将创意部交付的广告原稿制作成在媒体上刊播的完稿形式；流程监控人员则负责监督广告制作的进度以及与外界协作厂商（如印刷厂等）的沟通协调工作。

(7) 其他业务部门

广告公司还向客户提供传统广告业务以外的其他服务，例如促销、展览、公关等，如果这类业务较多，广告公司也会设立专门的部门。

(8) 行政管理部门

行政管理部门包括行政、财务、人力资源、会计等管理人员。

第二节　广告公司与客户的关系

一、伙伴关系

1. 伙伴关系的含义

几乎所有的广告从业人员都同意这个观点：广告客户(即广告主)与广告公司的关系如何是广告活动能否成功的至关重要的因素。

广告公司与广告客户的合作时间是双方关系的重要标志，广告客户频繁更换广告公司对双方的利益都有伤害：一方面，广告客户无法实现品牌沟通的长远规划，另一方面，广告公司疲于四处比稿、寻求新客户。事实上，优秀的广告公司完全能够与广告客户长期合作并实现与客户的同步成长。例如美国新奇士与博达大桥广告公司(FCB)的合作超过了100年，联合利华与智威汤逊广告公司、通用汽车与Campbell Ewald广告公司、埃克森石油与麦肯广告公司的合作历史也都超过了80年。

广告客户与广告公司应该是一种"伙伴关系",台湾广告界中更是有"夫妻关系"之说,认为只有在二者之间确立了密切的"夫妻"关系,双方才能协调配合、充分互动。广告客户碰到了问题、困难,要让广告公司知道,这样广告公司才能提供更好的服务。"夫妻"虽然只是一种比喻,却揭示了两者关系的真正内涵。从广告活动的运行机制上讲,广告客户与广告公司应该是营销伙伴,只有相互尊重、携手努力,共同追求最佳的营销结果,才能摆脱"买者卖者"的老观念。

例如,奥美集团全球首席执行官苏腾峰(John Seifert)在2017年年会之际就提出了"一个奥美"(One Ogilvy)的改革口号与目标(见图7-7),奥美集团的各个子公司将被整合为一个"单一的、具有强品牌的、整合性的代理公司"。"一个奥美"将会打破各个子公司之间的壁垒,自此,奥美集团旗下的17个子公司如奥美互动(Ogilvy One)、奥美公关(Ogilvy PR)、奥美红坊(Red Works)、奥美世纪(Neo @ Ogilvy)等都将消失。这一举措意味着集团内部各种资源被完全打通。"一个奥美"将以"组"的形式构成领导框架,系列群组被划分成九个独立的部门服务于各种客户。这些部门包括企业品牌、数字与创新、客户签约与商业、影响与公关、

图7-7 "一个奥美"传播执行表现(#BE ONE 计划)

资料来源:广告门、梅花网

奥美集团要变成一个奥美,到底为什么?[EB/OL]. http://www.meihua.info/a/699632018-7-3.

"一个奥美"后的生与变[EB/OL]. http://www.adquan.com/post-2-42681.html2018-7-3.

为什么是"一个奥美"?因为客户很需要[EB/OL]. http://www.adquan.com/post-3-35844.html2018-7-3.

媒体与分发。此外,还将建立一个全新的中枢部门"Ogilvy Delivery"协调各部门的工作。

下列基本因素是建立密切关系的根本:

◎ 双方平等合作;
◎ 客户的广告组织(即客户的广告部)和广告公司的广告小组在完成广告任务的过程中互相配合;
◎ 双方有共同承担责任的意识,而不是一出错就互相指责;
◎ 双方互相尊重对方的专家;
◎ 双方彼此信任,理解双方的关系就是一种彼此信任的关系;
◎ 双方都清楚通过广告活动所要谋求的目标;
◎ 双方都理解各自对道德问题和诚实问题的看法,在这些问题上达成共识;
◎ 虽然双方的关系可以保持多年不变,但双方都应明白,某些情况会促成双方的分手。

链接:广告主与广告公司的合作关系时间长度

2016 年广告主与广告公司最长久合作关系

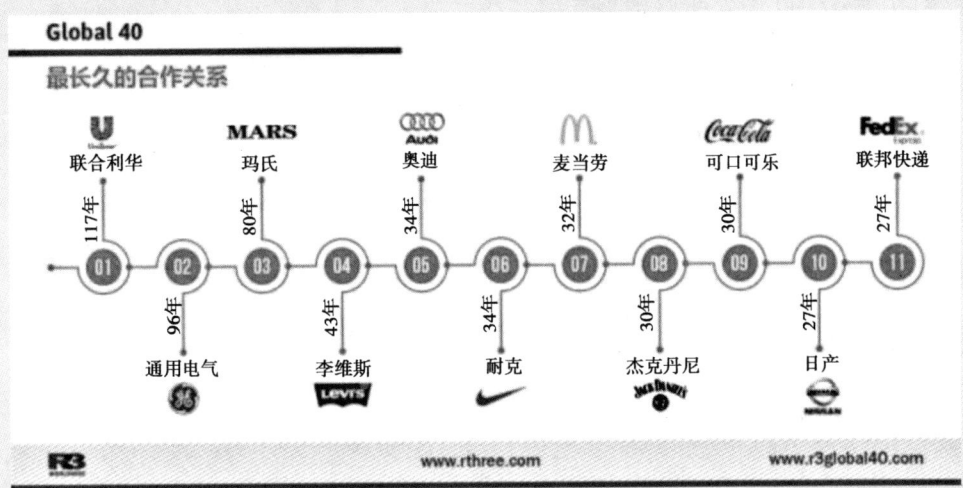

资料来源:市场主和广告代理商之间,40 段经得起时间考验的美满关系[EB/OL]. http://www.rthree.com/cn/insight/detail/d4aJUBR/. 2018-7-4.

台湾相互广告公司虽然已经倒闭关门,但当年这家公司为自己所做的一条广告的口号"把客户当作'另一半',凡事互相,就是相互"却一语道尽了广告客户与广告公司之间关系的真谛:二者应该是共担风险的朋友、共创利润的伙伴。在地位独立的基础上,广告公司与广告客户应该建立长期的合作关系,这样广告公司才能对客户的专业和业务有更深入的了解,才能提供更好的服务。在美国,广告公司与客户的合作时间平均为 7 年,一些大客户的时间更长,比如美国宝洁与其广告代理公司的合作时间平均为 37 年。而在我国,客户更换广告公司的频率太快,这对双方都不利。一旦合作,广告客户首先要对广告公司有信心。广告公司有时难免会有一些失误或失败,对此,广告客户不应轻易怪罪或转身与其他广告公司合作。作为合作伙伴,即使是失败的广告,也是广告公司与客户一起讨论、曾经商量过的。经常更换广告公司对广告客户来讲也并不是有利的事情,因为让广告公司了解客户,或让客户了解广告公司的能力或优点,都需要时间。

2. 双方眼中的对方

由于竞争激烈,在我国,广告公司似乎永远处于被动的地位,永远是被选择的对象。实际上,对一家广告公司的前途而言,什么时候放弃一个客户与赢得一个客户同等重要,因为一个烂客户可以拖垮一家好公司。广告公司应该有选择的权利,在争取一个客户之前,至少应该考虑该客户的广告预算、付费能力和习惯、财务健康状况、经营方针与立场等是否与自己有冲突,是否经常更换广告公司等。

但广告公司与广告客户之间的矛盾似乎是天生的,台湾《动脑》杂志曾召集过几场座谈会,探讨广告客户与广告公司对彼此的看法。两者的认识既有相通之处,也存在着差异。这里我们提供给大家参考(见表7-2)。

表7-2　广告客户和广告公司对彼此的看法

	广告客户看广告公司	广告公司看广告客户
关系	● 夫妻关系 ● 老师和学生家长关系 ● 医生和病人关系	● 夫妻关系 ● 专业服务买卖关系
选择条件	● 国际性广告主选择国际性广告公司 ● 业务人员能否做好统筹沟通桥梁 ● 市场调查人员是否了解品牌与消费者关系 ● 创意是否符合目标策略 ● 是否具备产品专业知识 ● 是否了解广告客户的经营理念	● 广告客户以及商品本身是否有潜力 ● 广告客户是否财务健全、信用良好 ● 能否支付合理费用,付款是否干脆 ● 是否尊重广告公司、广告人 ● 是否懂得善用广告公司 ● 经营者、广告负责人是否重视广告
做事态度	● 服务态度不好,常采取消极态度,如说"不可能""做不到""预算不够" ● 不够主动,要广告客户提醒才去了解市场、产品、通路 ● 创意人员太主观,业务人员只顾推销创意 ● 过于和广告客户计较工作时间、费用 ● 人员流动大,新人难以沟通,不认真了解产品 ● 升迁快,跳槽风盛,自我膨胀严重 ● 项目结束后就不再理广告客户 ● 对争取到的客户抱"鸡肋"的心态	● 只单方面要求广告公司,自己却不信守承诺 ● 将营销上的所有错误都推给广告公司 ● 明知营销问题出在哪里,却不坦诚相告,要广告公司自行处理 ● 对于广告策划制作,内部没有形成共识而困扰广告公司 ● 广告承办人擅自决策,经营者一旦怪罪下来却要广告公司负责
费用	● 斤斤计较费用,连看打样也要计价 ● "看人下菜碟儿",将客户分成"三六九"等,预算少者不受尊重 ● 不将广告客户的钱当钱用,对预算没概念,也没有合理运用	● 为了省一些小钱,占一些便宜,东扣一点、西扣一些,得不偿失 ● 剥削广告公司,要求提供免费服务 ● 看到估价单就先删再谈,不合理杀价 ● 没有大家共赢的概念
时间	● 工作需时太长,延误商机 ● 计较工作时间,不愿加班 ● 应在最短的时间内了解市场、产品、客户 ● 要有处理紧急个案的能力	● 不给广告公司合理的制作时间,却要求其承担责任 ● 事先不计划好,却要工作人员在短时间内处理紧急事件
专业知识	● 对高科技产品不了解,也不去研究,如电脑 ● 对广告法令规章不研究,如有关药品的规章 ● 对市场通路缺乏研究 ● 不注重广告效果	● 内部没有好的体系去确定营销策略 ● 没有市场概念和营销策略

	广告客户看广告公司	广告公司看广告客户
创意	● 认为自己的创意最好而不考虑其适不适合 ● 创意较主观,如果与策略不符,便像推销员一样硬将创意推给广告客户 ● 创意人员不了解品牌理念	● 常说创意不对,却说不出哪里不好 ● 公司负责人与广告负责人对创意意见不统一,为难广告公司 ● 一个稿子常要做三次以上还不能确定方案
期望	● 员工稳定、素质整齐 ● 有效地协助广告主与消费者沟通 ● 多了解创意之外的通路、市调、营销研究 ● 广告公司内部意见一致 ● 有机动能力,能配合广告客户完成目标 ● 加强专业知识 ● 将广告客户的钱当自己的钱用,不随便乱花	● 尊重广告公司、广告人,不迫使广告人随意跳槽 ● 给予广告公司明确的营销策略和广告方向 ● 有用钱买专业服务的成本观念 ● 有共同对广告预算负责的态度 ● 同意与广告公司订立代理合约 ● 将广告公司当营销伙伴而非一般采购 ● 根据需要寻找适合的广告公司,不提无理要求 ● 支付合理费用,付款及时,企业理念一致 ● 扮演好自己的角色,不抢广告公司的分内之事 ● 信任广告公司,将市场资料提供给广告公司,不要将什么东西都当"机密" ● 善用广告公司,而不是酷使广告公司

二、有偿关系

广告公司与其客户之间固然应该是一种密切的营销合作伙伴关系乃至"夫妻关系",但这并不是说广告公司就会无偿地给广告客户提供服务(个别附加服务不在此列)。广告公司为广告客户提供了策划、创意、制作等服务,自然会向广告客户收取一定的报酬,否则广告公司就难以生存并发展壮大,更谈不上为广告客户提供更好的服务。

一般说来,广告公司在收取报酬时大致实行三种体制:媒介代理费制、酬金制和激励制。

1. 代理费制

代理费制(commission system)是媒介代理制度的产物,是历史较悠久的一种做法。所谓"代理费制",就是在广告活动中,广告主、广告公司和广告媒介之间明确分工:广告主委托广告代理公司实施广告传播计划,广告媒介通过广告公司承揽广告业务,广告公司处于中间地位,为广告主和广告媒介双向提供服务并发挥主导作用。广告代理费制由艾耶父子广告公司开创,将媒介返还的代理费或广告主支付的酬金固定在15%的比例上。

2. 酬金制

酬金制(fee-system)指广告公司的收入来源于从广告客户那里收取的酬金(fee),广告公司可以按本公司的支出向客户收取平均水平的酬金。虽然目前采用的酬金种类很多,但一般可以分为三大类:第一类为固定酬金,指广告客户与广告公司共同认可的、由广告客户按预定年工作量付给公司的一定金额的报酬。一般说来,酬金按年定下后,每月按相同数目支付,无论当月的工作量多少。第二类酬金是按支出盈余的方法执行,广告公司认真记录为客户提供服务所花费的每一笔资金,定期将这些支出的账单送交客户,再加上双方商定的某一利润边际。在这种制度下,很多广告客户都要核实广告公司的账目,确认支出。第三类酬金与前两者都不一样,混合了媒介代理费制和酬金制度的做法,按照上述这些方法,如果广告公司收取了媒介代理费,酬金就会下降(假设某位广告客户和某家广告公司达成了10万元的固定佣金协议,如果广告公司从媒介得到的代理费为6万元,那么广告客户只会付给广告公司4万元酬金)。

3. 激励制

激励制(incentive system)是一种在理论上非常合理、但实践中问题重重的收费方式,它是广告客户和广告公司双方根据事先约定的标准评价广告服务的效果(这些标准有广告记忆度、记忆评分、单位销量或市场占有率)而后付费的一种制度。效果好,广告客户就提高付费总数或比例,反之则减少。这种方法的依据是"广告公司做得有多好",而不是"广告公司为广告支付的账单有多大"。激励制在实施方面有很多困难,主要是评价标准如何制定以及由谁来评价的问题。另外,广告效果的好坏往往是由多种因素决定的,如何对某一项广告服务做出客观评价也是一个挑战。

重要术语

广告代理公司　　媒介购买公司　　酬金制　　　　DSP
媒体掮客　　　　自有广告公司　　激励制　　　　SSP
综合广告代理公司　AE制　　　　　广告代理制　　DMP
专业广告代理公司　代理费制　　　程序化购买　　Ad-Exchange Platform
创意工作室

练习题

1. 请简述广告客户与广告公司的关系。
2. 广告主和广告公司的合作有哪三种类型?
3. 广告代理公司有哪些类型,它们各自有什么特点?
4. 自有广告公司有什么利弊?
5. 综合广告代理公司一般设置哪些部门,它们分别完成什么工作?
6. 广告客户与广告公司理想中的对方应该是什么样子?
7. 成立一家广告代理公司必须具备哪些条件?
8. 在程序化购买中有哪些参与主体?

网络资源

奥姆尼康(Omnicom):www.omnicomgroup.com
WPP:www.wpp.com

阳狮集团(Publicis Group)www.publicis.com
IPG（Interpublic Group Companies）：www.interpublic.com
哈瓦斯(Havas)：www.havas.com
美国广告公司协会：www.aaaa.org
全美广告主协会：www.ana.net

推荐读物

奥美广告公司.奥美看奥美[M].何辉,译.北京:中国人民大学出版社,2006.
杜森柏里.洞见:世界最富创意的广告公司 BBDO[M].宋洁,译.上海:上海远东出版社,2011.
奥格威.一个广告人的自白[M].林桦,译.北京:中信出版公司,2003.
马尔霍拉特:市场营销研究:应用导向[M].涂平,等译.北京:电子工业出版,2002.
阿伦斯,等.当代广告学:第11版[M].丁俊杰,程坪,等译.北京:人民邮电出版社,2010.
罗伯茨.至爱品牌[M].丁俊杰,程坪,等译.北京:中国人民大学出版社,2005.
叶茂中.广告人手记[M].北京:朝华出版社,2011.
刘鹏,王超.计算广告[M].北京:人民邮电出版社,2015.

第 8 章

广告媒介

本章学习目标

☑ 熟悉不同广告媒体的主要特点。

☑ 了解媒体策划与其他广告运作环节的关系。

☑ 掌握媒体策划的一般流程。

☑ 了解选择媒体时应考虑哪些因素。

☑ 了解如何拟定媒介策略。

☑ 掌握不同媒介排期形式的特点。

媒介策划的目的是构思、分析和巧妙地选择适当的传播渠道,使广告讯息能在适当的时机、适当的场合传递给适当的受众。

——威廉·阿伦斯(William Arens)

第一节　广告媒介概述

广告媒介在广告活动中具有非常重要的作用,只有了解媒体,才能进行有效的媒体策划、媒体选择和媒体投放,才能有针对性地进行创意等活动。

那么,什么是广告媒介呢?对于广告而言,"媒介"一词具有特殊的含义,它不仅仅指我们每天都能够接触到的报纸、电视、广播、杂志,还可能是"任何你能够放置讯息的地方"①。

一、广告媒介的作用与分类

1. 媒介在广告活动中的作用

在广告活动中,媒体策划、媒体选择、媒体购买、媒体监测及媒体运用细节,都占有相当重要的地位。之所以如此,一是因为媒体刊播费用几乎占了广告预算的绝大部分,在典型的广告预算中,一般全部费用的80%要用于购买不同广告媒体的时间和空间;二是因为好的广告创意策略,如果缺乏有效的媒介策略配合,广告讯息的传播效果就会大打折扣,甚至适得其反;三是因为媒介是传递广告讯息的中介,没有这个中介,讯息就无法正确传递到目标消费群的接收范围内。现代传媒机构,如报社、电视台、广播电台、杂志社、网络平台等大多设有广告部门。这种广告部门主要负责向广告公司或广告主销售时间或空间,因此在国外,媒体广告部门的首脑又常常被称为"广告销售经理"。

但是,销售时间和空间并不是媒体广告部门的唯一任务。在国外,大多数媒体的广告部门也主持调查活动,因为这是有助于其销售时间和空间的促销依据。媒体的广告部门还可能为广告主提供其他各种服务,如文稿写作、美工以及广告制作。

---

① 阿伦斯,等.当代广告学:第8版[M].丁俊杰,程坪,等译.北京:人民邮电出版社,2005:288.

数据库:2017年全美媒介广告收入及增长率

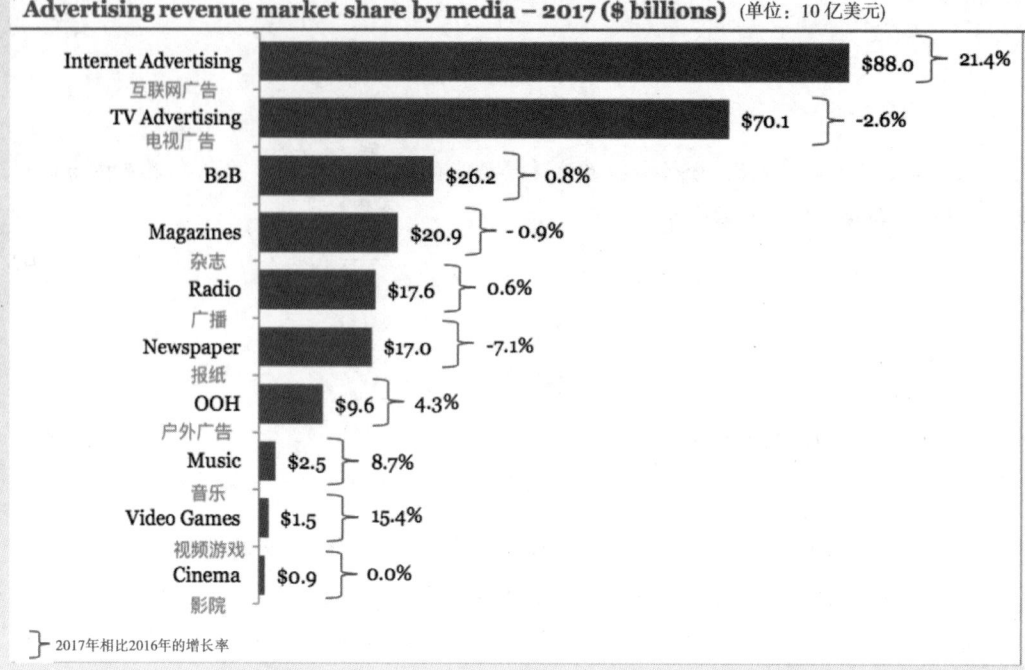

资料来源:IAB;2017 full year internet advertising revenue report.

2. 广告媒介的分类

随着技术的发展,媒介处在不断的变化之中,传统媒介与新兴媒介之间也呈现出不断融合的趋势。传统媒介如报纸、杂志出现了电子版,电视也实现了"网台联播"模式,这种媒介融合的趋势为广告的发展创造了更多的可能性。

我们可以将广告媒介分为四大类:印刷媒介、电子媒介、户外媒介和数字媒介。印刷媒介指报纸、杂志、书籍等;电子媒介指广播、电视等;户外媒介包括户外广告牌、街道设施、交通工具以及其他类型的媒介;数字媒介指依托于数字技术发展而出现的各种互联网媒介形式。

 **链接:特殊形式的广告媒介**

广告媒介除了上述可以较为准确地进行测量的标准媒介(measured media)外,还存在一些难以进行系统追踪的特殊媒介,包括促销、联合广告、优惠券、目录、飞机拉烟、充气模、杂志报纸封套、泊车计时器、垃圾桶、厕所隔板、车票、购物小票、自动扶梯、特别活动等,它们被称作非标准媒介(unmeasured media)。

标准媒介和非标准媒介在广告中都扮演着重要的角色,有专家认为标准媒介对传达讯息更有价值,而非标准媒介对引发行动更有效,因此在广告活动当中应该进行科学的媒介组合,充分发挥两类媒介的作用。

二、主要广告媒介的特点

在我们身处的这个世界,传播媒介的繁荣已经是不争的事实,我们无时无刻不暴露在各种媒体的冲击下,尤其在数字媒介空前发展的今天。下面我们就详细介绍这些媒介的特点。

1. 印刷媒介的特点

（1）报纸的特点

◎ 以文字和画面为传达讯息的手段；

◎ 受众广泛、覆盖面大；

◎ 比杂志、书籍传播更迅速,但画面还原质量相对粗糙,艺术感染力较差,制作起来比较简便；

◎ 比电视广告和广播广告更便于保存；

◎ 比电子媒介广告的有效时间长,但比杂志、书籍的有效时间短,一般为1-2天；

◎ 多数报纸有一定的读者层面,便于广告主根据目标市场的需要进行选择；

◎ 一些历史悠久的报纸在公众中享有较高的声誉；

◎ 以报道新闻为主,广告一般不能居主要地位,尤其是我国的报纸,广告很少安排在第一版,更难放在第一版显著位置,但报纸可以利用人们阅读新闻之机,让公众有意无意地接触到广告；

◎ 阅读不受地点和设备的限制；

◎ 看报一般是读者的生活习惯之一,所以报纸是一种被主动阅读且传阅率较高的媒体。

如果将报纸作为一种广告媒体来选择,就应该着重考虑发行量、发行地区、读者基本资料、形态和专长（如是以休闲为主还是以财经为主）、服务、印刷效果等因素。

（2）杂志的特点

◎ 以文字和画面为传达讯息的手段；

◎ 比报纸印刷更精美,艺术感染力较强,制作也较复杂；

◎ 在四大广告媒体中,杂志的传播速度最慢,多以月为周期；

◎ 在四大广告媒体中,杂志广告的有效宣传时间最长,一本杂志在人们手里可能要传阅一个月甚至几个月的时间,因而广告的传阅率最高；

◎ 比报纸的专业性更强,读者群的分界更清晰,更便于广告主锁定特定目标人群；

◎ 在四大广告媒体中,杂志携带最方便、最便于保存；

◎ 阅读不受场地和时间的限制；

◎ 属于一种间歇性媒体。

杂志广告一般分为黑白页和彩色页两种,如果按照版面来区别,又可以分为封面广告、封二广告（又叫封面里广告）、封三广告（又叫封底里广告）、封底广告、特页广告、内页广告（又分全页、跨页、半页、1/4页等）。

2. 电子媒介的特点

（1）广播的特点

- 以有声语言和音乐、音响为传达讯息的手段；
- 传播迅速：电波每秒绕地球七圈半，可以做到传收同步，电视也是电子传播，但电视节目制作起来比广播节目复杂得多，因此，就速度而言，广播是最快的；
- 听众广泛：广播的覆盖面比报纸更广，不受地域甚至国界的限制，电波所及，都可收听，广播听众也不必像报纸读者那样，必须有一定的文化，只要听得懂民族语言，就可以收听，甚至盲人也可以收听，因此广播听众比报纸读者广泛得多；
- 传真性强：广播以声音为表达手段，声音尤其是现场音响具有传真性，能把表现产品功能、作用、品质的声音传给消费者，给人以信得过之感；
- 传情性强：广播广告的语言一般都通俗生动，加上播音员声情并茂的演播，不仅能给人以轻松愉快的美感，还能调动人的情绪，激发其购买欲；
- 制作简便：广播广告不像报纸、杂志广告那样需要制版、印刷，也不像电视广告那样需要排演、录像、剪接，只要撰写好广告词，录制在节目中就可以播出；
- 成本低；
- 广播的声音一瞬即逝，不留痕迹，广播听众又大多是一边进行其他活动一边收听，因此易出现误听、漏听等现象；
- 广播靠声音塑造形象，无法形成视觉形象，比之电视、报纸、杂志上的彩色广告，形象感较弱；
- 广播广告作为资料，保存、查阅起来比报纸麻烦；
- 常见的广播广告长度有 20 秒、30 秒、60 秒等。

（2）电视的特点

- 以有声语言、流动的画面、音乐、音响、字幕为传达讯息的手段，兼有报纸、广播、电影三者的优势；
- 优秀的电视广告能融广告讯息与艺术、娱乐于一体，不仅能向公众完美地展示广告产品的形象，还能营造一种享用广告产品的美好生活氛围，在现代广告媒体中，感染力最强、最受欢迎，受众也最广泛；
- 电视广告有一闪而过、不留痕迹的弱点，而且一条电视广告一般不超过 30 秒钟，很难详细介绍产品的功效、作用等；
- 成本高；
- 不论教育程度高低、年龄大小，看电视已经成为现代人生活中的一项重要娱乐，这使得电视成为最具影响力的媒体之一。

对于许多广告主而言，广告就等于电视广告。但这是一种偏见。如果选择电视为广告媒体，则应该考虑其收视率及排名、时段、节目形态和风格、观众群的基本资料组合等因素。常见的电视广告有 5 秒标版、15 秒广告、30 秒广告，偶尔也会有 60 秒或更长的电视广告。

3. 户外媒介的特点

户外媒介是广播、电视、报纸、杂志四种大众传播媒介以外最重要的媒介,尽管有时人们称之为"辅助性媒介"①。

按照美国户外广告协会(OAAA)的定义,户外广告可以分为如下四种类型。

(1) 广告牌

广告牌(billboard)是标准的大型广告展示板,一般超过15.24米,目的是使人们在远距离外便可以看到。

(2) 街道设施

街道设施(street furniture)广告大多借助为公众提供便利的设施,一般安置在人行道附近或购物者目力所及的地方,如公交车候车亭广告、电话亭广告、遮阳伞广告、商业街或商场内的广告牌、便利店的广告招贴等(见图8-1)。

图8-1 3M安全玻璃候车亭广告

在两块透明玻璃的夹层中存放着大量现金,谁这么大胆,难道不担心贪心的人击碎玻璃抢走现金吗?有了3M安全玻璃的保护,即使在人来人往的车站存放这么多现金也可以高枕无忧。广告对3M玻璃牢固、结实的特性进行了夸张而幽默的表现。

图8-2 百事可乐在卡车车身上的广告

图8-3 办公用品户外广告

这是一家办公用品生产商的户外广告,人行横道的一端摆放着一瓶放大了的涂改液,涂改液的瓶盖和小刷直指斑马线,让行人感觉刚刚走过的这条白色斑马线好像正是这瓶涂改液的作品。这种把产品、广告与交通标识结合起来的创意,不仅引发了行人的注意,还创造了行人和广告作品之间互动的机会。

---

① 奥吉恩,等.广告学[M].程坪,张树庭,译.北京:机械工业出版社,2002:507.

(3) 交通工具

交通工具(transit)广告附着在移动的交通工具上,例如公共汽车车身广告、公共汽车车厢内部的广告、地铁广告、出租车或卡车车身广告等(见图8-2)。

(4) 其他类型

这类广告指人们可以想到和利用的任何户外广告形式,每年都有新的户外广告形式涌现,例如护栏广告、数字显示屏广告等。

综合而言,户外广告具有如下特点:

◎ 可以使广告讯息在地方性市场上得到大面积暴露,商场以及各类服务机构都愿意给户外广告分配较多的预算。但对户外广告地点的选择应该慎重,地点不同,到达的受众就会不同,广告效果也会不同。因此,在实施户外广告之前,必须对地点做实地考察,也可以委托专门机构进行户外广告效果调查;

◎ 可以多次接触固定的人群,例如每天沿着同样路线上下班的消费者,总是能看到相同的广告牌,因此户外广告对建立品牌知名度和维持品牌记忆度有积极的作用;

◎ 可以为创意提供广阔的空间,一些富有创意的户外广告与人们的日常活动或特定的环境巧妙地直接关联起来,往往可以给受众留下深刻的印象(见图8-3);

◎ 讯息简短,消费者接触户外广告时或是在嘈杂的环境之下,或是在远距离的情况下,又或者户外广告只是背景环境,因此长而复杂的讯息显然不适合这种媒体,有的专家甚至认为户外广告特别是路牌的文字数量不应该超过六个;

◎ 现代计算机辅助设计系统和喷绘系统使得户外广告的制作质量大幅度提升、制作周期大大缩短。

4. 数字媒介的特点

随着信息技术和数字技术的发展,互联网的普及程度大大提高,截至2017年年底,全球互联网用户已超过40亿[1],其中中国的互联网用户已经超过7.72亿[2]。数字技术的出现,改变了传统媒介的传播方式,从传者向受者的单向传播变为传者和受者之间的互动沟通,打破了时间和空间的限制,也改变了广告主和广告公司的经营模式,使广告和其他营销活动的边界变得越来越模糊。这带来了广告媒介的变革,广告媒介在信息内容、传播方式、沟通效果上都具有了新的特征。

(1) 精准性

在数字媒介上,人们可以利用服务器的访问记录软件记录用户在互联网上的行为轨迹,包括点击浏览过哪些页面、广告或曾经深入了解过哪类信息,从而确定广告商品的目标对象群体,使信息沟通具有高度的精准性。

(2) 互动性

与传统的大众传播媒介一对多的传播方式不同,数字媒介能够进行多对多互动传播或一

---

[1] 数据来源:We Are Social & Hootsuite,2018 全球数字报告[EB/OL].[2018-07-03]. http://tech.sina.com.cn/i/2018-01-30/doc-ifyqzcxi3004223.shtml.

[2] 数据来源:CNNIC 第41次《中国互联网络发展状况统计报告》。

对一互动传播。这颠覆了传统大众媒介时代由媒体主导的传播模式,从而在互动中大大增强了沟通的效率,产生新的传播价值。

(3)社区性

数字媒介为用户提供了一个平台,让他们能够在网上记录自己的感情和生活,发起和参与各种问题的讨论,表达自己的看法和观点,通过各种方法表达和满足个性的诉求,相互之间进行倾诉、交友、交易等,人们在这些活动中形成社会网络。

(4)服务性

数字媒介不同于传统意义上仅提供信息传播功能的"媒介",企业官网、电商平台、社交网络等既可以实现信息的流动,也可以进行服务、交易以及顾客关系或人际关系的管理。因此,数字媒介也是具有延展性的服务平台。

三、常见的数字广告类型

1. 数字广告的分类

数字媒介的广告具有多种不同的形式,随着互联网技术的不断成熟,数字广告的形式也日益增多,常见的广告形式包括展示类广告、搜索引擎广告、社交广告、电子邮件广告、LBS广告和游戏内置广告等。下面我们就逐一进行简要的介绍。

(1)展示类广告

网络广告中最常见的是展示类广告,这类广告包括旗帜广告(banner,见图8-4)、按钮广告(button)、插播广告(interstitial)、网络视频广告等。

旗帜广告是这类广告的基本形式,指横跨网页上方或下方的小公告牌。当用户点击旗帜时,鼠标会将他们带到广告主的网站或缓冲储存页中。

全旗帜广告(468×60像素)

半旗帜广告(234×60像素)

图8-4 旗帜广告

按钮广告与旗帜相似,是旗帜广告的小型版,看起来像一个图标,通常会链接到广告主的登录页。由于按钮占用的空间比旗帜小,因而其费用也较低。

插播广告指在前后打开的两个网页之间插入的广告,就像电视节目中出现在两集影片中间的广告一样。插播广告有不同的现身方式,有的出现在浏览器主窗口,有的是新开的一个小窗口。

网络视频广告的常见形式有贴片广告、浮层广告和创意中插等。贴片广告分为前、中、后三种插播形式。有的时候,用户在网上观看一个节目或一段视频之前,会看到一段数秒钟的广告,也有的时候,广告插播在节目中间等待缓冲的时间或节目播放完毕后。浮层广告是播放视频内容时短时间内浮现在视频顶端或底部的文字或图像广告。一旦用户将鼠标指向或点击广告,屏幕上便会弹出更大的广告画幅或者打开新的网站①。创意中插指利用视频内容中的人物、关系、场景和道具,加入原创故事情节单独拍摄成独立于主线剧情的原创贴片广告(见图8-5),这类广告通常穿插于主线剧情播放过程中②。

图8-5 创意中插广告

(2)搜索类广告

搜索类广告指利用搜索引擎平台投放的广告,最常见的形式是关键词广告,通常通过竞价排名销售。

关键词广告指广告主围绕自己的产品、服务等,确定相关的关键词,自行确定广告讯息并自主定价投放的广告。当用户在搜索引擎上搜索到广告主投放的关键词时,相应的广告就会以推荐的方式展示出来,并在用户点击后按照广告主对该关键词的出价收费,无点击不收费。

由于页面广告呈现的范围有限,在多个潜在广告主竞相购买同一个关键词时,网站便会采用竞价的方式,价高者得到广告展示的机会,或者价高者得到优先选择广告呈现位置的机会。

 链接:Cookie 和定向广告

目前在网络广告中,最基础的数据获取是借由 Cookie 来实现的。Cookie 是由 W3C 组织提出、最早在 Netscape 社区发展出来的一种识别访问者身份的机制。Cookie 是一些信息片段,网站可以将它们存储在用户的浏览器上,用户每次访问网站的时候浏览器都会将该网站的 Cookie 发回网站服务器,从而使网站能够识别该用户。

当前,许多网站采用 Cookie 技术搭建用户信息数据库,并实时跟踪用户行为,收集用户的浏览页面、检索行为、登录时间、页面停留时间、收藏物品、支付行为等一系列相关信息。网站再把这些信息分类和整理,从中提取关键字,形成标签,最后根据标签,向用户推荐网站中其他类似或相关的网页。这样企业就能够根据不同用户的偏好或需求,投放不同的广告——实现广告的定向投放。与其他广告相比,定向广告的优势在于只把广告投向有潜在需求的消费者,从而减少了广告的浪费,提高了广告投放的效率。

亚马逊是最早利用 Cookie 工具进行定向广告投放的实践者。用户在使用亚马逊网站的过程中,其大部分行为都会被记录下来,亚马逊根据这些数据勾画出每个用户的特征轮廓和需求,并以此为依据向其推送定向广告。

---

① 张莹.网络视频广告研究[J].宁波大学学报(人文版),2010,23(4):126-129.
② 段淳林,杨恒.尺度与边界:"创意中插"广告的研究框架与规制构建[J].广告大观(理论版),2018(2):43-48.

(3) SNS 广告

SNS 全称为"Social Network Site",即社交网站。维基百科将其定义为:一个构建人们的社会网络或社会关系的平台,人们借此分享自己的兴趣与活动、自己的背景,或者建立实时的联系。

目前最常见的 SNS 广告类型是信息流广告。信息流广告被称作"信息流中的原生广告",通常穿插于平台其他内容之间传递品牌内容(见图 8-6)。由于信息流广告自然而然地出现在用户消费内容的主路径上,而且展示形式与内容非常接近,因此比一般展示广告效果更好。正是从信息流广告开始,人们发现,内容与广告的有机融合对于提升广告效果十分有效,这也催生了学界、业界对原生广告系统性的探讨。

图 8-6 2015 年宝马、vivo、可口可乐在微信投放的信息流广告

(4) E-mail 广告

E-mail 广告指通过互联网将广告发到用户电子邮箱的网络广告形式,它针对性强、传播面广、信息量大,是直邮广告在网络时代的新形式。E-mail 广告可以直接发送,但有时也通过搭载的形式发送:比如通过用户订阅的电子刊物、新闻邮件和免费软件以及软件升级等其他资料一起附带发送。值得一提的是,许多病毒式营销(viral marketing)都是通过电子邮件广告来实现的。

(5) LBS 广告

LBS 全称为 Location Based Service,意为基于位置的服务。LBS 广告是商家利用位置服务(LBS)和全球导航卫星系统(GNSS)等基础设施,发送到用户的手机、Pad、平板电脑等移动设备上的广告,以实现在特定的地理位置附近向消费者推送有针对性的广告内容的目的。①

这类广告在特定的情境下根据用户偏好和需求为用户推荐特定的商品或服务,并利用各种吸引人的画面、促销优惠等吸引用户的关注。随着移动互联网的发展,越来越多的企业已经意识到了 LBS 广告的重要性。

(6) 游戏内置广告

游戏内置广告(in game advertising)是一种以线上游戏的用户群为基础,在游戏中适当的时间、适当的位置上出现的全新广告形式。游戏内置广告可以分为四种形式,包括客户端广

---

① 郭婷婷,万君,吴正祥,张慧.感知价值对用户 lbs 广告接受意愿的影响研究——基于关系类型的调节作用[J].统计与信息论坛,2015,30(9):89-94.

告、游戏内赛场广告、读取画面广告和游戏内道具推广。

游戏内置广告因所依附载体的特殊性,具有不同于其他广告形式的特点:目标受众数量大且差异显著;与游戏情节及场景高度融合,隐蔽性好;广告的传播时间长,成本较低(见图8-7)。

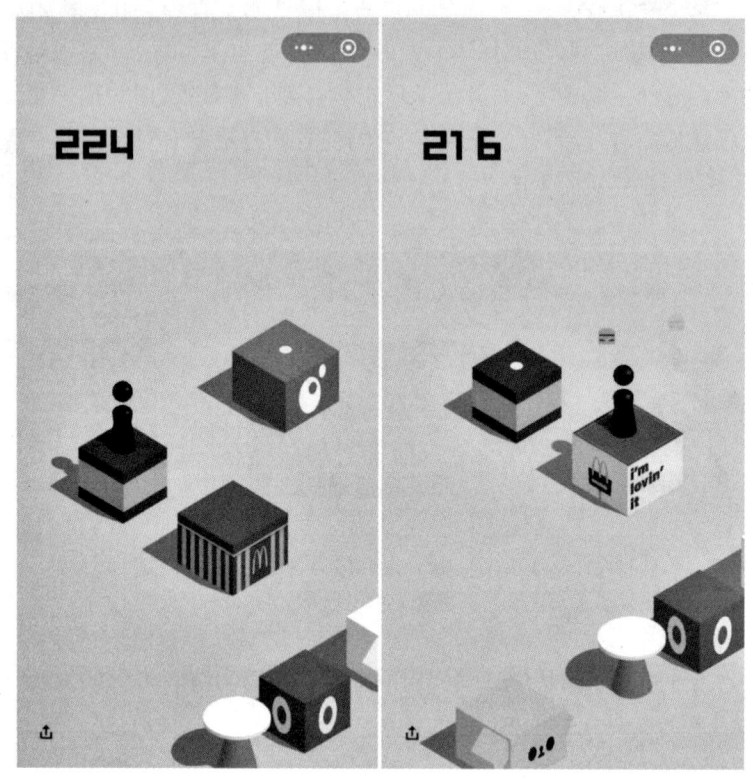

图8-7 麦当劳在游戏"跳一跳"投放的内置广告

2. 数字广告定价

网络广告的定价方式与广播、电视、报纸、杂志等媒体有很大的不同,网络广告在定价时更强调广告效果与广告价格之间的联系,常用的定价方法有三种。

(1)基于千人印象的定价

按照每 1000 次广告印象收费,即 CPM(Cost Per Thousand Impression),这种收费方式只与广告投放的次数有关,与投放时间无关。前文我们已经提到,人们通常以广告所在页面被访问的次数估算广告投放量,比如,在所有网络广告中占据了 56% 市场份额的旗帜广告,其计价的依据主要是 CPM。

例如某广告客户每天在某网站首页购买 50 个"千人印象",如果 CPM 为 20 元,则其广告投入为:

每天:20 元/CPM ×50 =1000 元

每月:1000 美元 ×30 =30 000 元

若采用 CPM 定价方式,媒体网站只要保证有足够的访问者,能产生足够的流量即可,无需对广告效果承担进一步的责任。采取这种方式,广告主能够确知每天有多少受众有机会看到自己的广告,但无法确知他们是否真的注意到了这些广告。

(2)基于行动效果的定价

◎ 单位点击成本

浏览者每点击一次网站上的广告,广告主需要支付给网站的费用称为 CPC(Cost Per Click)"单位点击成本"。

按单位点击成本计费使得广告主只需为网络广告引发的点击付费。"点击"是受众发出的一种重要的"互动响应",它代表受众看到了广告、注意了广告、对广告产生了兴趣并通过点击行为进入了广告的相关链接。

人们用点击率来评价广告效果的优劣,点击率是用广告点击数除以广告印象数所获得的结果,点击率越高说明广告投放越合理。很多网站的旗帜广告都采用以点击成本计费的方式,对网站而言,这种方法更能吸引广告主,更能反映网络区别于其他媒体的优势。但是单位点击成本的计费方式也有一定的风险,例如网站不能从不产生"点击"的广告曝光量中获得收益;网站获得的广告收益直接与点击率有关,但广告点击率的高低却受广告创意、目标人群特征等多方面因素的影响,而这些因素又是网站无法控制的。形式新颖的广告和有选择地定向投放广告往往可以带来较高的点击率。

◎ 单位行动成本

单位行动成本(Cost Per Action,CPA)是按照网络广告所引发的"行为"计费的方式。这里,"行为"的具体含义多种多样,其计算既可能是按搜集到的潜在客户名单的数量 CPL(Cost Per Leads)或实际销售的产品数量 CPS(Cost Per Sales),也有可能按照广告主与媒体网站约定的其他行为。如果采用 CPA 计费方式,媒体网站将要承担较大的风险,但如果广告投放成功,其收益也比按 CPM 计费高得多。

(3)基于时间的定价

包月或包日的定价方式在网络广告定价系统中仍然非常普遍,尽管有人认为这种方式无法体现网络广告的优越性,但是它简便易行且与人们传统的媒介计划习惯一致,因此国内的很多网站仍然按照"一日、一月多少钱"这种固定收费模式来收费。

基于时间的定价方式不考虑有多少人次看到了广告,也不考虑有多少人次点击了广告,媒体网站只承诺在约定的时间将特定的广告位留给广告主使用,广告产生的传播效果和销售效果均不影响媒体网站的收入。

第二节 广告媒介策划

一、媒介策划的意义

所谓"媒介策划"(media planning),指在广告活动推出之前,针对媒体的选择、媒体的刊播时间以及广告量在各媒体上的分布等所做的通盘计划。它涉及几个问题:(1)在哪里投放广告,如哪个国家/地区;(2)应该采用哪些媒介载具;(3)用什么频率投放;(4)投放多长时间等问题。它决定了广告作品是否能够被人看到、被哪些人看到、在什么背景下被人看到以及看到的次数等与广告效果相关的关键问题。

媒介策划是广告活动的重要组成部分,媒介策划必须以营销目标和广告目标为根据。尽管大多数广告公司都有独立的媒介部门,由它们全权负责媒介计划的制订、媒介的购买以及广告刊播情况的监测,但是媒介计划的制订却不是孤立的环节,它必须与整体的广告策划和广告创意工作保持一致和联系。策划环节对广告目标作出了精准的定义,并初步确定了广告定位、产品概念和广告讯息以及与此相关的媒体选择思路,媒介计划就是要将这些初步的思路具体化,使之成为可行的方案。

广告创意和媒体选择更是密不可分,不同的媒体有不同的传播属性,广告的创意表现必须有效地利用这些属性。因此,在广告活动流程上,应该先制定创意策略和媒体策略,再构思创意作品。① 一些专家甚至认为,在有越来越多的标准媒介和非标准媒介可供利用的今天,媒体选择本身就是创意的一部分。如果广告公司是为那些特别强调广告整合效果的客户服务,但媒介部和创意部却仍然各自为政,就有可能使试图通过统一方式塑造品牌的努力功亏一篑。因此,媒介部和创意部应当协同工作②、相互配合,以期形成合力,使广告传播效果最大化。

二、媒介策划流程

制定媒介策略时首先要依据营销和广告目标与战略,然后确定可行的、可测定的媒介目标,再制定实现这些目标的相应战略,最后制定具体详细的媒介排期。图8-8向我们展示了一个完整的媒介策划流程,可以使我们快速掌握媒介策划的主要环节。

1. 研究分析

该阶段的主要工作是搜集足够的情报并加以分析、整理,供拟定媒介目标时参考。这个阶段研究、分析的主要内容包括整体市场分析、产品分析、消费者研究、竞争状态分析等。

2. 确定媒介目标

媒介目标的设定必须配合营销目标与广告目标,媒介目标包括受众目标和讯息力度两个部分。

(1)受众目标

受众目标(audience objectives)指广告要到达的人群。广告媒介策划中的受众目标必须包含广告主的产品或服务的目标消费者。除了已经购买产品的消费者以及潜在的消费者以外,广告的受众目标还可能包括分销渠道成员、舆论领袖或其他可能影响消费者购买决策的人。

通常可以用人口统计数据来描述目标受众,例如某一种化妆品广告的受众目标是25岁以上、月收入超过3000元的都市职业女性。受众目标确定了媒介选择的标准,而受众目标的媒介接触习惯则决定了发布广告的媒介类型和具体的媒介载具。

---

① 陈俊良. 广告媒体研究[M]. 北京:中国物价出版社,1997:157.
② MOSKOWITZ R. Media vs. creative:who's in charge? [EB/OL]. [2018-06-16]. http://www.imediaconnection.com/content/8650.asp.

形势分析

目的: 了解营销问题,对本企业及其竞争对手的以下几方面进行分析:
1. 内部优势与劣势;
2. 外部机遇与威胁。

营销计划

目的: 设计营销活动,解决一个或多个营销问题,包括以下决策:
1. 营销目标;
2. 产品与支出战略;
3. 分销战略;
4. 采用哪种营销组合;
5. 识别"最佳"细分市场。

广告计划

目的: 明确广告要传递的内容,包括以下决策:
1. 产品如何满足消费者的需要;
2. 产品在广告中的定位;
3. 文案主题;
4. 每条广告的具体主题;
5. 广告数量与大小。

确定媒介目标

目的: 将营销和广告的目标与战略转换成媒介能完成的目标。

明确媒介战略

目的: 将媒介目标转换成一般指导方针,约束媒介策划者对媒体的选择与运用。应选出最佳备用战略。

选择媒介门类

目的: 明确哪类媒介最符合标准,选择过程涉及对媒介门类的比较和挑选: 报纸、杂志、广播、电视和其他。受众规模是不同媒介门类比较中常用的一个重要因素。

选择媒介载具

目的: 在媒介门类中比较并挑选出最恰当的媒体。仍然要使用预定标准来衡量,涉及以下决策:
1. 如果建议采用杂志,哪家杂志最合适?
2. 如果建议采用电视,那么用
   a. 无线电视还是有线电视?
   b. 电视网还是独立台?
   c. 如果用电视网,哪个节目?
   d. 如果用独立台,哪个市场?
3. 如果建议采用广播或报纸,那么
   a. 利用哪块市场?
   b. 媒介购买应采用什么标准制定地方媒介购买决策?

媒介使用决策——广播电视

1. 哪种赞助方式?(独家?联合或其他?)
2. 要求达到何种到达率和频次?
3. 排期: 哪月哪日投放广告?
4. 插播形式: 节目中? 节目间?

媒介使用决策——平面媒介

1. 哪月哪日投放广告? 投放数量?
2. 投放形式: 有无任选位置?
3. 特别设计: 门式折页? 出血? 彩印等?
4. 预期到达率或频次?

媒介使用决策——其他媒介

1. 路牌
   a. 市场位置与分布计划?
   b. 所用的户外路牌种类?
2. 直邮或其他媒体:
   针对这些媒体的特定决策。
3. 互联媒体:
   a. 哪种互联媒体?
   b. 如何处理反应?

图 8-8 媒介策划活动大纲

资料来源:阿伦斯,等.当代广告学:第 11 版[M].丁俊杰,程坪,等译.北京:人民邮电出版社,2010:312.

(2) 讯息力度

简单地说,讯息力度就是发布的广告总量,即媒介载具在一次排期中提供的广告讯息总数和露出机会,①通常用总印象数(gross impression)表示。广告印象(advertising impression)就是广告讯息被人看到的机会,总印象数指广告被人看到的总的人次数。对总印象数的估算通常采用一种近似的方法:首先计算发布广告的每一种媒体的广告印象数,即用该媒体的受众规模乘以指定时间内该媒体上广告的发布次数;然后再将发布广告的所有媒体的印象数相加,相加之和即为某次广告活动的总印象数。

对于电视等大众媒介而言,总印象数是一个非常庞大的数字,为了方便起见,媒介策划人员在实际操作中往往采用毛评点(GRP, gross rating points)来表示讯息力度,毛评点是到达率与频次(frequency)相乘所得的乘积。到达率(reach)指在特定时间内(通常为一个月)看到、读到或者听到广告讯息的目标受众的总和,到达率告诉我们在给定时间内有多少(或者多大比例)不同的目标受众暴露在广告讯息之下。但到达率并不考虑讯息的暴露质量,有些人虽然接触到了媒体,但却并没注意到讯息,所以有效到达率(effective reach)实际上只占到达率的一定比例。频次指在给定的时间内,目标受众在讯息产生效果前必须看到或听到媒体讯息的平均次数。受众在一定时期内接触媒体的次数对广告效果的影响也很大,只有反复接触,受众才能留下印象,才能对广告产品产生兴趣、偏爱乃至付诸购买行动。

3. 明确媒介战略

这个阶段就是将上一个阶段确定的目标转化为具体可行的方案。

(1) 媒介组合

在一次广告活动当中,通常会采用一种以上的媒体。**媒介组合(media mix)指在一个广告发布方案中综合使用多种类型的媒体,以期最有效地到达目标受众**。从整合营销的视角考虑,以目标消费者为中心,所有目标消费者能够接触到的东西都可能成为媒体选择的对象,包括电视、广播、报纸、杂志、户外、网络、黄页、直邮、售点广告、优惠券甚至包装和购物袋。至于选取哪些具体的媒体,则取决于产品的属性、品牌的知名度、目标受众的媒介接触习惯、竞争者的媒介策略、广告预算以及广告活动本身的特点。

(2) 媒介载具的选择

媒介载具(media vehicle)指某一媒介大类(例如杂志)中的特定媒体(例如《读者》《时尚芭莎》)。媒介组合决定了广告传播活动选用的媒介类别,而媒介载具的选择则决定了将广告投放到哪些具体的媒体上。

选择哪一份报纸、哪一本杂志、哪一档节目、哪一块路牌或者哪一个网站,都要求媒介策划人员对具体的媒介载具进行评价。评价的标准很多,大致可以分成"量"和"质"两方面。

量的评价主要指可以获得确切数据统计的资料,不同类型的媒体,测量方式有所不同:

---

① 奥吉恩,等.广告学[M].程坪,张树庭,译.北京:机械工业出版社,2002:445.

印刷媒体的测量	发行量(circulation)——每一期报纸或者杂志发行到读者手上的份数; 印量(print run)——每一份报纸或者杂志实际印刷的份数; 基本发行量(guaranteed circulation)——刊物希望售出的发行量; 稽核发行量(audited circulation)——由独立的第三方保证的发行量; 订阅发行量(subscribed circulation)——发行量中长期订阅部分的发行量; 零售发行量(sale circulation)——发行量中通过报摊等零售机构单期销售的发行量; 每册读者数(readers per copy)——每册刊物的平均读者数; 赠阅发行量(controlled circulation)——发行量中免费送出的部分; 传阅率(pass-on readers)——每本刊物由多少人阅读,如平均而言同一本《读者》有3人阅读,则传阅率为3。
电波媒体的测量	节目收视/听率(rating)——某个市场中特定时段内收看/听某节目的家庭占拥有电视机/收音机的家庭的百分比; 受众占有率(share of audience)——在特定时段内收看/听某个特定节目的家庭占开机户(在这个时段内正在看电视或听广播的户数)的百分比。
户外媒体的测量	户外媒体的高度、大小、能见角度、路经人数等。
网络媒体的测量	点击量、点进量、网站浏览量、独立用户数量、注册用户数量、网页平均逗留时间等。
千人成本 CPM(Cost Per Thousand)	指通过某个媒介载具,每到达1000个受众所需支付的费用,反映媒体购买的成本效益。

除了对媒介载具进行量化评估以外,还有一些虽然无法用数据衡量但对广告发布也颇具影响力的因素,我们称之为质的测量,包括受众在接触媒介载具时的卷入度、媒介载具的声望、媒介载具的编辑环境(编辑内容对广告品牌及广告创意的适切性①)、媒介载具的广告环境(媒体上刊播的其他产品广告的干扰程度)等。

(3)媒介排期

在选定了媒介类型和媒介载具以后,媒介策划人员要进行媒介排期(schedule)工作,即决定在什么时间、以什么样的强度发布广告。定好排期标准后,媒介策划人员要拿出一份媒介计划流程,说明整个广告活动的时间安排,让创意部、媒介部、客户部以及广告客户了解整个广告活动期间的媒介投放时间和投放模式。

常见的媒介排期方式有三种(见图8-9):

◎ 持续式排期(continuous schedule):在广告活动的整个周期内平均投放广告,这种持续不断的广告发布方式适合那些无明显需求波动的产品;

◎ 起伏式排期(flight schedule):在广告活动的整个周期内有广告期和无广告期交

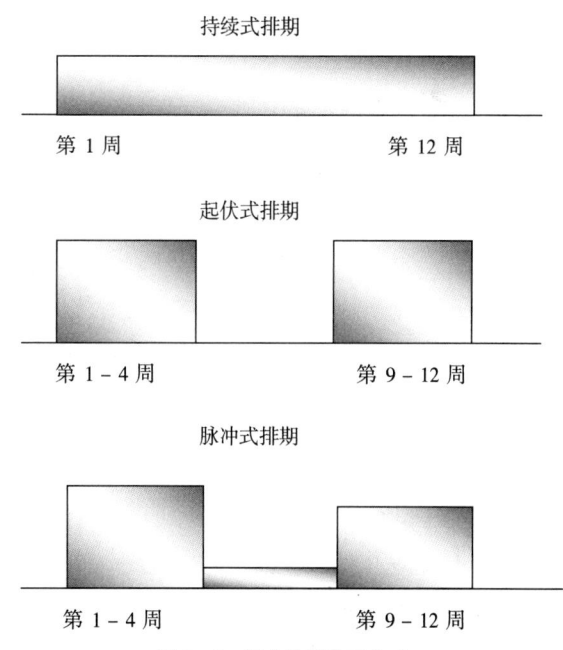

图8-9 媒介排期常见方式

---

① 陈俊良.广告媒体研究[M].北京:中国物价出版社,1997:87.

替出现,这种中间有间断的广告发布方式比较适合需求波动较大的产品,如季节性商品;
◎ 脉冲式排期(pulse schedule):持续式和起伏式的结合,在广告活动周期内始终保持一定水平的讯息暴露量,同时在销售高峰期加大广告投放力度。

除了上述三种常见的排期外,媒介策划人员还可以根据具体的目标和需求,运用集中式排期(bursting schedule)、间歇式排期(blinking schedule)和路障式排期(road-blocking schedule):

◎ 集中式排期:在同一广播网的黄金时段每隔一段时间投放一次广告,形成集中轰炸的态势,以期在短时间内迅速引起受众的注意,主要针对高卷入度的产品;
◎ 路障式排期:集中式排期的变种,在几家电视台(电台)买下相同时段投放广告,以造成广告讯息无处不在的印象;
◎ 间歇式排期:将广告讯息安排在某几个时段或某几日,在几家电视台同时投放,造成集中轰炸的错觉,比较适合广告预算较小的广告主。

4. 执行媒介计划

在确定了媒介计划之后,紧接着就是实施媒介购买。由于广告主80%以上的广告费都用于购买媒介,因此这部分工作备受关注。媒介购买人员除了要按照媒介计划实施媒介购买以外,还要努力为广告主争取最优的价格。是否能为广告主签订优惠的媒介购买合同,是广告公司竞争力的重要组成部分和表现之一。如前面章节提到过的,如今,在广告业已逐渐分离出一些专门的媒介购买公司,它们有的隶属于大型广告集团,统一承担集团内自有广告公司的媒介购买任务(如传力媒体承担WPP集团旗下奥美公司和智威汤逊公司的媒介购买任务);有的则是独立的企业(如Carat公司),直接为广告主提供优惠的媒介购买代理。

5. 评估执行结果

与广告媒介活动有关的最后一项任务是评估执行结果,评估的内容包括执行进度和执行效果,评估的结果将作为下一次广告活动的参考依据。

三、选择媒体时考虑的主要因素

在广告活动中,媒体的选择十分关键,广告公司在选择媒体时,主要会对以下几个因素进行周密而统一的考虑。

1. 广告主的整体营销战略与广告战略

在选择广告媒体时,广告主的整体营销战略和广告战略是媒介策划人员首先要考虑的一个因素,因为一旦偏离了整体营销战略和广告战略,选择的媒体再新颖、媒介组合成本效益再高、投放方式再花样百出,广告讯息也不会收到应有的效果。

正因为如此,媒介策划人员必须以广告主的整体营销战略和广告战略为依据,挑选出与之相匹配、相得益彰的媒体。比如营销战略中的目标消费者是年轻时尚女性,那么媒介策划人员就应该选择年轻时尚女性经常接触的媒体,如《时尚芭莎》而非《计算机世界》。

2. 广告媒体

媒介策划人员在选择媒体时,还必须考虑广告媒体本身的特点,主要有以下几方面。

(1) 媒体的传播特点

媒体必须能够准确、清晰地,最好还能比较通俗易懂地传达广告讯息,媒体的传播速度要能满足广告的时间要求。传播特点包括媒体的内容、风格、暴露值、注意值和驱动值。

所谓暴露值(exposure value),指一条广告讯息在这种媒体上能被多少人看见;注意值(attention value)指受众注意一条广告讯息的程度;而驱动值(motivation value)则指广告讯息驱动受众付诸行动的能力。

(2) 媒体的社会地位

媒体的社会地位越高,在公众中的信誉越好,它所传播的广告讯息就越容易被公众所接受;相反,媒体的社会地位越低,在公众中越没有信誉,其广告的传播效果就越差。

(3) 媒体的受众规模

受众规模是媒介策划活动中非常重要的一个因素,从理论上讲,媒体的受众人数越多,受众接触媒体的人次就相对越多,广告的传播效果就越好。

媒体的受众规模与以下几个概念关系最为密切:

◎ 覆盖面:指媒体能到达的传播范围,比如全国性报刊的覆盖面是全国范围,省报的覆盖面是本省范围。一般来说,覆盖面越大受众越多,覆盖面内的人口越多受众越多。

◎ 覆盖率:指在传播范围内能够接触媒体讯息的人数占全体人口的百分比。比如中央人民广播电台的《新闻与报纸摘要》节目,它虽然能覆盖全国,但由于有些人没有收音机,有些人有听力障碍,有些孩子年幼根本听不懂,所以能够收听该节目的人只会占全国总人口中的一部分,假设占全国总人口的70%,那么这70%就是该节目的覆盖率。

◎ 到达率:也叫净受众率,指在媒体覆盖范围内实际接触媒体讯息的人数占该范围内总人口的百分比。一般说来,覆盖率越高,到达率相应也越高。但到达率的数字通常低于覆盖率的数字,因为有些受众虽然有收音机,也没有听力障碍,也能听懂广播,但他们不一定爱听《新闻与报纸摘要》节目。所以实际上收听该节目的人数只占有条件收听该节目人数的一定比例。一般说来,到达率越高,意味着媒体的渗透力越强,广告讯息能到达的人数就越多。①

(4) 媒体的受众特征

媒体的受众特征对媒介组合中的每一个因素都会产生影响,因此媒介策划人员必须搞清媒体的受众与广告主目标市场的匹配度,了解这些人的媒介接触习惯——他们接触什么样的媒体?在哪里接触媒体?对所选的媒体有无兴趣、有多大兴趣?他们的购买力如何?他们有什么职业特征?他们有什么生活方式、文化习俗?他们有什么购买模式——他们在什么场所、什么时候、什么情况下以什么频率购买什么产品?

---

① 到达率一般用接触次数来计算,有时也用毛评点来表示。到达率乘以平均接触次数即为毛评点。假设中央电视台《新闻联播》节目在全国范围内的到达率为80%,受众每周平均接触该节目约4次,则它的毛评点就为80%×4。

(5) 媒体的成本效益

媒体的成本效益(cost efficiency)指将讯息传递给目标受众的成本而非发行量、覆盖面、到达率这些数字,千人成本是计算成本效益的一个重要指标,但它无法计算各种媒体的优缺点。因此,媒介策划人员还要判断媒体的受众与广告目标受众的吻合度、媒体满足广告活动目标与战略的程度以及媒体的注意度和驱动值等。

3. 广告主的产品

媒介策划人员在选择媒体时,还要考虑产品的目标市场因素和产品的品质因素。

(1) 目标市场

不同的广告有不同的目标市场,即不同的目标受众;不同的媒体有不同的受众群体。媒体的受众群体和广告的目标受众越吻合,广告的传播效果越好。倘若二者分离,结果必然是南辕北辙,达不到预期的目的。

有些媒体是区域性的,如果广告的目标市场遍布全国,那么仅用区域性媒体就不够了;有些媒体虽然是全国性的,但却有较明显的受众层面,受众群体间有明显的需求差异。比如《中国妇女报》主要是给女性看的,《中国机械报》则主要是给机械行业的专业人士看的。机械产品广告刊登在女性报刊或青年报刊甚至儿童报刊上,就不如刊登在机械报刊上效果好。同理,女性用品刊登在机械报、电子报上,就远不如刊登在女性报刊和青年报刊上效果好。

(2) 产品特性

产品的特性不同,对媒体的要求也不同。产品特性与媒体的传播特性越吻合,效果越好,比如时装广告,采用电视、杂志媒体就比采用广播媒体效果要好。这是因为电视、杂志固然都可以展示时装的款式、色彩,但电视还能动态地展示人们穿上时装后的风采;而广播是听觉媒体,无法将时装的形象展现给听众。同样,展示乐器音质一类特性的广告,则采用广播、电视媒体比采用报刊媒体好,因为以音质显示产品质量是报刊广告无法做到的。

4. 广告主的预算

广告公司在选择媒体时还要考虑广告主的支付能力,要量财而择,要在广告规划的预算之内做文章。

少花钱、多获益是广告活动追求的目标。面对几种相似的媒体,例如在覆盖面、覆盖率、到达率以及社会地位、传播特点、受众群体等相似的情况下,应选择费用较低的。当然,费用的高低并不是媒体的绝对价格,而是它的相对价格。所谓相对价格,指平均传播1000人或1万人或10万、100万人所需的费用。因此,常常会有这样的情况:从绝对价格看,媒体甲的费用比媒体乙高,但从相对价格看,媒体乙的费用又比媒体甲高。

5. 竞争对手的战略与预算

竞争对手的广告预算大小也会影响到广告客户的媒介组合和投放方式,这是因为如果广告客户的广告预算比竞争对手小太多,广告客户的广告讯息就可能被竞争对手的广告讯息所淹没,激不起半点波澜。在这种情况下,媒介策划人员就要选择避开对方的主打媒体,选用能给自己客户创造优势的媒体。

但如果目标受众相同,或竞争对手的媒介运用不得力,也不妨采用与之相同的媒体。

链接：广告活动参与者之间的相互关系

广告活动的参与者在广告活动中相互协作、相互影响，同时也相互制约，他们之间并不存在绝对的模式。今天我们所认同的三者之间的分工、合作关系，是广告组织不断演进的结果。

早期的广告活动，由于广告理论与广告实务运作技术还未形成，广告主、广告公司、广告媒体三者各自扮演的角色与关系也很不稳定、很不成熟。当时，一般企业内并没有专门设立处理广告事务的部门，多半由其他部门（如办公室、财会部等）来兼任处理；广告媒体既没有规范的定价标准，也缺乏科学的数据和客观的材料供广告公司或广告主参考；而广告公司则扮演着媒介掮客（media broker）的角色——购买或承揽媒体的版面，再卖给广告主，赚取其间的差价，且因为公司规模不大，能力有限，多为单一的媒体代理。随着市场竞争的加剧，消费者对广告的品质、创意、文案、设计的要求越来越高，于是广告主开始正视广告的功能，开始认为广告需要有精致的设计和有效的媒介策划。应广告主的要求，广告代理的组织随之扩充且分工更加细致，基本上具备了市场分析、媒介策划、创意与执行等功能。广告公司开始搜集相关资料作为广告策划的依据，并以媒介策划、创意等观念为出发点，将零散的广告加以整合，逐渐脱离了过去单一媒介代理的形态，开始代理多种媒介，以满足广告主的需求。由于营销观念日趋成熟，广告公司的组织、功能也日趋健全，广告媒体的操作越来越规范，广告主越来越意识到将广告交由代理公司代理是对己十分有利的事。这时，广告公司也逐渐将下游的工作（如制作、市场调查）剥离出去，使自己成为分析、策划的专业公司。总之，广告主、广告公司、广告媒体三者之间的分工、合作关系在市场经济发育过程中不断得以完善，并随着广告业的日益成熟而日益明确。

在广告活动的参与者中，处于核心地位的应该是广告公司。通过广告公司的作业程序，我们可以大致了解广告主、广告公司、广告媒体之间的分工、合作关系。

假设某汽车制造厂（即广告主）雇请一家广告公司负责其广告计划及其实施，那么广告主首先会说明其广告计划的目的和预算，然后广告公司开始准备广告计划、选择广告媒体、确定媒介排期或位置，而所有这些决策或处理都必须经过广告主的认可。

虽然广告公司受雇于广告主，也为广告主工作，但其媒介代理佣金却由广告媒体支付，以酬谢广告公司将本媒体推荐给广告主。如今，佣金的通行比例约为媒介刊播时间或空间费用的15%。

假设某一报纸刊出一条广告的费用为100元。广告刊出后，报社将账单送达广告公司，广告公司再送达广告主，广告主支付100元给广告公司，广告公司只需付给报社85元，保留15%，即15元作为佣金。因此，广告公司大部分的时间和工作虽然是为了广告主，但却由广告媒体付给酬金。关于三者之间的关系，我们通过下面三个图可以了解一个概貌（见图A、B、C①）。

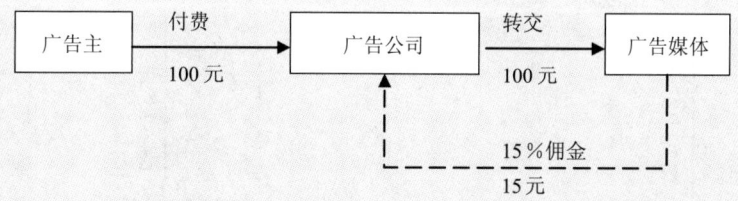

图A　广告公司、广告主和广告媒体之间的运作

---

① 柏木重秋.广告概论[M].王建玉,李硕,郑太宪,译.北京:中国经济出版社,1991:180.

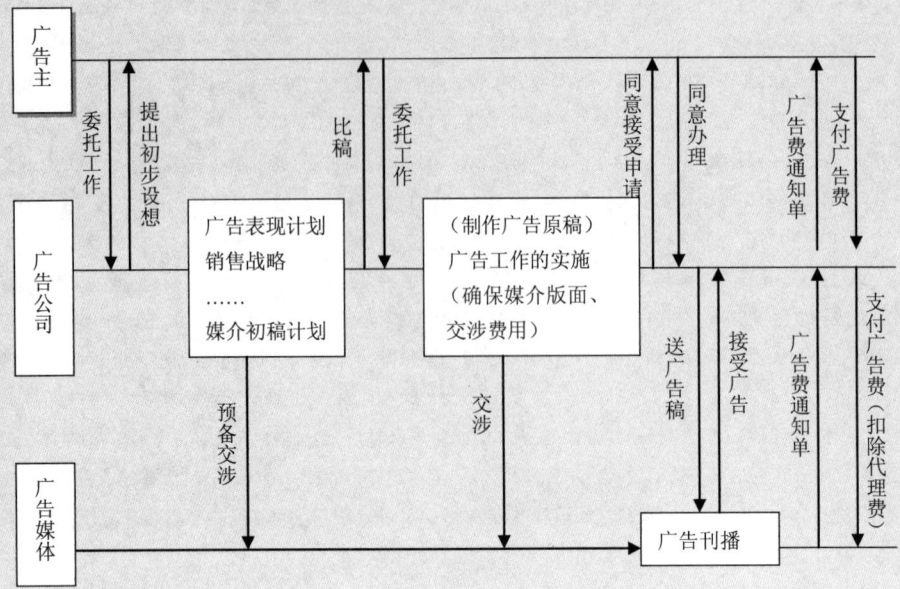

图 B　广告交易途径

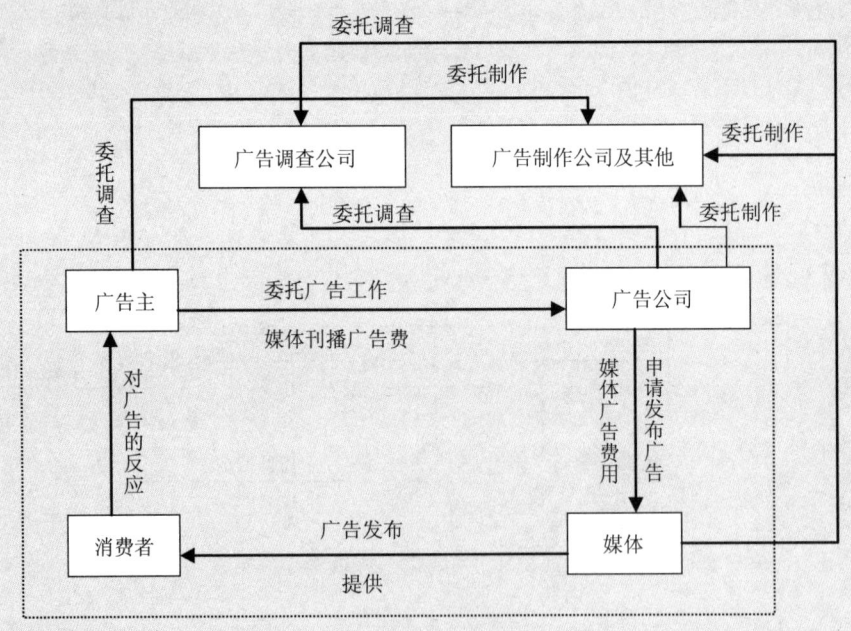

图 C　广告交易关系

四、程序化购买

大数据时代的到来和互联网技术的发展对广告业产生了重要的影响。程序化购买是通过广告技术平台自动执行广告资源购买的流程,其实现通常依赖于需求方平台(DSP)、供应方平台(SSP)和广告交易平台(Ad Exchange Platform),并通过实时竞价模式(RTB)和非实时竞价模式(Non-RTB)完成购买。

程序化购买是与传统人力购买方式相对而言的一种广告购买方式,有助于广告主和广告公司充分利用大数据与技术,实现广告的精准投放。

1. 程序化购买的流程

程序化购买的流程通常如下(见图8-10):

首先,广告主根据广告策略明确投放目标,然后直接或委托代理商与需求方平台接洽,提出广告购买要求。接着需求方平台接入广告交易平台(Ad-Exchange Platform),寻找所需的广告位资源,再调用数据管理平台(DMP)的服务,在供应方平台所提供的数据库中完成数据匹配,找到广告主所需要的访问者属性(标签)信息和广告位资源信息。

然后,进入资源购买阶段。程序化购买的方式既可以是实时竞价,也可以是非实时竞价。实时竞价指当有多个广告主同时选中了同一广告展示机会时,则他们之间进行实时竞价,出价高者获得这一广告展示机会。

此外,在程序化购买流程当中,程序化创意平台、广告验证平台和数据管理平台还会提供其他服务,以帮助广告主实现"千人千面"的创意展示,实现反作弊过滤等。

但是,并非所有的程序化购买都必须通过广告交易平台进行,一些大型的品牌广告主可以通过合约购买的方式直接购买媒体。在实际的业务操作中,程序化购买流程也存在着多种多样的不同变形。

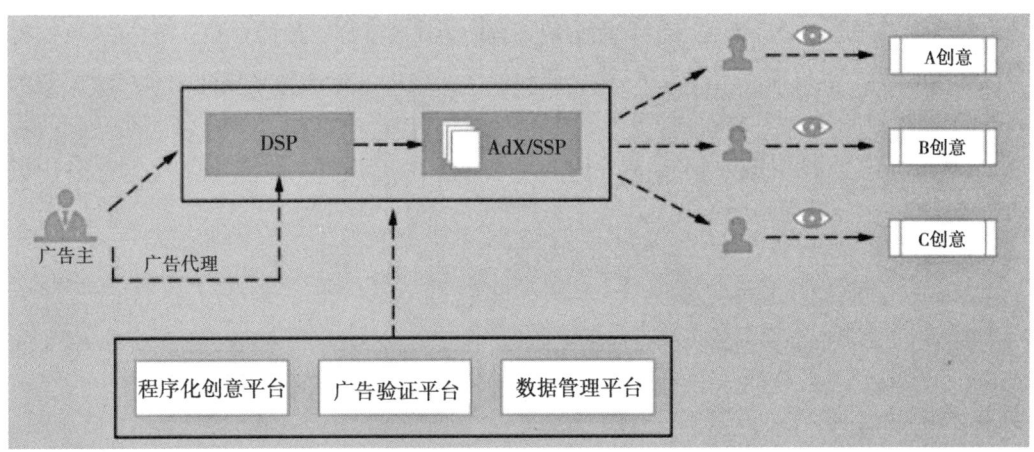

图8-10 程序化购买流程

2. 实时竞价与非实时竞价

实时竞价(Real Time Bidding,RTB)是一种利用第三方技术在数以百万计的网站上针对每一个用户(user)展示行为进行评估以及出价、竞价的技术。实时竞价的标的是针对某个用户的一次广告展示机会,以拍卖的方式进行交易,出价高者获得广告展示机会。

实时竞价具有革命性的意义。一方面,实时竞价购买的不是某个广告位的时间或空间,而是特定用户看到广告的机会。这就是不同用户在同一个页面上会看到不同的广告的原因,每一个通过实时竞价模式投放的广告都是为其用户量身定制的。另一方面,实时竞价最终的交易价格不是发布商(publisher)预先制定的价格,而是多个广告主实时竞价的结果。这种价格能够充分反映广告主对广告展示机会价值的真实评价,使每个广告位都有可能以最优价格成交。

程序化购买中的非实时竞价(Non-RTB)是实时竞价的补充,它通过合约方式避免实时竞价可能带来的问题。因为广告主使用实时竞价投放的广告可能会出现在一些形象不佳的网站上,给广告主的品牌带来负面影响。为了避免出现这种情况,有时广告主会选择非实时竞价对广告投放进行进一步的管理。

3. 优势

程序化购买的优势体现在广告主和媒体两个方面:

首先,对于广告主而言:(1)程序化购买能够实现精准投放,广告主可以通过限定用户标签,只购买目标消费者的曝光机会;(2)程序化购买可以即时投放,缩短购买和发布之间的时间间隔,与合约购买方式相比大大节省了人力物力,同时也使广告策略的实施具有了更大的灵活性;(3)程序化购买可以随时统计前一期的投放效果,通过算法对后一期进行智能优化,改善精准度,优化效果。

其次,对于媒体而言:(1)程序化购买有助于媒体最大限度地销售广告位库存,不仅可以通过竞价以较高的价格销售广告流量,还可以通过精细标签化,为非程序化购买情况下难以售出的流量匹配适宜的广告主;(2)程序化购买有助于提高媒体资源的售卖效率,媒体可以将资源接入交易市场,有需求的广告主、代理商和程序化广告平台能够直接在交易市场中购买各类资源,无须再逐一谈判;(3)程序化购买有助于优化用户体验,可以使媒体根据用户的属性、兴趣等标签,针对不同的用户投放不同的广告,使广告在内容上相关性更强,更贴合用户的需求。

重要术语

媒介策划	总印象数	有效到达率	媒介载具
受众目标	毛评点	频次	发行量
讯息力度	到达率	媒介组合	印量

稽核发行量	受众占有率	路障式排期	暴露值
订阅发行量	千人成本	集中式排期	覆盖面
零售发行量	媒介排期	间歇式排期	标准媒介
赠阅发行量	持续式排期	广告媒体	非标准媒介
传阅率	起伏式排期	成本效益	覆盖率
视/听率	脉冲式排期	媒介购买公司	实时竞价

练习题

1. 请简要说明电视、报纸、广播、杂志、户外媒介和网络媒介的特征。
2. 户外广告主要有哪些类型？
3. 请简述媒介策划的一般流程。
4. 拟定媒介策略需要做哪方面的决策？
5. 选择广告媒体时要考虑哪些主要因素？
6. 请简要描述广告主、广告公司、广告媒体三者的关系。
7. 媒介在广告活动中有什么作用？试举例说明。
8. 为什么要进行媒介策划？
9. 媒介策划涉及哪些内容？
10. 假设现在有一个广告主委托你所在的广告公司为其进行媒介策划，你会如何策划？

　　已知条件：

　　（1）预算：小

　　（2）产品：快速消费品——儿童纸尿裤

　　（3）目标受众：新生儿妈妈和准妈妈

　　（4）竞争对手预算：大

　　（5）竞争对手投放媒体：电视

　　（6）竞争对手广告投放频次：周一至周日（省级卫视4次/日，其中黄金时段1次。）

网络资源

美国户外广告协会 www.oaaa.org

美国发行量稽核局 ABC：www.accessabc.com

中央电视台广告部：www.cctv.com/advertisement/index.shtml

CTR 市场研究：www.ctrchina.cn/cn/index.html

全球主要媒介购买公司：

Starcom Mediavest Group 星传媒体：www.smvgroup.com

OMD Worldwide 浩腾媒体：www.omd.com

MindShare Worldwide 传立媒体：www.mindshareworld.com

Carat Group：www.carat.com

ZenithOptimedia 实力媒体：www.zenithoptimedia.com

推荐读物

西瑟斯.广告媒体策划:第6版[M].闫佳,邓瑞锁,译.北京:中国人民大学出版社,2006.

电通跨媒体开发项目组.打破界限:电通式跨媒体沟通策略[M].苏友友,译.北京:中信出版社,2011.

柏木重秋.广告概论[M].王建玉,李硕,郑太宪,译.北京:中国经济出版社,1991.

科特勒.营销管理[M].梅汝和,等译.北京:中国人民大学出版社,2000.

菲德勒.媒介形态变化:认识新媒介[M].明安香,译.北京:华夏出版社,2000.

塔洛.分割美国:广告主与新媒介世界[M].洪兵,译.北京:华夏出版社,2004.

陈俊良.传播媒体策略[M].北京:北京大学出版社,2010.

《媒介》杂志

《动脑》杂志

第 9 章

广告活动的对象

本章学习目标

☑ 掌握广告活动对象的构成。

☑ 认识广告对象的三种视角。

☑ 了解广告对象作为社会人的心理和行为特征。

☑ 了解广告对象作为消费者的特征。

☑ 了解广告对象作为媒介受众的特征。

> 如果广告能产生什么奇迹的话，奇迹通常也出现在漫不经心的公众身上。
>
> ——米歇尔·舒德森(Michael Schudson)

第一节　广告活动对象概述

本书第一章关于广告的定义开宗明义地说广告是一种传播活动，既然是传播活动，就离不开参与传播活动的另一个重要角色——广告讯息的受众，即本章所讨论的广告活动的对象（以下简称"广告对象"）。只有对他们有了充分的了解，才能使广告讯息得到有效的传播。

一、广告对象的概念

1. 广告对象的含义

"广告对象"是相对于广告主体而言的，从表面上看，广告通过大众媒介和非大众媒介传播，能够对所有通过媒介接触到广告的受众产生作用，媒介的所有受众都能够成为广告活动的对象。但实际上，按照科学的广告观念，广告并不是针对所有人群进行的，而是有目的地针对特定的目标消费者进行诉求，并对他们产生作用的。因此，我们可以把广告活动的对象分为实际对象和目标对象。**广告的实际对象就是所有通过某一种或者某几种媒体接触到广告的媒介受众，我们称他们为"广告受众"；广告的目标对象就是广告诉求所针对的特定的目标消费群体，我们称他们为"广告诉求对象"。**

2. 广告对象的构成

广告对象主要由以下几种群体构成：

- ◎ 普通消费者——他们是为满足自己的不同需求和欲望而购买产品或服务的消费大众，既可能以家庭为单位，也可能以个人为单位，是广告活动的主要传播对象；
- ◎ 组织的决策者——他们主要由企业、社会组织、政府机构等团体构成，广告主要针对其中的决策者而非个体；
- ◎ 经销商的采购员——他们是流通行业负责采购的决策人。

二、广告对象与广告活动互动的规律

广告活动与广告对象的互动，主要表现出以下三个规律。

1. 在"社会人"的层面

广告作为社会文化的一个组成部分，对消费者的价值观念、道德观念和非消费的社会行为有一定的影响,而且这种影响正在随着现代广告的日渐无孔不入而逐渐加强;同时,由于社会人是广告对象的基本角色,社会角色的观念和行为决定着消费观念和消费行为,决定着传播受众的媒介接触心理和媒介接触行为。因此,在制定广告的说服策略和传播策略时,必须准确把握广告对象的社会角色及与之相联系的观念和行为,并随着它们在不同社会角色之间的横向区别和纵向发展及时调整广告策略。

2. 在"消费者"的层面

广告可以改变消费者的消费观念和消费行为,使其朝着企业预期的广告目标的方向变化;与此同时,消费者的消费需求、消费心理、消费行为又是制定广告劝服策略的根本依据。此外,由于消费者的需求、心理和行为不会一成不变,广告也要根据所针对消费群体的不同和不同时期消费者观念和行为的变化调整自己的说服策略。

3. 在"传播受众"的层面

广告可以改变受众的媒介接触心理和媒介接触行为。随着广告的发展和媒介广告发布量的增加,广告以其所传达的对媒介受众有益的企业和产品信息,使受众从反感广告变为认同广告进而依赖广告,而受众对广告的反作用则要大得多。广告要想有效地传播信息,就必须依据受众的媒介接触心理和媒介接触行为来制定自己的传播策略。不仅如此,广告还必须根据不同受众群体在媒介接触行为方面的区别和发展变化,对自己的传播策略进行适时、适人的调整。

三、广告对象的角色

1. 广告对象的三重角色

从广告服务于企业市场营销的角度看,广告是企业整个市场营销行为的一个组成部分;从广告对受众发生作用的方式和过程来看,广告本质上是一种典型的传播行为。因此,广告对象便具有了消费者和传播对象的双重身份。但无论是身为消费者还是身为传播对象,他们从根本上讲都是社会中的"社会人",于是,他们便成了一个三重角色的综合体。

广告对象的三重角色都对人们如何接受广告讯息、如何受到广告影响产生重要的作用(见图9-1),因而只有把握广告对象三重角色各自的内涵,才能完整地理解广告对象。

广告对象首先是作为社会生活中的人而存在的,而"社会人"是广告对象最为基本的角色。其次,广告对象是企业进行市场营销的目标,是产品和服务的消费者,而广告为作为营销组合的要素而存在,因此"消费者"是广告对象的核心角色。再次,广告是一种传播活动,广告对象是广告传播的目标,"传播的受众"是广告对象的又一角色,因为这一角色是因广告的传播本质而进入广告对象的角色群之中的,所以我们称他为"广告对象的延伸角色"。

2. 作为社会人的广告对象

作为社会人的广告对象生活在特定的社会环境中,与周围的人和事发生着各种各样的联系,有其自身的社会角色和与此相联系的心理和行为。而他们的心理和行为又从根本上决定着他们有什么样的需求、通过什么方式寻求满足,进而对作为消费者的广告对象和作为媒介受众的广告对象的心理和行为起着根本性的决定作用。

3. 作为消费者的广告对象

作为消费者的广告对象有其特定的消费需求、消费心理和消费行为,而这些需求、心理和行为又会直接影响产品的销售和广告的作用。他们的需求,是决定广告传播什么样的讯息即广告的诉求策略的最为重要的依据,而他们的消费心理和消费行为则是制定广告其他策略的重要依据。

4. 作为媒介受众的广告对象

作为媒介受众的广告对象对媒介有其特定的需求,有特定的媒介接触心理、接触行为和接触习惯。他们要通过媒介获取什么样的信息决定了大众传播和广告应该传播什么样的信息,而他们通过什么样的媒介获取信息,则影响着广告媒介的选择策略,他们接触媒介的时机决定着广告的发布时机策略。

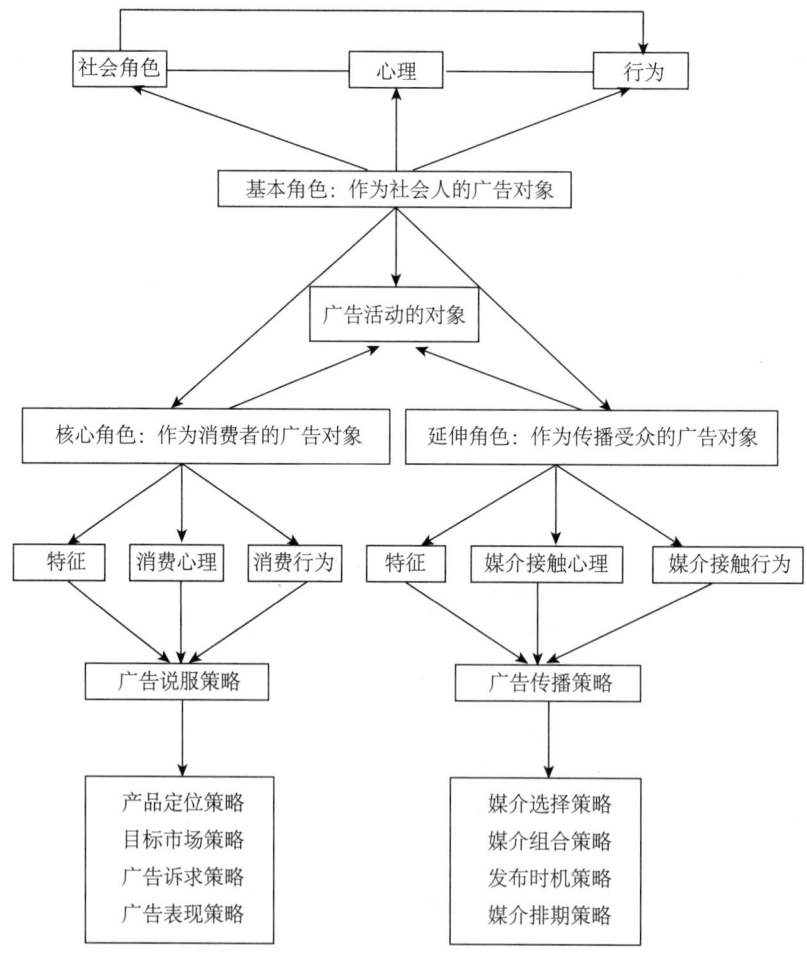

图 9-1 广告对象的三重角色及其相互影响

第二节 作为社会人的广告对象

日本社会学家富永健一在《社会学原理》一书中,对"社会"的含义进行了广义和狭义的区分:"广义的社会是指由人的有意识的行为创造出来的事物的总和,它是与对于人来说是外在之物的自然相对应的。……是把科学研究分为自然科学与社会科学时所说的社会,它的含义远比作为社会学研究对象的社会广泛";"狭义的社会则与此不同,它被定义为这样一种状态,即由于人与人之间持续的相互行动的积累,形成了一种社会关系体系,在它们之间存在着有内外区别的共属情感。社会虽然离不开人类聚集于同一空间这种状态,但仅仅是人的聚集还不能成其为社会,只有当人群具备了人与人之间通过相互行动的积累而形成了社会关系体系和共属情感这些特征时,将这些特征抽象化得到的概念才是社会。"[1]

也只有这样狭义的社会概念,才能帮助我们把握广告对象作为社会的人的心理和行为,所以我们也将对广告对象这一角色的内涵的分析建立在这一概念的基础之上。

一、人的角色和地位

作为消费者、媒介受众和广告诉求对象的人,总是处于一定的社会背景中,扮演社会所规定的角色,采取角色所规定的行为,他们如何消费、如何接触媒介、如何接受广告诉求,在很大程度上取决于他们的社会角色以及与他们的社会角色相联系的各种因素。因此,对消费者和受众进行研究,首先应该研究他们的角色。关于人的社会角色,在社会学中有以下一组重要的概念。

1. 社会角色

社会角色就是与一种社会地位相联系的行为。角色和地位是互相联系的,是地位的动态层面。如母亲的角色就包括照顾家人、整理房间等,而学生的角色则包括完成作业、参加考试等。角色包括三个层面:

◎ 理想角色:表明他人或者社会对个人的期望;
◎ 知觉角色:指人们自身或者与其发生联系的人对其角色的看法;
◎ 扮演角色:指一个人怎样扮演自己的角色,人扮演其角色的行为不但取决于社会的期望和自身的理解,还随着特定社会情境所给予的压力和机会而发生变化。

明确社会地位和社会角色的概念,可以帮助广告人在分析消费者和选择诉求对象时,更为理性、更加准确地判断他们的身份,而不仅仅是根据自身的认识和理解去做经验性的、感性的判断。

2. 社会地位

这里的地位,并不是在日常生活中所说的衡量人在社会中位置高低的地位,而是指个人

---

[1] 富永健一. 社会学原理[M]. 严立贤,等译. 北京:社会科学文献出版社,1992.

在社会系统中的位置,如母亲、学生都是社会地位。一个人往往有多种不同的社会地位,如在家庭中是父亲,在职业上是专业人员,在爱好上是球迷等。在这些地位中,如果他们认为某种地位最为重要,那么这种地位就是他们的突出地位。有些人将职业视为突出地位,有些人则将在家庭中的位置视为突出地位。一旦了解了一个人的地位,就可以大体了解该地位所适用的社会环境中人们对于个人行为的期待,也可以基本把握他们为这种地位所限定的行为。

二、人的需要与人的自我

1. 人的需要

社会学家、心理学家和社会心理学家对人的需求进行了许多论述,其中得到普遍认同的是美国心理学家马斯洛的"需要层次论"。在其奠基之作《动机与人格》中,他将人的基本需要分为五个层次——生理需要、安全需要、归属和爱的需要、自尊需要、自我实现需要,各层次依次从低级向高级发展。

人的生理需要包括对食物、水、住房等物质条件的需要;安全的需要包括对安全、稳定、依赖、避免恐吓、避免焦躁和混乱的折磨的需要以及对体制、秩序、法律、界限的需要和对保护者实力的需要等;归属和爱的需要包括人们需要归属于某些群体,需要给予别人爱,也需要别人给予自己爱等;自尊的需要指对他人给自己的稳定的、牢固不变的、通常较高的评价的需要或欲望,自尊的需要包括对实力、成就、优势、胜任、面对世界时独立、自由的需要和对名誉、威信等来自他人的尊重的需要;自我实现的需要是人的一种最高层次的需要,它是一种对自我发挥和自我实现的欲望,也是使个人潜力得以实现的倾向,这种倾向使一个人越来越成为独特的那个人,成为他所能够成为的"那个人"。

马斯洛认为,人类的基本需要按照优势或力量的强弱排成等级。优势需要一经满足,相对弱势的需要便会出现。只有当生理和安全需要得到满足以后,归属和爱以及自尊和自我实现的需要才会凸显出来。

把握人的需要的五个层次及需要满足的基本原理,可以给广告人(advertising man,简称adman)有效地把握作为消费者的人对产品的需要、作为传播受众的人对媒介的使用和满足过程提供基本的思路,即人们消费产品、接受服务、接触媒介,都是出于一定的需要。有些产品和有些媒介接触行为虽然看似为了满足较低层次的需要,实际上却包含着更高层次的需要,如爱和归属的需要、自尊的需要、自我实现的需要等。因此广告不仅要传递满足低层次需要的讯息,还应包含满足更高层次需要的内容,广告中对高品位产品或企业形象的塑造、对美好生活的描述、对个人使用产品后所获得的他人的羡慕和尊重的描述,都是出于这一目的,而它们往往比只传达满足基本需要的讯息能收到更好的说服效果。

2. 人的自我

人的自我可以分为许多层次,可以有非常复杂的理解。关于人的自我,有许多比较复杂的论述,我们在这里采用一种比较简单而又能够说明问题的理解。

按照人的个人化和社会化、理想化和真实化两个维度，人的自我可以分为真实自我、理想自我、社会自我、理想社会自我四个层次，[①]如表9-1所示：

表9-1 "自我"类型

	个人化的	社会化的
实际的	真实自我	社会自我
理想的	理想自我	理想社会自我

"真实自我"代表一个人内心深处对自己的认知；"理想自我"代表一个人对自己的期许；"社会自我"代表别人对"我"的认识；"理想社会自我"则代表我希望别人怎么看待我。人们购买某种产品或者接触某种媒介，不仅出于内心深处对于自己的认识，而且也出于它是否能使自己达到心目中对自己的期许，是否能使自己获得他人对自己的有利认识，是否能接近自己希望别人怎样看待的理想状态。因此，自我的这四个层次都会对人们的消费行为和媒介接触行为产生重要的影响。

三、人及其群体

1. 群体的概念

"群体"一词具有非常广泛的含义，既可以是高度有组织的、稳定的群体，也可以是易变的、短暂的群体。例如，收入相近或者职业、年龄等相仿的人往往会形成一个社会群体，这样的群体被称为统计上的集合或社会类别。

在研究消费者时，"消费群体"这个概念常常被提及，它是根据消费者之间具有的某种共同需求和消费行为来划分的，并不是社会学意义上的群体，而是"社会类型"。因为同属于一个社会类型的社会成员之间彼此并没有直接的联系，所以消费群体只能描述消费者的大致范围，却很难接近他们情感和需求的本质。因此，在进行广告策划时，不但要分析消费者与诉求对象所属的社会类型，还应该更深入地了解他们所参与的群体和群体所赋予他们的特性。

一个人在社会生活中必然要与其他社会成员发生联系，他们的行为自然会受到他人的影响。根据个人与他人联系的不同，个人与他人构成不同的群体，家庭是一个特殊的群体。同学、朋友、同事都是与个人密切相关的群体，而由不同群体组成的社区、由不同社区组成的社会则是一些巨大的群体。

2. 社会参与

人以不同方式不同程度地参与到社会生活中，人的社会参与可以分为核心参与和局部参与两个层面。

[①] 陈文玲. 世界末日与冷酷异境——社会心理与创意思考的关系[J]. 广告杂志, 1995(9):17-21.

核心参与：核心参与以个人的主要生活经历或核心身份为基础，个人与核心参与的群体关系最为密切，并且也最容易受到群体中其他成员的影响。一般说来，人们对于家庭的参与是核心参与，有些人对于职业的参与也是核心参与，因为在工作中他们能够获得自己所期待的自尊、尊重与自我表现的机会。

局部参与：局部参与仅涉及个人社会生活的一部分、一个阶段或人格的一部分，通常只需投入很少的精力。个人在局部参与中的角色不是个人的突出角色，如个人参与校友会、俱乐部活动等都是局部参与。

明确这两个概念，可以帮助广告人了解消费者和受众对自己某种身份和角色的重视程度，从而使广告诉求针对他们核心参与的群体而展开。

人类对感情支持的需要主要表现为初级结合或初级关系——为个人提供安慰和满足其情感需要的持续的关系。初级结合的形式包括父母与子女之间的关系、友谊、爱情、与个人关系密切的社会群体或者社区成员之间的关系等，初级群体成员之间有充分的互动和深入的交流，个人的个性在这种互动中得到完整的反映，初级群体有利于成员的个人发展、幸福和满足，因而初级群体是对个人行动影响最大的群体。

由上面的阐述我们可以看出，在初级群体中，成员之间有很强的信任感和较大的影响力。因此，广告人在策划广告活动和进行广告诉求时，可以充分利用初级群体成员之间的影响力，利用受众最为信任的初级群体的成员对他们施加影响，从而使广告收到更好的效果。

3. 社会阶层

社会阶层指社会中按层次排列的较同质且持久不变的群体，每一阶层的成员具有类似的价值观、兴趣和行为，社会阶层是影响个人行为的又一个重要因素。处于同一社会阶层内的人，其行为要比来自两个不同社会阶层的人更加相似，人们以自己所处的社会阶层来判断各自在社会中所处地位的高低。不同的社会阶层在衣着、家具、业余爱好、家用电器等方面表现出明显的产品和品牌偏好。社会阶层既可以以个人为单位来定义，也可以以群体为单位来定义，最为通行的划分标准是以家庭为单位，因为家庭是"共用一个钱包"的消费共同社会。测定个人所属的社会阶层一般采用以下标准：

◎ 个人现在的阶层地位，以他现在的职业来测定；
◎ 个人未成年时的阶层地位，以其父亲当时的职业来测定；
◎ 妻子的阶层地位，以其丈夫的职业来测定（在现代社会中，女性的独立性越来越强，因此对职业妇女阶层地位的测定标准应该是她自己的职业）；
◎ 收入地位，以家庭的收入来测定。

除了上述标准外，还有另外一些更为具体的标准，按照不同的标准，全体社会成员可以分为不同的阶层。这里我们不再阐述具体的阶层，而是提醒大家：在对广告对象进行分析时，要有基本的社会阶层概念，并对广告对象所处的社会阶层有一定的经验性把握。

社会阶层具有以下几个特征：
◎ 同一社会阶层成员的行为比不同阶层的成员更为相似；
◎ 人们因所处社会阶层的不同而占有不同的优劣地位；
◎ 一个人的社会阶层不是由某一个单独的变量决定的，而是由其财产、职业、教育、价值观等变量综合决定的；
◎ 个人所处的社会阶层是可变的，有可能升入更高的阶层，也有可能降入更低的阶层，而人们一般的心理是希望自己属于更高的社会阶层。

了解广告对象的社会阶层的意义在于：一定的社会阶层决定了广告对象的观念和行为，根据广告对象的社会阶层，就可以对广告对象的消费观念、消费行为、媒介接触心理和媒介接触行为有更接近实质的把握。

第三节　作为消费者的广告对象

一、消费者与消费行为

1. 消费者的概念

对消费者的理解有广义和狭义之分：狭义的消费者指消耗商品（服务）的使用价值的人；广义的消费者包括产品或服务的需求者、购买者和使用者，相应地，消费活动也包括需求过程、购买过程和使用过程。

2. 消费者的分类及购买角色

按照对某一产品的消费状态，消费者可以分为现实消费者和潜在消费者：现实消费者指对某种产品有需要，并且已经有实际消费行为的消费者；潜在消费者指对某种产品有需要，虽然尚未有实际的购买行为，但是在未来的一个时期内很有可能产生消费行为的消费者。

按照消费的目的，消费者可以分为终端消费者和生产资料消费者：终端消费者指为了个人或者家庭得到满足而消费某种产品的消费者，因而又称"个体消费者"或"家庭消费者"；生产资料消费者指为了转卖产品或者将其作为生产资料、经营工具而购买的消费者。

不同的消费者在购买活动中可能扮演不同的角色，主要有以下几种：
◎ 建议者：第一个建议或者想到要购买某种产品或者接受某种服务的人；
◎ 影响者：其看法会影响终端购买决策的人（见图9-2）；
◎ 决定者：最终部分或全权作出购买决策的人；
◎ 购买者：实施实际购买行为的人；
◎ 使用者：消费或使用该产品或服务的人。

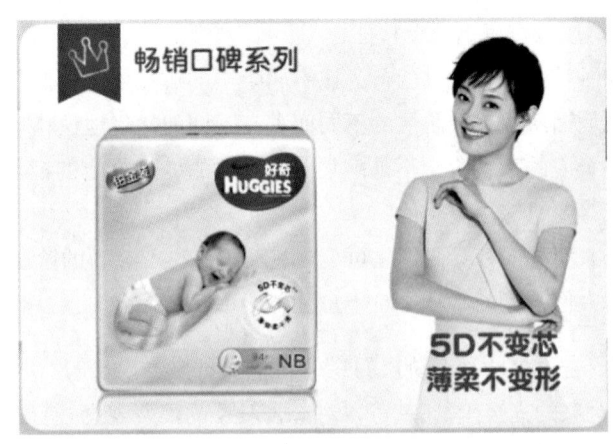

图 9-2　好奇纸尿裤广告

链接

关于消费行为的基本问题 7Q

◎ 谁构成某产品的市场？
　　——购买者
◎ 他们购买什么产品？
　　——购买对象
◎ 他们为什么购买？
　　——购买目的
◎ 谁参与购买？
　　——购买者
◎ 如何购买？
　　——购买行动
◎ 在什么时间购买？
　　——购买时间
◎ 在什么地方购买？
　　——购买地点

3. 消费行为的一般特征

总体而言，消费者的行为通常具有以下特征：

◎ 自主性：消费者在购买时一般是自主决策的；
◎ 有因性：消费者产生某种消费行为有其特定的原因；
◎ 目的性：消费行为出自特定的目的；
◎ 持续性：消费者的行为是持续的活动过程；
◎ 可变性：消费者的行为是可变的。

二、影响消费者行为的因素

如图 9-3 所示，对消费行为产生直接影响的主要有如下四类因素：

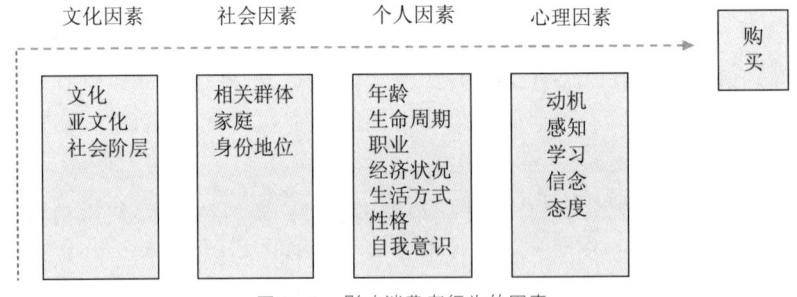

图 9-3　影响消费者行为的因素

1. 文化因素

文化对消费者的行为会产生最为广泛而深远的影响，而影响消费者行为的文化因素又包含文化、亚文化和社会阶层等。

（1）文化

广义的文化指人类在社会历史实践过程中所创造的物质财富和精神财富的总和；狭义的文化指社会的意识形态及与之相适应的制度和组织机构。我们这里所说的文化指狭义的文化。任何社会都有其特定的文化，它是处于这个社会中的人的欲求与行为的最基本的决定因素。

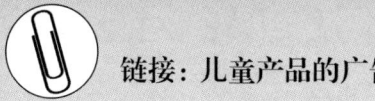

链接：儿童产品的广告针对谁？

美国著名广告人肯罗曼和珍曼丝在《贩卖创意——如何做广告》一书中，明确指出儿童市场可以分为三群：

第一群，1—5岁的学龄前儿童，几乎完全依赖父母的决策。广告人在策划婴幼儿用品广告时，应把父母作为主要的诉求对象，告诉他们你的产品能使宝宝更快乐、更健康地成长，使他们相信购买你的产品是一种正确的选择。

第二群，6—9岁，一群趋附流行的小鬼，也是最重量级的电视观众。随着年龄的增长和消费地位的不断提升，他们影响父母购物行为的能力越来越强，因此决不能低估这群小鬼。广告人要想迎合这群小鬼，就得潜心钻研他们的消费心理和消费行为，了解他们到底是喜欢"萝卜"还是喜欢"青菜"，把广告诉求的基本构架建筑在他们的需求之上，以赢得其好感，获得其认同和接受。

第三群，10—13岁，喜爱模仿的青少年群体。较6—9岁的小鬼来说，这个阶段的儿童消费能力已经"升级"，在许多情况下，他们不仅参与作出购买决策，而且还会逐渐成为家庭购物的主要决策者。处于本阶段的儿童刻意模仿成年人的外表和行为，如有了心中崇拜的明星便会大购与其相关的流行用品。由于这一思想作祟，他们更渴望与青少年同享流行，但当他们发现更年幼的小鬼也在仿效其行为时，他们便会觉得索然无味，很快离开这个"游戏"。广告人在策划针对本阶段儿童的广告时，应在了解他们心理的基础上，根据他们的爱好来设计相关产品的式样、颜色和包装，用投其所好的方式与之沟通。

（2）亚文化

任何文化都包含着更小的群体即所谓的亚文化，它以特定的认同感和社会影响力将成员们联系在一起。亚文化包括民族亚文化、宗教亚文化、种族亚文化、地理亚文化四种类型。消费者因民族、宗教信仰、种族和所处地域的不同而有不同的生活习惯、价值取向、文化偏好和禁忌，这些因素都会对他们的购买行为产生影响。

2. 社会因素

消费者的行为也会受社会阶层、相关群体、家庭、社会身份、地位等社会因素的影响。

（1）社会阶层

关于社会阶层对消费者行为的影响，本书第194—195页已有阐述，在此不再赘述。

（2）相关群体

相关群体指能直接或间接影响个人的态度或行为的一切群体，包括所属群体和非所属群体。所属群体又称"认同群体"，指人们所归属并对他们产生直接影响的群体，如家庭、朋友、邻居、同事、宗教群体、专业协会、同业公会等；非所属群体最主要的类型是人们热望归属的群体，即崇拜群体，如对青少年来说，明星群体就是他们的崇拜群体，他们的态度和行为会受到明星群体的巨大影响。

人们至少在三个方面受相关群体的影响：相关群体向人们展示新的观念、行为和生活方式；相关群体可以影响个人的态度和自我观念；相关群体可以对人们产生某种让人遵从的压力，影响人们对产品和品牌的实际选择。

（3）家庭

消费者的家庭成员是对消费者的态度和行为影响最大的相关群体，消费者的行为固然受到从小长于斯的家庭即原生家庭的许多影响，但消费者个人的家庭，即由其配偶子女组成的家庭则是最重要的购买组织。夫妻双方在不同产品的购买决策中起着不同的作用，女性是日用消费品购买的主要决策者，而价值昂贵的产品或服务（即高卷入度商品）的购买决策则由双

> **链接：家庭生命周期**
>
> 消费者的家庭状况，因为年龄、婚姻状况、子女状况的不同，可以分为不同的生命周期，在生命周期的不同阶段，消费者的行为呈现出不同的重要特性：
> ◎ 单身阶段——处于单身阶段的消费者一般比较年轻，几乎没有经济负担，消费观念紧跟潮流，注重娱乐产品和基本生活必需品的消费；
> ◎ 新婚夫妇——经济状况较好，需求旺盛，购买力较强，耐用消费品的购买量大于处于家庭生命周期其他阶段的消费者；
> ◎ 满巢期Ⅰ——最小的孩子在6岁以下，处于这一阶段的消费者往往需要购买住房和大量的生活必需品，常常感到购买力不足，对新产品感兴趣并倾向于购买有广告的产品；
> ◎ 满巢期Ⅱ——最小的孩子在6岁以上，处于这一阶段的消费者一般经济状况较好，但消费慎重，已经形成比较稳定的购买习惯，极少受广告的影响，倾向于购买大规格包装的产品；
> ◎ 满巢期Ⅲ——夫妻已上年纪但尚有未成年子女需要抚养，处于这一阶段的消费者经济状况尚可，消费习惯稳定，可能购买富余的耐用消费品。
> ◎ 空巢期Ⅰ——子女已成年并独立生活但家长还在工作，处于这一阶段的消费者经济状况最好，可能购买娱乐品和奢侈品，对新产品不感兴趣，也很少受广告的影响；
> ◎ 空巢期Ⅱ——子女独立生活，家长退休，处于这一阶段的消费者收入大幅度减少，消费更趋谨慎，倾向于购买有益于健康的产品；
> ◎ 鳏寡就业期——夫妻中一方去世，尚有收入，但经济状况不好，消费量减少，集中于生活必需品的消费；
> ◎ 鳏寡退休期——夫妻中一方去世，收入很少，消费量很小，主要需要医疗保健类产品。

方共同作出。以丈夫为主要购买决策者的产品包括汽车、保险、电视等，以妻子为主要购买决策者的产品包括洗衣机、食品、厨房用具等，夫妻双方共同决策的产品主要有家具、住宅等。

(4) 身份与地位

每个人在不同的群体中都有不同的身份与地位，不同的身份和地位具有不同的被认同与尊重的标志，因此常常会影响消费者对产品和品牌的选择。

3. 个人因素

影响消费行为的个人因素包括年龄、职业、经济状况、生活方式、个性与自我意识等。处于不同年龄段的消费者对产品有不同的需求，不同职业的消费者对不同类型的产品也有明显的偏好。经济状况决定着消费者的购买欲望和购买能力；而生活方式、个性和自我意识则决定了消费者的活动、兴趣和见解。

4. 心理因素

消费者的行为还受动机、感觉、后天经验、信念与态度等心理因素的影响。消费动机包括消费者无意识的心理动机和有意识的需求两个方面。消费者受动机的驱使可能产生购买行动，但是具体的行动如何则取决于他们对情景的感觉，具体包括对广告、店头促销、人员促销和产品本身的感觉。比如，两个动机相同、处于同样客观情境中的消费者，可能因为感觉不同而采取不同的行动。

后天经验指人类由于经验而引起的个人行为的改变，对于营销人员而言，后天经验的重要性在于它将产品与由于经验而造成的强烈的内趋力联系了起来，利用积极强化的方式，造成消费者对产品的需求。通过行动与后天经验，人们树立起对企业和产品的信念与态度，这些信念与态度又反过来影响人们的购买行为。

三、消费者购买决策

弄清消费者的购买决策过程以及影响其决策的因素,对整个广告活动的成败具有非常重要的意义。

1. 消费者决策过程

一般来说,消费者的购买决策要经过以下五个阶段。

(1)问题确认

在这个阶段,消费者发现或意识到自己有某种需求并决定通过购买某种产品或接受某种服务来满足这种需求。

(2)信息搜集

消费者一旦决定购买某种产品或接受某种服务,就进入了信息搜集阶段。他们搜集信息时通常有两种状态:温和的搜集状态,即注意可以接触到的产品或服务信息,如广告、店头促销、产品目录、产品样本等;积极的搜集状态,即积极主动地采取行动去了解产品或服务的更多信息,而不仅仅局限于已有的信息,如打电话向生产商或销售商咨询、向专家咨询等。

消费者的信息来源有以下几种:人际来源——家庭、朋友、邻居、熟人等;商业来源——广告、销售人员、经销商、包装、展览、促销活动等;公众来源——大众传媒、消费者组织等;经验来源——自身使用产品的经验等。

(3)备选产品评估

消费者通过搜集信息了解到一组备选产品或服务,然后对它们的属性、品牌进行评估,从而形成对某一品牌的态度偏好和购买意愿。

(4)购买决策

消费者对某一品牌产生购买意愿并不等于一定会购买该品牌产品,因为还有两个重要因素会影响他们的购买决策。首先是他人的态度,如果某些对消费者有影响力的个人或群体对消费者的购买意愿持否定态度,消费者就有可能改变自己的购买意愿。反对者的态度越强烈、与消费者的关系越密切,消费者改变购买意愿的可能性就越大。其次是非预期因素的影响,如消费者对某一品牌产生购买意愿后突然获得了另一个品牌的购买优惠券,而且其优惠幅度的吸引力足以抵消原定购买品牌的吸引力,此时消费者就极有可能改变购买意愿。

(5)购买后行为

在购买产品之后,消费者会感到某种程度的满足或不满足,它们会直接影响到消费者后续的购买行为,所以许多生产厂家都通过广告或其他手段来加强消费者的购买后满足感。

2. 消费者购买行为类型

尽管消费者的一般决策都经过了上述的五个阶段,但常识告诉我们,买一部汽车的过程和买一包饼干的过程显然不同。按照消费者感知风险(或卷入度)的大小以及品牌差异的大小,我们可以把消费者的购买行为划分成如表9-2所示的四种类型:

表9-2 消费者购买行为类型

品牌差异 \ 购买风险	大	小
大	复杂的购买行为	寻求多样化的购买行为
小	减少失调感的购买行为	习惯性购买行为

(1)复杂的购买行为

当消费者专门仔细地购买并注意现有各品牌间的重要差别时,他们会采取复杂的购买行为。消费者对产品所知有限,需要了解许多产品信息,而且由于所要购买的产品相对比较昂贵,所以他们对品牌的要求比较高。此时,消费者多半会经过认知性学习,在建立起对产品的信心后,转变对产品的态度,最后才做出慎重的购买决策。

消费者一般在购买价格高(高卷入度)的产品、偶尔购买的产品、保险产品以及炫耀性产品时都非常用心、仔细,例如汽车、珠宝、收藏品等。

(2)减少失调感的购买行为

有时,消费者即使购买看似没有什么品牌差别的产品,也会持慎重态度。他们会四处查看,了解何处可以购买到该产品。由于产品的品牌差异不明显,购买行为会很迅速,但是购买后可能因为发现产品的某些缺陷而产生失调感。此时,他们会努力去了解产品的更多信息,以确定原决定是正确的,从而减少失调感。为了减少消费者的失调感,营销人员应该提供有助于消费者在购买后对其决定感到心安理得的信念与评价。这类购买行为通常发生在那些价格较高的产品以及偶尔购买的产品和保险产品上。

(3)寻求多样化的购买行为

由于商品价值较低、品牌多样,消费者在购买时往往追求多样化,因此常常转换品牌。例如,消费者在购买饼干时一般不先做充分评价,只是挑选某一品牌的小甜饼,待吃进嘴里再对它进行评价。但在下一次购买时,消费者也许想尝新鲜,或想体验一下不同口味转而购买另外一个品牌。在这种情况下,消费者的品牌选择变化往往是由产品种类繁多造成的,而不是因为对以往购买的产品不满造成的。

(4)习惯性购买行为

由于商品的价值较低,品牌差异对消费者的意义较小,所以消费者在购买时一般不会经过"信心—态度—行为"的决策过程。许多产品的购买是在消费者低度卷入的情况下,出于习惯完成的。消费者对大多数价格低廉、经常购买的产品卷入度很低。由于产品的价值较低,消费者很少对品牌信息进行广泛的研究,也很少对品牌特点进行评价,对决定购买什么品牌也不重视。相反,他们只是在看电视或印刷广告时被动地接收信息。在这种情况下,广告的重复往往可以使他们形成品牌熟悉感,但不会形成品牌忠诚。消费者选择品牌只是因为熟悉,而不是出于明确的信念。例如,在购买包装水的时候,很多消费者在柜台前大多会不假思索地购买自己能够脱口而出的品牌。

四、消费者与广告的互动

为了配合企业的市场营销目的,广告必须准确地把握消费者的需求、心理和购买行为,因此,消费行为学的基本原理就成了广告策划人员进行消费者分析的根本依据:消费者自身的特性为广告策划的目标市场和诉求对象策略提供依据;消费者的需求和购买动机为广告策划的诉求重点和诉求方法策略提供依据;消费者具体的购买行为则为广告策划抓住消费者行为中的机会点,进而进行有助于销售的广告活动提供依据。

虽然广告策略的制定要以消费者的行为为重要依据,但广告活动对消费者购买行为的作用也是显而易见的。在影响消费者行为的诸种因素中,广告是一个相当重要的因素,它对消费者的行为具有极大的影响乃至引导作用,主要表现为以下几点:

◎ 广告向消费者传达关于产品的观念,可以潜移默化地改变消费者的消费观念;
◎ 广告通过针对性诉求,可以唤起消费者尚未意识到的需求或新的需求;
◎ 广告通过有说服力的诉求,可以促使消费者改变购买行为;
◎ 广告对利益和附加价值的承诺,可以提高消费者购买后的满足感,从而使之持续购买某一品牌乃至成为该品牌的忠诚消费者。

链接:消费者价值共创

互联网环境下,企业与消费者及消费者之间的互动方式发生了变化,为消费者提供了更多参与创造企业价值的机会。企业的营销模式也从价值提供逐渐转向价值共创,消费者也可以作为操纵性资源投入到企业的价值创造系统,从价值的被动接受者逐步转变为价值的共同创造者。在生产者与消费者共创价值模式下,消费者变得日益活跃,逐步卷入价值创造过程,在产品和服务的设计、生产和消费过程中与生产者进行互动和合作,进而对价值创造产生影响(Sheth,2000)。

2016年,玛氏公司(M&M)为庆祝巧克力豆上市75周年,发起了一项消费者互动活动。邀请消费者在蜂蜜花生巧克力、辣味花生巧克力和咖啡花生巧克力这三种口味的产品中挑选一种作为玛氏公司的常规产品。消费者通过Facebook和短信为自己喜爱的口味投票,这种顾客参与的方式实现了品牌和消费者的价值共创。

玛氏公司巧克力豆宣传海报

第四节　作为媒介受众的广告对象

一、广告受众与大众传播受众

1. 广告受众

　　从传统广告迈向现代广告的那一天起,大众传播媒介就成了广告最为重要的媒介,广告也成了大众传播媒介传播内容的一个重要组成部分,大众传播的受众就与广告的受众紧紧交融在了一起。但广告受众并不等于大众传播受众,他们只是其中的一部分。"在大众报刊发展的早期年代,就已经奠定了社会关系的一种重要的体制化方式的基础,这种方式把广告商、媒介经营人和受众连接起来形成一种功能系统,生产特定类型的大众传播内容。"[1]这种体制在今天的报纸媒介中仍在继续,而且发展得更加完善。在报纸媒介之后,出现了作为大众传播媒介的广播。在广播媒介出现之初,广告就作为一种可靠的收入来源进入了广播媒介。后来的电视也自然地延续了这种体制。传播学者们认为,不能说是公众欢迎广告,而是他们欢迎广告收入带来的结果。为了能够免费收听、收看节目,人们倒不拒绝听赞助商的叫卖声,因为大众媒介通过广告收入可以雇请能干的人才,从而使节目在设计上更加魅力十足。

　　在大众传播活动中,受众不是一两个人或几个人,而是一大批人,是成千上万的人。尽管这千千万万的人不断把自己暴露在传播者面前(确切地说应该是暴露在传播信息面前),但他们却是难以捉摸的。受众既以个体的形式存在,又分属于不同的群体。一个人可以自然而然地成为公众的一分子,但要成为受众,他就必须要参与大众传播活动,即采取某种主动行为,如读书、听广播、看电影,或拒绝读、听、看某些内容,他们必须去消费或即将消费大众传播媒介的产品才能成为大众传播的受众或潜在受众,进而成为广告的受众。

2. 广告受众的特性

　　广告受众既然包含在大众传播受众之内,那么对大众传播受众特性的描述就同样适用于广告受众,归纳起来,受众的特点大致有六个方面。

　　(1) 人数众多

　　大众传播受众人数之多,是其他任何传播活动都难以比拟的。例如,据调查,中央电视台和中央人民广播电台的受众分别突破了 36 亿人。面对如此众多的受众,传播者根本无法与受众进行面对面的直接交流。

　　(2) 成分复杂

　　受众,作为个体的存在单位,可以分属不同的民族、社会阶层,可以具有不同的年龄、职业、性格等。这种混杂性特点表现得最为突出的是广播听众和电视观众。受众越复杂,其在传播活动中的行为差异性就越大。随着受众数量的增多,共同的用语减少。"对于所有听众来说,完全相同的报道听起来不会是同样的。由于没有完全相同的经验,每一个人的领会就

---

[1] 德弗勒,鲍尔—洛基奇. 大众传播学诸论[M]. 杜力平,译. 北京:新华出版社,1990.

略有不同,他会按照自己的方式去理解它,并且掺入他自己的感情。"①1963年,德国学者马莱茨克(Maletzke)提出了"大众传播场模式"理论。这个有条理的、经过周密思考而建立起来的模式,显示出大众传播是一个在心理学意义上非常复杂的社会过程。他认为,大众传播参与者(不管是传播者还是受众)的形象相当复杂,受众和传播者的行为都是许多因素的函数。

(3)分布广泛

受众与传播者无论是时间上还是空间上都存在着一定的距离,彼此间隔。这种状况主要是由受众难以限定的空间分布区域所决定的。"广播、电视的发明,使电子媒介受众散布在无线电波所及之处。同步轨道定位通信卫星的出现,使整个地球上的居民可同时成为某电视节目的收视人。目前,大众传播受众的分布,已大有向外层空间甚至其他星球'扩散'之势。"②

(4)变动频繁

把受众放在信息传播这一动态过程中考察,就会发现受众不是孤立的、静止的,而是由一对对相互联系、相互转化的矛盾构成的,这些矛盾是运动着的矛盾。从社会学的角度看,受众总是处于互动之中,并随着社会的进步而更加互动。这种互动不只是为了生计和工作,也可能是为了旅游、探亲、访友等。

(5)相对独立

在大众传播活动中,尤其是在电子媒介传播活动中,虽然传受行为几乎可以同时发生,但受众与传播者却彼此独立。对于传播者来说,受众是独立的,且在许多情况下,受众的接收行为与传播行为之间存在着距离,这个距离既有时间上的,又有空间上的,受众成员之间呈现彼此相对独立的状态,结构散松、关联较弱。

(6)隐蔽匿名

在大会传播活动中,传播者是有名有姓的,处于明处,暴露于受众面前;而受众却处于暗处,是匿名的。因此,传播者很难简单直接地了解受众的具体情况及愿望和要求,了解受众、细分受众则更是一件困难的事情。

正是由于受众具有上述特点,加之受众在大众传播活动中的主动地位,决定了传播者要想进行有效的传播,就必须长期进行系统的、科学的受众研究。

二、制约传播者和受众理解讯息的要素

在传播过程中,传播者要对讯息进行编码后再传播给受众,第一个步骤就是对讯息的理解和选择,而受众接受传播者传播的讯息,也要经过选择和理解的过程。在对讯息进行选择和理解的过程中,传播者和受众都会受到某些因素的影响,使他们对同样的讯息形成不同的理解。影响传播者和受众理解讯息的主要因素有以下几种。

1. 心理预设

人们在理解活动开始之前,都会不同程度地根据自己的生活经验而预先设定理解对象应有的面貌。这种预先设定事物格局的心理定式非常强大,往往会把理解导向理解者本人所期

---

① 李普曼.舆论学[M].林珊,译.北京:华夏出版社,1989:134.
② 周晓明.人类交流与传播[M].上海:上海文艺出版社,1990:364.

待的方向,结果导致对实际情况理解的扭曲和变形。也就是说,人们看到的东西往往都是自己愿意看到的。

2. 文化背景

每个人都生活在一定的文化背景中,因此人的行为、观念、习惯、性情都会不断受到那种文化模式的塑造和熏陶,人们对事物的理解也就不可避免地会受到自身文化背景的影响,从而带有鲜明的文化烙印。

3. 动机

许多研究都表明,动机与理解之间有着密切的关联,尽管在有些理解活动中动机隐藏得很深,甚至理解者本人都未必能察觉到,但它们确实对理解有着重要的影响和制约作用。

4. 情绪

在理解某一事物时,理解者通常都处于某种特定的情绪中,而不同的情绪会导致人对同一事物产生不同的理解。如一个人在愉快的情绪中,可能会将别人称自己的绰号当作友好的表示;而在处于愤怒的情绪中时,则可能将它视为一种挑衅。

5. 态度

尽管制约理解的因素有很多,但是人们对事物的认识归根到底还是由理解时所持的态度决定的。不管人们的心理期待、文化背景、动机、情绪有多大的不同,在态度一致的前提下,还是会对含义明确的事物形成相同或相似的理解。

因此,广告主在确定广告传播的内容时,应该分析自身和诉求对象的心理预设、文化背景、动机、情绪、态度,以保证广告传播者自身和诉求对象对同样的诉求重点的理解相同或相近。

三、受众接收讯息的选择性定律

选择性定律是针对受众接受、理解和贮存讯息而言的,它包括选择性接触、选择性理解和选择性记忆三层含义。

也就是说,受众在接收讯息时必然会根据个人的需要有所选择、有所侧重,甚至有所曲解,以便使接受的讯息同自己固有的价值体系和既定的思维方式尽量协调一致。一些传播学者认为,选择性接触、选择性理解、选择性记忆就像是保护受众的三个防护圈,它们从外到里依次环绕着受众,使得他们能够抵御相冲突的讯息。

1. 选择性接触

选择性接触又称选择性注意,指人们尽量接触与自己的观点相吻合的讯息,同时竭力避开相冲突的讯息的一种本能倾向。选择性接触既包括对某类讯息的接触,也包括对另一类讯息的抵制(见图9-4)。

因此,要使广告的诉求重点能够顺利地为受众所接受,首先就要突破他们选择性接触的防御,引起他们的注意。这一定律对于广告诉求策略具有重要的意义,它决定了广告必须根据受众的需求,传达受众感兴趣的讯息。

2. 选择性理解

受众依据自己的价值观和思维方式对接触到的讯息做出独特的个人解释，使之与自己固有的认识相互协调而不是相互冲突。因此，被传播的讯息的含义不是强加给受众的，而是受众自己去发现的（见图9-4）。

明白这一规律，可以帮助广告策划人员在选择广告讯息时主动靠近受众的理解方式，使受众对广告讯息的理解与广告主相一致。

3. 选择性记忆

选择性记忆指受众根据自己的需求，在已被接收和理解的讯息中选择出对自己有用、有利、有价值的讯息储存在大脑中。选择性接触和选择性理解都是有意识的行为，而选择性记忆则是无意识的行为。广告受众很少有意识地记忆广告讯息，一些广告讯息之所以给他们留下了深刻的印象，只能说明这些讯息做到了恰好投其所好。

掌握这一规律，可以使广告策划人员更好地选择容易引起受众兴趣的讯息，以加深受众对广告讯息的记忆。

图9-4　FedEx创意广告

画面中除了窗体与传递的动作外，你还看到了什么？是否在图上发现了墙壁上的美洲地图？该作品借助巧妙的画面表现出包裹的快速传递，使"特快专递"这一主题得到了淋漓尽致的体现。请通过这条广告体会"选择性注意"和"选择性理解"。

四、与受众相关的几种传播学理论

关于大众传播对受众的影响，主要有以下几种理论。

1. 中弹即倒的受众

20世纪初期，谈起受众的地位，人们会不约而同地相信一种"皮下注射"式的传播理论。该理论认为，老练的传播者，特别是如果他们使用全能的大众传播媒介，就能把概念和信仰"注射"给受众并能够直接控制受众的行为。这种理论又被称为当时风行一时的"枪弹论"。在这一理论看来，媒介传播的内容就像射出的子弹，而受众则像靶场上的靶子，任由媒介扫射，毫无抵御能力，只要被子弹击中，就会应声而倒。也就是说媒介传播的信息只要被受众接收到，就会对他们产生媒介所预期的效果。

这种看法导致人们在审视大众传播活动时，把重点放在了传播者和信息内容上，忽略了受众的作用。这种理论在西方一直持续到20世纪40年代。1936年，罗斯福当选美国总统一事极大地动摇了"枪弹论"——当时美国报界一致反对罗斯福，可他最终还是当选了。显然，报纸并没能像"枪弹论"所描述的那样让受众"中弹即倒"，并没有收到媒介自己预期的效果，左右选民的投票意愿。

20世纪40年代后期，美国的心理学家、社会学家、政治学家分别在各自的领域内运用实验和社会调查的方法，深入研究大众传播媒介对许多专门问题的传播效果。他们逐渐认识到,大众传播媒介的作用是有条件的、有限度的,并非传播者传播什么,受众就会无条件地接受什么,大众传播媒介根本不可能把各种各样的思想、感情或动机从传播者的脑子里灌输到受众的脑子里。受众是否会受广告讯息的影响,在很大程度上取决于讯息本身的可信度、传播媒介的可信度以及广告诉求的技巧等。因此,在广告策划的过程中,策划人不但要选择真实可信、能够引发受众兴趣的讯息,还要选择受众最信任、最容易受其影响的媒介和最有说服力的诉求策略。

2. 联合御敌的受众

这一理论认为,媒介与受众之间有一些"过滤器",它们解释、扭曲、压制了媒介的信息,信息在传达到受众身上时,已经和原来的面目不同了。

在大众传播和广告传播的过程中,受众对媒介传播的信息确实有某种防御甚至逆反的心理,但受众对媒介的抵御并不是绝对的:受众对媒介的了解度和对媒介所传播信息的了解度越低,对媒介的抵御心理就越弱,反之则越强;媒介传播信息的方式越有说服力,受众对媒介的抵御心理就越弱,反之则越强;媒介传播的信息越符合受众的需求,越能引起受众的兴趣,受众的抵御心理就越弱,反之则越强。这些因素,在广告策划中尤其需要注意。

3. 使用与满足理论

所谓使用与满足,指受众用媒介满足自己的需求,施拉姆曾经比喻说:受众接触媒介的状态就像在自助餐厅中用餐,每个人都根据自己的口味和当天的食欲来挑选其中某些品种、某些数量的食物,而自助餐厅则供应大量的、五花八门的饭菜,相当于媒介提供的林林总总的信息。这个比喻说明,在传播活动中,受众是主角,他们使用媒介的目的是为了满足自己特定的需要,媒介则为受众提供多种选择,至于受众接受哪些信息、接受多少,媒介则无能为力。

这是最符合媒介对受众的作用的认识。因此,在广告传播的过程中,传播者就要充分理解受众的需求。只有这样才能选出受众最乐于接受的信息,使广告诉求收到应有的效果。

4. 两级传播理论

两级传播论是传播学的经典理论之一,由传播学四大先驱之一的社会学家保罗·拉扎斯菲尔德(Paul Lazarsfeld)提出,其理论的关键是舆论领袖。

舆论领袖(opinion leader)又称"意见领袖",指在信息传播过程中表现活跃的一小部分人,他们对某一事态的发展比较关心、比较了解,因此能向身边的广大受众提供这方面的信息并进行解释。他们人数不多,通常是某一方面的专家(这里的专家并不是特指专业领域的专家,而是对某一方面的信息了解更多的人),而且上通媒介、下连受众。

所谓"两级传播",指在大众传播的时代,信息总是先由大众媒介传播给舆论领袖,再由舆论领袖扩散给全体公众,由于这一信息流程分为两步,所以叫"两级传播"。

在广告传播过程中,两级传播的现象也广泛存在。如在某一群体中,总有一些人经常接触媒介所发布的广告,对广告讯息有深刻印象,容易受到广告的影响,乐于向群体中的其他成员传达广告讯息,从而影响他们对产品的态度。

5. 创新扩散论

创新扩散论是受两级传播的影响而发展出来的传播理论,指一种新事物,比如新观念、新发明、新风尚等,在社会系统中推广或扩散的过程,与人际传播和大众传播密不可分,扩散的过程实际上就是传播的过程。

6. 选择论

表面上看,在大众传播过程中,受众似乎是被动的。实际上,受众毕竟与通信设备的接收器不同,传播者的信息发出之后,受众反应如何,是接受还是拒绝,完全在传播者的控制之外。受众会因自己固有立场、观念的影响而对信息随意进行处置,对于那些不符合自己需要的传播内容,他们完全可以拒绝接受。1964年,美国学者雷蒙德·鲍尔(Raymond Bauer)提出了"顽固的受众"理论。他指出:"在可以获得的大量(信息)内容中,受众中的每个成员特别注意选择那些同他的兴趣有关、同他的立场一致、同他的信仰吻合并且支持他的价值观念的信息。"[1]美国学者约瑟夫·克拉帕(Joseph Klapper)经过大量的科学实验和理论研究,将这种选择性因素概括为选择性接受、选择性理解和选择性记忆,提出了著名的"选择论"。他认为,选择性接受、选择性理解和选择性记忆是普遍存在的,它们是传播过程中的主要干扰因素;受众总是愿意接受那些与自己固有观念一致或自己需要、关心的信息,回避那些与自己固有观念相抵触或自己不感兴趣的信息;对于同样的信息,不同的受众可能有不同的理解,这种理解受受众的固有态度和信仰所制约;在大众传播活动中,受众容易记住自己愿意记住的信息,而容易忘记自己不喜欢的信息。

选择性因素除了如约瑟夫·克拉帕所说的取决于传播内容——信息外,还受媒介特点和属性以及受众自身素质的影响。由于受众不能离开社会而独立存在,受众是社会的产物,受众的意识与行为只有在社会中才能发生并受一定社会条件的制约。因此,大众传播活动作为正常的社会系统,强迫人们去听、去读、去看,几乎是不可能的。

具体而言,受众对媒介的选择性体现为以下三点:

◎ 受众对大众传播的内容具有自主选择的能力;
◎ 受众对大众传播的内容可以任意选择;
◎ 受众对参与大众传播的时间可以自由选择。

7. 契约理论

何谓传播契约? 威尔伯·施拉姆(Wilbur Schramm)在《传播学概论》中做了简略的说明:"参加传播的人是由于某种支配他们的表现的契约而进入传播关系的。对驾车人来说,契约是遇到红灯时停车,绿灯时继续往前开,遇到黄灯时就放慢速度。……如果驾车人等了十分钟,而交通指挥灯仍一直是红灯的话,他们将会由于汽车管理部门显然是没有履行它那方面的契约而感到失望和生气。"[2]他接着解释说:"当我们阅读报纸上的新闻时,我们希望报道充分而又准确,并且选择了一些我们感兴趣的,或许是重要的题材。另一方面,报纸的工作人员希望我们买他们的报,并且对他们的报纸有足够的了解,以便能领会他们的编辑技巧的常规。"香港中文大学传播研究中心主任余也鲁把这种传播契约关系表述得更加明确:"大家会预期参与传播关系的双方承担某些权利与义务。"[3]

---

[1] 中国社会科学院新闻与传播研究所.传播学简介(未刊物),1984:19.
[2] 施拉姆,波特.传播学概论[M].陈亮,等译.北京:新华出版社,1984:49.
[3] 余也鲁.门内门外:与现代青年谈现代传播[M].香港:海天书楼,1980:110.

按照这种理论,在大众传播活动中,传播者与受众的关系从根本上来说是一种自愿而又复杂的关系。从表面上看来,传播者为受众办报、办广播电视节目,想方设法引起受众的注意,以便进行有效的传播;受众踊跃订阅报纸,乐于收听、收看广播电视节目。两者之间似乎真的存在某种默契。其实,这只是问题的表面,并没有揭示双方关系的实质。

事实上,传播者无权因为受众不看报、不喜欢节目这种"违约"行为而惩罚受众,传播者与受众不可能作为契约的双方彼此承担责任和义务。相反,在传播活动中,传播者远不像人们想象的那样占有优势:传播者在承担责任和义务的时候,不能强行要求受众接受,只能希望受众"留意听、留意读";传播者有提供信息的权利,受众则有选择信息的自由;传播者不能靠行政力量发号施令,只能通过各种方式去吸引受众,使他在自愿阅读、收听、收看中相信媒介传播的事实,接受它所传播的思想和观点。

重要术语

广告对象	社会阶层	选择性理解	舆论领袖
社会地位	文化	选择性记忆	两级传播理论
社会角色	亚文化	使用与满足理论	枪弹论
马斯洛需要层次	相关群体	心理预设	契约理论
自我	选择性接触	态度	创新扩散论

练习题

1. 怎样理解广告对象的三重角色?请结合实例加以说明。
2. 消费者的购买类型大致可以分成几类?各类的主要特征是什么?
3. 将自己印象较深同时又比较典型的一次购买行动详细记录下来,思考广告的作用存在于哪些环节?
4. 哪些因素会影响受众对广告讯息的理解?
5. 广告对象由哪些人构成?
6. 试列出社会阶层的几个特征。
7. 影响消费者行为的因素有哪些?
8. 消费者的购买决策要经过哪几个阶段?
9. 广告受众有哪些特性?
10. 请简述一两个与受众相关的传播学理论。

推荐读物

特纳. 社会学理论的结构:第6版[M]. 邱泽奇,等译. 北京:华夏出版社,2006.

所罗门,卢泰宏. 消费者行为学:第6版·中国版[M]. 北京:电子工业出版社,2006.

施拉姆,波特. 传播学概论[M]. 陈亮,等译. 北京:新华出版社,1984.

第三编
广告活动

第10章　广告调查

第11章　广告策划

第12章　广告创意

第13章　广告文案

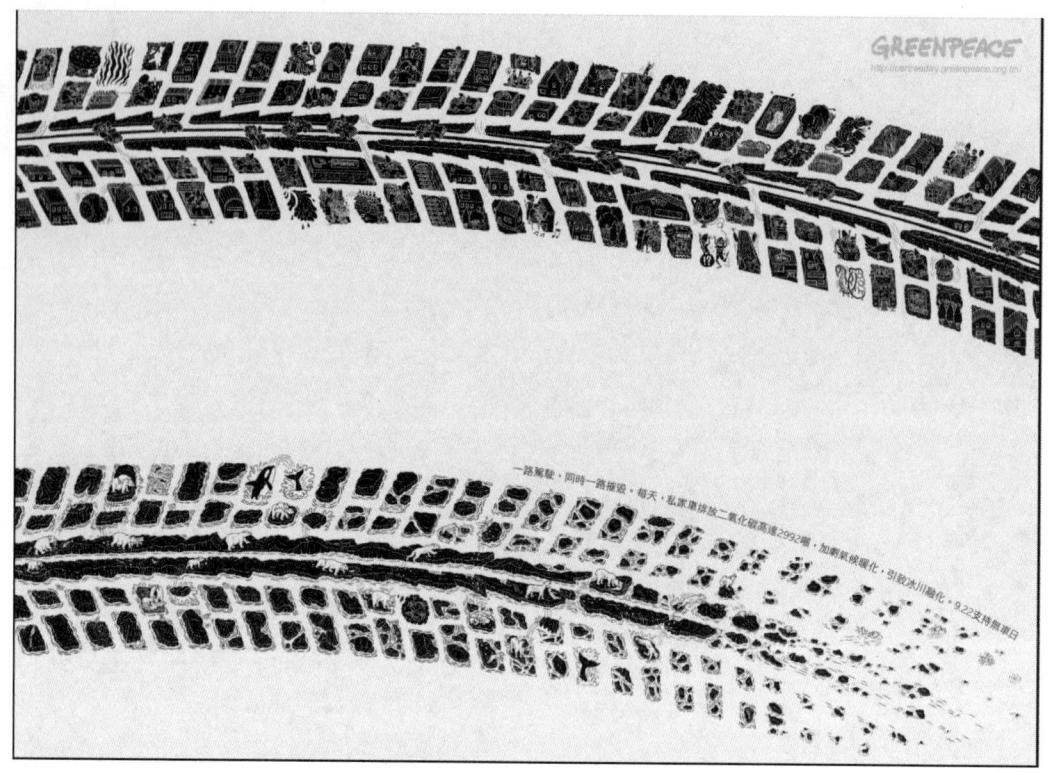
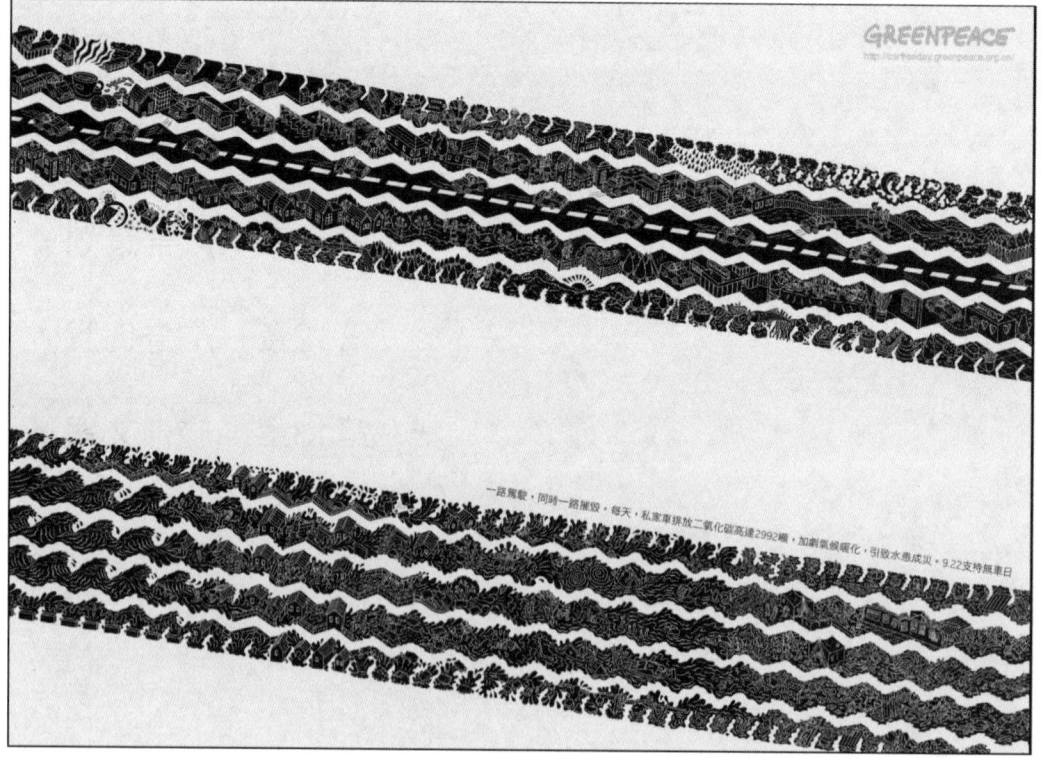

绿色和平组织的广告

【文案】你的车辙溅满鲜血，汽车加速了全球变暖。

第 10 章

广告调查

本章学习目标

☑ 了解广告调查的历史。

☑ 认识营销调查和广告调查。

☑ 掌握调查的一般步骤。

☑ 了解常用的调查方法。

☑ 掌握受众调查的方法。

☑ 认识广告效果调查的含义。

☑ 了解广告的事前、事中和事后调查。

> 我只知道我的广告费有一半被浪费了,但我不知道到底是哪一半被浪费了。
>
> ——约翰·沃纳梅克(John Warnamaker)

在现代广告运作过程中,调查已经成为常规的业务环节。但是在20世纪中叶,即使在广告业最发达的美国,对广告活动是否要以调查为基础也存在着针锋相对的意见。

下面两段文字是美国现代广告历史上具有代表性的两位广告大师的观点:

威廉·伯恩巴克具有明显的"反调查的情结",他认为定量研究会消磨人的创造力并鼓励单一和平庸的广告作品,而广告创作要依赖于人的直觉和灵感,广告人要相信自己的本能,倾听自己在无意识状态下涌现出的念头,这些念头往往会在人精神放松、漫步小路甚至即将入睡时出现。

克劳德·霍普金斯则旗帜鲜明并乐观地坚持"科学的广告"观,他在《科学的广告》一书中写道:"终于,经过无数人的努力,广告发展成了一门科学。它以固定的原则为基础,并且具备合理的准确性。因与果,全都经过仔细的研究,直到得到满意的解答。正确的程序和方法已然得到求证和确立。我们知道什么最有效,我们依据基本原理行事。"[1]

看了这两种观点以后,关于广告是"科学"还是"艺术"的问题你会怎样选择呢?请先不要急于回答,这个看似自寻烦恼的问题其实对广告研究与实践具有深刻的意义。

今天我们学习有关调查的问题,不仅仅要掌握样本选择、问题设计、统计分析等调查技术方面的知识,即"怎样做调查";还要了解调查在整个广告运作流程中扮演什么角色、解决什么问题,即"调查能给广告运作提供哪种支持"。

第一节 广告调查概述

一、调查的历史源流

营销调查和受众调查的共同起源是社会调查,而社会调查的起源最早可以追溯到公元前几千年在中国和埃及以征兵和课税为目的而进行的调查。虽然古代的调查思想对现代的调查有过很大的影响,但是以今天的眼光来看,它们都没有统一的调查时间和明确的调查项目,调查的步骤和方法都非常粗糙,准确度非常低。

---

[1] 霍普金斯. 我的广告生涯 科学的广告[M]. 邱凯生,译. 北京:新华出版社,1998:175.

社会调查于18世纪中叶以后在欧美国家逐步发展起来,直到20世纪40年代才逐步完善,具备现代的科学形式。近代的社会调查受到风行一时的实证主义的影响,实证主义代表人物奥古斯特·孔德(Isidore Marie Auguste François Xavier Comte)的实证论为早期的社会调查提供了理论基础和指导思想。

早期欧洲的社会调查主要有三种类型:一是用于社会统计方面的调查,主要服务于政府和政治目的,"恩格尔系数"就是通过对欧洲主要国家的工人的调查总结出来的;二是为解决某些社会问题而进行的调查,如贫民、童工等,社会改良者、慈善家等对这种调查最感兴趣;三是学者为进行学术研究而进行的调查,这些调查既可能包括社会问题领域的调查,也可能是更为专门的调查。

20世纪以后,应用社会学的中心从欧洲转移到美国,致使美国的社会调查逐渐发展起来,美国社会调查最为显著的特点是应用性的营销调查和受众调查比较发达。

19世纪末,西方的市场竞争趋于激烈,广告主迫切需要了解市场和消费者的详细情报,如消费者的购买力、购买动机、消费意愿、广告效果等,以拓展产品销路。于是,营销调查在美国应运而生。

受众调查在早期美国以舆论调查和民意测验的形式出现,主要是出于政治生活的需要,为了解公众的态度和选民的意愿服务,在大众传播媒介迅速发展之后才引入了更加注重媒介传播效果和媒介受众的受众调查。受众调查是了解大众传播活动中受众承受传播内容的状态、反应及其基本状况、观点,征询受众意见的活动。针对电子媒介的受众调查,最主要和经常性的工作便是收听/收视率调查,此外还有对广播电视传播活动中受众承受节目的现状、节目覆盖率、受众构成以及不同受众的爱好、兴趣、生活习惯、对节目的反应等方面的调查。

尼尔森和盖洛普是美国调查业最有影响的人物,他们所创设的调查机构成了最为著名的调查机构。前者曾经在电视观众调查方面保持了30年的优势,后者则在民意测验方面久负盛名。

今天的社会调查在西方国家已经成为专业化的研究工作,社会调查的系统性也越来越强,越来越适应社会需求的发展,调查的范围也越来越广泛。我国的营销调查行业起步较晚,作为独立的行业发展只有30多年的时间。

二、营销调查与广告调查

企业每年在广告和其他促销活动中花费巨大,因此对包括广告在内的营销活动,现代企业都会采取审慎的态度,科学决策已经成为共识。调查是科学决策的重要一环,它是企业"观察"环境的工具,大多数情况下它可以为决策者提供可靠的依据,可以帮助企业减少风险、提高效率。

在前面章节中我们已经讨论过广告与营销的关系,下面我们将对营销调查和广告调查进行讨论。

1. 什么是营销调查

在我国,营销调查(marketing research)有时也译为"市场调查""市场调查研究"或"市场研究",我国港台的一些学者将其译成"营销研究""行销研究""市场经营研究"或"市场营运调查研究",日本的学者也有多种翻译,如"商业调查""市场调查""买卖调查""市场买卖调查"等。

虽然也有学者将营销调查和市场调查做了区分,如美国学者谢柏·亨特(Shelby. D. Hunt)认为,营销调查是从总体上扩展和丰富营销的基础知识,而市场调查(market research)则试图解决企业具体的营销问题。例如,为某一家商场决定最佳选址方案是市场调查的问题,而将这个问题一般化,即制定商店选址方案,就是一项营销调查。① 出于对国内业界使用习惯的考虑,本书中的"市场调查"等同于"营销调查",不做区分。

不同国家的不同学者对营销调查有不同的定义,美国市场营销协会将营销调查视为一种现代企业的管理职能,将其定义为:

营销调查是营销者通过讯息与消费者、顾客、公众联系的一种职能。这些讯息用于识别和定义营销问题与机遇,制定、完善和评估营销活动,监测营销绩效,改进对营销过程的理解。营销调查决定解决问题所需的信息,设计信息收集方法,管理和实施数据收集过程,分析结果,就研究结论及其意义进行沟通。②

中国传媒大学柯惠新教授给营销调查下的定义是:

营销调查就是用科学的方法、客观的态度,以市场和市场营销中的各种问题为调查研究的对象,有效地收集和分析有关的信息,从而为明确事实和制定各项营销决策提供基础性数据和资料。③

综观上述关于"营销调查"的定义,它们都包含了以下几层意思:

第一,营销调查的目的主要有两个:一是了解有关市场及市场营销的事实真相;二是为制定营销决策提供依据。

第二,营销调查的对象是与市场和市场营销有关的各种问题,它可能实现的功能包括:协助企业识别消费者需求、了解竞争环境、进行市场细分,为新产品开发提供信息,为企业制定营销战略提供必要信息,帮助管理者评估营销规划的效果和广告效果等。因此,具体的调查研究对象既可能涉及消费者、生产者和经营者,也可能涉及相关企业和广告媒体,等等。

第三,营销调查的原则是必须遵循科学性与客观性。调研人员自始至终均应保持客观的态度去正视事实,接受调研的结果,不允许带有任何主观的意愿或偏见去从事调研活动。应采用科学的方法去设计方案、采集数据和分析数据,从中提取有效的、有代表性的信息资料。

第四,营销调查的结果是经过科学方法处理分析后的基础性数据和资料,可以用各种形式的调研报告公布。

2. 营销调查的类型

现代营销调查的范围十分广泛,概括起来可以分为两类:问题识别调查和问题对策调查。④

---

① HUNT S D. Modern marketing theory:critical issues in the philosophy of marketing science[M]. Cincinnati:South-Western Publishing Co.,1991:2.
② 马尔霍特拉. 市场营销研究:应用导向[M].涂平,等译.北京:电子工业出版社,2002:8.
③ 国家工商行政管理局广告司、人事教育司.现代广告专业基础知识[M].北京:经济管理出版社,1994:62.
④ 马尔霍特拉. 市场营销研究:应用导向[M].涂平,等译.北京:电子工业出版社,2002:9.

(1) 问题识别调查

问题识别调查是为了识别存在的营销问题而进行的调查,常见的这类调查包括估计潜在市场总量的市场潜力调查,描述某个品牌或企业市场占有率的市场调查,涉及企业或品牌形象的调查以及市场特征、销售分析、商业趋势预测等。这类调查可以给企业提供有关营销环境的信息,帮助其诊断问题。

(2) 问题对策调查

一旦发现问题或机遇,就要进行问题对策调查。问题对策调查结果主要用于营销决策,包括市场细分、产品、定价、促销和分销调查,具体内容见表10-1:

表10-1 问题对策调查

市场细分调查	促销调查	产品调查	分销调查	定价调查
● 确定市场细分标准 ● 评估不同细分市场的潜力及反应 ● 选择目标市场并表述其生活方式及人口、媒体和产品形象特征	● 促销组合优化 ● 广告创意测试 ● 媒体决策 ● 广告效果评估 ● 赠券兑现确认等	● 概念测试 ● 产品设计 ● 包装测试 ● 品牌定位与再定位 ● 试销等	● 分销方式确定 ● 渠道成员态度 ● 批发、零售的覆盖密度 ● 渠道差价 ● 批发、零售点选址	● 价格对品牌决策的影响 ● 价格决策 ● 产品线定价 ● 需求的价格弹性 ● 价格变动与对价格变动的反应

3. 什么是广告调查

在现代广告运作中,广告调查已经成为广告活动不可或缺的一个组成部分。广告调查是系统的信息收集和分析活动,它提供广告决策所需的相关信息,帮助广告公司制定或评估广告战略,并对广告效果做出评价。最早进行广告调查的广告公司是艾耶父子广告公司(简称艾耶广告公司),1879年他们实施了首次正式的调查项目。

4. 广告调查的基本任务

我们已经知道,广告调查是一系列"系统的"信息收集和分析工作,实际上,广告调查贯穿于广告活动的整个过程。根据广告调查进行的时间和所要解决的具体问题,我们将广告调查概括为四种类型:广告战略调查、广告创意概念调查、广告媒介调查和广告效果调查。

(1) 广告战略调查

广告战略调查可以帮助广告公司明确广告活动针对的目标市场、目标市场中消费者的特征和偏好、市场竞争状况、品牌在消费者心目中的形象以及对该类产品而言重要的其他因素。广告战略调查决定广告"对谁说"和"说什么"的问题。

(2) 广告创意概念调查

一旦制定了广告战略,接下来的工作就是确定广告创意概念。在创意概念未产生之前,可以通过试调查寻找关键信息,此时常用的方法是小组访谈(focus group),即邀请目标市场的一组消费者,请他们在主持人的召集下,就与广告产品有关的问题,例如使用体验、使用场景等问题,畅所欲言,广告创意人员从他们的互动和交谈中寻找诉求要点以及独特的表述方式。

 **链接：某调查机构的调查程序明细**

1.明确调查目的；2.选定调查题目；3.初步探索；4.分解课题和决定调查事项；5.推测调查可能产生的结果（即建立假设）；6.假设的理论解释和概念界定；7.确定调查方法；8.设计调查指标；9.界定调查对象，决定抽样步骤；10.制订具体的调查方案和计划；11.设计问卷和调查提纲；12.试调查；13.编制录入程序；14.正式定稿与下发问卷、提纲、录入程序；15.培训调查实施人员（包括访员和督导员）；16.正式调查；17.编制汇总程序；18.汇总、整理调查资料；19.统计分析；20.研讨分析结果；21.撰写调查报告；22.提交调查报告；23.应用调查报告。

广告创意概念调查决定广告"说什么"和"如何说"的问题。

（3）广告媒介调查

广告媒介调查是广告调查的一个重要分支。由于企业支出的广告费的大部分都花在购买媒介版面和时间上，因此媒介调查在广告调查中举足轻重。媒介调查的内容包括目标受众的媒介接触习惯、媒介种类（如报纸、电视、网络、户外等大类）、具体的媒介载体（指具体的某个节目或某个刊物）、媒介的版面和时间、媒介价格、版面与时间单位、媒介排期标准等。

广告媒介调查决定广告"在哪里说"的问题。

有关媒介和媒介受众调查的内容，我们将在本章第二节详细介绍。

（4）广告效果调查

广告效果调查分为事前测定、事中测定和事后测定。广告效果的事前测定是在广告计划实施之前，先对广告作品和广告媒介组合进行评价，预测广告活动实施以后会产生怎样的效果；广告效果的事中测定是在广告作品正式发布之后直到整个广告结束之前，对广告效果进行测定；广告效果的事后测定是在广告活动全部结束之后，对广告活动进行总体评价。

广告效果调查决定广告"结果如何"的问题。

有关广告效果的议题，我们将在本章第三节中展开。

三、调查的一般步骤

1. 界定问题

调查的实施者在接受委托以后，第一件要完成的工作就是界定问题，调查实施者必须了解企业到底想通过调查了解什么问题。只有清楚地界定了问题，才能做到有的放矢，正确地设计和实施调查。问题界定可以通过与决策者的充分沟通、专家访谈、搜集二手数据或其他一些定性研究来进行。问题界定看似简单，但是对调查目标的准确提炼和对关键问题的敏锐把握却是一项充满挑战的工作。

2. 研究设计

研究设计是开展调查项目时要遵循的一个框架或计划,它将详细描述获取信息所需的必要程序,包括调查类型(探索性、描述性或解释性调查)、调查方法(定性或定量)、调查涉及的概念和假设、调查对象、抽样方案等内容。

3. 实施调查

调查的实施是面对调查对象的具体的信息搜集过程。调查实施可以分为两个阶段:第一个是试调查阶段,第二个是正式调查阶段。试调查通常是小规模的,目的是检测研究设计阶段所定的调查方案是否合理有效,是否符合信度与效度要求,概念是否有歧义,问项是否易于理解。通过对试调查结果的讨论和修改,可以最大限度地预防正式调查的失误。在对试调查中发现的问题进行修改以后,便可以进入正式调查了。正式调查是信息搜集的主要过程,对调查质量的监测和控制是这一阶段的关键。

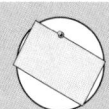

关键词链接

信度:指用相同的研究技术重复测量同一对象时,得到相同研究结果的可能性。
效度:指实证测量在多大程度上反映了概念的"真正含义"。

4. 撰写报告

完成调查之后,调查的实施者要将所获得的信息编制成报告提交给调查的委托者。调查报告应该严格尊重事实,客观全面地描述调查发现。报告内容应该包括调查设计思路、数据搜集与分析方法、调查结果与主要结论,在表述方式上应当尽量采用易于理解的语言和工具,借助图表展示调查结果更易于营销人员和广告人员接受。

四、调查方法

营销调查和广告调查从历史悠久的社会调查中借鉴了很多基本的方法,随着调查业的发展,无论是观察对象的途径还是分析处理信息的方法都在不断地丰富和完善。调查活动采取什么样的方法,首先取决于调查目的,同时也受费用、时间等因素的限制。

图10-1向大家展示了一些常见的调查方法。

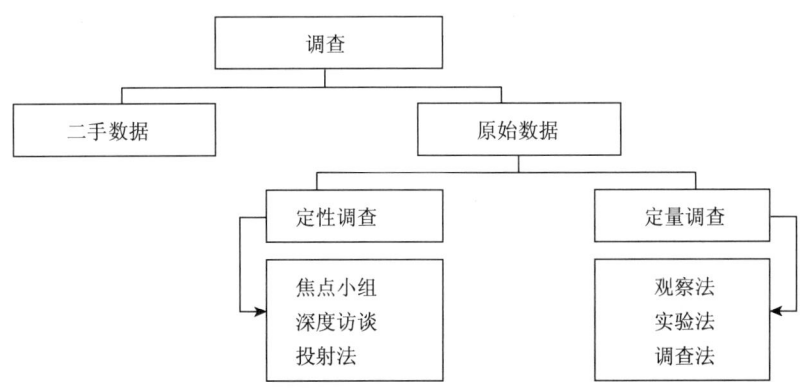

图10-1 常见的调查方法

调查首先可以分为对原始数据的调查和对二手数据的调查。原始数据调查是为了解决所面临的问题而专门、直接从市场上搜集目标信息的方法,这种调查方法通常费时较长,费用也比较高昂,但是能够有针对性地解决问题。二手数据调查是利用为了其他目的已经收集或者公布的信息,这种调查方法快捷、成本低,在提供行业环境或宏观环境信息方面具有优势,因此在以探索为目的的研究阶段,二手数据调查非常有效。当然,二手数据也有一些潜在的问题,如信息过时、信息和要解决的问题之间缺少关联、信息来源不可靠等。

原始数据调查有多种方法,大致可以分为定性调查和定量调查两类。

定性调查通常用非数字的方法来看待和解释问题的背景,而定量调查则对观察到的现象进行量化的描述与解释。从表10-2对定性调查和定量调查的比较中,大家可以进一步了解这两类调查方法的差异。

在广告调查中,定性调查和定量调查都会被用到,经验丰富的广告主或广告公司会在这两种方法之间保持平衡,充分发挥它们各自的优势。一般是从定性调查入手,获得一些关键问题的基本认识以后,再进一步从大规模的定量调查中寻找答案。

链接:

二手数据来源

- 国家统计局及地方各级统计机构定期发布的各类统计公报和年鉴;
- 各种行业协会,如中国汽车协会等,提供的行业信息公报;
- 各类媒体,特别是行业杂志和报纸的新闻报道;
- 各类大学研究机构、情报中心;
- 向专业调查机构购买的标准化报告,如《A.C.尼尔森零售店报告》《中国电视收视年鉴》等;
- 工商企业的内部资料,如过去的订单、财务报告等。

表10-2 定性调查与定量调查的比较

	定性调查	定量调查
目标	提供关于潜在原因与动机的定性理解	从具有代表性的样本中获得量化数据,从而推算总体
样本要求	少量	大量
方法	小组访谈、深度访谈	抽样调查
数据收集	非结构化	结构化
数据分析	非统计分析	统计分析
结果	提供最初的理解	建议最终的行动方案

1. 常用的定性调查方法

(1) 小组访谈法

由6-8位被调查者组成小组,在某个场所,由调查员(也叫主持人)引导讨论,在良好的气氛下,针对所给出的中心问题,让被调查者自由发表意见。小组访谈法(focus group)要求主持人必须十分熟悉人们的心理和社会各方面的情况,一般由组织能力强、善于把握会场的心理学专家担任。图10-2向我们展示了典型的小组访谈场景。由于讨论的内容可能会变得很复杂,因而要尽量做好记录,速记或录音均可。同一小组的被调查者最好具有一定的同质性,例如年龄、爱好、文化、职业等比较接近。主持人要事先准备好询问项目,慎重地选择被调查者。

(2) 深度访谈法

运用深度访谈法(in-depth interview)时,调查者和被调查者一对一地面谈,在自由交谈中,从被调查者的反应、态度或看法、意见中探求深层的东西,因此深度访谈要由经过特殊训练的专家主持。深度访法不采用问卷,但必须事先准备好"面谈提要";访问不要求面面俱到,但要对主题有深入的探讨;提问的顺序和方式可以根据被调查者的情况而调整,目的是促使被调查者深入、连贯、自主地表达自己的态度和意见。

图 10-2 小组访谈现场实景

左图为小组访谈时的典型场景,居中的主持人正在组织一场由 6 个人参加的访谈,主持人背后是单向玻璃,在单向玻璃后面是广告主或广告公司的代表。如右图所示,他们在被调查者完全不知情的情况下观察、记录并分析被调查者每一个有启发意义的举动和观点。

(3) 投射法

投射法(projection)是通过导向性或诱导性的询问,让被调查者在无意识中将自己个性的若干侧面以及对某特定商品的态度或意见表现出来,主要有以下几种具体方法。

第一种,文字联想法(word association test)。文字联想法用于测定被调查者对商标、产品、标语或企业知名度等的印象的强弱或支持的强弱。

例如,提示被调查者茅台这个品牌,请他们在无限制的情况下写下自己联想到的词语,被调查者可能会回答"酒、国产、节庆、温暖、朋友、时尚……"收集并总结这些回答,从中我们可以了解消费者对茅台的品牌认知情况。

第二种,语句完成法(sentence completion test),也称填充法,与语句联想法一样同属联想法。调查者利用不完全的提示进行刺激,从而了解被调查者隐藏的动机。具体做法是:给出不完全的语句,要求被调查者去完成,回答的范围可以不受限制(自由完成法),也可以受一些限制(限制完成法)。

例如:请被调查者完成一句有部分提示的不完整句子:

咖啡是一种_____。

每次去星巴克我都觉得_____。

第三种,主题统觉法(thematic apperception test)。这种方法不是利用单词或语句,而是借助图画或照片提出各种各样的问题,从而使被调查者把自己的意思表达出来,然后根据他们的回答投射出被调查者的动机。

2. 常用的定量调查方法

（1）观察法

观察法是针对一定的营销环境，对消费者的行动和反应等进行直接的观察，然后将其记录下来用作原始资料的一种方法。监测人们行为的调查人员可能会站在马路边统计经过某个路牌的人流量，或通过连接在电视机上的仪器统计收视情况，或在大型超市观察顾客浏览货架的情形。观察法是在不介入受调查者正常活动的情况下进行的，因此比较客观。

（2）实验法

实验法也叫市场实验法，是将科学实验中的方法，例如双盲随机实验等方法应用于市场调研中的一种方法。其基本思想是自始至终保持实验的公正性，使实验结果具有可比性。该方法将调查对象随机地分成两个组，或按配对的方法分成两个条件相当的组：实验组和控制组（或叫处置组和对照组），改变实验组的控制变量（如广告、价格、包装或某种营销活动等），而控制组保持不变，然后对两个组实验前后的结果进行比较和评价，从而得出该控制变量（因素）对市场的影响程度。实验法适用于解释性的营销和广告调查。

（3）调查法

调查法是最为一般和常用的方法。这类调查活动依靠事先设计好的、结构化的、统一的问卷进行，调查对象往往人数较多。调查者通过系统性的抽样获取样本，因此样本具有代表性，可以保证从调查中获得的结论足以用来推测总体的情况。问卷调查既可以面对面地进行，也可以通过邮寄或电话、互联网进行。目前国内的大部分调查是通过面对面访问的方式实现的，与此同时，电话辅助调查和网络调查也正在为越来越多的人所接受。

第二节 受众与受众调查

受众研究，总体上说就是了解、把握大众传播活动中的受众，从受众的角度透视传播活动。具体地说，就是从系统内部和外部研究受众产生信息需要的起因，观照受众对大众传播活动的兴趣和评价，了解受众选择信息的方式和渠道，探讨受众自身素质和外在环境对大众传播效果的影响，以及大众传播活动对受众的作用等。受众研究的对象既包括潜在的受众，也包括现实的受众；既涉及受众心理，也包括受众行为。总之，受众研究是一个既重要又复杂的领域。研究受众，是大众传播活动内在规律性所要求的，而不仅仅是人为因素和传播环境所决定的。

一、受众调查的基本功能

1. 评价传播效果

传播效果指大众传播过程中受众接受了传播的信息后，在感情、思想、态度和行为等方面发生的变化，以及由此对社会和文化产生的影响。传播效果分为两个层次：一是传播对个人的作用；二是传播对社会和文化的作用。人们对传播效果的认识和研究经历了四个阶段：

链接:神经营销学与实验法[①]

在传统的营销研究中,消费者内心被比喻为无法准确测量和解读的"黑箱"。随着20世纪60年代认知神经学的出现以及先进测量设备的发明,研究者们可以通过神经影像技术对消费者进行大脑扫描从而了解"黑箱"里发生了什么。

神经营销学的迅速兴起,是因为神经图像能够传达一些关于消费者行为背后的隐藏信息(Ariely D. & Berns G S.,2010)。在传统实验方法中,测量通常滞后于实验,而在神经科学实验中,大脑皮层的激活与实验进程是同时发生的,数据没有任何延迟(Lee N. Broderick A. & Chamberlain L, 2007)。

在目前的神经营销研究中,学者们通常关注以下几个问题:

1. 产品包装与设计

使用大脑扫描技术,可以知道消费者更喜欢哪种形式的包装,因为大脑处理消极视觉刺激与处理积极视觉刺激的方式不同,有吸引力的包装与无吸引力的包装能激发不同的大脑皮层活动。

2. 消费者对价格和质量的权衡感知

Knutsor等人(2007)通过观察消费者对不同价格感知的脑图像发现,消费者面对低价格(即感知获得)时,激活依核区,代表产品偏爱;而面对高价格(即感知损失)时,激活脑岛区,从而产生负面价格作用。

3. 广告效用的探测

传统的营销效果研究通过焦点访谈、问询、回忆等方法来研究广告对消费者产生的影响。但是,使用这些方法探知广告效用时,被试者有可能会迎合调查人员,从而影响调查结果的准确性。英国Neureco公司较早地采用功能性磁共振成像(FMRI,functional magnetic resonance imaging)设备为其客户监控电视广告的有效性,他们通过观测被试者的大脑活动过程,对广告中涉及的图像、广告语和音乐等元素进行评估,从而为企业的广告方案提供建议。

4. 品牌选择

品牌记忆会影响人们在购买决策时对品牌的选择。Deppe等人(2005)通过功能性磁共振成像设备进行实验,研究了被试者针对相似产品的品牌选择。在实验情境下,对于被试者来说,这些相似产品仅是品牌名称有所不同。研究发现,消费者喜爱的品牌显示出非线性的赢家通吃效应。即,消费者青睐的品牌较少地激活了大脑的工作记忆区,同时,在购买决策中更多地激活了消费者处理情绪和自我反省的脑区。

5. 满意度与忠诚度

在消费者行为研究中,无论是以质量、价值、满意、忠诚为主线的传统交易范式(Oliver R. L,1980),还是以顾客信任、忠诚和承诺为主线的关系营销范式(Morgan R. M. & Hunt S. D,1994),顾客满意和忠诚均是营销理论的核心。满意和忠诚会激活不同的大脑区域。

---

(1)从第一次世界大战到20世纪40年代,这一时期,人们认为传播威力巨大、效果万能,即"枪弹论时期";(2)20世纪50年代到60年代,认为传播效果很有限,即"有限效果论"时期;(3)20世纪60年代到70年代,认为传播不是万能的,但也不是很有限,而有适度的效果,即"适度效果论"时期;(4)20世纪70年代中后期至今,认为大众传播有相当强的效果,但并非万能,即"强效果论"时期。上述诸种理论的提出、确立、动摇乃至消失,并不是某个人主观臆想的结果,而是学者们根据受众调查和传播研究的科学结论得出的结果。

受众调查的结果,是人们了解传播效果、研究广播电视对社会和个人影响的重要依据和基本数据。可以说,受众调查检验的是传播在内容、形式、组合、播出等方面的效果,各种调查数据和结论是评估传播效果的标尺。在评估传播效果方面,受众调查主要研究:(1)传播效果的广度与深度,(2)影响传播效果的因素;(3)传播效果的构成与类型;(4)效果对传播情境的依赖;(5)效果与环境的关系;(6)传播效果与受众的关系等。

[①] 参见杜建刚,王琳.神经营销学研究现状——FMRI成果评述[J].经济管理,2012(3):189-199.

2. 为传播决策提供依据

任何工作都离不开决策。广播电视的传播决策,主要指广播电视事业管理决策和宣传管理决策。在广播电视系统中,决策的每一个方面、每一个层次、每一个环节都摆脱不了受众这个因素,因此受众调查必然具有为传播决策提供客观依据的功能。同时,在现代大众传播活动中,广播电视系统还具有一些明显的特点:(1)内部组织程度高、规模大;(2)开放性大、联系面广;(3)传播内容与形式变化快、不确定性大;(4)传播信息量大、节目形态多而杂。这些特点加大了广播电视传播决策的难度,而决策失误所产生的影响也是其他传播系统难以比拟的。因此,传播决策科学化,是按传播规律办事的必然要求,而受众调查本身的质量则是保证传播决策科学化的主要支持点。

由于工作性质、规模和任务不同,在广播电视系统中有各种不同类型和不同层次的决策,但受众调查在决策中运行的程序和发挥的作用却是大致相同的。一般来讲,在决策过程中,即从发现问题、选定目标、制定和选择最优方案、验证决策的可靠性,一直到实施决策等,受众调查都具有提供依据、监测运行的功能。受众调查可以在传播决策前"启动"和"引导"决策程序,可以在决策过程中"影响"和"规定"决策内容,还可以在决策结束后"评价"决策效果。

3. 检查播出节目的可靠性与准确度,影响节目安排

传播的目的主要是为受众服务,然而,由于受众结构复杂,传播内容与实际生活之间便难免产生或多或少的不真实感和偏离度。在现代社会,由于社会结构的复杂性以及大范围的社会分化,必然会导致出现众多而又复杂多变的微型生活群、微型工作群、微型文化群,这些相对独立的群体拥有较为独特的生活方式。例如,小群体的成员使用不属于主流语言的行话,"他们共有与他们在社会结构中的地位和活动有关的独特态度、价值观、信念和技能。此外,每个类型的人们也面临着一系列与大范围社会有所不同的特别问题"①。因此,受众调研人员可以利用社会分化这类理论框架,检查播出节目的可靠性和准确度。

另外,电子媒介正处于信息爆炸、一日千里的时代,竞争激烈。为了生存和发展,广播电视节目就要满足受众的需要,为受众服务,以期将受众从竞争对手那里吸引过来,形成自己节目的优势地位。要做到这一点,除了要考虑集团、政党利益、节目多样化、节目质量等因素外,还要以收视率等调查数据为基础和依据安排具体的节目。

受众在一天不同时间里的收听/收视行为是不断变化的,受众调查可以描述不同时间段里受众的变化曲线,电台、电视台便可以根据这个曲线来安排相应的节目,比如在观众最多的晚上黄金时段,可以安排最受欢迎的电视节目。中外广播电视业都证明了这样一点:参照各种受众调查的分析结果,对节目做出重放、取消或改变播出时间的决定,往往是使电台、电视台处于竞争优势的有效途径。

此外,受众对媒介、对节目的选择也常常处于变动中。"一个节目如何将观众吸引过来?如何使抱着试试看心理的观众成为一发而不可收的定期收看者?一个节目结束后观众是否会转向另一个什么节目?等等。各个电视网都经常对这些问题进行研究,以便更好地安排节

---

① 德弗勒,鲍尔—洛基奇.大众传播学诸论[M].杜力平,译.北京:新华出版社,1990:208.

目,使自己的节目赢得观众的青睐,而这些研究都离不开受众调查。"[1]不仅如此,对于大众传播媒介,受众调查还具有扩大报道线索、扩展报道内容等功能。

二、受众调查在广告运作中的作用

在现代广告运作中,大众传播媒介是广告的主要传播媒介,大众传播的受众往往也是广告的受众。因此,广告运作者为保证良好的传播效果,必然要对受众进行深入的研究,并以受众调查的结果作为制定广告传播战略的实证依据。

具体来讲,受众调查在广告运作中的作用主要体现在以下几个方面:

1. 了解受众的媒介接触习惯,合理安排广告发布时间

广告在媒体上付费播出,必然会追求对诉求对象的最大覆盖和最有效到达,而受众调查的结果恰恰可以提供诉求对象在什么时间、以什么频率接触媒介等方面的信息。

2. 了解媒介的传播效果和效益,合理选择广告媒介

广告主花钱购买媒介时间和空间,并非以公益目的为主,而是以推销自己的产品、树立企业形象为主。因此,广告主最关心两件事:一是广告讯息能否到达自己的目标消费者,二是广告时间/空间的价格是否合理。既准确而又让广告主满意的答案,来自受众调查的数据。因此,电子媒介机构的广告部门、广告公司和广告主在研讨目标受众、价格时,都应该以受众调查得来的受众总数和年龄、性别结构、职业等数据为依据。

3. 评价广告费用的效益

广告主还根据受众调查结果来推算要投入多少经费才能使目标受众了解到自己的商品信息,以评估广告费用的直接效益,通常以千人(户)成本(CPM)来表示:

$$\text{CPM} = \frac{\text{广告费}}{\text{广告实际受众的人数或户数}} \times 1000$$

此外,收听(视)率、开机率、节目受众占有率、毛评点、受众暴露度、到达率、暴露频次等,也是广告活动决策的科学依据。

三、广告运作中受众调查的主要指标

1. 开机率

开机率的计算公式如下:

$$\text{开机率} = \frac{\text{在一天中某一特定时间开机的户数或人数}}{\text{拥有电视机或收音机的可得群体数(户数或人数)}} \times 100\%$$

开机率(houesholds using TV,简写 HUT)的大小,因季节、一天中的时段、地理区域以及是否发生重大事件等因素的不同而有所不同。电视与广播的开机率之间表现出一定的互补性:当电视开机率最低时,广播开机率则较高;反之亦然。

---

[1] 施天权.当代世界广播电视[M].上海:复旦大学出版社,1991:258.

2. 节目视听众占有率

节目视听众占有率的计算公式如下：

$$节目视听众占有率 = \frac{收视（听）某个节目的户数（人数）}{正在看电视或听广播的户数（人数）} \times 100\%$$

3. 收视（听）率

收视（听）率（rating）有两种计算公式，第一种公式：

$$收视（听）率 = 开机率 \times 节目视听众占有率$$

第二种公式：

$$收视（听）率 = \frac{收视（听）某一特定节目的人数（户数）}{拥有电视机（收音机）的总人数（户数）} \times 100\%$$

收视（听）率是广播电视最重要的术语，电台、电视台以收视（听）率作为广告收费的判断标准之一，通常节目收视（听）率越高，广告费用也越高。

4. 毛收视率

毛收视率的计算公式如下：

$$毛收视率 = 平均收视率 \times 节目播放次数$$

与收视率相同，毛收视率（gross rating points，简称 GRPs，也称毛评点）也是一个百分数。毛收视率说明的是节目到达观众总数的比例，而不关心其是否重叠。

5. 受众分布率

受众分布率的计算公式如下：

$$受众分布率 = \frac{接触该媒体的受众人数}{媒体覆盖范围内的人口总数} \times 100\%$$

6. 受众媒介接触兼容率

一个地区的受众媒介接触兼容率，是测定该地区多种媒体是否均衡发展的指标。兼容率高，说明多种媒体发展比较均衡；兼容率低，说明多种媒体之间发展不平衡。

计算公式如下：

$$受众媒介接触兼容率 = \frac{该地区受众接触多种媒体的人数}{某地区受众总数} \times 100\%$$

7. 受众喜爱率

受众喜爱率的计算公式如下：

$$受众喜爱率 = \frac{最喜欢 A 媒体（节目）的受众人数}{接触 A 媒体（节目）的受众人数} \times 100\%$$

以上我们列举了七个比较常见的受众调查指标。但实际上，任何一次受众调查，涉及的调查指标都远不止这些，其他的还有普及率、覆盖率、受众信任度、受众满意度、兴趣指数、受众构成、受众收视习惯、受众暴露度、到达率、节目暴露频次等，限于篇幅，此处从略。

第三节　广告效果测定

一、广告效果的含义

庞大的广告支出到底为广告主带来了什么？是不是真的像约翰·沃纳梅克所感慨的"我只知道我的广告费有一半被浪费了,但我不知道到底是哪一半被浪费了"？

广告效果如何,这应该是广告主非常关心的问题,广告效果测定的目的,就是要了解消费者对广告的反应如何。"从世界范围来看,广告效果评价工作真正受到重视并得到广泛采用,是20世纪50年代的事情。"[1]广告效果评价工作,已经由以往那种凭经验和直觉等作出判断,逐步改变为以科学的方法、科学的手段进行严格准确的评价。尽管如此,经验、直觉与科学方法、各种数据之间并不互相排斥。

一直以来,广告效果都是广告实践和广告研究共同关注的焦点。对广告效果的第一个争议就是"广告效果的含义"是什么。

在实际的广告活动中,广义的广告效果包括三个方面。

1. 广告的心理效果

广告的心理效果指广告对人们感知产品或品牌所产生的影响。调查研究人员认为,即使消费者没有因为看到广告而产生实际的购买行为,也不应该认为广告就没有产生效果,广告对消费者认知、态度和行为意向上的改变具有重要意义。测量广告心理效果的方法多种多样,其中"广告效果层级"观点的影响最大。下面我们就介绍在实际的广告效果调查中被广泛采用的两种模型。

（1）AIDA 模型

这个模型是艾尔莫·里维斯（Elmo Lewis）在1898年首次提出的,模型的基本观点是：人员销售对消费者的说服效果具有层级性,销售人员向消费者推销产品时所产生的影响可以逐层划分为注意（attention）、兴趣（interest）、欲望（desire）和行动（action）,即 AIDA 层级。1925年,斯特朗（Strong）将 AIDA 层级引入广告效果评价中,使之成为第一个广告效果测量模型[2]。这个用于测量广告心理效果的层级模型告诉我们："广告效果"不是一个含混的概念,它可以分解为不同的层次,我们在考察某次广告活动的效果时应该分别测量广告是否（或在多大程度上）引起了消费者的"注意"、激发了他们的"兴趣"、刺激了他们的"欲望"、改变了他们的"行为"或"行为意向"。

（2）DAGMAR 模型

DAGMAR 模型（达格玛模型,也称科利法）是另一个被广泛采用的广告效果层级模型。DAGMAR 模型是美国广告学家科利（Russell H. Colley）提出的,他在1961年出版了《为衡量广

---

[1] 方宏进.广告管理学[M].长沙：湖南文艺出版社,1998:297.
[2] VAKRATSAS D,AMBLER T. How advertising works: what do we really know[J]. Journal of marketing,1999(63):26-43.

告效果而确定广告目标》(Defining Advertising Goals for Measured Advertising Results)一书,并在书中提出了一系列评估广告效果的标准:广告要想产生效果,就必须确定明确的目标,从而让每一个人知道自己努力的方向;广告的目标是沟通而不是直接影响销售,因此在制定广告目标时应当确定沟通目标而不是销售目标;应当注重广告产生的心理效果而不是广告在媒体中的曝光度,因为广告到达的受众不一定受到广告的影响;广告主应该根据"沟通光谱目标"(communication spectrum goals)判断广告效果。他认为这个沟通光谱包括以下几个阶段:不知晓(unawareness)→知晓(awareness)→理解(comprehension)→确信(conviction)→行动(action)。他认为,在广告活动开展之前应当制订详细的目标和计划,包括广告的创意和要达到的效果;在广告活动中要时时对广告活动的每一个具体目标进行评估;在广告活动结束后再与广告活动的运作直接联系起来。在这个基础上,人们在实践当中通常将广告效果测定进一步系统化,将之划分为广告效果的事前测定、事中测定和事后测定。

2. 广告的销售效果

广告的销售效果指以广告引发的销售量来衡量广告的效果。这是一种较为狭义的广告效果观,不过很多广告主出于企业绩效考核方面的考虑而倾向于采用这种方法。

3. 广告的社会效果

广告的社会效果主要指广告活动对社会、经济、教育、环境等的影响。人们很难通过定量的方式测量广告的社会效果(有关广告社会效果的话题,我们已经在第四章第二节"广告的社会影响"中进行过详细讨论,本章不再赘述)。

二、广告效果的主要特点

广告效果既体现于广告计划之中,也存在于广告实施过程中,更显露于广告活动告一阶段之后。因此,广告活动的各个环节都会影响到广告效果,同时,市场环境、社会环境、政治环境也会影响到广告效果。影响广告效果的因素之复杂,导致广告效果也表现出复杂性。因此,在测定广告效果之前,必须搞清楚广告效果本身所具有的特点。

1. 广告效果的复合性

广告效果是经济效果、社会效果和心理效果的统一,商业广告的核心效果是经济效果。广告的经济效果与企业的经济效益,在方向上是一致的。企业经济效益的好坏,具体说就是企业的商品销售、业务扩大,除了受广告活动的推动外,还受销售策略、产品价格、产品质量、消费者购买力以及促销手段的影响。因此,在考虑广告效果时,要考虑多方面的因素。从传播效果来看,广告活动是一种综合性的讯息传播活动,它既可以通过各种表现形式来实现,又可以通过多种媒介组合来传播。尤其是,企业在进行广告活动的同时,还会开展一些与企业、商品有关的新闻宣传、公关等活动。这就使广告效果显得更加复杂,有时甚至很难分清是广告本身的效果,还是新闻宣传的效果,或是二者综合而成的效果。例如,消费者看了产品包装上的商品讯息后,产生了购买行为,这能否算作是广告活动的效果呢?这类问题使确认广告活动的实际效果变得困难了起来。

链接：某市场研究公司提供的三种广告效果研究

1. 最为传统也最为普遍的 AIDA 模型

这个模型表达了广告从引发消费者注意到消费者对产品产生兴趣和尝试欲望并最终付诸实际购买行动的阶梯反应过程。

2. 评估广告效果常用的传达力和说服力模式

这个模式认为广告通过传达力和说服力两个指标产生作用。传达力代表广告传播的效果，具体指广告从众多广告中脱颖而出并被消费者记住的能力；说服力指广告为品牌创造有利印象的能力。两者缺一不可。研究人员认为，典型的有效广告应该在传达力和说服力两方面都有很高的数值；在某些产品类别中，广告诉求的说服力更为重要；而在另一些产品类别中，则有效的传播更为重要。

3. 广告—品牌态度模式

这一模式在企业当前的广告活动中运用得越来越多，这清楚地表明了广告影响品牌态度的过程。消费者因接触广告而形成了不同的感觉（情绪）和判断（认知），这些感觉和判断依次影响消费者对广告的态度和对品牌的信心，进而构成了他们对品牌的态度。从广告—品牌态度模式可以看出，广告可以通过两个方面来影响消费者的品牌态度：一是传统的通过品牌信念的影响间接作用于消费者的品牌态度；二是通过情绪形成消费者的广告态度进而直接影响消费者的品牌态度。这个模式较之单纯的认知模式又进了一步。

资料来源：慧聪网络。

2. 广告效果的累积性

广告活动是一个动态的过程，消费者所接受的广告讯息对其影响并非局限于当时、当地，有相当一部分作为信息转化为消费者的意识而沉淀和积累下来，并对其后续的购买行为不断产生影响。这就使得广告效果的形成或实现往往滞后才会显现出来。除了某些展销类的促销广告外，大多数广告的效果需要较长的周期才能测量出来。因此，在广告活动中既要讲究战术，也要讲究战略；既要讲究短期效益，也要追求长期影响。只有把握住广告效果的积累性特点，才有可能从长计议来争取消费者。

复合性和累积性是广告效果最基本的两个特点。以这两点为基础，又可以细分出广告效果的其他一些特点，如广告效果的迟效性、延续性、间接性、连锁性等。这里我们不再展开解释。掌握了广告效果的复合性、累积性特点，就掌握了问题的关键。

三、测定广告效果的理由

从广告预算中拿出一笔费用来进行广告效果测定，这种做法并不是所有广告客户都赞成的。原因是多方面的：一方面，有的广告客户更相信自己的主观判断，不愿用科学的测定手段来预测未来的广告效果；有的广告客户认为广告活动的实施阶段一完结，广告活动就该到此打住，不必再多此一举进行效果测定。另一方面，广告公司在说服广告客户时，有时也缺乏足够的理由让广告客户拿出一笔费用来进行效果测定,并且,由于效果测定对于广告公司来说是一件费力而又不讨好的工作,既然广告客户没有这方面的要求,广告公司也就不再努力争取。

我们在此之所以专门谈"调查的理由",主要是针对许多人对调查及调查作用的偏见和不重视而言的。相对而言,对调查的轻视度还远远不及对广告效果测定的轻视度。因此,我们有必要在此谈谈测定广告效果的理由:

◎ 通过效果测定,可以准确地把握广告策划投入的费用是否物有所值,利用广告客户进行成本管理;

◎ 通过效果测定,可以检验广告活动计划是否符合企业的整体营销计划,可以事前把握广告活动在哪里易于成功、达到目的,在哪里风险较大、容易失败;

◎ 广告策划的思维顺序是人们按照事物的逻辑发展顺序展开的,广告效果测定获得的信息量虽然有限,但是由于其属于"逆向思维",因而发现问题的可能性更大;

◎ 广告效果测定可以有效地评价广告公司(包括制作公司)的工作成效;

◎ 广告效果测定得来的一切信息和结论,都会成为改变、调整、增加或修正未来广告活动的有效依据,现实的广告活动中不可能有完全成功的广告范例,而广告效果测定可以为改进未来的广告活动提供极大的帮助;

◎ 广告效果测定可以使企业更加科学、有效地运用广告活动,而许多企业由于对广告活动效果认识不足,导致在广告决策方面出现很多盲点;

◎ 广告效果测定可以促使广告公司更尽心尽力地为广告主的广告活动服务,从而直接促进广告服务质量的提高和广告业的成熟。

总之,广告效果测定既是对广告活动经验的总结,也是对广告活动基本情报的积累,更是广告活动的行为指南,因而在广告活动中具有十分重要的意义。

四、广告效果测定——过程中的统一

广告效果测定可以从多方面来理解,但最常见的说法,就是将广告效果划分为事先测定、事中测定和事后测定。对这三个方面的论述,以往多半是割裂开来,作为一个个独立的单元来看待的。这三个阶段的效果测定与分析的确有各自独特的一些内容和方法,但是无论有多少个角度、多少种观点,广告效果测定都是广告活动展开前后的统一物,并非只孤立地存在于某一个阶段。

下边我们将分别介绍广告效果的事前测定、事中测定和事后测定的内容与方法。

1. 广告效果的事前测定

广告效果的事前测定,就是在广告计划实施之前先对广告作品和广告媒介组合进行评估,预测广告活动实施以后会产生怎样的效果,然后据此修改广告作品和媒介组合,如果没有负面效果,便正式展开广告活动。事前测定的具体内容涉及产品调查、营销调查、消费者调查(包括深入研究消费者的购买动机与购买欲望)以及广告讯息在传播过程中可能引起的消费者反应。事前测定可以防患于未然,内容十分广泛,这里我们主要指对广告创意、广告作品和广告媒介运用进行事前测定。广告创意测定主要测定创意的定位是否准确,是否对准了目标市场,是否具有冲击力等;广告作品测定主要测定作品表达的内容是否真实可靠,广告语言是否简洁、生动、鲜明,作品的承诺是否符合消费者的关心点等;广告媒介测定主要测定媒体选择是否恰如其分,媒介组合是否到位、是否符合成本效益等。对于任何广告活动而言,其测定效果的最佳时机都应尽可能放在初始阶段。

(1) 广告创意表现的事前测定

广告创意的事前测定,就是对广告表现的构思及设计方案进行检验与测定,目的是检验广告创意是否符合总体策划的要求、是否具有冲击力、是否能激发消费者的购买欲望,然后根据分析结果,选择最佳的创意方案。

许多广告创意人员都反对进行事前测定,持这种观点的人认为,事前测定广告创意会抑制创意活动中的创造力。然而,由于广告创意涉及广告传达的概念,是广告活动的真正"核心",因此创意是否正确、可信、重要、有冲击力、说服力等极为重要。一旦创意有误,则无论其他事情做得怎样,广告活动都很难成功。

广告创意的测定一般采用实验法,此外也可以采用访问法。广告创意的事前测定与其他内容的事前测定一样,必须选择有代表性的消费者,越接近于实际消费者越好。除了外在形式和内在条件的相似外,还要考虑被测试消费者的心态是否与实际消费者的心态一致,但后者往往被忽略。对广告创意的事前测定,还可以组织有关专家来评议——广告创意方案提出来后,可以请有经验的广告业专家、社会学专家、心理学专家、营销专家对创意进行多角度的测定,这种专家小组评议的方式往往既有效又省时省力。

(2) 广告作品的事前测定

创意方案确定以后,制作人员就按计划将广告意图付诸表现,形成广告作品。从创作的角度来说,广告作品的事前测定是广告发布前的最终检测环节。广告作品的事前测定,除了测定将投放到各种媒体上的广告作品外,还要对构成作品的各种要素进行综合测定。也就是说,被测定的印刷广告或影视广告等和消费者实际看到的几乎完全相同。之所以用广告作品来进行广告效果的测定,是因为许多创意与广告制作表现,尤其是利用音响、影像或气氛的广告,如果不用成品的形式就无法完整或准确无误地表现出来。但是,这种测定方式费用高昂,而最难让广告公司和客户接受的事实,就是经测定认为广告作品的预期效果不佳而被迫否定已完成的广告。

广告作品的事前测定方法与广告创意表现的事前测定方法相似,多采用实验法,此外还采用访问法和观察法。国外还运用各种生理仪器(属于机械调查法)对广告作品或作品中的各种要素进行综合测定,比如生理电流计、瞳孔照相机、视向摄影机、瞬间显露仪等。生理电流计(又叫皮肤电气反射测验器)让受试者看或听广告作品,同时通过监视仪观察受试者因不同情绪反应而引起的不同电流变化,以此为依据来检测广告作品的优劣;瞳孔照相机根据受试者注视广告作品时瞳孔扩张的大小来判定广告作品对受试者的吸引力;视向摄影机记录受试者注视广告作品时眼球移动的时间长短和顺序,从而检测广告引人注目的程度、使受试者感兴趣的部分以及视线运动的轨迹;瞬间显露仪则通过广告作品的瞬间闪现,让受试者辨认,借以判定受试者对广告作品的辨识度和记忆度。用生理仪器测试广告作品作用于消费者的反应,可以判断出受试者的真实想法与口头表述之间的差距,因为消费者受外部环境的影响,有时会按照一定的习惯或思维定式来回答问题,而不是表达心中的真实想法。

(3)广告媒介运用的事前测定

在广告活动中,一般80%以上的费用会用来购买媒体的时间和空间,因而一旦媒体选择不当或运用不当,必然会造成广告费用的极大浪费。对媒介组合方式的测定,主要根据媒体的自身特点和媒体受众群的各类统计数字,计算、分析这种媒介组合方式能否用比较适宜的成本达到预期的目标。这种分析测定工作的前提条件是既要占有有关媒体的大量资料和数据,又要对传播规律极为熟悉。在分析过程中,除了要考虑广告目标、媒体特性、媒体能量(如覆盖面等)、产品特性外,还要从消费者的角度,考虑媒体在消费者心目中的地位和消费者的媒介使用习惯等。

对广告传播时间和空间的测定,就是对广告策划中广告发布时机的事前测定。在广告发布之前,对广告发布的具体时间、频率以及广告内容、时间和空间位置等进行事先的分析测定,可以保证在适当的时机推出有效的广告,从而有效地配合整体营销活动。

广告效果的事前测定多数是在实验室或案头进行的。由于实际情况千变万化,广告效果测定经过事前阶段后,必然进入下一个阶段——广告效果的事中测定,以便在广告的实施过程中进一步检验广告效果。

2. 广告效果的事中测定

广告效果的事中测定与事前测定的思路是一致的,差别只是事中测定的时间后移,是在广告作品正式发布之后直到整个广告活动结束之前测定广告效果。与事前测定相比,事中测定的优点是可以直接了解消费者在实际环境中对广告活动的反应,得出的结论更加准确可靠;缺点是此时很难对已发布的广告方案进行修改和调整。在测定内容上,事中测定也主要是对广告作品和广告媒体的组合方式进行测定。事中测定虽然不是广告效果测定工作的终结,但却可以为事后测定积累必要的资料和数据。以下是三种常见的事中测定方法:

(1)销售市场测定法

销售市场测定法又叫市场试验法、销售地区试验法。这种方法采用实验法的原理,只不过是将室外环境——销售地区作为实验室罢了,目的是直接测算销售效果。

销售市场测定的首要问题就是选择的测试市场必须大到足以合理地代表大规模的市场;但与此同时,测试市场又必须小到便于控制与评估,还要有足够的代表性。其次,测定时间也应长到足以让人初步核对产品的营销策略、竞争者或同业铺货及陈列的进度;同时,还应留出足够的时间来评估消费者受广告影响后,从试用到重复购买的过程。

广告活动展开后,先选定一两个试验销售区(实验组)推出广告,同时观察未推出广告的销售地区(控制组),将试验销售区与控制销售区在广告活动前后的销售量进行统计比较,从而测出广告效果。这种方法很简单,但在选择测试销售地区时,一定要选择具有代表性的。如果广告投放地区的情况比较复杂,可以多选择几个销售区,直至其足以代表整个销售区为止。要注意试验销售区与控制销售区的环境条件要大体相同。

这种方法的优点是能比较客观地检测销售效果,从而可以间接地测定广告的相对效果。这种方法尤其适合周转率高的商品,如时令商品、流行商品等。由于广告效果具有累积性、延续性的特点,广告引起的销售反应不可能立竿见影地显现出来,因此广告效果的检测时间很难把握,有时甚至会因此而导致或反映出不真实的广告效果,或者由于检测时间过长而错过全面展开广告活动的有利时机。

(2)回函测定法

这是邮寄调查法的一种。在广告策划过程中,对广告作品和广告媒介的运用尚未最终确定,尚处于一种选择阶段。这时,可以投入少量费用,将各种广告文案同时推出,或者多选择几种媒体加以运用,在每条广告上都附上一个条件:受众接触到广告后,按一定的要求或者将回执(报刊)寄回,或者给有关部门回函、打电话等。在一定的时间内,有关人员可以凭借消费者寄回的回执,分析哪一条广告最有效、哪一种或哪几种广告媒体最适合本广告的投放,借其传播广告最容易让消费者接触到并引起他们的兴趣。但这种方法的成本较高,因为寄回回执的消费者要得到一定的好处才会配合行动。以往这种方法仅仅局限于报刊广告效果的测定,但这种方法也可以扩展到广播广告和电视广告效果的测定,或者广播电视与报刊广告组合使用。除了寄回执、打电话以外,还可以采用优惠卡定点换购商品、知识竞赛等多种形式。不过,这种方法除了成本较高外,有时也很难判明回函者是否是实际消费者。

(3)分割测定法

该方法是回函测定法的分支,属于邮寄调查的范围。它比回函测定法更加复杂和严格,目的是检测同一媒体上某一元素不同的广告的效果。当一条广告的文案已大体确定下来,而某一要素或某些要素尚未确定下来时,就可以将广告作品分成两种,在上面编好号码,然后将其中的一种刊登在同期(如杂志)的一半杂志上,将另一种刊登在同期的另一半杂志上,然后通过回函统计测定哪一种广告效果更好。不过采用这种方法的广告主并不多,一是因为这种方法成本较高,二是因为读者对象成分复杂,有时两部分杂志的读者条件很难对等,甚至可能大相径庭,如一半杂志正好全部发行到了城市,而另一半杂志到了农村,这就势必会影响调查数据的代表性和准确性,测出的广告效果就会失去实际意义。

3. 广告效果的事后测定

广告效果的事后测定虽然是广告主最关心的。事后测定虽然无法影响已经实施过的广告活动,但可以全面评估广告活动的效果,并为后续的广告活动提供资料,指导后续的广告活动。按道理,广告活动一结束,就应着手进行因此,事后测定,但由于广告效果具有延迟性特点,在广告效果还未完全发挥出来之前就进行全面评估,结论难免会不准确。但是,如果评估时间过晚,广告效果又会淡化,结论也难免会不准确。因此,事后评估也有一个时机问题。测定时间把握不当,会影响到广告效果测定的准确性,因而事后测定要充分利用事中测定已经获得的资料和结论。

从宏观上分析,广告活动的目标可以分为两大类:一类是提高商品的销售额,一类是改变商品(企业)在消费者心目中的形象——改变消费者对商品的"态度",树立企业的良好形象。广告效果的事后测定,主要是对广告活动进行全面的评估,基本上也就是对广告销售效果的测定和对广告心理效果的测定。

(1) 销售效果测定

广告销售效果的测定常用"边际测量法"。广告效果的边际测量指广告费的边际追加部分,即边际广告费与销售额的边际增加部分(即边际销售额)之比。[①] 用公式表示为:

$$边际效益 = \frac{广告费的追加部分}{销售额的增加部分}$$

我们可以进行不同的边际效益计算,通过比较来判断广告的作用。例如,可以比较期与期之间的效益,即用前一期广告的边际效益与当期广告的边际效益进行对比;可以比较本公司与同业中其他公司的广告边际效益;可以比较本公司的广告边际效益与业内的平均水平;可以比较本公司在不同市场的广告边际效益。总之,对广告边际效益进行比较可以帮助企业了解广告费支出与产品销售之间的关系。但是这种方法存在明显的缺陷,即我们很难判断产品销售额的增长是否应该归功于广告、在多大程度上应该归功于广告。

(2) 心理效果测定

虽然广告的销售效果为广告主所重视,且在实际广告活动中被测定的频率最高,但是销售效果的测定数据并不能完全准确地反映广告的效果,因为销售或消费量除了受广告活动的推动外,还受其他促销手段和社会政治经济发展、消费水平、消费结构及消费观念变化、市场竞争等多种因素的影响。因此,广告效果的测定应该以广告的传播效果为方向,将传播效果当作出发点,将心理效果当作落脚点,即通过某种心理现象或心理过程去检验广告的效果,如广告是否能引起消费者的注意和兴趣,是否有利于其转变态度和留下深刻印象等。心理效果测定常用的方法有认知测定法、回忆测定法和态度测定法。

认知测定法 这种方法主要用来测定广告的知名度,即消费者对广告主(企业)及其商品、商标、厂牌等的认知程度。不论广告的目标如何,它都必须让消费者接触到才行。早在1931年,美国民意调查专家乔治·盖洛普编辑的《读者兴趣调查》就对此进行了研究,从此,广告界便开始注重对消费者的认知度进行测试。1932年,斯塔奇成立了一家广告阅读资料公司,使认知测试方法开始应用于广告宣传的测定并获得了业界的广泛认可。

斯塔奇公司的调查将读者接触广告的程度分为三类:

◎ 注目率:读者是否见到过该广告(即要测定的广告)?见到的人占多大百分比?(这部分人可以是仅仅见到过即将测试的广告,还不曾留心广告的具体内容)

◎ 阅读率:充分地接触过该广告,大概知道产品的名称、企业名称、商标等,但对更具体的内容则不甚了解;

◎ 精读率:不仅留心看了广告,而且认真了解了广告的内容,浏览过该广告50%以上的内容。

在此分类的基础上,调查者计算出这三类人的百分比,并用公式计算广告的阅读效率:

$$广告阅读效率 = \frac{杂志(报纸)销售 \times 每类读者的百分比}{所付的广告费}$$

[①] 李小沧.几种测定广告效果的模型[J].现代广告,2000(6):53.

此外，斯塔奇公司计算的广告阅读率还分为整个广告阅读率、产品部分阅读率、标题部分阅读率和文字内容阅读率等，调查人员几乎对每一期杂志都要做一次阅读率测试。

回忆测定法　这种方法主要是用来测定消费者对广告的理解度。从广告推出到消费者购买产品，中间会有一个时间差，为了促成消费者的购买行为，广告必须给人留下印象才行。从广告效果的角度来说，记忆比认知更重要。回忆测定法不仅要了解消费者能回忆起多少广告讯息，更要查明消费者对商品、厂牌、创意等内容的理解与联想能力。回忆测定的途径有很多，视测试的内容和要求而定。简单地说，有自由回忆法和引导回忆法两种，也有人称这两种方法为无辅助回忆法和辅助回忆法，前者如"你能想起过去几周内看过的汽车电视广告吗？"后者如"你最近看过奔驰汽车的电视广告吗？"具体而言，回忆测定法主要有盖洛普－鲁宾逊事后效果测验、广告样品测验、广告样品混合测验、电话回忆测验、相关测验等。

回忆测定法最主要的优点，是通过测定可以发现广告活动的某些效果。只要受试者记得广告的讯息，或者记得部分内容，就可以认定消费者对产品的理解度与广告活动有关联。当然，这种方法也有局限，主要是回忆与购买行为之间可能并不直接相关。也就是说，消费者可能会回忆出一些讯息，但在其做出购买决策时，这些讯息可能并不会产生什么影响。

态度测定法　这种方法主要用来测定广告心理效果所涉及的忠实度、偏爱度、品牌印象等。消费者的态度很难用直接方法去观察，只能采用问卷、检核表、语义差异测试、量化表等方式进行推测性了解。

第一种，语义差异测试（semantic differential test）。这种方法比较常用而又简便易行，其原理是根据心理刺激与行为反应之间必有一定的联想传达过程这一原理，通过测定这个过程的作用，探明消费者对广告的态度。这种方法已经沿用了几十年，人们对此进行了多次改造，但基本思路仍然没有改变。具体做法是，在调查表中列出各具差异的一些词句，让调查对象选择最合己意的，然后调查人员根据回答结果进行统计、得出答案。语义差异测试的实施程序非常简单，通常也被认为是其优点之一，它包含了若干个量表（scale），这些量表由两个相反的形容词或短语构成，分别放在量表的两端，其间分为多个等级（常见的是 7 个等级）。比如，调查人员可以请消费者在一个 7 级量表上对华为手机的电视广告进行评价，如"你认为华为手机的广告是……"。

沉闷	1	2	3	4	5	6	7	引人入胜
虚假	1	2	3	4	5	6	7	真实

在"引人入胜—沉闷"之间的这些量尺上，最左端的 1 分代表"非常沉闷"，然后依次递减；最右端的 7 分代表"非常引人入胜"。同理，在"真实—虚假"之间，最左端的 1 分代表"非常虚假"，最右端的 7 分代表"非常真实"。

第二种，直接问题法（direct question）。这实际上是一个二选一的问题，如"请你描述一下对华为手机的感觉"，在"好"与"不好"之间选择一项。这种方法只能测定出消费者对产品有利或不利的态度，但无法测试感觉的程度。

第三种,检核表法(checklist)。这种方法是将欲测试的指标列成规则的表格,然后让受试者逐一核对,选出最符合自己状态的项目,如"你在购买化妆品时,下列各项哪些对你最重要?——价格、质量、包装、广告、厂家形象"。

第四种,半开放式法(semi-ended)。这种方法不使用特定指标,而是让受试者去讨论一般话题,从而揭示其对有关品牌的态度,如"我想了解你对进口轿车的一些看法"。

以上我们简单介绍了测定广告心理效果的三种常用方法:认知测定法、回忆测定法和态度测定法,它们并非尽善尽美,只能在一定程度上说明广告的效果。因此,有些调查公司还会辅以其他调查方法,以求获得更深入、更准确、更全面的结果,如投射法、综合测定法等。

4. 对广告效果测定的测定

广告效果应该是企业投放广告的直接动因,或者说,广告效果是企业广告活动的出发点和归宿。如此看来,广告主最重视的恐怕就是广告效果测定了。然而,事实却并非如此。如前文所言,许多广告主并没有测定效果的意识,结果导致实际操作中广告效果的测定相对薄弱。当然,也有另一个方面的原因,那就是广告公司在效果测定方面经验不足、方法不当或不科学。这就涉及一个问题:如何评价一次广告效果测定的水平?下面我们将美国学者西蒙·布罗德本特(Simon Broadbent)的建议介绍给读者。针对如何评价广告效果的测定,西蒙·布罗德本特认为有许多因素可以作为参考依据,他具体提出了四点建议:①

(1)样本是否具有代表性

很明显,测试样本中的受试者应该是广告活动所针对的目标市场成员。假设测定显示广告将销售讯息传播给35-49岁的女性会收成极好的效果,但实际上根据营销策略,广告想到达的目标受众却是18-24岁的年轻男性,那么这种测定就毫无价值可言,因为这两个群体根本没有相同之处。

(2)受试者是否了解所问的问题

许多调查研究发现,有些广告效果测定中的受试者并不了解询问的问题。由于这种误解,得到的测定数据必然是被曲解的或错误的。受试者只有了解了所问的问题,才能回答出广告主所寻求的信息。

(3)广告测定得出的结论是否已经证实

突然做结论在评估广告活动时是一种普遍现象。

(4)样本量是否足够大

广告测定中经常遇到的问题是如何找到足够多看过或熟悉某广告的受试者,从而对广告做出适当的评估。这对市场占有率小、不常购买或媒体刊播日程有限的产品而言是一个严重的问题。然而,要想获得有意义的结论,调查就必须建立在样本量足够大的基础上,这样才能保证统计上的正确性。

广告效果测定质量的关键,是客观与准确。要做到这两点:首先要端正思想,要有实事求

---

① 布罗德本特. 花在广告上的费用[M]//舒尔茨. 广告运动策略新论[M]. 刘毅志,等译. 北京:中国友谊出版公司,1991.

是的思想;其次,要选择合适的调查研究方法。由于要评估的广告活动在类型、地理区域、产品类型、广告媒体等方面存在着差异,因此对于任何一个广告活动或广告主而言,都没有可以放之四海而皆准的最佳方法或预设研究方法,广告效果的测定方法应该适应广告主与市场的需要。另外,要想保证测定的准确与客观,就一定要有充足的费用,但有些广告主却不愿意将部分广告预算用来进行广告效果的测定。当然,广告公司也应尽量替广告主节省测定费用,广告公司不妨邀请想测定相同内容且彼此无竞争关系的几家广告主,将这几家广告主的问题编入一个合用的格式中,然后统一进行测试。因为有几家广告主共同参加,分摊到各家的测定费用自然远远低于专案研究,并且也更客观。

重要术语

营销调查	实验法	广告销售效果	回函测定法
广告调查	调查法	广告社会效果	态度测定法
原始数据	CPM	AIDA 模型	语义差异法
二手数据	开机率	DAGMAR 模型	半开放式法
定性调查	节目视听众占有率	广告效果的边际效益	事前测定
定量调查	收视(听)率	受众媒介接触兼容率	事中测定
小组访谈	毛收视率	销售市场测定法	事后测定
深度访谈	受众分布率	量表	分割测定法
投射法	受众喜爱率	检核表	认知测定法
观察法	广告心理效果	回忆测定法	广告效果测定
			神经营销学

练习题

1. 根据本章所讲内容,请就广告是"科学"还是"艺术"阐述自己的看法。
2. 请说明"探索""描述"和"解释"的含义,并举例说明在广告调查活动中哪些是探索性的、哪些是描述性的、哪些是解释性的。
3. 营销调查有哪些类型?
4. 广告调查有哪些类型?
5. 请列出定性调查的方法和定量调查的方法,并比较这两类方法的差别。
6. 受众调查在广告运作中有什么作用?
7. 广义的广告效果包括哪三个方面?

网络资源

MRA 营销调查协会: http://www.mra-net.org
ACR 消费者调查协会: http://www.acrwebsite.org
CASOR: 美国调查研究组织理事会 http://www.casro.org
市场营销研究协会 http://www.mrweb.com/
欧洲民意与市场研究协会 http://www.esomar.org/
中国信息协会市场营销分会 http://www.cmra.org.cn
中国市场信息调查业协会 http://www.camir.org/

推荐读物

巴比. 社会研究方法[M]. 邱泽奇, 译. 北京: 华夏出版社, 2002.
马尔霍特拉. 市场营销研究: 应用导向[M]. 涂平, 等译. 北京: 电子工业出版社, 2000.
樊志育. 广告效果测定技术[M]. 上海: 上海人民出版社, 2000.
《市场研究》杂志

第 11 章

广告策划

本章学习目标

☑ 认识广告策划的含义。

☑ 掌握广告策划的一般规律。

☑ 理解市场细分、目标市场选择和定位的基本含义。

☑ 了解策划活动的主要内容。

> 做广告就像打仗,只是没有你死我活。如果你愿意,你也可以说像是在下棋。我们必须具备技巧和知识,我们必须训练有素、经验丰富,我们必须要有合适的武器弹药,而且要量足。我们从不敢低估对手,我们还需要最有效的策略,使我们的力量成倍地增长。
>
> ——克劳德·霍普金斯(Claude Hopkins)

第一节 广告策划的本质与原则

一、广告策划的本质

1. 广告策划的定义

所谓"广告策划",就是根据广告主的营销策略和广告目标,在市场调查的基础上,制定出一个与市场情况、产品状态、消费者群体相适应的经济有效的广告计划方案,并加以实施和检验,从而为广告主的整体经营提供良好服务的活动。广告策划(advertising planning),实际上就是对广告活动过程进行总体策划或战略决策,包括广告目标设定、战略战术研究、经济预算等,并诉诸文字。广告策划是广告运作的主体部分,是在企业整体营销策略指导下进行的。

广告策划的提出,是现代广告活动科学化、规范化的标志之一,广告策划也是商品经济发展到一定阶段的必然产物。自从广告策划制度在美国率先实行以后,许多国家的广告活动都越来越重视广告策划工作,许多国家都建立了以策划为主体、以创意为中心的计划管理体系。尽管广告策划的地位越来越重要,但对于广告策划的含义、广告策划应遵循的规律、广告策划的工作程序等基本要素,人们在理解上和具体的策划活动当中还不尽相同。

美国哈佛企业管理丛书编纂委员会认为策划是一种程序,在本质上是一种运用脑力的理性行为。基本上,所有的策划都是关于未来的,也就是说,策划是针对未来要发生的事情做当前的决策。广告策划的出发点是现在,落脚点是未来,它不是静止的,而是一个运动过程。由于市场活动的各个方面总是处于千变万化之中,广告策划的重心自然也会随着市场诸要素的变化而变化,不能以不变应万变。

2. 广告策划与广告计划的区别与联系

在理解广告策划时,在具体的广告活动中,许多人把"广告计划"和"广告策划"等同起来,视为一回事。这种看法虽然有一定的道理,但其中也有许多误解。从严格意义上讲,"广告计划"和"广告策划"这两个概念是不能画等号的。

广告计划是实现广告目标的行动方案,它是一个行动文件,侧重于规划与步骤;广告策划的本质虽然也是为了实现广告目标,但它更强调借助于科学的手段和方法,对多个行动方案(即广告计划)做出选择和决定。广告策划的全称可以叫"广告策划活动",它是一个动态的过程,它要完成一系列的决定,包括设定广告目标、广告对象、广告主题、广告创意、广告媒体、广告预算、广告评估等;而广告计划(advertising plan)相对来说呈现出一种静止状态,是广告策划前期成果的总和与提炼。广告策划作为一个动态的过程,它还体现出活动内容的多元化:它既要设定广告目标,寻求广告对象;又要制订广告计划,实施广告策略;还要检验广告活动效果。制订广告计划只是广告策划的主要任务之一,只有广告策划工作运转起来,才能产生广告计划,广告计划是广告策划的产物,是广告策划所决定的战略、策略、方法、部署、步骤的书面体现。总之,广告策划是一系列集思广益的复杂的脑力劳动,是一系列围绕广告战略、策略而展开的研讨活动和决策活动;而广告计划是这一系列活动的归纳和体现,是广告策划所产生的一系列广告战略、广告策略的具体化。因此,广告策划与广告计划既相互联系、密不可分,同时又有区别。

3. 广告策划的前提条件

在现代商品经济活动中,市场情况极为复杂。因此,搞好广告策划的前提条件,就是要对各种市场情报了如指掌,这就必须依赖科学的广告调查。此外,广告策划还要遵从广告客户的意图,服从于广告客户的营销策略和广告目标,不能超出广告客户的实际承受能力。广告策划的主旨,就是向用户提供全面而优质的服务。

在正常的广告活动中,广告策划已经不是一个人所能完成的工作,它需要集合各有关方面的人才,共同贡献智慧、研讨后才能完成。因此,广告策划工作常被人称为团队工作(team work),那种所谓的"广告个体户",实际上是违反广告活动规律的一种现象。在广告事业和商品经济发达的社会中,广告策划已经成为企业经营的一部分,成为一种科学的广告管理活动。

二、广告策划的原则

作为科学活动的广告策划,其运作有着自己的客观规律性。因此,进行广告策划,必须遵循以下原则。

1. 统一性原则

统一性原则要求广告人在进行广告策划时,要从整体协调的角度考虑问题,从广告活动的整体与部分之间相互依赖、相互制约的统一关系中揭示广告活动的特征和运动规律,以实现广告活动的最优效果。广告策划的统一性原则,要求广告活动的各个方面在内在本质上做到步调一致,要求广告活动的各个方面服从统一的营销目标和广告目标、服从统一的产品形象和企业形象。没有广告策划的统一性原则,就无法全面规划和统筹兼顾广告活动的各个方面,广告策划也就失去了存在的意义。

统一性原则主要体现在以下几个方面:

◎ 广告策划的流程统一,广告策划的前后步骤统一,从市场调查开始,到广告环境分析、广告主题分析、广告目标分析、广告创意、广告制作、广告媒体选择、广告发布,直到广告效果测定等各个阶段,都要有正确的指导思想来统领整个策划过程。

◎ 广告所使用的各种媒体要统一,既不要浪费性重叠,以免造成广告发布费用的浪费;也不要遗漏,以免广告策划意图得不到完美的实现。

◎ 媒体与媒体之间的组合要有序,不能互相抵触、互相矛盾;甚至在同一媒体上,广告节目与前后节目内容也要相互统一,不可毫无选择地随意安插。

◎ 产品内容与广告形式要统一,如商品本身是高档产品,那么广告中就不可出现"价廉物美"的痕迹。

◎ 广告与销售渠道要统一,广告的发布渠道与产品的流通渠道要一致,不能南辕北辙,产品已到达该地区而广告却没跟上,造成广告滞后的局面;或者广告已发布很久,消费者却见不到产品。

广告策划忌讳各自为政、各行其是。毕竟,广告策划的整个活动过程是一个统一的整体。本书第241页上的案例向我们展示了特仑苏如何在广告策划中贯彻统一性原则。

2. 调适性原则

统一性原则是广告策划最基本的原则,但是仅有统一性还不够,还必须具有灵活性,具有可调适的余地。如果以不变应万变,便无法在市场活动中做到游刃有余。由于客观事物的发展、市场环境、产品情况等并不是一成不变的,因而广告策划也不可能一下子面面俱到,也总是处于不断的调整之中。只强调广告策划的统一性原则而忽视调适性原则,广告策划必然呈现出僵化的状态,必然会出现广告策划与实际情况不一致的现象。广告策划的统一性原则,也要求广告策划活动要处于不断的调整之中,以保证广告策划活动既在整体上保持统一,又在统一性原则的约束下具有一定的弹性。这样,策划活动才能与复杂多变的市场环境和现实情况保持同步或最佳适应状态。

所谓的及时调适广告策划,主要表现在三个方面。一是广告对象发生变化。广告对象是广告讯息的接受者,是广告策划所瞄准的产品消费者群体。如果原先瞄准的广告对象不够准确或消费群体发生了变化,就要及时修正广告对象策划。广告大师奥格威认为,对于销售人员而言,最重要的事就是避免让自己的推销用语过于僵化,如果有一天发现自己对着任何人都讲同样的话,那么自己的销售生涯大概就到头了。二是创意不准。创意是广告策划的灵魂,如果创意不准、缺乏冲击力或者不能完美地实现广告目标,就要适当地修正广告策划。三是广告策略的变化。如果原先确定的广告发布时机、发布地域、发布方式、发布媒体等不恰当或出现了新的情况,广告策划就要调整。

3. 有效性原则

广告策划不是纸上谈兵,也不是花架子,广告策划的结果是要使广告活动产生良好的经济效果和社会效果。广告费用是企业的生产成本支出之一,广告策划就是要帮助企业做到产出大于投入。因而广告策划既追求宏观效益,也追求微观效益;既追求长远效益,也追求眼前效益;既追求经济效益,也追求社会效益。不顾长远效益而只追求眼前利益,是有害的短期行为。但我们也不提倡那种大谈特谈长远效益却无法使客户从单一广告中获得即时效益的做法。在统一性原则的指导下,广告策划要把广告活动的微观效益与宏观效益、短期效益与长远效益、社会效益与经济效益完美地统一起来。广告策划既要以消费者为统筹广告活动的中心,也要考虑企业的实力和承受能力,不能搞理想主义而不顾企业的实际情况。

案例：从特仑苏品牌广告看策划的统一性

2009年郎朗代言的特仑苏品牌广告（图片来源：百度图片）

2016年陈道明代言的特仑苏品牌广告（图片来源：百度图片）

2018年陈道明、靳东代言的特仑苏品牌广告（图片来源：特仑苏官网）

特仑苏是蒙牛旗下的高端牛奶品牌，于2005年诞生，特仑苏在蒙古语中意为"金牌牛奶"。品牌创建之初，特仑苏就强调其高端品质，"不是所有的牛奶都叫特仑苏"的广告语深入人心。

系列广告从以下几个方面强调其高端品质：①北纬40度黄金奶源带上的特仑苏专属牧场；②来自欧、美、澳洲等地区12个国家的高品质牧草；③先进科技以及指纹认证的金牌车间管理。

为了配合其高端定位，在选择代言人上，蒙牛坚持使用各领域的顶尖人物，如国际钢琴家郎朗、优秀电影表演艺术家陈道明以及一直以高端精英形象示人的演员靳东。

4. 操作性原则

广告活动的依据和准绳就是广告策划,要想使广告活动按照其固有的客观规律运行,广告策划就必须要有严格的科学性,而广告策划的科学性主要体现在广告策划的可操作性上。广告策划的流程和内容有着严格的规定性,每一个步骤、每一个环节都必须是可操作的,经过策划,在具体执行广告计划之前就能按科学的程序对广告效果进行事前测定。广告计划执行以后,如果广告活动达到了预期的效果,便意味着广告策划意图得到了很好的实现;没有达到预期的效果,则可以按照广告策划的流程回溯,查出哪个环节出了问题。没有广告策划,广告效果就是盲目的,就不可能按部就班地实现。

5. 针对性原则

广告策划的流程是相对固定的,但不同的商品、不同的企业,其广告策划的具体内容和策略则是不同的。然而,许多广告客户却不愿意自己的品牌形象受制于特定(针对性)的羁绊,他们希望产品最好能面面俱到,满足每一个人,甚至有人要求一个品牌必须同时向男性和女性展开诉求,还必须广受上流社会和市井小民的喜爱。"这种贪得无厌的心理使品牌落入一个完全丧失个性的下场,欲振乏力、一事无成。在今天的商场中,一个四不像的品牌很难立足,就好像太监无法当皇帝一样……"[①]实际上,即使是同一企业的同一种产品,在产品处于生命周期的不同阶段时也要采用不同的广告战略。只要市场状况不同、竞争状况不同、消费者状况不同、产品状况不同、广告目标不同,广告策划的侧重点和广告战略战术就应该有所不同。广告策划的最终目的是提高广告效果,但如果广告策划不讲究针对性,就很难提高广告的效果,用一个模式代替所有的广告策划活动,必然导致无效的广告策划活动。

以上五个方面是任何广告策划活动都必须遵守的原则,这五个原则不是孤立的,而是相互联系、相辅相成的,缺一不可。这些原则不是人为的规定,而是广告活动的本质规律所要求的。

第二节 广告策划涉及的内容

一、理解营销战略

广告活动不是独立存在的,它是企业营销活动的组成部分,因此广告经理首先要分析企业的营销战略,通过与企业的沟通充分了解广告主的营销战略,搞清广告主将要去哪里、他们打算如何实现目标、广告在企业营销组合中处在什么位置等问题。在了解广告主营销战略的基础上,有针对性地进行广告策划,这样才能保证广告活动不偏离广告主的目标。

成熟的企业都有明确的营销战略,营销战略及其核心内容由三个相互紧密联系的环节组成,它们是市场细分、目标市场选择和定位。

[①] 奥格威.广告大师奥格威:未公诸于世的选集[M].庄淑芬,译.台北:天下文化出版股份有限公司,1987:105.

1. 市场细分

市场细分（market segmentation）是美国营销学者温德尔·R. 史密斯（Wendell R. Smith）在20世纪50年代中期提出的。**市场细分是按照消费者的欲望与需求，将总体市场划分成若干个具有共同特征的子市场的一个过程，由那些可识别的、具有相同欲望、购买能力、地理位置、购买态度和购买习惯的人群构成细分市场**（market segment）。企业之所以要把市场划分成不同的细分市场并加以区别对待，一方面是由于市场上确实存在着差异化的需求，另一方面则是出于竞争的考虑。因为相对于大众市场，细分市场战略能够创造出针对目标受众、更加适合他们的产品或者服务，更便于选择分销渠道和传播渠道，从而使企业在特定的细分市场中面对较少的竞争。例如我国洗护发用品市场上最重要的生产商宝洁公司，为了向需求不同的消费者提供最适合的产品，同时也为了分散竞争的压力，于是在追求飘逸发质的细分市场销售飘柔，在追求去屑功能的细分市场销售海飞丝，在追求专业美发定型效果的细分市场销售沙宣。

现实当中，市场是由成千上万的消费者构成的，假设我们可以"认识"每一个消费者，能够说出他们是谁、住在哪里、有多大年纪、经济状况如何、个性怎样、他们每个月花多少钱在这类产品上、他们对产品是否满意……那么我们就能给每一个人"画像"。在得到所有人的画像之后，我们会发现其中有些人看起来彼此相像；与此同时，他们和群体之外的其他人又有明显的差别。对于企业而言，市场细分实际上就是去努力发现存在于消费者中间的一个个具有相似特征的群体。

细分消费者市场的方法有许多种，概括起来有如下两大类：第一类与消费者的固有特征有关，包括人口统计细分、地理细分、心理细分；第二类与消费者消费某类产品时的行为特征有关。

（1）人口统计细分

人口统计细分根据人口统计特征，诸如性别、年龄、教育程度、职业、收入、民族、婚姻家庭状况以及其他可以量化的人口因素对市场进行细分。

按照人口统计特征细分市场的例子有很多，例如《时尚芭莎》主要针对时尚女性读者，苹果 iPhone 手机主要针对年轻用户，SK-II 则面向成熟女性。

（2）地理细分

地理细分是较为简单的一种划分方式，在不同的国家、不同的地区甚至在一个城市的不同区域，人们的需求、观念、购买能力都会有所差别。比如，在多雨的地区销售空调时应该考虑消费者对除湿功能的额外要求；在我国东北地区，高度白酒比低度白酒更受欢迎。

（3）心理细分

心理细分根据购买者的态度、兴趣、价值观、生活方式或个性特征等将购买者划分成不同的群体。心理细分不像人口统计细分和地理细分那么直观，后两种细分方法都可以通过外部观察或者简单询问获得细分所需的信息，但是要对消费者进行心理细分就要利用较为复杂的测量方式了。尽管如此，许多企业还是倾向于采用心理细分的方式，因为心理细分更能洞察细分市场的特征，不但知道"他们是谁"，而且知道"他们在想什么"。因此，根据心理细分的结果，广告公司更容易发掘出有劲服力的广告诉求和表现形式。

链接:艾尔·里斯和杰克·特劳特

艾尔·里斯和杰克·特劳特是广告界公认的定位理论的创始人。这两位美国人都出身于广告业,曾先后在通用电气公司(GE)担任广告经理的职务。1963 年,艾尔·里斯创办了自己的广告公司,1968 年杰克·特劳特也加入进来,两人共同在纽约创办了特劳特—里斯广告公司。艾尔·里斯和杰克·特劳特在一起工作长达 26 年之久,直到 1994 年艾尔·里斯与其女儿劳拉·里斯一起成立里斯父女公司,两人的合作才中止。

在合作期间,他们出版了一系列颇具影响力的书籍:1980 年合作出版了《广告攻心战略:品牌定位》(*Positioning*:*The Battle for Your Mind*),系统介绍了定位观念,奠定了他们两人在营销学界的地位;1985 年合作出版了《营销战》(*Marketing Warfare*),借用普鲁士军事战略家的原则思考营销问题;1988 年合作出版了《自下而上的营销》(*Bottom-Up Marketing*),抨击了许多传统的管理观念,提出战略不应该由上而下地制定,而应该由下而上地制定;1993 年合作出版了《营销的 22 条不变法则》(*The 22 Immutable Laws of Marketing*),指出了在竞争环境中致使营销活动成功或失败的一些基本因素。

艾尔·里斯与杰克·特劳特

(4)行为细分

行为细分是根据购买者对一件产品的了解度、态度、使用情况或反应将他们划分成不同群体的一种市场划分方法。行为细分直接针对产品类别,因此许多营销人员都乐于使用这类细分方式。行为细分的变量很多,最常用的有购买时机、追求的利益、使用者状况、使用率等。

- ◎ 购买时机:指根据消费者在什么时候产生需要、发生购买行为或使用产品来划分市场。例如有的家庭在孩子过生日时才会带他到迪士尼游乐场,有的家庭则在每年的新年都让孩子去迪士尼游乐场;有的人把果汁当作正餐时的饮料,有的人则在上班时间享用。了解消费者的购买时机和使用场景,可以使广告更加贴近目标受众的生活。
- ◎ 追求的利益:指按照消费者想从产品中得到的"好处"来划分市场。以牙膏消费为例,有的消费者追求低价,有的追求防蛀,有的追求美白,有的追求气味,还有的追求固齿。
- ◎ 使用者状况:指按照消费者的使用经验,把他们划分为未使用者、曾经使用者、潜在使用者、首次使用者和经常使用者。
- ◎ 使用率:指按照消费者对产品使用量的大小,把他们划分为轻度使用者、中度使用者和重度使用者。重度使用者虽然在人数规模上可能不大,但是他们对产品的消费量却很大,因而往往是企业特别希望吸引的一群人。了解他们是谁、他们如何看待和使用产品,并根据他们的特点制定营销策略,就有机会改善产品的销售情况。

2. 目标市场选择

经过市场细分环节,企业便可以进入目标市场选择环节。

任何产品都不可能打动所有的消费者,任何企业也不可能独占全部市场。因此,企业要评估每一个细分市场,然后选择最具潜力、最容易进入、同时与企业的优势和能力最匹配的一个或者几个市场。这些被选定的细分市场,我们称之为企业的"目标市场",而企业包括广告活动在内的所有营销活动都应该针对目标市场上的消费者而展开。

链接：VALS 心理细分模型

斯坦福研究院（Stanford Research Institute, SRI）的阿诺得·米切尔（Arnold Mitchell）于1978年首创的"价值观与生活方式体系"（Value and Lifestyle System，即 VALS）无疑是比较有影响力的心理细分模型。这个模型在1989年经过重新调整，升级为 VALS II。VALS II 由42个类似于"我对理论问题感兴趣"，"我渴望兴奋"，"我喜欢在学校所学的大部分科目"，"我必须承认我喜欢炫耀"，"我希望做一群人的头儿"这样的问题构成，它通过要求被试者按照量表打分，将人们划分为如下两个方向：一是自我取向，二是资源占有取向。①

自我取向分为三个等级：(1) 原则型，这类人依自己的信仰与原则而不是靠感觉、愿望行事，努力使自己的行为与自己对世界的看法协调一致；(2) 身份型，这类人非常容易受到行为、态度、观点的影响，尽力在社会等级序列当中寻找位置；(3) 行为型，这类人需要社会的或物质的活动，喜欢变化与冒险，喜欢用切实的方式影响周围的生活。

资源占有取向由高到低，包含心理、生理、人口统计以及其他人们可以后天得到的物质利益。一般情况下，"资源"随人们年龄的增长而增长，开始衰老时相对稳定下来。

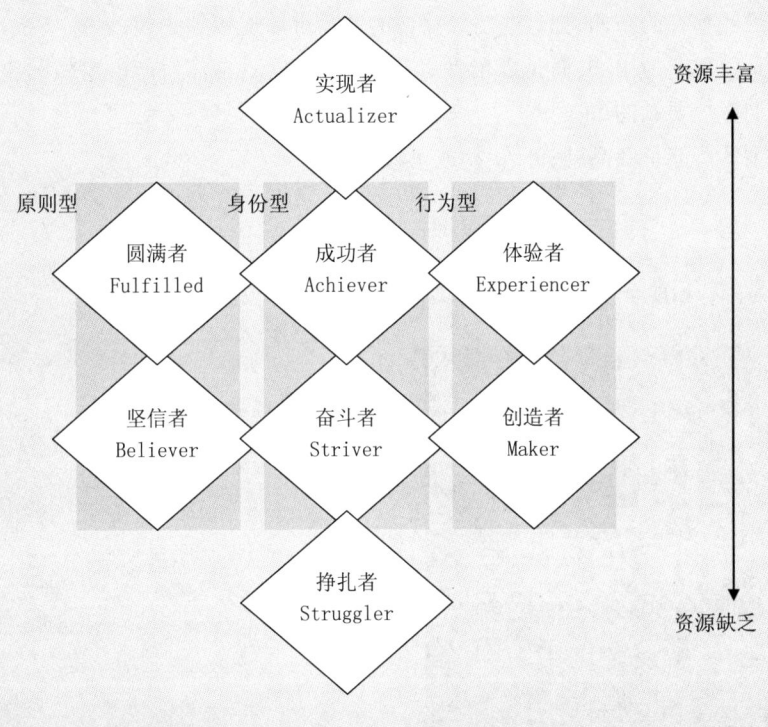

VALS 心理细分模型

限于篇幅关系，此处我们只选择其中几类加以介绍：

实现者。心理特征：成功、世故、活跃、自负，乐于管束别人，拥有丰富的资源，重视与品位有关的形象，通常是企业或政府要员；消费特征：热衷于精致物品，乐于接受新产品，怀疑广告，经常阅读内容广泛的出版物，收看轻松的电视节目。

坚信者。心理特征：保守，对传统制度有明确的信仰和强烈的依恋；消费特征：购买本国产品，消费习惯转换缓慢，讨价还价，较一般人更多地收看电视，阅读有关娱乐、家庭和园艺的杂志。

奋斗者。心理特征：在同伴中寻求肯定、自我认同和赞扬，经济、社会、心理资源水平均较低，易冲动，追求时髦，靠金钱衡量成功与否，模仿富有人士，追求的总是高于能得到的；消费特征：崇拜偶像，可支配收入有限，收支平衡，在服装和个人护理用品上花费较多，更愿意看电视而不是阅读。

---

① 所罗门. 消费者行为学[M]. 卢泰宏, 译. 北京：经济科学出版社, 1999：451.

3. 定位

一旦选定了目标市场，企业就要在目标市场上进行"定位活动"。

定位(positioning)是一个内涵非常丰富的概念，简单来说，**定位就是通过各种营销手段的综合运用，使目标市场的顾客能理解和正确认识到本企业有别于其他竞争者的特征，并在目标顾客心目中为本企业及其产品塑造形象。**

在营销和广告领域，"定位"概念最早是美国人艾尔·里斯(Ai Ries，又译作阿尔·里斯)和杰克·特劳特(Jack Trout，又译作杰克·屈特)在20世纪六七十年代提出的，这两位来自实践一线的广告人从消费者的认知心理入手，发现①：

◎ 为了应付产品数量的几何级增长，消费者学会了在脑子里给产品和品牌分类，在心里构建"产品阶梯"，因此定位的基本方法不是创造出新的、不同的东西，而是改变人们头脑中已经存在的东西，把这些已经存在的联系重新连接到一起；

◎ 定位不是以厂商为中心，而是以消费者为中心，定位不是你对产品要做的事情，而是你对预期客户要做的事；

◎ 定位的主体可能是商品、服务、机构或个人。

 **案例：青花郎——中国两大酱香白酒之一**

2017年青花郎将原来的广告语"中国高端酱酒青花郎"改为"中国两大酱香白酒之一"。新的广告语采用了比附定位的策略。因为在中国白酒市场上，茅台是公认的"酱香"型白酒第一品牌，青花郎广告语中采用"中国两大酱香白酒之一"的说法，强烈地暗示了茅台与青花郎都是优质的酱香型白酒。

青花郎中国两大酱香白酒之一

---

① 参见里斯，特劳特. 定位[M]. 王恩冕，等译. 北京：中国财政经济出版社，2002.

定位活动的目的是按照企业的意图改变目标消费者心中对企业和品牌的看法,但这并不是一件容易的事情,仅靠广告或促销是不足够的。现代营销观点认为,成功的定位需要明确、单纯的定位主题,需要企业投入必要的资源,需要统一和连贯的策略。

"定位主题"是定位活动的关键,它为广告创意和表现指明方向。定位主题有多种形式,具体选择哪一种,要视企业的内外部条件而定。一般而言,定位主题有如下三类:

(1) 利益型定位

利益型定位强调产品或服务能给消费者带来的好处,包括功能利益、情感利益和自我表现利益。例如,西门子冰箱"零度不结冰,长久保持第一天的新鲜"强调的是功能利益;麦当劳"欢乐美味尽在麦当劳"强调的是情感利益;而芝华士皇家礼炮强调的则是"极致成就"的自我表现利益。

(2) 用户型定位

用户型定位不以产品的属性和优点为中心,而是把树立目标消费者的特定形象、身份或角色当作定位战略的核心。例如,海澜之家的定位主题为"海澜之家,男人的衣柜"。

(3) 竞争型定位

竞争型定位通常将自己的品牌与其他品牌进行比较,以突出自己的优势。选择竞争型定位策略的品牌通常是市场上的挑战者,借着与领导品牌的比较来提升自己的形象,同时突出自己独有的优势。前面章节中向大家介绍过的艾维斯汽车租赁公司"我们是老二,所以更努力"的广告以及第246页案例中青花郎的广告采用的就是典型的竞争型定位。

二、调查与分析

了解了广告主的营销战略,广告公司就能深刻理解客户委托的目的。但营销战略中提供的资讯是不充分的,因此还需要通过调查和分析进一步为广告策划活动做具体的准备。广告调查是广告策划的重要组成部分,它包括为制定完善而有效的广告决策而进行的环境调查、消费者行为研究和产品研究。

1. 环境调查

广告环境是影响广告活动及其企业、市场、竞争对手和消费者的那些因素,主要有自然环境、经济环境、政治环境、社会文化环境、法规环境、产业环境、企业环境、产品环境等,这些环境力量对广告活动具有极大的制约与导向作用。虽然在广告活动开始之前,这些因素可以得到相对准确的预测,但是,这些环境因素都是构成广告活动的不可控因素。因此,广告策划必须考虑到这些不可控因素,采取适当的措施以适应周围的环境力量。

2. 消费者行为研究

消费者,也就是广告对象,他们是广告讯息的接受者。在研究消费者行为之前,应该确定消费者群体的范围,从不同的角度加以细分:可以从社会阶层的角度确定消费者群体的范围,如机关干部阶层、知识分子阶层、工人阶层、农民阶层、学生阶层等;可以从家庭分析的角度确定消费者群体的范围,如家庭住址、家庭结构、家庭人口、家庭收入等;可以从消费者个人的属性确定消费者的范围,如年龄、性别、文化程度、职业、业余爱好、婚姻等。消费者群体确定以后,就可以着手研究消费者的行为了。

消费者行为研究指对消费者的消费行为及其活动规律进行研究,而消费者行为则指消费者在购买过程中的一系列活动,它是消费者的不同心理现象在购物过程中的客观反映。消费者行为研究的对象主要包括消费者的购买动机(消费者的购买动机除了主要受人的需要影响以外,也受性别、年龄、性格、兴趣、信念、经验等的影响,还受外在信息刺激——如广告——等其他因素的影响)、购买行为(何时购买、何地购买、谁来执行购买等)、购买行为类型(习惯型、理智型、感情型、冲动型、价格型、不定型)等。在消费者行为研究中,关键问题和核心问题是购买动机问题。

唐仁承先生在其著作《广告策划》中提出了"关心点"这个概念,指消费者对产品或服务的关心焦点或关心重点,在消费过程中,消费者的购买行为、消费行为往往会受关心点的支配。

任何一个产品或一项服务,其特点往往不止一个,其中有优点也有弱点。如果消费者的关心点恰好是产品的优点,那么广告活动便可围绕产品的优点(也是消费者的关心点)做足文章。此时,关心点起到了掩盖非关心点的作用,有点类似于俗话中的"一白遮百丑"。如果消费者的关心点恰好是产品的弱点,那么广告活动就要从弱点入手,用足优点,想方设法将二者联系起来,转化消费者的实质关心点,变缺点为优点。

那么,消费者的关心点到底有多少?有哪些呢?这是一个很难有确切答案的问题。我们在教学活动中经过悉心研究,在掌握了大量资料的基础上曾归纳出消费者关心点,多达40余种,如对健康的关心、对升职的关心、对社交的关心等。实际上,消费者的关心点是不固定的,具有很强的时代性,非常"善变"。

不过,尽管消费者的关心点易于变化,但如何寻找消费者的关心点仍然有规律可循。下面几个方面便是关心点容易出现之处:

◎ 新点:产品的新型号、新功能等较易成为消费者的关心点;
◎ 契合点:产品或服务与消费者越接近,消费者越关心;
◎ 热点:在消费生活中出现的这种或那种流行行为模式,许多消费者往往对流行怀有很大的热情,在购物或消费生活中常常表现出冲动性和少计划性;
◎ 难点:消费者举手投足间的困难往往正是广告活动的良机(在中国人购买电视、冰箱要凭票,而出国归来人员可免税限量购买彩电等家用电器的时代,免税购买进口彩电、录像机便理所当然地成为消费者的困难,也自然成为消费者的关心点。因此,当时日本夏普录像彩电一体机针对中国消费者做广告时,其广告总要强调一句"出国人员带录像彩电回国只算一大件",这正契合了消费者的关心点);
◎ 疑点:许多产品或服务在消费者群体中存在着许多疑点,这些疑点也能成为消费者对该产品的关心点;
◎ 歧点:不同的消费者对产品或服务有不同的说法,众说纷纭,策划人员可以利用解释歧点的机会,引起消费者对产品、服务、企业和品牌的关注。

3. 产品研究

在进行产品研究时,既要对产品进行整体研究,也要对产品进行分类研究,还要对产品的生命周期进行研究,对产品本身的特性进行研究;除了要研究产品固有的能够满足人们某种需要的自然属性,还要研究产品满足个体消费者和集团消费者的心理属性和社会属性。只有对产品进行深入的研究,才能找出产品满足消费者需求的要点和特性,才能确定广告活动的主题与诉求点,才能产生优秀的创意。

在具体的分析过程中,不仅要分析本产品,还要详细分析和了解竞争对手的产品与相关产品。在分析、研究时,越具体越好,如制造方法、制造原料、效能、使用方法、保存方法、商品包装、使用期限、维修费用、种类及形式、产品规格、品质保证、价格、产品产量及销量、产品销售重点、产品属性等。

在掌握了调查数据以后,广告策划人员就可以进行系统的分析了,SWOT(Strength - Weakness - Opportunity - Threaten,优势—劣势—机会—威胁)是一种常用的分析模式,借助这个模型,广告策划人员可以分析企业或品牌的优势及劣势,识别未来的机会与风险。

三、确定广告目标

1. 广告目标的含义

广告目标就是广告主通过广告活动所要达到的目的。广告最基本的目标是促进销售,除这个基本目标外,在广告活动中还存在着许多特殊目标,因此现代广告活动一般都具有多元和多重目标。也就是说,目标与目标之间相互构成了一个目标系统,这是一个将总目标分解为小目标(分目标)的多级目标系统。在这个系统中,分目标往往是实现总目标的具体手段。

按照广告目标所涉及的内容,目标可以分为外部目标和内部目标;外部目标是与广告活动的外部环境有关的目标,如市场目标(如市场占有率、广告覆盖面以及广告对象等)、计划目标(如销售量目标、销售额目标、利润率目标)、发展目标(如树立产品和企业形象、扩大知名度等);内部目标是与广告活动本身有关的目标,如广告预算目标、质量目标、广告效果目标。

缺乏目标的广告是无的放矢,缺乏明确的广告目标的广告活动必然缺乏导向依据和有效的评价指标。

这里要说明的是,广告目标是广告策划人员根据广告主的要求而设定的标准,它主要具有以下意义:

◎ 为从事广告活动的组织和个人确定活动的方向;
◎ 促使参与广告活动的各类人员更顺畅地沟通,使他们通过广告目标把各种不同性质的工作整合在一起,有效地发挥作用;
◎ 在媒体计划、表现计划、测定计划以及实施阶段等所有场合充当决策的判断基准;
◎ 有助于测定广告效果(只要目标明确,广告效果的好坏便可以对照着广告目标进行判断,这就是广告活动的目标管理);
◎ 有助于在广告活动实施过程中适时适地地调整广告活动的进程与内容。

2. 广告目标的类型

企业希望最好以广告活动所引发的销售额为目标;而广告公司则大多希望最好不以销售

额为目标。因此，关于以什么为广告目标这个问题，历来的争议大多集中在"销售额"这个问题上。那么究竟应该如何看呢？有这样两种观点：

第一种观点认为，影响销售的因素是多方面的，并不局限于广告，持该观点的人认为，销售不是广告目标，而应该是营销目标。

第二种观点认为，在某些条件下，可以把销售额作为广告目标，比如说：当广告成为销售主力的时候；当广告与其他营销因素组合的时候；当几乎无组合效果可言的时候；当广告具有即时效果（无时间上的延续）的时候。

尽管从长远来看广告的目的都是增进销售，但并不是所有广告活动的目的都是即时增加销售量。有些广告活动的目的是提升产品和品牌的知名度，有些是改善消费者对产品和品牌的态度，还有的是增加消费者对产品属性的了解。正是因为企业和广告公司在定义广告目标的时候可能出现分歧，我们才更加强调明确广告目标的重要性。考虑到广告效果评估对广告主与广告公司的合作关系至关重要，而广告效果的评价又应该建立在广告目标的基础之上，因此我们认为，广告目标的陈述应该清晰、精准，并且用可测量的词语加以描述（见表11-1）。

表11-1 各种可能的广告目标

告知性目标	● 向市场推介新产品 ● 建议产品的新用途 ● 告知市场价格的调整 ● 说明产品的功能	● 介绍各种现有的服务 ● 修正错误的印象 ● 减轻消费者的恐惧感 ● 树立企业形象
说服性目标	● 培养品牌偏好 ● 鼓励改用该广告品牌 ● 改变消费者对产品的认知	● 说服消费者立即购买 ● 说服消费者接受销售人员的访问
提示性目标	● 提醒消费者在最近的将来可能需要该产品 ● 提示产品的购买地点	● 使消费者在销售淡季仍对该产品念念不忘 ● 维持高知名度

在实际作业中，具体而常见的广告目标主要有：

◎ 协助新产品进入目标市场；

◎ 扩大或维持产品现有的市场份额；

◎ 寻求高素质的经销商的响应，以便从中择优进行合作；

◎ 揭示企业或产品的特性，通过差别化策略，促进经销商的工作；

◎ 介绍成熟期产品的新用途和新功能；

◎ 以广告的方式提前触及潜在顾客，为推销人员的工作做铺垫；

◎ 扩大社会知名度，强化品牌印象；

◎ 促进消费者的直接购买行动；

◎ 帮助消费者确信自己购买决策的正确性；

◎ 提高社会消费群体对企业的好感度；

◎ 延长时令性商品的使用期，引导消费者增加消费量；

◎ 激发潜在消费者进一步了解企业的兴趣,吸引他们直接接触商品;
◎ 纠正社会对某种消费方式或对本企业商品存在的误解,清除销售环节的阻碍;
◎ 消除消费者对产品的疑虑,增强潜在消费者试用产品的勇气;
◎ 帮助消费者找到商品所具备的独特的附加价值;
◎ 鼓励潜在消费者和老顾客将信息反馈给企业;
◎ 在重大社会事件中表明企业的方针、态度和立场;
◎ 渲染节日及大型展销活动的气氛。

四、制定广告策略

在制定广告策略时,广告策划人员要依据对市场、产品、消费者及竞争对手的分析拟定广告战略,并使之具体化;与此同时,还要依据广告战略制定广告战术,以便开展广告活动。

广告作为一种"战役",需要两个层面的决策:广告战略决策和广告策略决策。广告策略受制于广告战略,其范围往往是局部性的,而战略却是全局性的,它规定了广告活动的整体走势和运作方向。广告策略更具有操作性,广告活动中媒体的选用与诉求的确定,都是根据广告策略而决定的。

1. 广告定位

广告定位就是广告公司和企业根据消费者的需求、关注点和偏爱,确定准备宣传的商品的市场地位,也就是在市场上树立产品的恰当形象,确定其所扮演的角色。 定位的重点在于对潜在消费者的心理施加影响,使其产生一种符合广告主心愿的印象。所以,广告是否具有创造性对消费者而言并不重要,关键在于它能否操纵消费者心中的想法,唤起或加强他原本已有的欲望和渴求,使他接近广告主的目的。商品的特性、企业的新意识、消费者的需求和喜好,三者协调得当,就能正确地确定商品定位和广告定位。

定位的前提是根据营销战略和前期的调查与分析来确定目标受众,因而广告策划人员必须了解目标受众是谁、他们有什么特征、他们对广告所宣传的产品品类或产品品牌有什么态度和使用习惯。

广告定位的确立,并不能靠广告策划人员的主观臆想。就一个新产品或者老产品开拓新市场而言,广告定位是产品分析最终、最重要的目标。广告定位除了要依据产品分析外,还必须依据市场调查和消费者分析。这是因为产品分析是广告定位的内部因素,而市场调查和消费者分析则是外在条件。

2. 广告创意

创意是广告策划活动的灵魂,是一项专门的学问。因为本书第12章还要对创意进行专门的讲解,这里就不再赘述,只从广告策划流程的角度介绍一下创意构思的方法。

广告创意的产生要求创意人员要有良好的思维方式。英国心理学家爱德华·戴·勃诺博士(Edward De Bono)将人的思维方式分为两种:一是垂直思考法,即以现存的理论、知识和经验以及传统观念为依据,从某一问题的正面垂直深入地分析研究;二是水平思考法,即尽量摆脱既有观念,从另一个新的角度重新思考某一事物。如果把垂直思考法比作深挖一个洞,那么水平思考法就是在另外的地方再挖一个或几个洞。这两种思考方法固然要互相补充,但要创新思维,就必须运用水平思考法。水平思考法的基本原则是:摆脱已有经验和知识的束缚,从多方面去思考,在广阔的思路中钻研;抓住瞬间即逝的偶然构思,深入发掘新的观念;不排斥垂直思考法,一旦运用水平思考法获得了满意的想法,就运用垂直思考法使这种想法更加具体化。

在制定广告策略的阶段,承担策划任务的人员要为创意活动定下基调,即要明确广告诉求中的"产品概念"和"广告讯息"。产品概念是广告主呈现给消费者的一系列价值或消费理由,因而广告策划人员必须对产品概念进行简明的陈述,即决定在广告中如何展现产品,而产品概念的形成又取决于消费者如何感知产品;广告讯息则涉及企业打算在广告中讲述的内容以及表述方式。

消费行为不是由单一因素决定的,而是不同情境综合作用的结果;而诱使消费者做出一系列决定的,则是消费理由这个因素。消费理由是消费者消费或购买某个品牌的主要因素,有些消费理由是显性的,有些却是隐性的。显性的消费理由如买衣服是为了保暖,买面包是为了充饥,买自行车是为了代步等。一般而言,在充满活力的商业气候下,显性的消费理由几乎已无可供广告活动开掘的余地,因而隐性的消费理由便成了广告活动针对的主要对象。按粗略的划分,隐性的消费理由可以分为两种:一是产品或服务本身固有但消费者不易察觉的,此时需要借助广告活动大力张扬,使隐性转变为显性,以便消费者接受;二是产品或服务本身并不具备但通过广告活动可以附加在产品或服务之上的特质。当然,这种附加要区别于虚假广告,这种附加可以使产品消费或者服务消费上升到文化层面。

在广告活动中,在将消费理由研究透彻后,就要在广告诉求中针对消费理由做足文章。文章的做法多种多样,没有一定之规,但总括起来有下面几种常见形式:

第一种,直接在广告诉求中指出消费理由。这是最普遍的一种,也是最容易把握和最易于理解的一种形式,这种诉求方式主要针对显性消费理由。

例如,人们购买电熨斗的理由多数为熨衣,于是上海电熨斗厂的广告宣称"红心牌电熨斗定会使你满意——百'衣'百顺"。

第二种,间接陈述消费理由。这也是针对显性消费理由而进行诉求的一种方式。有时,有些产品或服务是消费者必需的,但消费者或者未必意识到,或者无法接受直接陈述。

例如,"人有悲欢离合,人有生老病死,人有旦夕祸福。保德信重视人的价值,愿意分担人的苦痛与欢乐"。五个句子中五个"人"字,美国保德信人寿保险公司的这几句广告词,恰当地描述了这家人寿保险公司对人的价值的极端重视,为消费者提供了到这家公司投保的充足理由。

第三种,合情地提出消费理由,不必寻求合理的支持系统。如果细究起来,有些消费理由就会显得并不那么合理。在消费这种产品的必然情势下,广告活动就要寻求其合情的成分作为消费理由,在消费者心中形成冲击力。

美国希尔顿集团的公告针对旅游者都有怀念家庭温暖的心理,在每条广告中都用内容相同的大字标题:"如家一般的世界。"(Where The World At Home)虽然从逻辑上分析这是不可能的,但却极有人情味。

第四种,没有消费理由时创造消费理由。前面我们说过,在消费者行为中,消费习惯是一个很关键的因素。在某些地域或某段时间里,消费者对有些产品是没有消费习惯的。面对这种情况,广告策划人员就要考虑可否强行找出或附会出一个能让消费者接受的理由。有这样一个传说:一名美国皮鞋推销员和一名英国皮鞋推销员同时来到南太平洋的一个岛屿,在岛上转了一天后,二人立即分别给各自的厂部拍了电报。英国人的电报说:"此岛无人穿鞋,我于明天回国。"美国人的电文却说:"该岛无人穿鞋,是个好市场,我将驻留此地。"第二天,英国人打道回府了,美国人却在一张纸上画起了广告:画面上,当地土著壮汉脚蹬式样新颖的皮鞋,肩扛着猎物,很有些耀武扬威的劲头。土著人觉得新鲜,纷纷围住美国人,七嘴八舌打探哪里能弄到脚上穿的那种"玩艺儿"。不管这个传说的真实性如何,广告人有时就是要像美国人那样没"理"找三分。

第五种,当正当的消费理由可能会引起社会反感时,可以反其道而行之。有些产品的消费理由或与社会潮流相抵触,如有损健康的香烟之类;或为社会习俗难容,如与性有关的产品等。这类产品无法正面阐述其消费理由,但社会生活中又确实离不开它们。面对这种情况,广告活动在挖掘消费理由时,应着重顺应社会潮流,适应社会习俗。

例如,国外一家香烟公司在推销皇冠牌香烟时,其广告活动并没有走常规的"味道好极了""男人的真品格"等路子,而是顺应社会潮流,在很多"禁止吸烟"的招牌后面加了一句"连皇冠牌也不例外"的广告口号。

3. 媒体选择

广告讯息得以传播的工具是广告媒体,因此,根据产品与媒体的特点,恰当地选择媒体,利用最少的广告费用取得最佳的传播效果,获得最佳效益,便成了广告策划必不可少的内容和重要任务之一。

广告媒体的选择就是运用科学的方法有计划地选择和优化组合不同的广告媒体的过程,它不以人的主观臆测为依据,而是依据媒体的性质、特点、地位、作用、传播数量和质量、受众对媒体的态度、媒体的传播对象以及媒体的刊播费用等,在分析综合因素的基础上,再根据广告对象、广告目标、广告预算等情况,选择合适的媒体。媒体选择完毕之后,还有一个组合、运用的问题。在实施广告活动时,广告策划人员既可以使用一个广告媒体,也可以使用多个媒体,而如何组合它们,则要根据策划意图来定。媒体既是舞台,也是资源。

从媒体运用的角度来看,要使广告讯息顺畅地到达消费者,除了上面所说的正确的媒体选择和媒体组合以外,还要确定广告发布的恰当时间,即对广告发布的时机进行策划。也就是对广告发布的具体时间、频率以及广告编排的次序等内容进行策划,其核心是掌握"最佳传播时间",做到"言当其时"。而要确定最佳的广告发布时机,就应当从产品的市场地位、自身特点、销售节令、消费者接受广告的能力和习惯、媒体的黄金时间段等多方面加以考虑。

五、确定广告预算

在确立了广告目标,明确了目标受众并制定了创意和媒介策略以后,广告主和广告公司接下来面临的挑战就是如何确定广告预算。对于大多数广告主而言,广告费是一笔可观的支出,因而他们常常面临两难的境地:广告费太少收不到预期的效果,太多又会造成浪费。

1. 销售百分比法

该方法以上一年的销售额或当年预计销售额为基础,乘以一个估计的百分比,获得最终的广告预算。这种方法的好处是简便易行,因此被很多企业采用。但是,如何设定广告费在销售额中的百分比却是一个难题,企业通常采用两种方式来设定这个百分比:一是按照行业的平均数,二是根据企业过去的经验。无论哪种估算方法,都假设企业的营销环境处于相对静止的状态,同时企业的营销目标和广告目标也保持不变。这种假设显然在很多情况下都难以成立,因此我们在使用这种方法时应当对这些问题加以注意。

2. 市场份额法

市场份额法又称为"广告份额法",这种广告预算制定方法的基本假设是广告费用的多少和市场份额的多少有明确的正相关关系。因此,企业在制定自己的广告预算之前必须监测市场上主要竞争对手的广告费用,然后拿出与竞争对手相当的广告费预算;或者按照本企业与竞争对手各自所占市场份额的比例(或者略高于这个比例)分配广告预算。

这种广告预算方法具有强烈的竞争导向,它鼓励企业通过广告预算的竞赛来维持或改善竞争格局。但这种方法也有一定的缺陷:首先,企业在制定广告预算时往往难以获得竞争对手未来广告费的情报;其次,竞争对手有可能减少广告费用而将其运用到其他促销活动中,过分关注广告层面的竞争有可能误导企业。

3. 目标任务法

目标任务法是预算庞大的广告主比较青睐的一种方法。顾名思义,目标任务法就是按照"广告目标""广告任务""广告任务完成效果"来制定广告预算的方法,它分为几个步骤:

第一步,明确广告目标。前面我们已经提过,广告目标应该是精准和可测量的,包括预期的广告到达率、广告频次、讯息效果、行为效果等。例如,"在两个月内使某新品牌的目标受众中45%的人看到广告4次以上"。

链接:广告策划的步骤

前文已经谈到,广告策划具有操作性的特点,这意味着广告策划具有鲜明的步骤性和程序性。不同的产品、不同的企业,其广告策划的工作内容和侧重点均有所区别。但是,从宏观的角度来讲,广告策划工作又具有一定的程序,任何广告策划活动都是有目的,并按照一定的程序,有计划、有步骤地进行的。广告公司在接受委托进行广告策划时,一般按下列步骤进行:

◎ 成立策划小组;
◎ 向有关部门下达任务;
◎ 广告策划小组会商,研讨广告活动的战略战术,进行具体的策划工作;
◎ 编写广告策划书;
◎ 将广告策划书提交给客户审核,认可后,将策划意图交职能部门实施。

第二步,确定为达到广告目标所需实施的广告活动,估计完成这些活动所需的费用,包括制作成本、媒介购买费用、辅助材料费等。

第三步,估计广告效果,调整广告预算。广告活动开始以后,应该随时跟进和监视广告效果是否达到了广告目标的要求,按照评估的结果增加或者减少广告预算。

目标任务法将广告预算的制定和广告目标、广告效果紧紧联系在了一起,同时将广告预算视为一个动态的过程,根据广告效果调整广告预算,因此特别适合于多变的环境。但采用这种方式也可能遇到挑战,比如,要提前设计达到广告目标所需的广告活动并估算这些活动所需的具体费用,这要求广告策划人员拥有丰富的经验和翔实的资料。

重要术语

广告策划	关心点	水平思考法	针对性原则
广告计划	广告目标	产品概念	销售百分比法
营销战略	垂直思考法	消费理由	市场份额法
市场细分	统一性原则	广告预算	目标任务法
细分市场	调适性原则	操作性原则	广告定位
目标市场选择	有效性原则		

练习题

1. 广告策划的含义是什么,广告策划与广告计划之间有什么差别?
2. 什么是市场细分?市场细分可以采用哪些方法?
3. 广告定位的含义是什么?定位主题有哪些类型?
4. 请简述广告策划的主要内容。
5. 广告目标的含义是什么?广告目标有哪些类型?
6. 消费理由是什么?表达消费理由的方式有哪些?
7. 请列举常用的三种广告预算制定方法,它们各有什么优缺点?
8. 广告策划时要遵循哪些原则?试举例说明。

推荐读物

里斯,特劳特.定位[M].王恩冕,等译.北京:中国财政经济出版社,2002.

永井龙男.广告鬼才——吉田秀雄[M].赖东明,译.台北:台湾动脑杂志社,1991.

杜瑞.颠覆广告[M].陈文玲,田若雯,译.北京:中国财政经济出版社,2002.

黄升民,段晶晶.广告策划:第2版[M].北京:中国传媒大学出版社,2013.

陈培爱.广告策划与策划书撰写[M].厦门:厦门大学出版社,2001.

黑马.大惊小怪:一个广告人的手记[M].广州:广东人民出版社,2003.

JEWLER A,DREWNIANY B L.广告创意与策略:第六版·英文版[M].大连:东北财经大学出版社,1998.

第 12 章 广告创意

本章学习目标

☑ 了解广告创意的本质。

☑ 认识广告创意与艺术创作的区别。

☑ 掌握讯息战略与战术。

☑ 了解经典创意方法。

☑ 认识广告创意的目标层次。

人们不看广告,他们只看那些能吸引他们注意力、引起他们兴趣的东西。……而这有时可能就是一条广告。

——乔治·戈赛治(George Gossage)

第一节 创意的本质

一、创意＝创异＋创益

广告创意(advertising creative)是广告活动中最引人注目的环节,是驱使广告人制定并实施广告讯息战略的力量,同时也是广告运作中最难以描述和阐释的环节。美国著名广告创意指导戈登·E. 怀特(Gorden E. White)将创意称为广告策划中的 X 因子,这是因为,与媒介策划和广告预算策划等不同,各种广告创意方法的潜在效力无法像其他广告活动决策那样可以加以比较并确定下来。创意大师李奥·贝纳在他的一次发言中指出:"最终,总有一个人要创造出一条广告,广告业的生命、宗旨和核心便是创作广告。"

长期以来,广告人一直努力想要把握和解释创意的本质,但却似乎一直未能真正深入创意概念的内核,就连许多世界级的广告创意大师,在谈及自己对广告创意的理解时,也常常只有一句话的解释,广度上无法再扩展,深度上无法再挖掘。

几乎在任何一本谈论广告的书籍中,都少不了"广告创意"这个概念,遗憾的是,很少有人给广告创意下一个明确的定义。本书也无意于在众多的创意定义中寻得一个明确的答案,只想将各种说法提供给读者,希望能在众说纷纭中鉴别出何谓创意、何谓非创意。

广告创意不是市场策略的文字化或者图像化。

广告创意不是制作技术。

现在广告制作的手段越来越高精尖,漂亮的广告越来越多,这就难免让人误认为许多制作精度高的广告就是有创意的广告。实际上,许多制作精度很高的广告却缺乏创意。当然,可以用制作技术来增加广告的吸引力,但是,创意和制作技术并不能混为一谈,更不能画等号;制作技术很容易模仿,创意却不是可以模仿的。但将制作技术和创意混为一谈的现象却比比皆是,美国 4A 协会主席约翰·奥图尔(John O'Toole)先生就曾一针见血地说:"在找不到广告创意的时候,美国人唱歌、英国人唱歌、法国人脱衣服。"

创意是自己的孩子,你期盼它诞生,却无法掌握它会长成什么样子。

广告创意是一个不断发想的过程,起初的入手点,等到一步一步达到终点时也许已经面目全非。重要的是,广告创意的完结并不在于客户的认可,而在于消费者的参与。也就是说,广告创意是由消费者和广告创意人员共同参与完成的,这就是李奥·贝纳所说的,一条广告

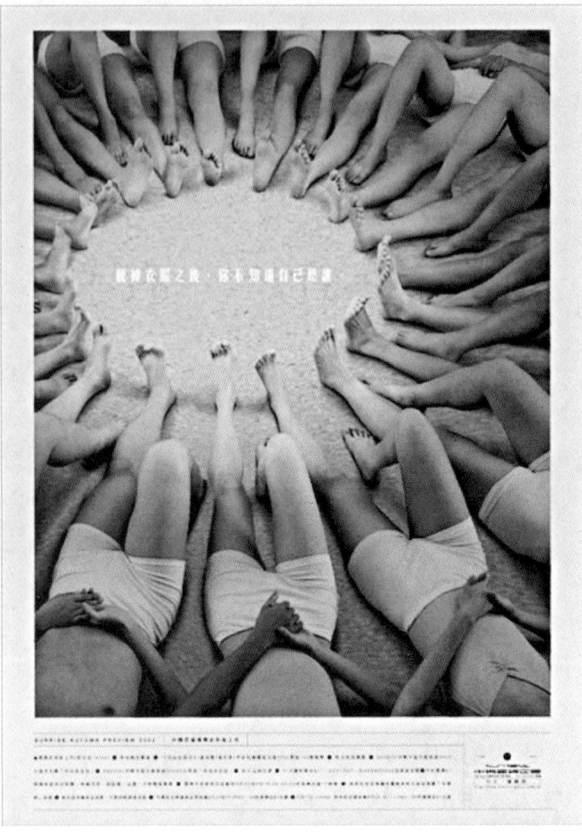

图 12-1　台湾意识形态广告公司作品
"脱掉衣服之后,你不知道自己是谁"篇

在没有印刷出来、没有播放出来、没有张贴出来、没有以一切合适的方式发布出来并开始发挥它应有的传播功能之前,它就不能算是一条广告。

广告创意,就是一种"创"造"意"外的能力。

广告创意,就是把"不可思议的"变成"同理可证"。

广告创意就是在消费者需要的地方满足需要,在消费者不需要的地方创造需要。

创意是用刀去开启内心隐蔽的仓库时,发出的响亮而不平凡的声音。

创意是把苍蝇变成葱花,让狂想成真,自创新意。

广告大师李奥·贝纳 1960 年 10 月 4 日在芝加哥文案俱乐部的演讲中提出:**所谓创意,真正的关键是如何用有关的、可信的、格调高的方式,与以前无关的事物建立一种新的、有意义的关系之艺术,而这种新的关系可以把商品用某种清新的见解表现出来。**

李奥·贝纳认为,之所以没有发现很多这一类的新关系,是因为在这个狭小的广告世界中有太多的近亲繁殖:**不仅有太多的文案人员直接拿**别人的创意稍做变化后便当自己的东西使用,甚至有些人拿着相同的创意从这家广告公司到那家广告公司……而他们从来就没有从相同的桎梏中逃脱出来。

创意完全是把原来的许多旧要素进行新的组合。

上面的诸种说法,有创作大师的归纳,也有一般广告创作人员的形象说法。有些说法虽然不很准确,但都从一些较独特的视角阐述了广告创意的真谛,比较有代表性。

本书一直用下面这个公式来概括广告创意:

$$广告创意 = 创异 + 创益$$

所谓"创异",就是与众不同。在众多的电视广告人云亦云地喊着:"省优、部优、国优"时,你说"国外评比没得奖",便是"创异"。其效果就是:他也得奖,我也得奖,大家的奖消费者都没记住;在一片得奖声中冒出一个"没得奖",消费者就会觉得它新颖而记住它。这时,如果在"国外评比没得奖"之后,再挂上一句"国内评比一等奖",就比直接说"国优"之类要高明得多。因此可以说,广告创意首先就是要形成差异。任何一个广告创意的背后都有它非常独到的策略,而对策略的掌握以及如何用创意语言将它表现出来,则是广告活动中"最具灵魂的一点"(台湾意识形态广告公司创意总监许舜英语)。"创异",有时就是巧妙地跳出逻辑,巧妙地满足策略。

对消费者注意力的竞争越来越激烈,因为消费者每天都经受着成百上千条广告的冲击,要想在众多的产品品牌中为自己宣传的产品争得消费者心目中的一个位置,广告就必须在一片嘈杂声中脱颖而出。这就强烈要求创意广告避免模仿。更难的是,创意雷同的现象在所难免,这时广告人就必须要有"先来后到"的创意伦理自觉。比如同样决定强调汽车的免费售后服务,当竞争对手已抢先喊出"回娘家"的口号后,你就得舍弃自己原先的类似构想。这种情形在广告活动中并不少见。例如,日本一家电器公司的录像机广告在诉求中强调"钛表层磁鼓"。实际上,稍懂一些录像机知识的人都清楚,几乎所有的录像机都已做到了钛表层磁鼓,但是由于这家公司抢先声明了"钛表层磁鼓",结果其他厂家的录像机广告不得不放弃这一点,否则就会让消费者误认为是在跟风模仿。

但创意不能单纯追求与众不同,更应追求经济效益。广告活动毕竟是商业活动,如果不能为企业带来效益,它就失去了存在的意义。所谓"创益",就是让消费者看了广告后心情为之一振、耳目为之一新;让广告客户买一页的广告,收到两页乃至三页、四页……的效益;花30秒的广告费,收到3分钟电视广告的效果。

"创异"也好,"创益"也罢,广告创意最不可忽视的本质是"讯息",即创意是使广告讯息得到更好传达、使广告对诉求对象发挥更好作用的手段。好的创意,必须在明确的讯息策略的指导下产生;讯息有误的创意,表现再奇特,也很难成为真正的好创意。因此,在广告创意这个环节中,广告的诉求策略和表现策略必须得到足够的重视。

关于创意,有一种典型的误解,即认为创意等于艺术创作,但实际上二者是有区别的。我们不妨来对比一下图12-2和图12-3,从中体会艺术创作与广告创意之间的差别:

图12-2 艺术作品《哥萨克人》

图12-3 松下洗衣机广告"超大容量"篇

表现主义创始者、俄国画家瓦西里·康定斯基(Wassily Kandinsky, 1866-1944)的作品《哥萨克人》创作于1910年。作者强调纯粹颜色的力量和心理效果,强调鲜红颜色怎样像号声一样使我们动心。作品主题突出了作者对"色彩音乐"的主观理解,他相信可以通过这种方式进行心灵与心灵之间的沟通。

该广告系龙玺广告获奖作品。广告借用了法国古典主义画家让·奥古斯特·安格尔(Jean Auguste Dominique lngres, 1780-1867)于1862年创作的名作《土耳其浴室》的画面,巧妙的借用和富于幽默感的联系使人对"超大容量"的产品特性印象深刻。广告充分表现了广告创意"遵命创作"的特性。

从广告创作流程来看,广告创作包括了创意和制作两个方面,缺一不可。在有些情况下,缺乏创意,单靠制作水平还可以过关,但是仅有好的创意却没有相应的制作水平去表达,却注定会失败。尽管如此,人们在平衡创意与制作的关系时,仍然要说创意是创作的灵魂。

二、创造力——广告创意的驱动力

所谓"创造力",就是一种创造的思考能力,它包含了两种特质:流畅性和思维灵活性。所谓"流畅性",指面对一个问题或一种状况时,一个人能提出的方案或反应的数量越多,其思考能力就越流畅;所谓"思维灵活性",指面对一个问题或一种状况时,一个人提出的解决方案或反应具有很强的特殊性。正因为创造力具有这两个特性,因此,培养一个人的创造力,一方面要求增强这个人提出解决方案的数量的能力,一方面又要求增强其所提方案的跨界能力。

创造力除了后天培养外,还有赖于人的天赋。这些条件,对于任何创造性的活动都是必不可少的,而广告活动对创造力的要求更有突出的两点:一是激发集体智慧;二是刻意营造创意气氛。

国外广告界的创意人员更多地采用另一种工作方式来进行创意,这就是"头脑风暴法"(或称"头脑激荡法"),即由若干人组成创意小组,然后通过集体讨论,互相激发灵感,以求产生卓越的创意。

"头脑风暴法"(brainstorming)是广告公司激发集体智慧的常用方法,由BBDO的亚历克斯·奥斯本(Alex Faickney Osborn)创建[1],是一种由广告创意人员,例如文案人员和美术指导等参加的形式自由的集体研讨会。头脑风暴法的头脑风暴讨论会一般遵循这样一些原则:不对任何创意提出批评;所有创意都记录在案,以备将来参考;鼓励完全没有约束的自由联想;摆脱自己专业领域的束缚;改变视角,注意不同讯息;纵观全局,置身局外;避免熟视无睹。其具体做法包括:确定讨论的具体内容,召集专业人员参加讨论;集思广益;主持人将所提设想分类;选择好的点子并写出报告。

一个人的创造力,无论是先天的还是后天的,也不管其创作环境如何,仅就创造力本身而言,能否测量呢?美国纽约大学的莫里斯·施坦恩(Morris Stein)提出,广告专业人员

图12-4 Spade杂志"不同视角的新加坡"篇
这三幅作品不仅仅是优秀的杂志广告,也是对如何通过"改变视角"获得创意的最好诠释。

---

[1] 〔美〕参见阿伦斯,等.当代广告学:第8版[M].丁俊杰,程坪,等译.北京:人民邮电出版社,2005:414.

可以利用以下几条作为识别创造力的原则：
- ◎ 一个人创造细胞的多少，仅从语言才能上看，彼此之间并没有太明显的差别；
- ◎ 创造力差的人比创造力强的人更着急一些；
- ◎ 创造力强的人比创造力差的人更独立、更精悍、更合群；
- ◎ 创造力强的人总觉得自己的态度与众不同；
- ◎ 创造力差的人比创造力强的人更信奉创作方面的权威；
- ◎ 创造力强的人更看重实际工作和操作，更强调和谐，不太注重神秘；
- ◎ 创造力强的人更偏重于获取并接受发自内心的冲动，创造力差的人则更偏重于避免有可能使自己的活动遭受指责的环境；
- ◎ 创造力强的人比创造性差的人更乐意表现自己的心理健康；
- ◎ 创造力差的人在不需要负责任时往往会冒险，而创造力强的人会真的去冒险；
- ◎ 在解决问题方面，创造力强的人往往一边分析资料，一边小心谨慎、不慌不忙地工作，而一旦掌握了所需资料数据，接近归纳时，他的工作速度就会加快。创造力较差的人则相反，在分析问题上下功夫少，在追求归纳材料上花时间多。

莫里斯·施坦恩的以上研究结果发表在美国市场营销协会 1985 年 11 月 8 日出版的《市场营销消息》上，他的这些观点未必适用于所有的创作场合或创作人员，但却具有一定的真实性和指导性。对于广告活动中的创造力问题，我国几乎没有系统的研究，但国外这方面的研究成果较多，我们现在将这方面的一些主要观点介绍给大家，也许有一定的借鉴意义：

观点 1：创造力并非人人相同，它只钟爱于一部分人。

许多调查发现：一些成功的创意人才明显比那些创造力差的人更愿意去体验生活；做事更灵活；更不看重传统；行事和思考更激进、更独立、更自主；更注重自我形象；更有幽默感；更愿意冒险；更好奇。不过，在众多的研究中，至今尚未发现人的智力与创意、创造力之间有什么直接联系。

观点 2：广告创意人员在一个有序的集体中比在一个自由组合的无序集体中更具创造力。

研究发现：几个人聚在一起往往有助于激发创造力。也就是说，处于集体状态中的个人在思考问题时显得更流畅、更灵活，也更别出心裁。从某种程度上讲，这也说明了为什么大多数大型广告公司要利用创意策划小组或创意审查小组来审定讯息战略的两大成分："说什么"与"怎么说"。

观点 3：培养和训练可以提高创意的产生与质量。

尽管有些人认为创造力是教不出来的，但事实却证明，训练的确会有所帮助。调查表明：在创造力方面训练有素的人，在产生和评估创意的能力方面明显不同于那些相对孤立的个人。

观点 4：创作欲望比创作环境更重要。

有些人在有压力的情况下工作效果最佳；有些人则自己给自己施加压力。无论哪一种，所有优秀的创作人员都是因为有发自内心的创作冲动才创作出了最好的作品。

第二节 广告创意的管理

一、创意目标的设定

如果不了解广告的目标是什么,广告公司在创作时就没有明确的航向,就没有创意的依据,文案和美工就无法创作出成功的广告,同时他们也很难按传播效益标准来判断广告的效果。在这种情形下,创意团队再努力,创作的广告再新颖别致、再吸引人的眼球,广告也可能因偏离了航向而收不到应有的效果,甚至还可能适得其反,给企业帮倒忙。创意专家大卫·都茨(David Deutsch)特别提出,广告人为提高创意水平所能做的最有价值的事情便是简明扼要地锁定广告意欲向目标受众传达的内容。①

我们知道,广告目标指导策划,并且也是评价广告效果的主要指标之一。在创意这个环节,广告目标发挥的仍然是指导作用:它们使创意人员得以了解广告预期引起的反应,得以设计与之匹配的广告内容和形式,使之产生最佳的预期反应。

在设定创意目标时,创意人员必须考虑长期目标与短期目标的矛盾、总体目标与具体目标的矛盾以及目标层系的问题。

所谓长期目标与短期目标的矛盾,指广告创意人员在强调传播时,往往侧重于短期目标,但在强调销售时又强调长期目标。他们非常清楚,即使广告可以在短期内产生传播效果,但要影响销售却需要更长的时间。但是,过分强调市场营销目标势必会导致广告创意人员急于在一条广告中塞进尽可能多的承诺,而不太顾及广告在更大的市场营销策略中的传播作用。创意的目标层系指广告创意目标有低度参与目标层系、认知层系、信任层系、行动层系之分,与此相对应的广告创意目的就是引起感知、增强理解、建立信任、促发行动等。总体目标与具体目标意味着仅有这些层系目标还不够,周密的广告目标还必须具体说明预定反应的确切情况并能以某种方式测定出总目标的效益。因此,广告创意人员必须兼顾这几种目标,在实现短期传播目标的同时,帮助企业实现长远的营销目标。

二、广告创意的有效管理

关于创意的管理,大多教科书并没有明确的阐述,但这确实是一个很重要的问题,有时甚至比创意本身还重要。在具体操作与执行层面,创意的管理方法并没有形成一个放之四海而皆准的模式。奥美广告公司总裁肯纳斯·朗曼(Kenneth Longman)认为,"把握创意首先要遵循容忍过失的原则",在他看,冒险是创意的核心,出色的广告就是将不合适的产品说成合适的,出色的创意工作无论在概念上还是在实施上都独一无二。而所谓"独一无二",就意味着从未有人尝试,因而要冒一点风险。

在奥美广告公司,肯纳斯·朗曼的创意冒险哲学通过以下九个管理原则得以实现:

---

① 创意警句——它们怎样成为被人们记住的广告[J].广告时代,1980(12):29.

◎ 保护新创意:创意就像一个初生的婴儿,小小的、不成熟、尚未成形,所以广告公司和广告主要保护这些创意,直到它们成熟为止,世上没有哪个创意毫无价值或在产生之时就完美无缺;
◎ 准备受惊:独出心裁的标准之一便是"惊异效果",创意代表着变化且常常向某个固有成见挑战,创意越别具一格,就越像是在干出格的事;
◎ 寻找魔术师和"管道工":广告公司既需要那些能干创意的人,也需要那些能维护"机器"运转的人;
◎ 为创意创造一个环境:尽量倾听,将创意的评估与创意的产生区分开;
◎ 不要将调查与创新混淆起来:人们往往错误地使用调查,调查确实有助于创意的产生,但其本身却极少产生创意;
◎ 保持和谐:与外界保持和谐,创意产生常出自偶然,而那些早有准备的人就会抓住它不放;
◎ 将资料转换成意义,再将意义发展成战略:我们处于各种统计数据的包围之中,我们必须超越这些数字,从中发现它们对消费者的意义以及消费者每天的经历;
◎ 重新制作"车轮":寻找一条重新思考创意的途径,广告业中跑得最好的车轮便是你认为由你自己制作的那个;
◎ 微笑:创意都具有完善的幽默感,请和它们一起微笑。

图12-5 耐克LED跑道

耐克制作的鞋印形跑道,外围的LED屏能记录用户跑步时的图像。

奥美广告公司就是在这样的管理理念指导下,产生了许多卓有成效的创意。

虽然我们对创意的"非常规性"做了许多阐述,但是我们不得不再次申明:广告作业是一种"遵命"创作活动,广告创意是一种纪律性很强的工作,并非像一般人理解的那样可以"天马行空"。下面这些条件是约束广告创意的一些框框,也可以视为选择和评估广告创意的依据。

第一,广告创意必须建立在大量事实的基础上。所有的创意人员都要了解消费者对自家产品和竞争对手产品的看法,了解消费者在购物时考虑产品的哪些具体属性、特点、使用情况等,了解竞争对手在他们的广告活动中如何介绍自己的产品,了解某个产品属性或使用情况是否被竞争对手的广告所遗漏等。这些资料和信息与创意本身并不是一回事,但它们却可以为创意提供极有价值的情报。

第二,创意要有明确的目标。如果不了解广告活动的目标是什么,便很难产生好的创意,也很难按传播效益来衡量广告创意。

第三,广告创意要符合企业的营销战略。创意是否与已有的市场营销战略包括广告战略相符?创意能否在可支出的媒介预算内达到预期的效果?创意会不会使消费者按预定的方式采取行动?广告创意是否符合企业的形象?

第四,广告创意要符合目标市场细分。广告创意针对的细分市场是否恰当?它是否与目标受众的问题和语言相吻合?广告创意的诉求对象是否与广告主预设的对象相符?

第五,广告创意要与整体营销组合相配合。广告创意是否与其他营销因素传达的讯息一致?会不会出现广告创意传达的是"物美价廉"而销售推广却说"价格昂贵"这种情况?

图12-6　高端厨具品牌艾美龙的广告

画面中用积木呈现出完整的动物形态,表明刀具的锋利。

第六,影响力。创意是否能从竞争激烈的众多广告中脱颖而出?广告创意是否具有抓住目标市场注意力的威力?

第七,广告创意要单纯而具体。创意是否有的放矢?会不会太泛泛而谈?

第八,广告创意要有较强的抵抗力。创意会不会被对手的承诺击败?

第九,创意要有较强的持久力。创意是否能站住脚?它能持续多久?

由于创意具有很强的变异性和复杂性,即使上面几点都做了,也未必能保证创意一定会成功,这些评估条件只能起参考作用。

第三节　讯息战略——广告创意成功的策略保证

从理论上讲,创作有效的广告似乎是一件轻而易举的事——在适当的时间通过适当的媒体传递适当的讯息。然而,在实际工作中,做广告却并非易事。为了战胜来自竞争对手的威胁,为了克服受众心中普遍存在的抵触情绪,有效的广告——引起人们的注意,然后促使他们处理销售讯息——的关键是制定并实施正确的讯息战略。约翰·奥图尔认为,如果广告活动的讯息战略有误,这个活动就不可能成功。①

一、讯息战略与讯息战术的区别

讯息策划涉及两个彼此相关的决策:讯息战略的确定和讯息战术的确定。广告主对讯息策划的解释各种各样,有人称之为文案战略,有人称之为创意战略。但是,无论它叫什么,所有人都同意讯息战略关系到"广告准备说什么"这个问题,而讯息战术则关系到"如何实施战略"这个问题。作为广告活动策划的基础,讯息战略为传播广告讯息提供了一个从市场营销到传播目标到讯息内容再到战术的合乎逻辑的进程。

"说什么"关系到主要讯息创意的形成,这些创意将向特定的目标受众传递广告对象——产品、服务或观念——的益处或解难能力。"说什么"决定广告想传播什么,但不关心讯息具体怎样传递,对于广告公司的创意主管来说,"说什么"是"一张标明我们如何从A点到达B点的路线图——A点是我们的对象现在的想法"。②换言之,"说什么"就是广告业中的行话"大创意",它能抓住广告对象满足消费者欲望的本质或益处,表现为一种引人注目且容易记忆的广告。

让我们来看看美军征兵广告活动的讯息战略。广告活动刚开始时,"你无所不成"是广告活动的主题,向人们传递了这样一种好处:通过军营生涯使个人得到成长和发展。此后,广告只对歌词和标题进行过细微的调整,主要是为了反映讯息目标设定中的细微变化。广告活动的头两年,标题为"我们需要你参军"(见图12-7),以此与广告主题配合,反映出"国家需要你"的观念;两年后,标题变成了"你能在军队里干",这更符合广告活动的主要战略重点"个人发展";1985年,标题又变成了"军队前程似锦",这一标题反映出一种美国人所崇尚的挑战个人和接受职业培训的精神。

直到今天,美军的广告活动战略依然生气勃勃、效果颇佳,标题是"寻求前程"的延伸——"战胜生活"。该活动足以证明,只要选定的讯息创意正确,便可以长期保留并发展这个创意。

图12-7 早期的美国陆军征兵广告"I Want You"篇

这条广告最初发布在 Leslie's Weekly 周刊1916年7月6日刊的封面上,标题是"我们需要你参军"。这幅按照创作者詹姆士·蒙哥马利·弗莱格(James Montgomery Flagg)本人样子绘制的山姆大叔肖像闻名全球。美国在1917-1918年间共印制了400万张这样的征兵海报。

---

① O'TOOLE J. The trouble with advertising[M]. New York:Chelsea House Publisher,1981:121.
② 贝利.1983年奥美广告公司年度报告[R].(未刊物).

二、确定讯息创意

广告创意千变万化,但有一个共同点,就是创意之前必须了解产品、消费者和竞争对手等背景信息。这些信息非常重要,可以从两个渠道获得:第一,通过第一手产品经验及其使用者掌握实际情况,或者依靠职业辨别力与熟悉度来了解实际情况;第二,通过分析公开资料或通过消费者群体调查、深度调查、观察或小组访谈等方法掌握情报。虽然上述两种信息源都无法完全解决讯息创意这个问题,但是,这两者都可以提供极有价值的情报,从而为产生"大创意"打下良好的基础,并使之长期指导一个广告活动。

广告策划人员希望从这些情报中发现差别——(一组)特征,它们既可以是真实存在的,也可以是感觉上的,只要有助于广告使产品或服务区别于竞争对手即可。如果产品或服务确实有别于同类,如性能特别优良、有特殊的成分或经济实惠,那么产品就有了真正的优势;如果消费者自己发现了差别,哪怕这个差别实际上非常细微甚至根本不存在,产品也具有了感觉优势。这两种优势的产生,是因为无论什么产品或服务,均包含着客观和主观的特征。拿女性买时装来说,她们不仅在购买衣服,还在购买心理优势和人际优势(见图12-8)。同样,喝啤酒的人不光是在买酒类刺激物,他们还在为自己购买一天辛苦劳作之后的犒劳,他们购买的是一种生活方式。只要找准了差别,这个差别就可以成为广告讯息创意的立足点,就有助于形成差别优势文案。

图12-8 "时装杀手"篇

差别优势文案建立在任何产品和服务都共有的三种区别之上:
◎ 物理区别:产品和服务的实际构成,如成分、风格或特点;
◎ 功能区别:产品和服务的操作结果,如操作方便等;
◎ 个性差别:产品和服务的心理结果,如消费者对此的感觉或看待自己与产品或服务的关系,或与他人的联系。

针对制定讯息创意的所有方法,下面三个问题有着特殊的意义:

第一,所有产品和服务均具备许多物理、功能和个性差别,但并非所有特点都很独特或与目标受众相符。例如,虽然哥伦比亚咖啡香味醇厚,但该属性并不一定对买咖啡的人有意义。或者,另有一个品牌的咖啡早已长期以醇厚香味作为自己广告活动的卖点,因而哥伦比亚咖啡无法以此作为差别的突破口,除非正好需要一个"我也一样"的讯息战略。

第二,物理差别、功能差别和个性差别互为依赖,无论偏重于哪种组合,都要顾及彼此的关系和机会。例如,人们之所以乐于喝哥伦比亚咖啡,是因为他们了解味道醇厚的哥伦比亚咖啡是在独特的山区条件下种植和采摘的。

第三,目标消费者是最终决策哪个物理、功能或个性差别有意义的裁判,因此,任何一个差别优势文案都必须精挑细选,从消费者看待产品的角度出发,而不是从广告人或客户看待产品的角度出发。

三、文案纲要——创意蓝图

在实际工作中,尽管创意经理们对文案纲要的看法并不一定相同,但绝大多数经理至少对以下几条持相同的观点:

◎ 文案纲要应该与市场营销的战略和目标保持一致;
◎ 文案纲要应该清楚、具体地说明讯息或创意目标(广告传播目标);
◎ 创意目标应该说明预备瞄准哪个市场细分,预备传递什么产品、服务或观念;
◎ 文案纲要必须与媒介战略和预算战略密切配合;
◎ 文案纲要应该为实施广告提供指导方针。

世界著名广告公司麦肯广告公司将其文案纲要称为"创意缩写"。无论其叫法如何,优秀的文案都必须说明以下五点,而且每一点都应该与预先制定的市场营销策略相吻合:

◎ 创意目标:讯息战略要达到什么目的?广告主希望目标消费者在接触讯息之后如何思考、感觉或反应?
◎ 目标受众:广告应该直接面对什么个体?根据市场调查,哪些人属典型的目标消费者?
◎ 主要利益:消费者为什么要购买或租借产品/服务或接受倡导的某一观点?该产品具有哪些优点使之有别于竞争对手的产品?
◎ 格调:讯息创意采用什么传递方式或方向?讯息是应该雄壮有力、咄咄逼人?还是轻如春风、润物无声?是幽默一点好还是一本正经好?
◎ 讯息创意说明:对广告内容进行言简意赅的说明。其实,讯息创意说明就是把前面四点结合起来。

以上五个方面说明了主要利益——精选的差别优势文案——与所期待的目标受众的反应之间的关系。格调为差别优势文案指明了方向;讯息创意说明则提供了一个概括性定位。

广告的格调说明应该解决三大问题:(1)广告到底应该是感性的还是理性的?有什么限度?(2)广告中是否要考虑竞争因素?如何考虑?(3)广告讯息的力度应该如何把握?

无论是以事实为基础还是以感觉为基础，广告格调都可能产生积极或消极的影响，最著名的一种格调形式是在广告中运用恐惧诉求（见图12-9）。

竞争格调事关如何对待广告活动中遇到的竞争环境。当然，此时可以选择在广告中运用积极的非竞争格调，但是这种选择往往容易忽略竞争对手承诺的潜在抵消作用。因此，如果决定针对竞争环境，那么广告战略便有了两个可行的选择：

◎ 或明显或隐含地提及竞争对手，使产品或服务能与竞争对手的产品或服务产生联系；
◎ 采用辩论手段动摇消费者过去的信念，从而与已有的讯息战略或竞争对手的承诺相抗衡。

讯息力度问题事关用多大的力量来传播讯息。广告设计可以分为高强度展示、中强度展示和弱强度展示，按广告术语来说，便是分为硬销售、软销售和介于这两种之间的销售。恰当的讯息力度可以引起人们的兴趣而不是怀疑。

图12-9　京东"双11"广告

物流速度慢导致消费者不能及时用上需要的产品，京东"双11"广告以"不光低价，快才痛快"的诉求突出其物流的快捷优势，直击其他电商物流慢的软肋。

讯息创意常常被说成是广告主题，是广告创意的书面指导，是测定广告创意结果是否符合战略的标准尺度。一般说来，应该在目标受众样本中进行小组访谈或深度调查，对入选的备选主题进行测定，从而决定最佳的活动主题。在寻求差别优势文案的同时，主题的制定和选择必须以消费者的观点为基础——主题向他们传递什么？

四、讯息策略——广告实施步骤

讯息战略和讯息战术，哪个更为重要？有些专家基于战略指导实施的原则，指出战略更为重要，约翰·奥图尔认为，如果战略瞄准了目标，实施即使差点也过得去；但如果战略错了，实施再高明也无济于事。高明的实施可以使平庸的战略取得胜利，而高明的战略却可能因拙劣的实施而事倍功半。其实，对这个问题的回答很简单：战略和战术同样重要，这两者也必须配合行动才能成功，它们必须以市场营销和广告战略为基础并彼此完善才行。图12-10为广告创意组合流程。

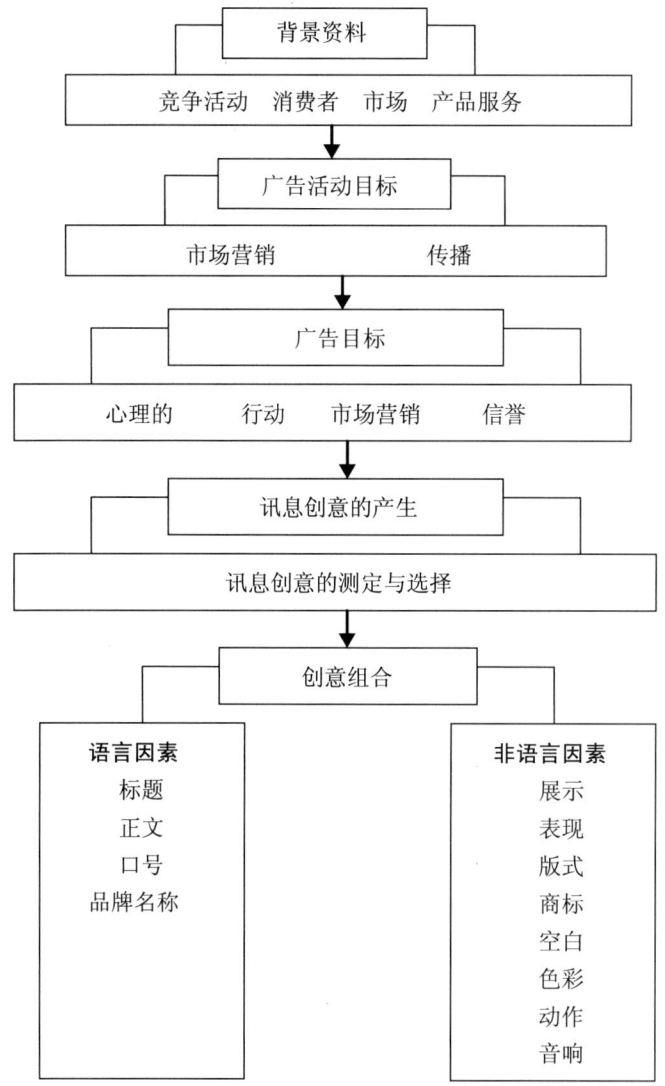

图 12-10　广告创意组合流程

五、讯息战略种类

人们制定了大量分类体系,以此作为确定各种讯息战略的方法,其中最有用处的一种是由查尔斯·弗雷泽(Charles Frazer)提出的(见表 12-1)。与其他分类体系相比,查尔斯·弗雷泽的七种方法既不完善,也不彼此独立,但他的体系的确为我们观察和评估讯息方案的普遍实质及特征提供了一种成效显著的方法。

表 12-1 创意战略方法概况

方　法	最合适的条件	竞争含义
一般法 直接说明产品或利益,不强调其非同一般。	产品品种占有垄断或绝对统治地位。	使广告主的品牌与产品品种统一;可能会由于更高的订购战略而遭到攻击。
优先法 一般性说明,但同时强调其非同一般。	最适用于成长型或衰弱型市场,此时竞争广告不突出甚至不存在。	可以成功地说服消费者相信广告产品的优秀品质;可以限制竞争对手的反应机会。
独特销售建议法 基于独特的物理特性或利益提出其优秀品质。	最适用于竞争对手无法与广告主的产品特点竞争时。	广告主赢得强有力的劝服性优势;可以迫使竞争对手模仿或选择更冒险的战略(即定位)。
品牌形象法 建于心理差异之上的声明,通常运用象征手法。	最适用于同类产品,因为同类产品很难有物理差别,即使有也极易被人赶上;要求对消费者有足够的了解,从而拿出有意义的象征或联想。	常常涉及信誉声明,很少直接与竞争对手交锋。
定位法 努力建立或占领能抗衡已知竞争对手的心理位置。	向市场巨头挑战的最佳战略;要求付出长期积极的广告努力并了解消费者。	直接比较会严重限制被提到的竞争对手;反击成功的概率似乎不大。
共鸣法 努力引起潜在消费者的经验共鸣,从而赋予产品一定的意义或品质。	最适用于常见的有形物品;要求设计讯息模式的人非常了解消费者。	对竞争对手的机会几乎没有直接限制力;竞争对手的反应极有可能是模仿。
影响法 努力采用双关、幽默或类似的东西,不过分强调推销,借此刺激消费者的参与感或情感。	最适用于消遣用品;是否有效取决于竞争对手惯用的扩大差别的方法;对审美和直觉最有把握。	竞争对手可能跟风,从而破坏差别战略或者采用其他方法。

第四节　经典广告创意法

过去的半个多世纪以来,广告一直受到六种不同讯息战略法的影响,它们是:李奥·贝纳的固有刺激法;罗瑟·瑞夫斯的独特销售建议法;大卫·奥格威的品牌形象法及 3B 法;威廉·伯恩巴克的实施重心法,艾尔·里斯和杰克·特劳特的定位法以及理查德·伍甘的讯息模式法。上述几种方法除威廉·伯恩巴克的实施重心法外,其余五种在查尔斯·弗雷泽的分类体系中都提到过,均侧重于讯息战略的"说什么"因素。

一、李奥·贝纳的固有刺激法

李奥·贝纳强调发掘产品本身的戏剧性,而不仅仅靠创作者的灵机一动,他的这种观点被冠以"芝加哥广告学派"的名称。在工作中,李奥·贝纳具有追求卓越的强烈愿望,他认为卓越的文案创意具有征服那些看似不可能的销售难题的力量,这迫使他的工作伙伴不得不竭尽全力创作好的作品。在广告公司中,李奥·贝纳很少自己亲自撰写文案,而是给年轻的文案提供指导。他说:"我最大的贡献在于能够偶尔揭示出一些基本的概念,这能够刺激那些天才,让他们做得比自己想象的更好。"①

李奥·贝纳对广告业的另一项重要贡献,是提倡视觉传达的重要性,《时代周刊》(Time)甚至说他要为我们今天所承受的"视觉形象风暴"(blizzard of visual imagery)负最主要的责任。他认为,比起吃力的描述、冗长的逻辑和空洞的承诺,视觉形象更具有说服力、更能打动人心,因为视觉形象能直接诉诸消费者的基本情绪和主要本能。他创作的脍炙人口的形象有快乐的绿巨人(Jolly Green Giant)、万宝路男子汉(The Marlboro Man)和老虎托尼(Tony Tiger)等。

李奥·贝纳认为,广告创意的成功秘诀就在于找出产品本身固有的刺激,"固有的刺激"也称为"与生俱来的戏剧性"。广告创意最重要的任务就是把产品固有的刺激发掘出来并加以利用,也就是说去发现生产厂家生产这种产品以及消费者购买这种产品的"原因"。一旦找到这个原因,广告创意的任务便是依据固有的刺激——产品与消费者的相互作用——创作出吸引人的、令人信服的广告,而不是靠投机取巧、噱头、蒙骗或虚情假意来取胜。

按照这种理念,在广告创作中——如文案写作,不论你要说什么,一般情况下,根据产品和消费者的情况,要想恰到好处,只有一个能够代表它的名词、一个能使它动的动词和一个描述它的形容词。对于创意人员来说,一定要去找到这个名词、这个动词和这个形容词,永远不要满足于"差不多",永远不要靠欺骗(即使是聪明的欺骗手段也不要用)去回避困难,也不要靠闪烁的言辞去回避困难。

李奥·贝纳运用固有刺激法最成功的一个例子是他为"绿巨人"做的广告。明尼苏达山谷公司(Minnesota Valley)是李奥贝纳广告公司的早期客户之一,这家公司生产包装谷物和蔬菜,早在1928年就开始在广告中使用绿巨人的形象(见图12-11)。在接手这个客户以后,李奥·贝纳改变了绿巨人原来弓腰驼背、满面愁容的样子,将他重新塑造成笑容灿烂、身着树叶服装的快乐形象,并在绿巨人名字前增加了"快乐"两个字(见图12-12)。1950年,明尼苏达山谷公司正式更名为绿巨人公司。为了向消费者传达广告主在收割和包装豌豆过程中的精心细致以及消费者对"新鲜"的渴望,李奥·贝纳在绿巨人广告中特别强调其是"在月光下收割"的(见图12-13)。这一成功的创意成了广告界的范例。

在1960年的一次讲演中,李奥·贝纳从三个方面论述了与固有刺激法相背离的做法。当然,他也是用罐装豌豆——绿巨人来进行解释的:

用许多不证自明的事实作成一篇毫无趣味的自吹自擂的文章

李奥·贝纳认为,有这种习惯的文案可能会这样来写绿巨人的广告——"如果你想要最好的豌豆,你就要绿巨人。绿巨人经过精心种植与装罐,保证使你最后对味道满意。因为它们是同类产品中最好的,所以这些又大又嫩的豌豆在美国最畅销。今天就在你买东西的食品杂货店中买一些吧。"

---

① http://www.anbhf.org/laureates/burnett.html.

图 12-11　1928 年首次在广告中出现的绿巨人形象

图 12-12　李奥·贝纳作品"月光下的收割"篇

图 12-13　后期的绿巨人广告

用明显的夸大之词构成夸张的狂想曲

李奥·贝纳指出，有这种倾向的创意人员可能会醉心于这样的文案——"在蔬菜王国中的大粒绿宝石。你从来不会知道一颗豌豆能够像这样——似露的甜蜜，像 6 月清晨那么新鲜并洋溢着丰富的豌豆芬芳。这不是一般的豌豆，这是绿巨人，是蔬菜王国中的大粒绿宝石。意兴遄飞，把它端到烛光照射的餐桌上，即使你丈夫把你的手握着更紧一点也不足为奇。"

炫耀才华，舞文弄墨

这类人会这样写——"这种豌豆计划永远终止了蔬菜战争。绿巨人，它也不过像玉米粒那么大，剥豌豆的人能够剥下。绿巨人有一个保证豌豆永存于世的计划——豌豆在大地，善意满人间。"

20 世纪 30 年代末,当李奥·贝纳为绿巨人公司撰写广告文案时,他将广告标题定为"月光下的收割"。文案是:"无论日间或夜晚,绿巨人的豌豆都在转瞬间选妥,风味绝佳……从产地到装罐不超过 3 个小时。"李奥·贝纳解释说:"如果用'新鲜罐装'做标题,倒是非常容易说,但是'月光下的收割'则兼具新鲜的价值和浪漫的气息,并包含着特别的关切。这在罐装豌豆的广告中是难得一见的妙句。"

二、罗瑟·瑞夫斯的独特销售建议法

罗瑟·瑞夫斯认为,要想让广告活动获得成功,就必须依靠产品的独特销售建议(Unique Selling Piont,USP,也有人称之为"独特的销售主张"),独特的销售建议包含以下三部分内容:

◎ 每一条广告都必须给消费者提出一条建议,而不是光靠文字、图示等去吹捧产品,每一条广告都必须告诉受众买这个产品他就会从中得到独特的好处;

◎ 提出的建议必须是竞争对手没有或还没有提出的,无论是在品牌方面还是在承诺方面都要独树一帜;

◎ 提出的建议必须要有足够的力量打动消费者,也就是说,建议要有足够的力量吸引新顾客购买产品。

罗瑟·瑞夫斯相信,一旦独特的销售建议确定下来,就应该不断地在各个广告中提到这个建议并使之贯穿于整个广告活动。罗瑟·瑞夫斯为玛氏糖果所做的广告承诺"只溶在口,不溶在手"(见图 12-14)就是他最著名的 USP 案例之一。

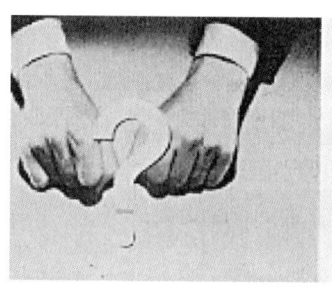

图 12-14 玛氏巧克力最早的电视广告"只溶在口,不溶在手"篇

玛氏巧克力广告创意的诞生颇具传奇色彩。

1954 年的一天,玛氏糖果公司的总经理约翰·麦克纳马拉(John MacNamara)来到罗瑟·瑞夫斯的办公室找他,他认为原来的广告不是很成功,想让罗瑟·瑞夫斯为他的巧克力做一个广告,广告创意必须能为他招来更多的消费者。双方进行了一番沟通,在沟通进行了 10 分钟之后,罗瑟·瑞夫斯认为自己在这个产品之中已经找到了客户想要的创意。

当时,玛氏巧克力是美国唯一一种用糖衣包裹的巧克力,可是巧克力的生产厂家在以往的广告中并没有着力突出这一点。虽然他们清楚这一点,但并不知道这其中蕴涵的巨大广告价值,而罗瑟·瑞夫斯则认为,独特的销售建议正在于此。

找到了独特销售建议之后,下一步就该考虑怎样把这一点体现在广告中。罗瑟·瑞夫斯最后想到了一个非常有表现力和说服力的口号"只溶在口,不溶在手"。因为糖衣的作用,玛氏巧克力即便长时间握在手心,也不会像普通巧克力一样很快融化。为了表现这句独特的口号,罗瑟·瑞夫斯在玛氏巧克力广告中表现了两只手,让观众猜哪只手里有玛氏巧克力,然后张开手心让观众看。旁白说:"哪只手里有玛氏巧克力呢?不是这只脏手,而是这只手。因为,玛氏巧克力——只溶在口,不溶在手。"

不难发现,罗瑟·瑞夫斯的独特销售建议是把重点落在产品之上,先找到产品的独有特点,然后再以展示性的手法告诉并说服观众去理解、相信产品的这一特点,从而引起消费者的兴趣。①

三、大卫·奥格威的品牌形象法和3B法

产品个性是人们对产品形成的全部印象,通常被叫作"产品形象",它是人们在听到诸如华为、联想、奔驰、泸州老窖等名字时心中联想到的东西。创意大师大卫·奥格威(业内通常简称"奥格威")认为,任何产品的品牌形象都可以依靠广告建立起来,品牌形象并不是产品固有的,而是消费者联系产品的质量、价格、历史等,在外在因素的诱导、辅助下生成的。正是基于这种观点,奥格威建立了自己的品牌形象法。按照奥格威的说法,人们购买的是产品所能提供的物质利益或心理利益,而不仅仅是产品本身。因此,广告活动应该以树立和保持品牌形象这种长期投资为基础,即使这种方法意味着做出一些短期牺牲。

奥格威认为,每条广告都应该对品牌形象这个复合象征有所贡献,那些让广告为自己的品牌树立了最出众形象的生产厂家将会获得最高的利润和最大的市场份额。而那些目光短浅的投机型生产厂家一有可能就会将自己的广告资金挪作他用,这样的企业总有一天会发现自己正一步步走向困境,到了难以解脱的时候再想树立品牌形象,则往往要花费更大的气力,有时甚至根本无力回天。

奥格威创作的一个经典品牌形象是万宝路男子汉。万宝路香烟的许多广告以独特、易识的品牌形象为基础,在公众中建立起了持久而强有力的形象。但大家可曾知道,万宝路一度曾是一种带有明显女性诉求的过滤嘴香烟,后来,为了改变其女性气质才推出了一些新的广告活动。这些新广告旨在树立万宝路香烟是那些"历尽艰辛"、在户外干活的男人的香烟的形象。在广告中,无论是表演还是其他视觉手段,都只表现粗犷的男人、牛仔或文身的体力劳动者;无论是在平面广告还是在电视广告中,每个万宝路男人都在向人们述说自己的一段户外生活经历,说明自己为什么选择万宝路香烟。图12-15和12-16分别为早期和后来的万宝路香烟广告。

---

① 本部分参见钟静.经典广告案例新编[M].北京:经济管理出版社,2007.

图 12-15　20 世纪 30 年代女性化的万宝路香烟广告

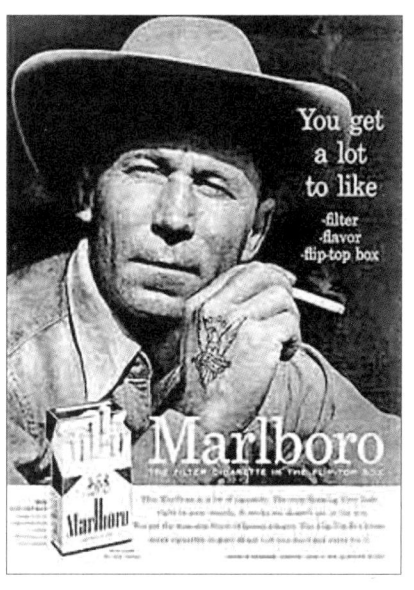

图 12-16　1945 年的万宝路香烟牛仔形象

此外,奥格威还从创意入手提出了广告的 3B 原则,即 beauty 美女、beast 动物和 baby 婴儿。该原则以人类的基本情感为出发点,让婴儿、动物和美女成为广告诉求的载体。看见萌萌的婴儿和动物,谁能不产生共鸣呢。以 2013 年年初法国依云矿泉水发布的"宝宝和我"视频为例,该广告拍摄了成年人看到自己的婴儿镜像时惊异不已的场景(见图 12-17)。片中,宝宝们和成年人一起表演着复杂的舞蹈动作,看见那样的宝宝,让人不禁青春焕发,连矜持、优雅的老太太都经不起诱惑而动了起来。该广告视频发布 5 天内点击量便超过 2900 万,是孩子们创造了这个奇迹。早在 2009 年,该公司就曾推出"旱冰宝宝"篇广告,也创造了惊人的在线广告点击量。

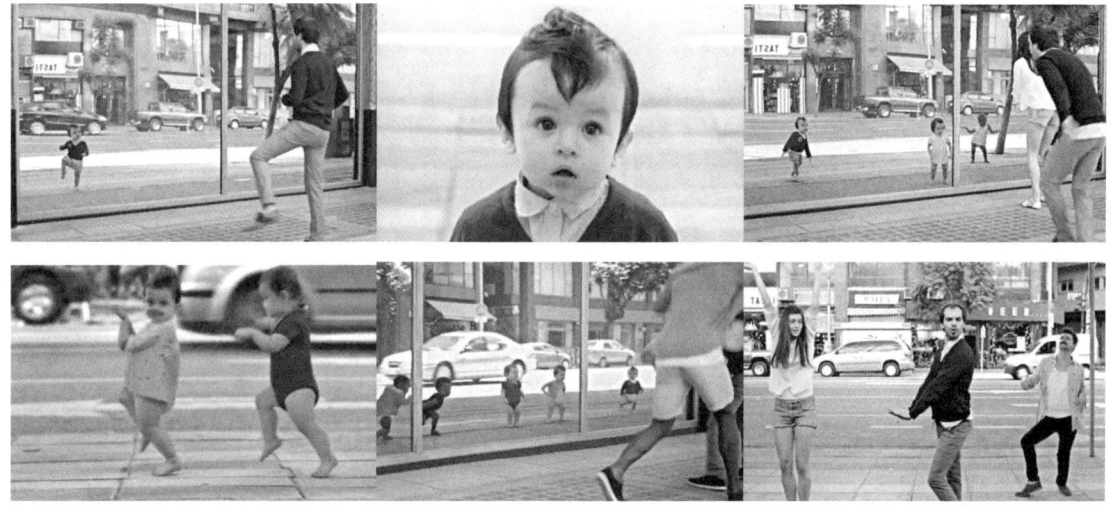

图 12-17　依云矿泉水广告"宝宝和我"篇

四、威廉·伯恩巴克的实施重心法

20世纪50年代初期,威廉·伯恩巴克(业内常简称为"伯恩巴克")开始提出实施重心法,他认为,广告实施——广告讯息战略的"如何表达"部分——完全可以独立而自成一家。按照他的观点,实施风格是广告中的决定性特征,有效广告的秘诀便是抓住问题,然后将其变成一个图像刺激而又诚实可信的优点。按照伯恩巴克的诠释,在创意表现上,光是求新求异、与众不同还不够,杰出的广告创意不是夸大,也不是虚饰,而是要竭尽创意人员的智慧,使广告讯息单纯化、清晰化、戏剧化,使它在消费者脑海中留下深刻而又难以磨灭的记忆。广告创作最难的事就是使广告讯息冲出众多纷杂事物的包围而被消费者认知和接受。因此,广告必须制造足够的"噪音"才会引起人们的注意,但这些"噪音"绝非无的放矢、毫无意义。他认为,广告的技巧不在于"说什么"——每家广告公司都知道说什么,而在于"如何说"。因此,周密的实施离不开以下四点:

◎ 尊重受众:广告不能以居高临下的口吻与目标受众交流;
◎ 手法必须干净、直接:伯恩巴克认为,假如广告不能把要告诉消费者的内容浓缩成单一的目的、单一的主题,这条广告就不具有创新性;
◎ 广告必须出众:广告必须有自己的个性和风格,广告上最重要的东西就是独创性与新奇性;
◎ 不要忽视幽默的作用:幽默可以有效地吸引人的注意力,使人得到一种收听、收看和阅读的补偿。

伯恩巴克实施重心法的著名广告创意之一是他早年为大众甲壳虫所做的系列广告。

1958年以前的美国,几乎所有的轿车广告都千篇一律,经常可以看到这样的画面:在一座富丽堂皇的庭院前,一群衣衫翩翩的家庭成员簇拥在一辆高贵豪华的轿车旁。这样的画面看起来赏心悦目,标题和文案也都辞藻华丽,但却让人感觉空洞无物。

但1960年推出的甲壳虫广告至今仍令人称奇,被广告专家称为广告史上最好的作品,它抛弃了传统的以豪华设施、漂亮外形、高贵气质为诉求的方式。甲壳虫汽车的系列广告通常在画面上表现单纯的甲壳虫汽车,未经修饰也不修整,通常是黑白两色。最重要的是,像"想想小的好处"(Think Small)这样的标题和文案却创造了视阅(听)率的最高纪录,单纯简洁的画面蕴含着无限的说服力,非常有效。第二次世界大战后,当甲壳虫汽车刚在美国面世的时候,底特律的汽车制造商曾对之不屑一顾,认为它又丑又小、后轮驱动、难成大器。然而,伯恩巴克却利用这些不利条件创作出了幽默而又别致的广告。在他的精心创意下,甲壳虫让人刮目相看:甲壳虫汽车不讳言自己丑,但在广告表现上却能以幽默比喻的方式"自黑",变缺点为优点,使消费者认知其性能好、经济、省油的特点。下面我们就来欣赏甲壳虫汽车的三条经典广告。

例1 "柠檬"篇

标题为"柠檬"的甲壳虫平面广告最为脍炙人口(见图12-18)。"柠檬"为英语俚语,意为因不合格而被剔除的东西,但画面上出现的轿车却看不出有任何瑕疵。

例2 "蛋壳"篇

标题为"有些外形很难改良"（Some Shapes Are Hard to Improve on），平面广告（见图12-19）。

图12-18 甲壳虫汽车广告"柠檬"篇

图12-19 甲壳虫汽车广告"蛋壳"篇

【标题】柠檬
【正文】这部车子没有赶上装船，因为某个零件需要更换。你可能不会发现那个零件的问题，但是我们的品质管理人员却能检查出来。工厂里有3389人只负责一件事，就是在甲壳虫汽车生产的每一道环节严格检验。生产线上每天有3000个员工，而我们的品质管理人员却超过了生产人员。任何避震器都要测试，任何雨刷都要检查⋯⋯最后的检验更是慎重严格。每部车都要经过189个检查点，在刹车检查中就有一辆不合格。因此，我们剔除"柠檬"，而你得到好车。

【标题】有些外形很难改良
【正文】问任何一只母鸡都知道，你实在无法设计出比鸡蛋更具功能性的外形，对甲壳虫车来说也是如此。别以为我们没有试过（事实上甲壳虫汽车改变了将近3000次），但是我们不能改变基本的外观设计，就像蛋形是它内容物最合适的包装一样。因此，内部才是我们改变的地方。如马力加强而不耗油，一挡增加齿轮同步器，改善暖气，诸如此类的事。结果我们的车体可容纳4个大人和他们的行李。1加仑可跑大约32英里，1组轮胎可跑4万英里。当然，我们也在外形上做了一些改变，如按钮门把，这一点就强过鸡蛋。

例3 "遗嘱"篇

这是一条电视广告（见图12-20）。一开始，画面上出现了一溜黑色豪华轿车，远远地向前行进，旁白说："我，麦氏·伊·史诺伯利，以健康的身体和心智特此宣布遗嘱如下⋯⋯"镜头扫向坐在车中的一名贵妇，旁白继续说："我的太太罗丝，花钱无度好像没有明天，我留给她100块钱和一份月历。"接着镜头扫向后面一部劳斯莱斯轿车，车内坐着两个年轻人：一个戴墨镜，一个戴眼镜，旁白说："我儿子罗德尼和维克多，他们把我过去给他们的钱，在漂亮车子和各种女人身上花得一干二净，我留给他们50元的铜板一堆。"镜头切向后面一辆卡迪拉克轿车的特写，车内坐着一个西装笔挺的老头，左拥右抱着两个漂亮女人，旁白说："我的事业伙伴朱勒斯,他的座右铭是花、花、花,我留给他的是0、0、0。"镜头转向行进中的车队:"至于我的朋友和亲属,他们也从来不了解1块钱的价值所在,我留给他们1块钱。"画面切到车队的最后,有一部甲壳虫,车内一个年轻人悲伤地拿手帕擦着眼泪,旁白说:"我侄子哈洛,他常说:'省1分钱就是赚1分钱',他也常说:'嘿,麦氏叔叔,拥有一部甲壳虫真划算。'我留给他我所有1000亿的财产。"最后的镜头仍然是一队车缓缓地向前行进。

这条广告影片以一个千亿富豪出殡的车队中每个送殡者回味其生前遗嘱的情形,通过幽默的旁白表达出这个富豪对每个人的评价和其克俭的个性,然后将其对甲壳虫汽车的赞誉巧妙地带出来,看似轻描淡写,实则一语中的。

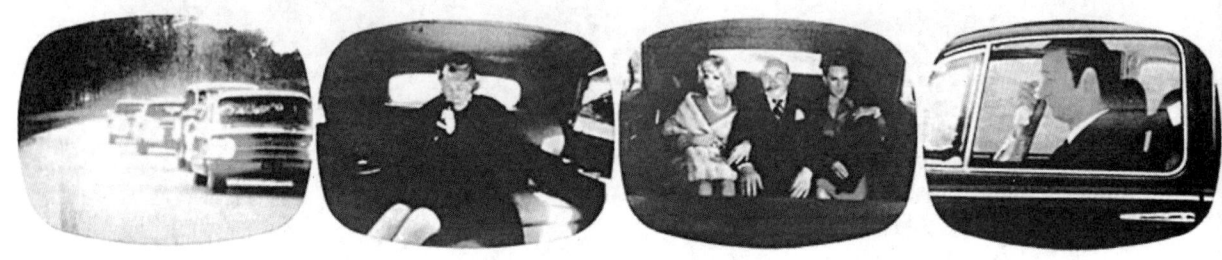

图 12-20　甲壳虫汽车电视广告"遗嘱"篇

五、艾尔·里斯和杰克·特劳特的定位法

定位原理是融合了营销学、心理学、传播学、公共关系学等学科内容而形成的广告创作理论与手段,艾尔·里斯和杰克·特劳特将定位法引入了讯息战略。20世纪70年代初,他们在《工业市场营销》和《广告时代》中发表了一系列文章,奠定了"定位"理论的基础。他们认为,创作广告的目的应当是替处于竞争中的产品树立一些便于记忆、新颖别致的东西,从而使之在消费者心中站稳脚跟。为了证明自己的方法,他们引用了艾维斯出租车公司的"我们是老二,所以更努力"的主题以及米歇罗伯(Michelob)的"第一家美国造特佳啤酒"承诺,以此作为广告可以带来有效感知定位的证据。与李奥·贝纳、罗瑟·瑞夫斯以及大卫·奥格威的方法一样,定位法也以"应当说什么"为其根本,认为广告讯息一旦确定下来,便要广为宣传,以便消费者在需要这种利益或需要产品解决某种困难时回忆起来。

被艾尔·里斯和杰克·特劳特引为证据的艾维斯汽车租赁公司广告并非他们二人创作,而是伯恩巴克创作的。提到艾维斯,当今广告界几乎无人不知其最成功的"老二"定位策略。20世纪60年代之前,艾维斯在租车业中一直默默无闻,甚至到了快破产的地步,直到1962年聘用了罗伯特·陶先德(Robert Townsend)担任总裁后才有了转机。当时,在租车业中,赫兹(Hertz)是老大,资本是艾维斯的5倍,年营业额是艾维斯的3.5倍。一个弱势品牌要想对抗一个强势品牌,当然要有一套创新有效的营销策略和广告创意才行。1963年,伯恩巴克为艾维斯拟定的广告标题是:"艾维斯在租车业中只是老二,那为何与我们同行?"(见图12-21)正文写道:"我们更努力(如果你不是最好,你就必须如此),我们不会提供油箱不满、雨刷残破或没有清洗过的车子,在我们的车里座位已经调好,加热器已经打开,除霜器开始工作。您可以看得到,我们尽力将事情做好。我们会为您提供一部新车和一个愉快的微笑……下次请与我们同行。我们的柜台前排队的人更少。"这条广告坦诚相告:自己在出租业中不是老大,因此不能像老大一样凡事都不在乎。

在广告史上,从来不曾出现过这样的广告,将自己的公司在同业界里定位为"老二",这可以说是第一次。

艾维斯的另一条广告标题则直接说"老二主义,艾维斯的宣言"。正文写道:"我们在租车业,面对业界巨人只能做老二。最重要的是,我们必须要学会如何生存。在挣扎中我们也学会了在这个世界里做老大和老二有什么基本不同。做老大的态度是:'不要做错事,不要犯错,那就对了。'做老二的态度却是:'做对事情,找寻新方法,比别人更努力。'老二主义是艾维斯的信条,它很管用。艾维斯的顾客租到的车子都是干净、崭新的。雨刷完好,烟盒干净,油箱加满,而且艾维斯各处的服务小姐都笑容可掬。结果艾维斯本身就转亏为盈了。艾维斯并没有发明老二主义,任何人都可以用它。全世界的老二们,奋起吧!"

图12-21 艾维斯汽车租赁公司广告

【标题】艾维斯在出租车业中只是老二,那为何与我们同行?

有效的定位策略,使艾维斯租车公司从弱势品牌咸鱼翻身并获得了良好的利润。

艾尔·里斯和杰克·特劳特在归纳、总结了许多成功模式而提出定位法后,引起了众人的注意。许多人认为,定位法最关键的问题在于究竟哪种定位战略更有可能成功,有些人建议将以下方法作为可行的定位战略方法:

◎ 以产品特征或顾客利益来定位,如美国美乐啤酒以冷过滤过程来定位;
◎ 以价格—质量关系来定位,如鄂尔多斯羊绒衫总是与质量上乘联系在一起;
◎ 以使用或运用方式来定位;
◎ 以产品使用者来定位,如荣耀V20将自己定位为拍照功能强悍、满足年轻用户拍照需求的智能手机;
◎ 以产品种类来定位,如将国产酒定位为进口酒的替代品;
◎ 以文化象征来定位;
◎ 以竞争对手来定位,如艾维斯将自己定为第二位的租车公司。

定位法有时会和品牌形象法混淆起来。实际上,定位法是一个更泛的概念。定位法与明确竞争、相关属性、竞争对手以及市场有关系,是形象分析的逻辑发展,它要求我们运用所知的品牌形象、竞争状态、广告主准确触及的受众以及受众个人受刺激后如何反应来进行定位。

六、理查德·伍甘的讯息模式法

1980年，美国广告专家理查德·伍甘（Richard Vaughn）总结了一些观点和一些创意方法，综合出一种讯息模式，其基本观点是：不同类型的产品适用不同的广告。经过多年的不断完善，已有不少广告主和广告公司运用这种方法。

这种模式有四个象限（见图12-22所示）：横坐标上分布着"思维"和"感觉"：（1）"思维"代表消费的理性特征，指消费者购买决策的过程合乎逻辑、客观，并考虑产品的功能面；（2）"感觉"代表消费的感性特征，指消费者依据感觉、依据产品能否展现个性及个人的感官偏好来进行决策。纵坐标上为卷入度的高低：（1）卷入度高，代表消费者在做出购买决策时需要花费更多的金钱、精力、时间或更冒风险；（2）卷入度低，意味着消费者在做出购买决策时不用花费太多的金钱、精力、时间或风险更小。每个象限都把产品类型与消费者的参与度联系起来，指出广告应该如何处理，并提出了创意、媒介和测定的含义。按照理查德·伍甘的观念，这种方法的目的在于识别消费者对某一产品讯息的感情或行为水准，以便为广告活动创造一个适宜的模式，然后加以实施。之所以将这种模式称作讯息模式法，是因为它迫使广告人在创意时不得不将产品特征讯息与消费方式讯息保持一致。

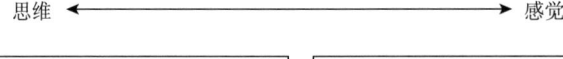

	思维	感觉
高卷入	**信息性（思考者）** 汽车－房屋－家居－新产品 模式：学习－感觉－行动 可能的做法： 　测试：回忆、诊断 　媒介：长文案、思考型媒体 　创意：明确的信息、实证	**情感性（感觉者）** 珠宝－化妆品－时装－摩托车 模式：感觉－学习－行动 可能的做法 　测试：态度改变、情感唤起 　媒介：大幅广告、特有形象 　创意：具有执行力和冲击力
低卷入	**习惯形式（行动者）** 食品－家庭用品 模式：行动－学习－感觉 可能的做法： 　测试：销售 　媒介：小幅广告、10秒广播广告等 　创意：提示	**自我满足（反应者）** 香烟－酒类－糖果 模式：行动－感觉－学习 可能的做法： 　测试：销售 　媒介：海报、报纸、销售推广 　创意：注意

图12-22　理查德·伍甘的讯息模式法

重要术语

广告创意	创意战术	独特销售建议	实施重心法
头脑风暴	文案纲要	品牌形象法	创意蓝图
创意战略	固有刺激法	讯息模式法	定位法

练习题

1. 广告创意是"遵命创作"？请谈谈广告创意与艺术创作之间的区别。
2. 什么是固有刺激法？请列举利用固有刺激法创作的广告。
3. 什么是独特的销售建议？请列举利用该方法创作的广告。
4. 你所在的学校要在期末考试前面对全体在校学生进行"诚信考试"的宣传，请你和其他同学一起组成一个创意团队，为这次活动创作几条公益广告。

网络资源

戛纳广告奖：www.canneslions.com

克里奥广告奖：www.clioawards.com

纽约广告奖：www.newyorkfestivals.com

伦敦国际广告奖：www.liaawards.com

莫比广告奖：www.mobiusawards.com

艾菲广告奖：www.effie.org

金铅笔广告奖：www.oneclub.org

时报广告（系列）奖：www.timesawards.com

奥美公司为纪念奥格威诞辰100周年，邀请世界各地的奥美人共同创作的以灵感为主题的短片 http://media.createorelse.com/cannescontest/

推荐读物

扬.广告传奇与创意妙招[M].林以德,译.呼和浩特:内蒙古人民出版社,1998.

纽曼.广告创意法则[M].赵雪,译.北京:电子工业出版社,2005.

广告门.创意者说:与顶级创意人谈创意[M].北京:中信出版社,2011.

余宜芳.奥美创意解密[M].北京:中信出版社,2009.

金定海,郑欢.广告创意学[M].北京:高等教育出版社,2008.

孙大伟.孙大伟的异想世界[M].北京:中国物价出版社,2003.

庄淑芬.奥美有情Ⅱ:奥美CEO庄淑芬职场78悟[M].北京:中信出版社,2008.

莫康孙.老莫煲汤——莫康孙说广告[M].哈尔滨:黑龙江科学技术出版社,2002.

叶茂中.叶茂中谈创意[M].北京:中华工商联合出版社,2001.

胡川妮.广告创意表现[M].北京:中国人民大学出版社,2003.

林俊明.广告痴人说梦话[M].北京:中国物价出版社,2002.

《广告档案》杂志

第 13 章

广告文案

本章学习目标

☑ 认识广告文案的概念及作用。

☑ 了解广告文案的类别。

☑ 认识世界顶尖文案大师。

☑ 掌握报刊广告文案的结构。

☑ 学习如何写作有效的广告文案。

☑ 了解广告文案的写作要求。

☑ 了解报刊广告标题及正文的类型。

广告之所以能够说服人们采取行动,一定是因为执笔的文案尊重读者的智慧,并且深切而诚恳地信任他自己所推销的产品。

——布鲁斯·巴顿①(Bruce Barton)

第一节 广告文案概述

一、广告文案的概念

1. 广告文案的界定

在广告界,"文案"一词有两个含义:一是指组成广告内容的文案(copy);二是指从事广告文案写作的人员(copywriter),业界通常将他们简称为"文案"。

对于前一个"文案",广告界也有两种不同的界定:一是广义的文案,指广告作品的全部,包括广告文字、插画、照片及其布局等,例如报刊广告的文案就不仅限于文字,还包括色彩、插画、图片、装饰等,采用这种界定的如我国学者唐忠朴、贾斌等;二是狭义的文案,指广告作品中的文字部分。美国印第安纳大学新闻系教授菲利普·沃德·博顿(Philip Ward Burton)在他的《广告文案写作》一书中这样写道:

> 什么叫"文案",没有答案。
>
> 美工认为,文案就是那些支撑他所提供的艺术作品或图片的文字。
>
> 印刷广告作者认为,文案是一种书面信息,它能够传达创意,并充分体现艺术作品的意义。
>
> 广播电视广告作者认为,因为他们用形象和声音思维,因此文案就是构成广播电视广告的文字部分,而他们的任务就是利用音效、音乐、图像和人声给这些文字提供支持。
>
> 批评家认为,文案就是其每天被成百上千的广告讯息围攻时看到、听到的那些东西,它们有时很讨厌,有时又能带来信息,但时常给人强迫的感觉。
>
> 律师认为,虽然艺术作品有时也会参与进来,但通常说来,文案只是与他们相关的文字。有时,这些文字是准确而真实的;有时却不是如此,后者正是他们及美国联邦贸易委员会、药品食品管理局和其他机构关注的问题。

---

① 布鲁斯·巴顿:著名文案、BBDO 创办人之一、美国前国会议员。

而在印刷工人的眼里,文案是一个概念,包括组成他们称之为"广告"的所有东西。所以对他们来讲,文案意味着文字和艺术,就是读者在看到广告时看见的所有材料。①

由此可见,对于文案,并没有一个统一的定义,但对于文案的功能却没有什么异议。本书将要讲解的内容涉及狭义的广告文案,这也是全国广告专业技术人员职业水平考试参考教材编审委员会编著的《广告文案》对它的定义:"**广告文案是指已经定稿的广告作品中的全部语言文字部分,它与非语言符号共同构成有效传达信息的广告作品。**"②

2. 广告文案的本质

与文学作品、新闻报道等不同,广告文案承担着传播产品、品牌信息或企业形象信息的任务,评价一条广告的文案是否成功,并不在于其文字本身多么优美动人、工整押韵,而要看它能否促进产品销售、提升品牌资产价值和建立企业形象,能否有效地与受众沟通并赢得他们的信赖。因此,广告文案的核心本质是传达信息,它具备以下几个明显的特性:

(1)促销为导向

广告本质上是一种经济活动。它作为营销的一个重要手段,旨在为广告主推介产品、服务或观念,去刺激、影响消费者,劝导后者采取消费行为。所以,商业性是广告文案与生俱来的特性。广告文案给商业化的销售说辞赋予一种更隐蔽的包装,将目标对象的注意力引向产品或服务,从而有效地传达广告中包含着的物质或情感利益的讯息,使目标对象在解读这些讯息后,将产品、品牌与自己的需要和生活联系起来,最终起到促进销售的作用。促销才是广告文案的最终目的。

(2)创意为灵魂

创意是广告文案的灵魂,是广告之所以有效的核心推动力。广告文案的创意性如同拨动消费者心弦的妙手,它将产品和服务与消费者巧妙地联系起来,以充分吸引受众的注意力,并引发受众的共鸣。有创意的广告文案通常是"意料之外,情理之中"的:只有意料之外,才能吸引受众的眼球;只有情理之中,才能达到最佳的沟通效果。

(3)形象为归依

广告文案要想有效地塑造品牌形象或企业形象,为产品的长期销售奠定基础,单凭枯燥乏味的文字是行不通的,它还要借助品牌形象的建立。这就要求广告文案能准确、有效地展示产品或企业的独特个性,通过长期的传播,将这种个性升华为品牌的内涵。

(4)文化为载体

广告文案的沟通对象是"消费者",他们的教育背景、身份、地位、生活方式、对待工作和家庭的态度等文化背景,都是广告文案必须关注的内容。准确地说,广告文案和文化是相互影响、一体共存的。就像万宝路代表了美国西部牛仔粗犷、勇敢的精神,象征美国开拓西部的豪迈气概一样,月饼代表着中国传统中"人月两团圆""千里共婵娟"的美好祝愿。

只有与诉求对象的文化背景相符,广告文案才能引起诉求对象的共鸣,才能实现自己为整个讯息战略服务并最终为广告活动服务的目的。

---

① 博顿.广告文案写作:第7版[M].程坪,丁俊杰,译.北京:世界知识出版社,2006:12.
② 全国广告专业技术人员职业水平考试参考教材编审委员会.广告文案[M].北京:中国工商出版社,2011:4.

3. 文案人员画像[①]

很多人并不清楚文案人员到底要负什么责任,要具备什么能力,以为自己文笔好就天然地能胜任这个工作,写好广告文案。其实不然。广告文案是一种"遵命文学",其写作建立在周密策划、统一协调、瞄准目标的基础上,不能由着写作者去满足自己的表达欲望,它必须与广告主的整体营销活动协调一致,还必须在规定的时间内完成,并非文笔好就能写出好文案。那么,什么样的人才能从事广告文案写作这一行呢?菲利普·沃德·博顿在《广告文案写作》一书中这样描绘广告文案人员:

(1)不光有写作能力

不要自认为自己有文学才华、大学论文经常得优就能胜任广告文案写作工作。文案人员只有付出艰苦的劳动,具备广博的知识尤其具备社会学和大众心理学方面的知识,才能胜任这项工作,普通的写作能力远远不能满足广告文案写作对能力、知识和经验的要求。

(2)不是口号机器

很多人认为文案人员是伶牙俐齿的"口号拟定专家",但事实上,广告文案人员的工作并不是拟定几句口号那么简单,他们还必须善于分析、敏于观察、周到仔细,拥有胜任工作的专业知识,如销售经验、商品经验和商业运作常识。文案写作没有套路,更无什么模板可供模仿,每一个广告文案都要根据不同的时间、空间和不同的产品去量身定做。

(3)不是万金油

能干的文案人员一般能撰写各种各样的文案,但只给广播电视写文案的人和只给平面广告写文案的人肯定不一样。而且,即便同为平面广告,邮购广告和时装广告的文案也大相径庭。前者直接详细、言无不尽;与此相反,时装文案一般注重气氛、忽略细节。两种广告对文案的要求完全不同,如果一个文案人员长期只写某个领域的文案,那么他所积累的知识系统以及长期为那类广告写文案所形成的写作风格就能难支撑他转而去写另一种文案。有些文案人员两种文案都能写,但大多数文案人员不行。

(4)快!快!快!

广告文案人员总是被截稿期搞得焦头烂额,心里始终惦记着出版日期或播出日期,这种感觉在零售广告方面表现得尤其突出。他们还经常碰上计划外提案、新客户或快速变更这类问题,这就要求文案人员在文案总监暴跳如雷或客户火急火燎等待的情况下三下五除二地迅速写出文案,而且必须是好文案。

(5)能应对各种工作时间和环境

广告文案写作极其消耗一个人的创意天赋,他们不能像作家那样有了创作灵感才动笔,他们必须每天都写出广告主眼里的好作品,必须随着每一种新产品随时调整自己,必须每天都找出新的方法来写标题、正文、广告口号等,这样才能经得起客户的挑剔和怀疑。除此之外,文案人员的工作时间一般没有规律,一旦遇到紧急情况(老有紧急情况),文案人员就得不分昼夜地加班,直到完成任务为止。

[①] 博顿.广告文案写作:第 7 版[M].程坪,丁俊杰,译.北京:世界知识出版社,2006:1-10.

链接:文案大师克劳德·霍普金斯

克劳德·霍普金斯(1867—1932)是美国广告史上著名的广告文案之一,他撰写的广告文案使很多产品闻名于世,他发明了新产品强行铺货法、试销、广告文案调查以及兑换券派发样品法等,对奥格威等广告人产生了重要的影响。他并非广告科班出身,早年曾做过传道士、销售策划、广告经理,41岁时进入广告公司,被奥格威视为最具创造性的广告人。

他传奇的一生为广告界作出了巨大的贡献,他的广告针对平民消费者,注重实效,注意广告和文学的区别。是他使广告成为了一门科学,摆脱了广告的盲目性,使之成为促进经济发展的一种手段。克劳德·霍普金斯是个工作狂,不到清晨不离开办公室,最喜欢礼拜天,因为没有人打扰他工作。早年的贫苦生活使他能够真正认识到平民百姓在购物时的想法,他坚持为占消费者95%的大众服务,并从他们中间学东西,这也是他成功的因素。他的广告更加关注人性,关注他们的真正心态,他在广告方面的每一个创举都围绕着广告的效果而进行,这使得他的广告效果大增。可以说,平民化和注重实效是他广告的主要风格。

克劳德·霍普金斯将科学引入了广告实践,他为达到广告的效果创造了不少迄今仍为人使用的新方法,如样品派发等。他坚信,广告的形式并不重要,关键是效果,老老实实地把消息传递给消费者并不是一件坏事。他提出了广告的几条原则:"通过广告活动测试,几乎所有问题都可以在极短时间、花费不高的情况下获得解答,而不是靠争论。""要是可能,我们应该尽量在广告中塑造一个人的人格,靠一个人的成名使他的产品成名。""只改一下标题就可获五到十倍以上的效果是不正常的。""简短的广告是不受鼓励的,任何有效的广告都必须讲述一个完整的故事。"

他的代表作《科学的广告 我的广告生涯》深刻而简练地阐述了重要的广告原则,奥格威将它列为奥美公司员工的七本必读书之首。

资料来源:百度百科。

(6)好身体

不规律的工作时间、不规律的工作,加上强大的压力,如果没有一副好身体,文案人员就很难每天保持生龙活虎、精力充沛的状态。在这个行业,健康和能力是接受每一次新任务的必要条件。

(7)把自己当作商人

广告文案是一件锋利的商业工具,是营销活动的组成部分,其主要目的是帮助广告主销售产品或服务。因此,从某种意义上讲,文案人员必须把自己当作有商品要卖的商人,让文字扮演自己的销售人员或敲门砖,以提高销售人员的工作效率。

(8)不高高在上

有效的广告文案不是靠坐在办公室里闭门造车、冥思苦想写出来的,文案人员只有把自己变成商业场景中的一员,深入其中,与买卖双方打交道,才能了解到商品时尚、商业流通、价格、竞争状态以及顾客好恶等情况,才能写出有针对性的广告文案。

(9)不奢望喝彩

虽然广告文案人员可以写出一流的文案,能设计口号和商号,能构思巧妙的文句并让它们成为流行语,但他们却从来不会因为自己的工作而广为人知,他们享受不到新闻记者或电影编剧所享受的那种喝彩。

(10)个性、工作经验和教育背景

除了上述几种能力外,文案人员还应该喜欢人并分享他们大多数人的激情、愤怒和失望,这样的人才是一个健全的文案人员。此外,在从事广告文案写作之前,一个人最好多尝试几种工作,那种综合了记者经验与销售人员经验的复合型人才无疑是理想的文案人员。而接受大学教育至今仍然是作为文案人员的一个有利条件。有些课程可能与文案工作关系更密切,如广告、新闻写作等,但历史、经济、地理或社会学等其他课程也可以给人提供某些教育背景,说不定哪天就能派上用场,正所谓"功夫在诗外"。

（11）回报

既然广告文案写作是一件苦差事:时间不定、环境不定、压力强大、写作不自由,那文案人员的工作还有什么可取之处?

文案工作的吸引力来自不同方面,比如看见自己写的文案刊登在《读者文摘》杂志上、出现在电视上。如果文案人员曾花费大量的时间锤炼文字,那么此刻就是对他的奖赏。大多数文案人员认为自己日常写的好文案可以给自己带来创作上的愉悦和挑战,而这正是他们追求的东西。他们不必为了满足自己的创作热情而写文案以外的东西,他们的工作本身就可以使他们获得成就感。如果他们在广告文案写作方面所受的训练可以引导他们进入其他写作领域,那就算是额外的奖赏,而这种奖赏一直是许多广告文案人员孜孜以求的。

二、广告文案的作用与分类

1. 广告文案的作用

在广告运作流程中,广告文案起着至关重要的作用。具体而言,广告文案的作用主要包括以下几个:

（1）传达广告讯息

这是广告文案最基本的作用。广告文案通过自己的各个组成部分,分别传达商品或服务的功能、特点、对消费者的承诺等讯息,使消费者对这种商品或服务产生认知、兴趣和好感,进而引发他们的购买行动。

（2）表达广告创意

广告创意是关于广告讯息如何表现的概念和点子,而广告文案和其他非文字的内容正是这一概念和点子的物化表现。广告创意只有通过恰当的文案和其他非文字的内容,才能将广告讯息准确清晰地传达给受众。

（3）塑造品牌形象和企业形象

同类商品、服务或企业之间本身也许并无明显差别,但在消费者心目中的形象却可能完全不同,而完成这种差异化形象塑造的主要手段之一就是广告文案。广告文案通过语言文字、表现风格、语气、意境等来引发受众对品牌或企业的联想,进而塑造品牌和企业的形象。

（4）限定广告画面的内涵

广告文案能对广告画面做一些具体的说明,通过必要的文字、字幕、画外音或人物对话来对画面的内涵进行限定,以减少歧义。

2. 广告文案的分类

由于媒介类型的不同,广告分为报纸杂志广告、广播广告、影视广告、数字广告等形式,相应地,广告文案也分为报纸杂志广告文案、广播广告文案、影视广告文案和数字广告文案等。

报纸杂志文案主要由图形和文字构成,在写作方式上大同小异,因此我们将其统称为报刊广告文案。

广播广告以人的声音为主,具有一种类似于人际传播的效果,典型的广播广告由人声、音效和音乐构成。

影视广告在人声、音效、音乐的运用上与广播广告有很多相似的地方,但它多了一个关键要素——图像,这使它在表现方式上不同于广播广告文案。

除了报纸、杂志、广播、电视四大媒体之外,在广告活动中,有时还要采用互联网、直邮、户外媒体等媒体来发布广告。在数字媒体大放异彩的今天,数字广告在广告投放中所占的比重正在逐年增加,甚至出现了逐渐侵占传统媒体广告形式的趋势。

第二节 广告文案的构成

一、报刊广告文案

常见的报刊广告由以下几部分组成:广告标题(和副标题)、广告正文、广告附文、广告口号。这些要素与图案一起构成报刊广告。图13-1向我们展示了报刊广告的主要构成元素①。

图13-1 报刊广告文案的构成

1. 标题

标题(headline)是广告文案的核心要素,是处于广告主要位置的文字,是读者首先会读到的文字,这就是为什么标题的字体总是比广告其他部分要大的缘故。

美国早期著名广告文案约翰·坎波(John Caples)说:"标题往往让广告生效,最好的标题是那种迎合人们兴趣或者带来信息的标题。只要言之有物,标题长一点总比空洞无物的短标题要好。""要记住,所有的标题都背负着同样一个任务——用可靠的承诺去排除其他的可能。""所有的信息都有标题。电视广告的标题是开头,广播是前几个字,信函则是第一段。标题起得好,整个广告就差不到哪里去。"②

---

① 阿伦斯.当代广告学:第7版[M].丁俊杰,程坪,等译.北京:华夏出版社,2000:382.
② 本丁格尔.广告文案训练手册[M].谢千帆,译.北京:中国传媒大学出版社,2008:28-30.

链接:平面广告文案的六种基本结构

◎ 单行型:开门见山,单刀直入,一句话道破所有,尽量让图像担当重任,单行型文案是检验写作者是否是文案高手的一个途径;
◎ 新闻型:人们阅读的主要目的是获取信息,因此,如果广告显示出含有一定的信息,人们多半愿意看;
◎ 螺旋型:一边展开文案,一边提供信息;先点题,然后再展开文案,它以传统新闻写作原则为基础,技巧就在于不断重复,但必须不断往里面添加新东西,不能让人察觉文案在重复;
◎ 故事型:历史最悠久的一种格式,常见的故事类型包括产品故事、证实性描述以及历史回顾等;
◎ 布道型:在这种文案中,广告要表现得像个权威人物,发挥指导和引领作用,要觉得自己有值得一说的东西,主语通常采用"我们",以使人产生"一对一"交流的贴近感;
◎ 大纲型:这类文案多用于信息含量大、篇幅较长的广告,可以一次涉及一个主题,也可以涉及多个主题。

广告标题的主要功能在于引起目标对象的注意,从而发挥广告的效果,而目标对象是否注意广告,往往取决于他们看到广告标题的那一瞬间。标题的另一个功能是迅速吸引读者,向他们提出阅读广告其余部分的理由,如果标题不够直接,读者就有可能把注意力转向另一个事物,忽略这条广告的讯息。

从内容上来看,广告标题可以分为主标题和副标题:主标题揭示广告的主要内容,副标题延伸主标题中的销售意图,引导读者进一步阅读。

广告标题的形式大致可以分为以下几种类型:

(1)利益式

利益式标题在标题中直截了当地提出产品或服务能给目标消费者带来什么样的好处,例如图13-2的标题:"单手操作,水下相机。"

(2)新闻式

这种标题类似于新闻报道的标题,即把广告讯息当作新闻来处理。新闻式广告标题能减弱广告的商业色彩,使读者产生新鲜感,例如西泠冷气的广告标题:"今年夏天最冷的热门新闻,西泠冷气全面启动。"

(3)提问式

这是广告标题中最流行的一种类型。它通过提问来吸引读者的注意,一般采取标题中设问、正文或画面回答的形式,或者反问句的标题形式,例如本书第279页上艾维斯那个著名的广告标题:"艾维斯在租车业中只是老二,那为何与我们同行?"

图13-2 某照相机的广告

图13-3　米其林轮胎广告

图13-4　邦迪创可贴广告

图13-5　某户外服装公司的广告

(4) 话语式

话语式标题一般采用顾客所说的话，用现身说法的方式来宣传产品或服务的功效，例如雷克萨斯汽车一条广告的标题："所有车祸的33%是由于侧面冲击相撞，早看到这条广告就好了。"

(5) 祈使式

这种标题又称建议式或进言式广告标题，是用恳切礼貌的语言，针对消费者犹豫不决的摇摆心理提出某种合情合理的建议，例如米其林轮胎的标题："选择米其林，因为全家人都在你的轮胎上。"（见图13-3）

(6) 故事式

这种标题类似于一个故事的标题，目的在于吸引读者阅读广告正文。例如图13-4邦迪创可贴的广告标题："成长难免有创伤。"标题既符合故事情境，又契合产品特点，为读者带来阅读的趣味。

(7) 提醒式

这种标题又称启迪式广告标题。这种标题针对性强，用提醒的口吻引起读者的高度注意。提醒式标题通常有两种形式：一种是标题仅仅提醒注意，注意的内容由正文承担；另一种是标题直接点出提醒的内容，例如图13-5的广告标题："千万不要从你不了解的人手中买衣服……"

(8) 假设式

这种标题通常在广告标题中提出某种假设，然后在正文中据此假设提出某种结果，以敦促人们采取某种行为，例如春兰空调一条广告的标题："只要您拥有春兰空调，春天将永远陪伴着你。"

2. 副标题

副标题（subhead）是附加的小标题，可以起到进一步说明标题和向正文过渡的作用。它既可以安排在标题的上方，被称为肩题（kicker）或引题（overline）；也可以安排在标题的下方，还可以安排在正文中间。副标题的字号一般大于正文、小于标题或用不同的色彩表示。与标题一样，副标题也可以传递关键卖点，只是传递的信息不像标题那么重要。由于大多数人只看标题和副标题,因此副标题的作用也非同小可。

3. 正文

广告正文(body copy)是广告文案的主干部分,是广告标题的延伸、说明和强化。通常,广告正文由三部分组成:开头、中间和结尾。

开头一般承题而来。不管采用什么方式、从哪个角度入手,开头都要力求引人入胜。因为受众没有义务和兴趣阅读、收听那些沉闷、无趣的销售报道,所以直截了当、开门见山的方式往往比较有效。

中间部分是正文的核心,包含的信息量最多,一般多用来正面传达广告讯息。

结尾部分常常是带有总括性和建议性的文字,有的直接提出建议,如欢迎选购;有的建议则比较含蓄,甚至运用暗示的方式,只宣传产品的优点,不涉及购买问题。

常见的正文风格包括直接推销式、企业形象式、叙述式、对白/独白式、图片说明式和修辞式。

- ◎ 直接式推销式正文(straight-sell copy)以客观而直截了当的表现手法,直接针对受众的判断力展开说明;
- ◎ 企业形象式正文(institutional copy)宣传广告主的理念或优点,以树立广告主的形象;
- ◎ 叙述式正文(narrative copy)采用叙述手法,先设定一个情景,最后再让产品或服务出来解决问题;
- ◎ 对白/独白式正文(dialog/monolog copy)以广告中人物自己的语言宣传产品或服务,可以用来弥补叙述式正文所欠缺的可信度;
- ◎ 图片说明式正文(picture-caption copy)用插图带说明的方式叙述一个情节,更直观、更易于理解;
- ◎ 修辞式正文(device copy)利用双关、幽默、夸张等各种语言修辞手法来增强文案的可读性,提高记忆度。

4. 附文

广告附文(postscript)又称广告随文,是广告文案中对诉求对象传达企业名称、地址等附加信息的附属性文字,一般出现在广告的结尾部分。广告附文多为比较固定的内容,一般是对正文内容的补充,起到消费者指南的作用,写作上一般比较程式化,通常包含以下元素:

- ◎ 品牌名称、商标、象征标志及象征人物等;
- ◎ 企业名称、地址、电话、传真等;
- ◎ 经销商、银行账号、购买地点等;
- ◎ 尾标、签名、印鉴等。

链接:

广告正文的构成[①]

开头
争取人们的注意
吸引他们的参与
提供论述的语境

中间
进行推销
附加支持性材料或可信度
巩固记忆

结尾
建立知名度
改变人们的态度
激发行为
达到目标

---

① 本丁格尔.广告文案训练手册[M].谢千帆,译.北京:中国传媒大学出版社,2008:126.

5. 口号

广告口号（slogan）又称广告语，常常是广告作品中画龙点睛的一笔。广告口号既可以作为标题，放在正文的前面，也可以穿插在正文当中或放在正文的结尾。

广告口号有两大基本功能：一是为系列广告建立彼此之间的联系；二是将广告讯息浓缩成精练、便于重复、便于记忆的定位声明。

二、广播广告文案

1. 广播广告文案的构成

（1）人声

人声（voice）就是广播广告中的语言，一般表现为播音员的播读或广告中人物的对话，有时也表现为旁白。

（2）音效

音效（sound）也叫音响，一般指环境音响，如风声、雨声、汽笛声、嘈杂声等，还有人或动物活动的声音，如脚步声、开门声、咳嗽声、笑声、哭声等。音效具有强烈的空间感，可以创造一种情境、一种背景，具有强烈的暗示作用。

（3）音乐

音乐（music）一般指广播广告中的伴奏曲和广告歌。伴奏曲一般用在广告的开头，有助于营造一种气氛，将听众带入广告主预期的心境，帮助他们理解销售讯息；广告歌则通过歌曲将广告语言转化成听众喜闻乐见的方式。

其中，人声（语言）和广告歌词的写作主要由广告文案创作人员承担。

2. 广播广告文案的主要类型

（1）独白/对话式

独白式（monologue）或对话式（dialogue）由播音员一个人独白或两个人对话。这种方式一开头就交代情景，将要销售的创意或品牌主题点出来，然后通过气氛、语调或态度，建立与听众之间的某种联系；中间部分提供信息，列举购买理由；最后下结论，紧扣销售。

（2）情景式

情景式（situation）会设计一个场景，将产品置于所创建的场景下加以表现，开头一般介绍地点和人物；中间展开戏剧冲突；结尾揭晓答案（如有力的广告口号）。简而言之，就是开头、中间、结尾；情景、内容、结论。

（3）歌谣式

歌谣式（jingle）在开头营造音乐的语境，这部分铺垫音乐的节奏和基调，然后进入内容主体。

三、电视广告文案

1. 影视广告的构成

总体上说,影视广告由两部分组成:视觉要素和听觉要素,也就是人们通常所说的画面和声音。视觉要素主要包括演员、场景、道具、图形、字幕等;听觉要素主要由人声、音效和音乐构成。

2. 电视广告的常见类型

(1) 生活片段式

生活片段式(slice-of-life)给产品设计一个能发挥巨大作用、与消费者生活贴近的场景。不管采用什么方式来表现"生活片段",切记一定要让这个"生活片段"富有生活气息,真的像一个"生活片段"。生活片段式要围绕着产品的销售展开,不能天马行空;结尾抖包袱,交代人们购买的理由。

(2) 代言人式

代言人式(spokesman)将讯息人格化,就是把销售讯息变成一个人,其要点是找到要说的内容,然后找到说这些话的最佳人选。

(3) 演示式

演示式(demonstration)充分利用电视声画并茂、直观动态的特点,演示产品和服务的使用现场,表现产品的性能、使用前后的对比、用法和新用途等。

(4) 证言式

证言式(testimonials)利用满意的消费者向受众传达产品或服务的好处。在这种广告中,无论提出证言的人物是名人还是普通人,他们都必须令人信服,同时还不能喧宾夺主。

(5) 音乐式

音乐式(musical)广告以音乐为主,旋律明快、特点突出的音乐便于受众记忆。音乐式广告有几种形式:将整个讯息编成歌曲;在歌曲中穿插旁白;用合唱、交响乐等。处理得当,音乐式广告可以大获成功。

(6) 直截了当式

直截了当式(straight-forward)是广播电视广告中历史中最悠久的一种形式,大多由一个人播送销售讯息,有时也配有背景音乐,电视购物广告便属此类。

(7) 主持人式

主持人式与直截了当式有相似之处,也是由一个人或角色来表现产品,传递销售讯息。不同之处在于它的主持人不一定非要是真人,完全可能是一个动画角色。

(8) 动漫式

动漫式(animation)就是采用卡通、木偶和电脑动画来表现和演示产品,它可以非常轻松地处理那些难以用实物和人去表现的讯息,还可以有效地到达某些特殊市场,如儿童市场。

四、数字广告文案

1. 数字广告的类型

按照广告目的的差异,数字广告通常可分为效果广告与品牌广告两种类型。效果广告指能够引发消费者即时行动的广告,如点击、下载、注册、在线咨询、购买等,广告主只需为可衡量的"行动"付费;品牌广告指不以直接促进销售为目的,而是借助广告塑造品牌形象,与消费者建立良好的关系,实现品牌长久发展的广告。常见的数字广告类型有展示广告、搜索引擎广告、E-mail 广告、SNS 广告等。

2. 数字广告文案的类型

由于数字广告形式多样,相应地其文案类型也各有不同,主要有下面几种:

(1)按广告目的的分类:销售型文案和传播型文案

销售型文案对应效果广告,指提供产品信息,激发即时行动,促进销售的文案,例如电商网页的产品信息文案。传播型文案对应品牌广告,即旨在扩大品牌影响力、塑造品牌形象的文案,它侧重于引起消费者的共鸣,引发二次传播。

(2)按篇幅长短分类:长文案和短文案

长文案的文字篇幅较长,适于构建情感场景,如表达消费者旅行体验的品牌赞助内容;短文案篇幅较短,少则只有十几个字,侧重于引起注意,表明核心新信息,如搜索引擎广告文字链接。

(3)按是否凸显广告特征分类:软广告和硬广告

软广告隐匿广告特征,以新闻或故事等信息巧妙地带入品牌信息,如以新闻报道的形式推广企业形象,因此软广告的文案较为含蓄,以婉转的方式间接表现品牌优势;硬广告明确突出广告特征,硬广告的文案直接表现品牌优势,进行强势劝服。

3. 数字广告文案的特点

区别于传统的印刷广告和广播电视广告,数字广告文案具有以下特征:

(1)话题性强

数字传播环境下,受众注意力分散,只有具有话题性的热点事件才容易引起受众的注意和争议。具有话题性的广告文案能够迅速呼应时事、跟进热点、制造话题,引发受众的讨论和互动。如杜蕾斯广告文案借用热点事件对品牌进行传播(见图 13-6)。

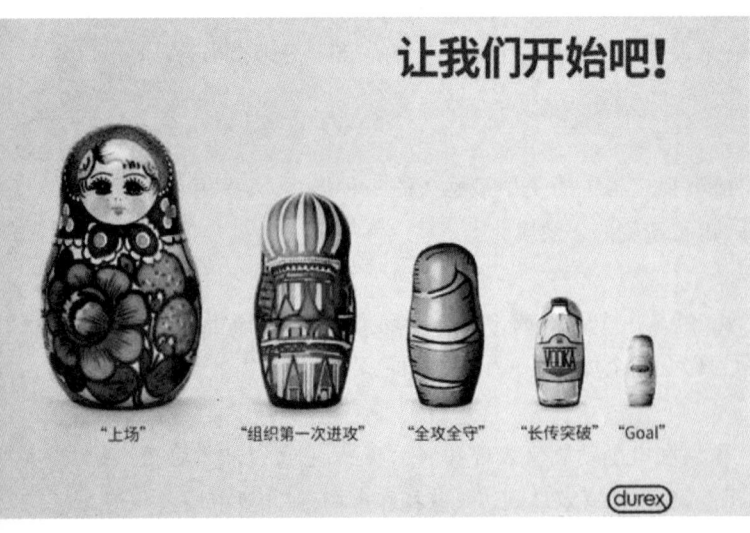

图 13-6 俄罗斯世界杯期间杜蕾斯的借势广告

(2) 适于二次创造与传播

数字广告,特别是利用社交媒体发布的数字广告,如果创意水平高、针对性强,就可以赢得消费者的二次传播机会。因此,数字广告文案应该着力发掘可分享的内容和形式,鼓励受众转发。

(3) 给消费者提供参与创作的机会

数字广告的文案应该具有一定的开放性,要鼓励消费者参与内容的生成和再创造,如儿童生活品牌 PUPU PULA 推出的 H5 新年广告就鼓励消费者生成自己的新年全家福,在社交网络引发了创作和分享热潮(见图 13-7)。

(4) 信息个人化

数字广告能够根据消费者的行为和偏好进行精准投放,因此可以根据目标受众当前的兴趣和个人特征采用定制化的广告文案。有些网络广告公司提供程序化创意服务,可以让每一个浏览者看到的文案都与其兴趣和需要密切相关。

(5) 使用网络语言

网络语言的认知度高、传播性强,数字广告文案在撰写时借助网络词语可以引起消费者的兴趣

图 13-7　PUPU PULA 的 H5 广告

和共鸣,为所推广的产品赢得关注。不过,切记,使用的网络语言应当与广告内容相关、与品牌契合。网络语言良莠不齐,不乏低俗粗浅的网络词语,因而在使用时必须小心谨慎。

(6) 版本众多

针对不同类型的数字广告以及不同的受众群体,数字广告可以做到文案版本不同,如天猫针对"双 11"就投放了大量不同版本的广告。

第三节　广告文案写作

一、广告文案写作的程序与要求

1. 广告文案的写作程序

在写作广告正文之前,可以先将必要的内容,如商品的特点、利益点等列成表格式的提纲,对正文写作的每个部分都有一个大致的计划。写作提纲有助于控制广告正文的写作、统一广告的基调。广告文案写作通常依照以下步骤进行:

(1) 制定战略

这是广告文案写作的第一步。广告文案的写作不是创作者的自主行为，因而不可以天马行空，它是有目的的，是"命题作文"，受很多条件的限制，它要对广告主的终极目标——销售产品/服务、宣传某个理念或树立某个形象——负责。因此，广告文案要在营销战略的统领下写作，要从战略出发，找到销售创意，然后再运用它去说服受众。

(2) 搭建架构

这是广告文案写作的第二步。广告文案不是纯文学创作，不可以只管表达创作者本人的思想而不顾其他，它必须诉求一定的内容，针对特定的目标受众。因此，广告文案必须展现出写作者对受众的了解。既然是写给他们看的，就要得到他们的认可。

(3) 形成风格

这是广告文案写作的最后一步。广告文案既然是写给目标受众看和听的，就必须抓住他们的耳朵和眼球，必须引人入胜。如果文字干巴巴的，再多的东西大家也不想听、不想看，那就无法达到广告的目的了。

2. 广告文案的写作要求

(1) 主题鲜明，标题精当

一般来说，广告作品的容量是相当有限的，这就要求广告文案的主题必须单一明确、鲜明突出。而标题是广告文案的点睛之处，一定要精心写作，以强化广告的吸引力。

(2) 事实为本，选材集中

文案人员要认真搜集、鉴别和选择材料，所选择的文字材料要与主题相统一。

(3) 结构严谨，语言生动

既然广告讯息的目的是劝服受众采取一定的行动，其语言就必须生动迷人，首先要能引起受众的注意，然后才能用环环相扣、逻辑严密的讯息去劝服他们。

(4) 感染力强，鼓动性强

例如，百威啤酒系列广告针对的是那些生活枯燥乏味的消费者，这些人平常不是看球赛就是喝啤酒。广告从一个主角延伸到他的朋友、网友、女朋友等社交圈中，由在家独饮到家里开派对与朋友共享，甚至在外买店和餐厅里也饮用，完整地反映出美国时下一代真我的个性，其广告口号"What's up"（怎么样）也迅速成为流行语。

二、广告文案写作指南

1. 广告标题的写作

(1) 大字体，一行为宜

一般认为，广告标题应该采用大字体，占据广告的整个上半部，长度以一行为宜。不过也不尽然，两行也可以接受。奥格威有一条他自认为写得最好的标题就有17个单词，是他为劳斯莱斯汽车写的那个著名的广告标题"At 60 miles an hour, the loudest noise in the new Rolls-Royce comes from the electric clock."（时速60迈时，新劳斯莱斯上最大的噪音来自电钟。）

专论:如何撰写有效的文案

- 迅速切入主题。
- 简单明了地突出某一重点,确保该重点没有偏离战略。
- 专心。不要贪多,同时追几只兔子,最终一只也抓不到。
- 赋予产品清楚的定位。
- 让品牌名称醒目并突出品牌。
- 写作时始终牢记消费者的最终利益。
- 采用短句。采用人们理解的简单、熟悉的词汇和主题。
- 不要废话。只说必须说的,一个字不多,一个字不少。既不画蛇添足,也不遗漏重点。
- 避免吹嘘与自吹自擂。站在读者的立场写文案,避免"我们""我们的"这类字眼。
- 不用陈词滥调。虽然很流行,但要尽量学着不用。亮丽、令人惊讶的字眼和句子会让读者感觉良好,从而愿意继续往下看。
- 构思奇巧。让读者兴奋,确保你的热情贯穿正文。
- 运用生动的语言。多使用动词和副词。
- 使用现在时和主动语态,更利落、更清新。避免使用过去时和被动语态,为特殊效果而不得不用时,也须谨慎。
- 使用人称代词。切记,你的交流对象是一个人,因此,应该像和朋友聊天一样,多用"您"或"您的"。
- 使用缩略形式。它们比较灵活、自然、更具人情味,人们的口语都是这种形式(听听你自己讲的话)。
- 标点不要过多。这会破坏文案的流畅,过多的逗号是造成这种后果的主要原因,不要给读者提供任何脱离文案的机会。
- 高声朗读。听听文案读起来是什么感觉。发现错误。书面语言和口语绝对不同。
- 修改与锤炼。毫不留情地删减,讲清你要讲的事情,但决不再多,一旦讲完即打住。

资料来源:阿伦斯,等.当代广告学(第8版)[M].丁俊杰,程坪,等译.北京:人民邮电出版社,2005:453.

(2)利益清晰无误

标题开门见山,向受众点明显而易见、清晰无误的好处。

(3)表现产品信息

消费者随时都在寻找新产品或老产品的新用途,因此,但凡能在标题中表现这类信息,一定要充分加以利用。

2. 广告正文的写作

(1)层次清晰,循序渐进

优秀的文案给人的感觉是流动的,读起来非常顺畅。因此要合理地组织正文,恰当地将全文分成若干简短的段落。同时,要善于利用连接词,使每一句话都自然地向下一句过渡,全文连贯流畅、一气呵成。

(2)采用普通人的语言

奥格威认为:"你企图说服别人去做某事,或买某种东西,在我看来你应该使用他们的语言,他们的日常用语,那是他们思想的语言。"除非有特别的原因,通常应该采用聊天一样的语言,使受众觉得这是一种轻松的沟通。这就要求广告文案把书面语言或专业术语转换成通俗易懂的语言。

(3) 语气坦诚友好

不管广告的目的是推销产品还是提升企业形象,都要与目标消费者起建立良好的关系。一旦广告冒犯了他们,这种关系便不复存在。

(4) 对个人说话

通常,人们都是独自一人在读广告,而他又只会对一个品牌进行评估。用"你们""他们"等集合名词会降低人们对品牌特性或其他事项的关注度,降低广告的个人色彩。因此,要大量使用"你"或"您",尽可能使用单数名词和动词。

(5) 保持受众的好奇心

为了使受众看完整个广告,正文就要不断地为受众提供趣味。一种办法就是依赖修辞的多样性,发掘文字中的乐感,并尽力使文字生动有趣。

(6) 调动受众的参与感

想方设法让受众参与到正文中去,自己从中寻找答案,这是引起他们共鸣的一种有效方式(见图13-8)。

Welcome, IBM. Seriously.

Welcome to the most exciting and important marketplace since the computer revolution began 35 years ago.

And congratulations on your first personal computer.

Putting real computer power in the hands of the individual is already improving the way people work, think, learn, communicate and spend their leisure hours.

Computer literacy is fast becoming as fundamental a skill as reading or writing.

When we invented the first personal computer system, we estimated that over 140,000,000 people worldwide could justify the purchase of one, if only they understood its benefits.

Next year alone, we project that well over 1,000,000 will come to that understanding. Over the next decade, the growth of the personal computer will continue in logarithmic leaps.

We look forward to responsible competition in the massive effort to distribute this American technology to the world.

And we appreciate the magnitude of your commitment.

Because what we are doing is increasing social capital by enhancing individual productivity.

Welcome to the task.

apple

图13-8　IBM进入个人电脑市场时,苹果公司发布的广告

（7）提供充分而具体的事实

正文必须（通过实验或证言）证明整个品牌的确与它自己提出的主张相符。事实可以激发欲望、建立信任。文案就像鱼饵一样，如果言之无物，不会有鱼儿上钩。这就要求广告文案不仅要提出承诺，还要有充分的证据。用具体数据来证明也是常用的一种方法。

（8）强调关键讯息

在广告正文中，对品牌和体现创意的关键讯息，要通过强调才能使受众产生深刻的印象。具体来说，可以通过重复文字和详细列举来强调。

（9）激发行动的欲望

广告文案人员常常面临这样的问题：一方面要让别人来买某种产品；另一方面又不能过分宣传产品，以免引起人们的反感。在广告中，"买"这个词很少见，20个常见的词是：试试、寻求、得到、拿、让、派人去、使用、召唤、获得、赶快、抓紧、快来、看见、给、记住、发现、服务、介绍、选择、期望。

让我们来看看奔驰卡车的一条广告：

"一个饥饿的18磅婴儿哭起来比一辆行驶着的18吨卡车还响。"

在您的耳朵里，这听起来令人诧异，但却是事实：一个哭闹的婴儿的声音能盖过一辆载重大货车。其前提是，它是梅赛德斯—奔驰公司生产的LEV货车。

LEV是"Low Emission Vehicle"（低排放货车）的缩写，表示我们降低了（功率以外）所有消耗：首先是油耗及其废气排放，其次是噪音。至于我们怎样才如愿以偿，这里当然不打算三缄其口，即便现在得使用一些技术术语。首先我们从源头减少了噪音的产生：在发动机内，一种新式燃烧过程控制着气体膨胀的声音。其次是装有涡轮发动机制动器，它不仅提高了发动机制动器的效能，还明显减少了声音的强度。此外我们还把发动机和传动装置"包裹"起来，用我们工程师的话说，叫"噪音隔离"。所有这些措施导致一个结果：现在最大的噪音来自轮胎与地面的摩擦。

在梅赛德斯—奔驰公司，我们不会坐等立法机关采取行动收紧排放标准，而宁愿作出表率先行一步。这一点可以用听觉感受到。

3. 广告口号的写作

撰写广告口号时，为了给读者留下深刻的印象，不妨从以下几个方面入手：

◎ 突出商品特点，例如"农夫山泉有点甜"（农夫山泉）；

◎ 强调便利性，例如"工商银行，您身边的银行，可信赖的银行"（中国工商银行）；

◎ 体现生活趣味，例如"更多选择，更多欢笑，尽在麦当劳"（麦当劳）；

◎ 表现企业精神，例如"让世界爱上中国造"（格力）；

◎ 进行情感渗透，例如"青丝秀发，缘系百年"（百年润发洗发露）；

◎ 鼓励购买行为，例如"心动不如行动"。

撰写广告口号时，应该注意以下几点：

◎ 简洁明了、上口好记，例如"味道好极了"（雀巢咖啡）；

◎ 有独特的个性，有新意，符合产品的特点，例如"只溶在口，不溶在手"（玛氏巧克力）；

◎ 讲求针对性,有的放矢,认准目标对象,例如“男人的衣柜”(海澜之家);
◎ 有鼓动性,促使顾客变愿望为行动,例如“喝贝克,听自己的”(贝克啤酒)。

4. 广播广告文案的写作

广播文案脚本(script)采用两列格式,左列为客户名称、音响效果以及音乐描述;右列为对白(见图13-9)。广播广告的文案写作其实称作“创作”更为恰当,因为文案写作人员不仅要撰写文案,还要考虑音效、音乐的配置以及总体的合成等因素,是一个系统工程。在写作时,文案人员必须清楚听众的收听状态:他们通常是一边听广播一边在干其他事情,为了抓住他们的耳朵,广告讯息必须悦耳动听、轻松欢快,有时还可以带点强制性。

广播广告的难度在于如何控制脚本的时间长度,使它完全符合规定的时间。因此,文案人员在写作时应该大声朗读自己的脚本,以检测时间是否够用。

以下是广播广告文案的写作要点:

◎ 为听而写;
◎ 通俗易懂;
◎ 避免同音字;
◎ 句式灵活;
◎ 引发想象;
◎ 讲求节奏;
◎ 适当重复;
◎ 注意停顿;
◎ 鼓励行动;
◎ 忌长篇大论;
◎ 生动形象;
◎ 字字千钧;
◎ 多用动词;
◎ 句子短小;
◎ 朗朗上口。

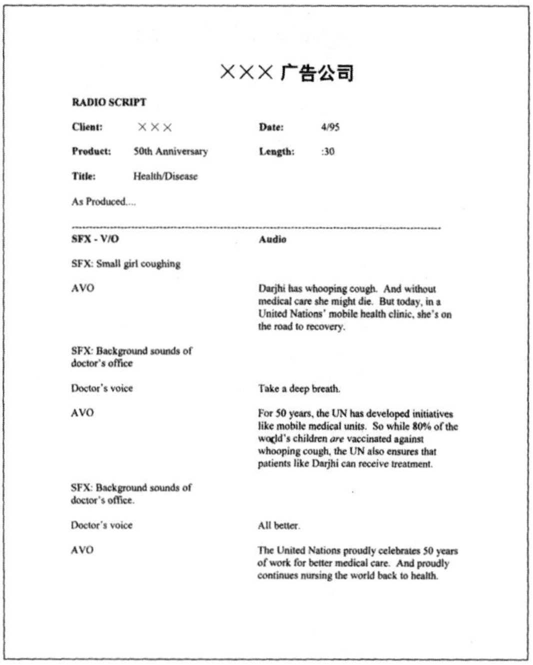

×××广告公司

RADIO SCRIPT

Client: ××× **Date:** 4/95
Product: 50th Anniversary **Length:** :30
Title: Health/Disease

As Produced....

SFX - V/O	**Audio**
SFX: Small girl coughing	
AVO	Darjhi has whooping cough. And without medical care she might die. But today, in a United Nations' mobile health clinic, she's on the road to recovery.
SFX: Background sounds of doctor's office	
Doctor's voice	Take a deep breath.
AVO	For 50 years, the UN has developed initiatives like mobile medical units. So while 80% of the world's children *are* vaccinated against whooping cough, the UN also ensures that patients like Darjhi can receive treatment.
SFX: Background sounds of doctor's office.	
Doctor's voice	All better.
AVO	The United Nations proudly celebrates 50 years of work for better medical care. And proudly continues nursing the world back to health.

图13-9 广播广告脚本格式

例如飞利浦的广播广告文案(中央人民广播电台):

【音乐起(荷兰风格的乐曲)、压、混】
男童:“爷爷,您怎么了?”
老人:(从沉思中惊醒、感慨地)“哦,这是爷爷当年在荷兰留学的时候最喜欢听的曲子,那时候,我用的是荷兰飞利浦音响,它伴随我度过了多少思乡之夜啊!”
女儿:“爸爸您说的荷兰飞利浦音响已经在北京安家落户了,咱们现在听的就是北京飞利浦音响。”
【音乐起】
男声:北京飞利浦,唤起您温馨的回忆。

5. 影视广告文案的写作

广播广告采用的那种两列脚本格式同样适用于影视广告文案的写作,只是左列变成了影像描述,如拍摄角度、表演、场景等,右列变成了声音描述。影视广告文案不仅包括演员的台词和画外音,还包括字幕,而字幕又是以图像的形式展现的,这就更增加了文案写作的难度。

在写作影视广告文案时,应该把握以下几点:

◎ 充分利用图像,文字上要"惜字如金";
◎ 弥补画面的不足,并将其深化;
◎ 简洁明了;
◎ 语言有时不必追求自身的完整性;
◎ 开始时的第一句话或第一条字幕具有标题的性质,要认真推敲;
◎ 解说精练。

6. 数字广告文案的写作

数字广告除载体不完全相同于影视广告外,其表现手法大同小异,因而影视广告文案的写作要求同样适用于数字广告,在此就不重复讲解了。

重要术语

广告文案	祈使式标题	广告口号	演示式
利益式标题	话语式标题	独白/对话式	证言式
新闻式标题	假设式标题	情景式	音乐式
提问式标题	副标题	歌谣式	直截了当式
故事式标题	正文	代言人式	主持人式
提醒式标题	附文	生活片段式	动漫式

练习题

1. "文案"指什么?
2. 请举出几种广告文案类型。
3. 报刊广告文案由哪几部分构成?各部分各自承担什么任务?
4. 常见的标题有哪几种类型?
5. 写作广告文案应该按照什么步骤进行?
6. 怎么才能写出有效的广告文案?
7. 报刊广告、广播广告、影视广告文案写作应分别遵循哪些原则?
8. 什么样的人才能胜任广告文案写作工作?

9. 广告文案的本质是什么?
10. 数字广告文案有哪些特点?

网络资源

www.caples.org

推荐读物

玄特纳.广告奏效的奥秘:第1版[M].肖健,译.北京:民主与建设出版社,2001.
苏立文.文案发烧:第1版[M].徐凤兰,译.北京:中国财政经济出版社,2004.
植条则夫.广告文稿策略:第1版[M].俞纯麟,俞振伟,译.上海:复旦大学出版社,1999.
海金斯.广告写作的艺术:第1版[M].刘毅志,译.北京:中国友谊出版公司,1991.
赛格勒,霍华德.广播电视广告教程:第1版[M].程坪,译.北京:新华出版社,2000.
阿伦斯,等.当代广告学:第11版[M].丁俊杰,程坪,等译.北京:人民邮电出版社,2010.
本丁格尔.广告文案训练手册:第3版[M].谢千帆,译.北京:中国传媒大学出版社,2008.
原鸿一郎,石田胜寿.广告文案[M].谭琦,译.北京:中国电影出版社,1999.
博顿.广告文案写作:第7版[M].程坪,丁俊杰,译.北京:世界知识出版社,2006.
盖廷斯.牛文案是怎样炼成的:广告文案写作八条潜规则[M].陈志娟,译.北京:中国传媒大学出版社,2010.
克朗普顿.全球一流文案:32位世界顶尖广告人的创意之道[M].邹熙,译.北京:中信出版社,2013.
高志宏,徐智明.广告文案写作[M].北京:中国物价出版社,1997.

参考文献

陈俊良.广告媒体研究[M].北京:中国物价出版社,1997.
陈培爱.中外广告史[M].北京:中国物价出版社,1997.
丁俊杰.现代广告理论与操作[M].北京:三峡出版社,1996.
方宏进.广告管理学[M].长沙:湖南文艺出版社,1998.
戈公振.中国报学史[M].北京:三联书店,1955.
国际广告杂志社.中国广告猛进史——1979—2003[M].北京:华夏出版社,2004.
黄升民.广告观——一个广告学者的观点[M].北京:三峡出版社,1996.
匡文波.手机媒体[M].北京:华夏出版社,2010.
雷跃捷,辛欣.网络新闻传播概论[M].北京:北京广播学院出版社,2001.
刘毅志等.广告学[M].台北:台湾空中大学印行,1992.
卢泰宏.解读中国营销[M].北京:中国社会科学出版社,2004.
倪宁.广告学教程[M].北京:中国人民大学出版社,2004.
施天权,等.当代世界广播电视[M].上海:复旦大学出版社,1991.
张纪康.广告经济学使用教程[M].上海:上海远东出版社,1998.
周晓明.人类交流与传播[M].上海:上海文艺出版社,1990.
申光龙.整合营销传播战略管理[M].北京:中国物资出版社,2001.
叙咏平.新媒体广告[M].北京:高等教育出版社,2010.
中国社会科学院新闻与传播研究所.传播学简介(未刊物),1984.
里斯,特劳特.定位[M].王恩冕,等译.北京:中国财政经济出版社,2002.
莱文森.新新媒介[M].何道宽,译.上海:复旦大学出版社,2012.
柏木重秋.广告概论[M].王建玉,李硕,郑太宪,译.北京:中国经济出版社,1991.
德鲁克.管理实践[M].毛忠明,译.上海:上海译文出版社,1999.
本丁格尔.广告文案训练手册:第3版[M].谢千帆,译.北京:中国传媒大学出版社,2007.
奥格威.大卫·奥格威自传[M].麦慧芬,译.海口:海南出版社,1998.
奥格威.奥格威谈广告[M].哈佛企业管理顾问公司,1984.
奥格威.广告大师奥格威:未公诸于世的选集[M].庄淑芬,译.台北:天下文化出版股份有限公司,1987.
富永健一.社会学原理[M].严立贤,等译.北京:社会科学文献出版社,1992.
科特勒.营销管理[M].梅汝和,等译.北京:中国人民大学出版社,2000.
科特勒,卡塔加雅,塞提亚万.营销革命3.0:从产品到顾客,再到人文精神[M].毕崇毅,译.北京:机械工业出版社,2012.
扬.广告传奇与创意妙招[M].林以德,译.呼和浩特:内蒙古人民出版社,1998.

霍普金斯. 我的广告生涯 科学的广告[M]. 邱凯生, 译. 北京: 新华出版社, 1998.
格罗鲁斯. 服务管理与营销: 基于顾客关系的管理策略[M]. 韩经纶, 等译. 北京: 电子工业出版社 2002.
菲德勒. 媒介形态变化: 认识新媒介[M]. 明安香, 译. 北京: 华夏出版社, 2000.
马斯洛. 动机与人格[M]. 许金声, 等译. 北京: 华夏出版社, 1987.
埃默里, 埃默里. 美国新闻史[M]. 展江, 译. 北京: 新华出版社, 2001.
纽曼. 广告创意法则[M]. 赵雪, 译. 北京: 电子工业出版社, 2005.
所罗门. 消费者行为学[M]. 卢泰宏, 译. 北京: 经济科学出版社, 1999.
德弗勒, 鲍尔—洛基奇. 大众传播学诸论[M]. 杜力平, 译. 北京: 新华出版社, 1990.
舒德森. 广告艰难的说服: 广告对美国社会影响的不确定性[M]. 陈安全, 译. 北京: 华夏出版社, 2003.
马尔霍拉特. 市场营销研究: 应用导向[M]. 涂平, 等译. 北京: 电子工业出版社, 2002.
伯登. 市场营销组合概念[M]//恩尼斯, 等. 营销学经典: 权威论文集. 郑琦, 等译. 大连: 东北财经大学出版社, 2000.
舒尔茨. 广告运动策略新论[M]. 刘毅志, 等译. 北京: 中国友谊出版公司, 1991.
舒尔茨. 整合行销传播[M]. 吴怡国, 钱大慧, 等译. 北京: 中国物价出版社, 2002.
奥吉恩. 广告学[M]. 程坪, 张树庭, 译. 北京: 机械工业出版社 2002.
施拉姆, 波特. 传播学概论[M]. 陈亮, 周立方, 李启, 译. 北京: 新华出版社, 1984.
阿伦斯. 当代广告学: 第 7 版[M]. 丁俊杰, 程坪, 等译. 北京: 华夏出版社, 2000.
阿伦斯, 等. 当代广告学: 第 8 版、第 11 版[M]. 丁俊杰, 程坪, 等译. 北京: 人民邮电出版社, 2005, 2010.
李普曼. 舆论学[M]. 林珊, 译. 北京: 华夏出版社, 1989.
小林太三郎. 新型广告[M]. 谭琦, 译. 北京: 中国电影出版社, 1996.
贝特森, 霍夫曼. 服务营销管理: 服务型企业营销管理指南[M]. 邓小敏, 王志刚, 等译. 北京: 中信出版社, 2004.
塔洛. 分割美国: 广告主与新媒介世界[M]. 洪兵, 译. 北京: 华夏出版社, 2004.
西沃卡. 肥皂剧、性、香烟——美国广告 200 年经典范例[M]. 周向明, 等译. 北京: 光明日报出版社, 2000.
SAWYER A, WARD S. Carry-over effects in advertising communication: evidence and hypotheses from behavioral science[M]. Marketing Science Institute, 1976.
BOVEC C L, ARENS W F. Comtemporary advertising[M]. 3rd ed. Homewood: Irwin, 1989.
ROPE D. The making of modern advertising[M]. New York: Basic Books, 1983.
POTTER D M. People of plenty[M]. Chicago: University of Chicago Press, 1954.
SCHULTZ D P, SCHULTZ S E. A history of modern psychology[M]. Cambridge: Wadsworth, 2004.
WILMSHURST J, MACKAY A. The fundamentals of advertising[M]. Oxford: Buttworth-Heinemann, 1999.
RUSSELL V J T, LANE W R. Kleppner's advertising procedure[M]. Upper Saddle River: Prentice-Hall, 1993.
O'TOOLE J. The trouble with advertising[M]. New York: Chelsea House Publisher, 1981.
HOFFMAN K D, BATESON J E G. Essentials of service marketing: concepts, strategies, & cases[M]. Cincinnati: South-Western Publishing Co., Thomas Learning, 2001.
LEE M, JOHNSON C. Priciples of advertising—a global perspective[M]. New York: The Haworth Press, 1999.
APLERSTEIN N M. Advertising in everyday life[M]. New York: Hampton Press Inc, 2003.
KOLTER P, GRAY A. Priciple of marketing[M]. Londrn: Pearson, 1996.
BATRA R, MYERS J G, AKER D A. Advertising management[M]. Upper Saddle River: Prentice-Hall, 1996.

RALPH S ALEXANDER AND THE COMMITTEE ON DEFINITION. Marketing definition[M]. AMA,1963.

HOWER R P. The history of an advertising agency[M]. Red. ed., Cambridge:Havard University Press,1949.

HUNT S D. Modern marketing theory:critical issues in the philosphy of marketing scicence[M]. Cincinnati:South-Western Publishing Co.,1991.

O'GUINN T C,ALLEN C T,SEMANIK R J. Advertising and integrated brand promotion[M]. Cincinnati:South-Western Publishing Co.,2003.

SHIMP T A,DELOZIER M W. Promotion management and marketing communication[M]. London:International Thomson Publishing,1986.

DUNCANT T. IMC:using advertising and promotion to build brands[M]. 北京:清华大学出版社,2004.

TORONTO SCHOOL OF THEOLOGY. Truth in advertising:a symposium[M]. New York:Harper,1972.

ZEITHAML V A,BITNER M J. Service marketing[M]. New York:McGraw-Hill,1996.

WELLS W,BURNETT J,MORIARTY S. Advertising:principle and practice[M]. Upper Saddle Riner:Prentice-Hall Inc.,1989.

再版后记

本书的第一版,是徐智明先生组织的"龙媒选书"第一辑中的一本。出版至今已十年。其他几本,早已再版。徐先生催了我几次,希望我的这本也再版。一是,时间少,难以静下心来修订;二是,这几年来,此类教材出版得很多,没有大的变动的话,我认为没有必要再版。于是,一次又一次地印刷,十二次,都是第一版。

还有一些朋友,跟徐智明先生一样,很关心这本书,一再鞭策我修订。

随着时间的推移,再版的念头,在我心里也越来越强烈。中国传媒大学的康瑾体会到了我这种念头。她跟着我,连本科加研究生,做了七年的学生;留校后,又做了八年的同事。十五年的交情,她愿意帮我完成修订的任务。在康瑾的努力和协助下,再版工作终于完成。这对康瑾来说,很不容易,她既要完成学校的教学工作,又要到南开修完博士课程。

修订后的第二版,与第一版相比较,有五分之二的内容发生了变动,或增或删。改进的目的,当然是与时俱进。但我本意是绝对不想偏离第一版的框架和结构的,努力保持原貌的本质。所以,这里我把第一版的章目列在下面,供读者比较。

第一章:传统广告的历史脉络
第二章:广告发展的新阶段——现代广告
第三章:现代广告发展的趋势——整合行销传播
第四章:广告学术
第五章:广告环境
第六章:现代广告及其本质
第七章:广告的功能与作用
第八章:广告主体
第九章:广告客体
第十章:广告本体
第十一章:广告运作的规律
第十二章:调查——广告运作的实证基础
第十三章:广告策划——广告战略决策
第十四章:广告创意与讯息战略

章目列于此,读者可以做一个比较。这十四章,概括起来,可以分为五部分:

第一部分，用较大篇幅梳理了传统广告发展的历史脉络，分析了现代广告产生和发展的直接动因，以及广告在社会经济体系中的地位。

　　第二部分，主要阐述了包括经济环境、科学环境、技术环境、社会环境、政治环境等在内的广告环境因素与广告活动本身之间的互动关系。广告实际上是整个社会系统中一个比较小的组成部分，无论是外部环境还是内部环境，都对广告起着促进、调整和制约的作用。

　　第三部分，从经济、社会、传播等角度出发，重点论证了现代广告活动的本质和特征，并对广告的功能与作用进行了剖析。

　　第四部分，从广告活动主体、客体和本体之间的互动关系来把握广告活动的基本规律，来审视广告活动的本质内涵。广告主、广告媒介和广告公司之间分工与合作的关系，是广告组织不断演进的必然产物，这个结论是在对广告主体之间的关系进行深入细密梳理的基础上得出的。

　　第五部分，主要论及广告运作。第一版摆脱了按一般广告业务流程进行介绍的路数，这在当时的同类教材中是不多见的。第五部分主要介绍了广告运作的基本规律，提出了一些新的观点，如，"广告运作有两个端点：起点是广告要为企业、产品或者服务而进行，终点是销售"等。

　　从作者的角度讲，总是期望修订版能够与第一版血脉相连。

　　修订版能顺利完成，除了康瑾，还有三个人要特别感谢。

　　曹璐教授，我的老师。我的为学之路，是她手把手教出来的。我的第一部自己写的书，是她鼓励的结果。每当我有点学术上的成果产生，我总是首先想到她。谢谢老师一直的关心和帮助。

　　黄升民教授，我的同事。他不仅为本书写了一篇很有个性的序，还一直关心我的学术生活。尤其是近年来，看着我面对的事务性事情越来越多，他总是时时提醒我，别忘记了学术上的追求，并总是提供一些机会。

　　程平编辑，我的妻子。她不仅是本书的特邀责任编辑，还是本书的监工和劳作者。几年来她一直催促我修改这本书。本来本书已经被其他出版社预约好了，并草签了合同，她把出版权追了回来，一定要亲自做责编。她为本书付出的心血，难以用文字表达。

　　感谢所有关心本书的人。

丁俊杰
2006 年 12 月 3 日

三版后记

第三版距离第二版的时间是六年多,而第二版距离第一版是十年。我的修订原则是,非改不可时再修订。即使这样,第二版刚刚出版没有多久,许多广告知识就已经过时了,说明广告这个行业发展太快。

这次修订去掉了第二版中一些相对枝蔓性的内容和一些与"概论"关联度相对较弱的章节,如第九章、第十章;将第六章与第十四章合并后重新拆分为四章,即"广告主""广告公司""广告媒介""广告活动的对象",并补充了一些相关内容;改写了第十三章、第十四章,新增加了"广告文案"一章;更新了一些案例、数据。从掌握知识、易于理解的角度,将第二版的结构做了一些调整。

第二版是"普通高等教育'十一五'国家级规划教材"和"北京市高等教育精品教材",第三版在此基础上,又被列入中国传媒大学"十二五"规划教材。这些品牌性的要素,实际上是督促我加紧修订的动因之一,也是对本书品质的要求。从这个角度来看,本书还存在着一些缺陷,如一些新的内容,像"多屏传播及其应用""病毒式营销""离线商务模式"(O2O模式)等,业界已在广泛运用,由于这些内容正处于变动之中,这次未及纳入本书。再比如,个别章节的表述有些论文化倾向,距离教材的要求有些距离;个别脚注不完整,这是本书1996年初版时留下的缺陷。这些不足,只能留待下次修订了。

还需要说明的是,个别外国的人名、企业名称、品牌名称本书没有给出相应的中文翻译,原因有二,一是随着我国开放程度的加大,这些称呼在业内已经习惯于原文呈现,如WPP、JWT、BBDO等;二是,考虑有些企业和品牌将来进入中国时,其中文注册名未必是我们给出的中文译名,为避免混淆直接使用原文。个别案例在书中出现了两次,如美国联邦快递的广告,但其阐释的角度、知识点不同,并不是简单的重复。

这次修订,历经10个月,最深的感触,修订一本书,有时比新写一本书还要难。在这个过程中,亲朋好友的援手帮我度过了难关。我是主要修订人,但付出心血包括时间最多的,是程平;康瑾远在美国访学,却要不断地通过邮件参与修订工作;初广志应邀提供了"广告文案"一章的结构和部分内容;李哲宇虽远在德国,也为我们想要的案例做了不少技术性工作;程言正是撰写毕业论文的关键时期,也接受委托,随时留心,在英国街头拍下我想要的广告作品。谢谢你们,我不是一个人在修订,是我们一起完成了这项工作。

丁俊杰
2013年5月

四版后记

第四版修订距离第三版的时间又是六年,这六年,是广告业发生巨大变化的六年,甚至出现了"传统广告已死"这样的说法,广告业的生态、作业模式、运作方式、传播手段等均发生了前所未有的变化。在这样的背景下,我以为,作为一本概论性教材,把握好"变"与"不变"的度,十分不易。在技术主导、方法翻新、大数据、云计算、人工智能介入广告的当下,概论性教材所蕴含的学理和价值观可能是最为宝贵的了。这也是这次修订的基本立场。

这次修订仍然沿袭了第一版的定位和逻辑,从传播学的视角切入,沿着从宏观到微观的脉络展开。本着升级而非颠覆性修订的原则,替换或去掉了上一版中相对比较陈旧或相对枝蔓的一些案例和内容,更新了数据,尤其是对第一章做了大幅度的修改,按照新媒体环境下广告业态的变化,对一些相关定义和概念做了修正和补充,使之条理更为合理、脉络更为清晰。

这次修订紧扣主题,将全书压缩为13章,但框架结构和核心仍然没变。第一章:广告概述;第二章:广告活动的本质;第三章:广告历史;第四章:广告的功能;第五章:广告环境;第六章:广告主;第七章:广告公司;第八章:广告媒介;第九章:广告活动的对象;第十章:广告调查;第十一章:广告策划;第十二章:广告创意;第十三章:广告文案。

修订一本书并非易事,套用第三版后记的话:"修订一本书,有时比新写一本书还要难。在这个过程中,亲朋好友的援手帮我渡过了难关。"第四版能顺利地推出,得益于很多人的共同努力,感谢他们为第四版的修订付出的心力和汗水。

感谢本书的责任编辑程平,我的妻子,没有她的默默支持和鞭策,本书难以如期完成修订。感谢我的助手康瑾老师,没有她细心而具体的实施和监督,本书难以保质保量地完成。感谢中国传媒大学广告学院硕士研究生杨静、丁佳、程丹亚、刘海荣、吴芷璇为本书的案例收集和数据更新所做的工作。

丁俊杰
2018年12月3日

图书在版编目(CIP)数据

现代广告通论/丁俊杰,康瑾著. ‑‑4 版. ‑‑北京:中国传媒大学出版社,2019.6(2020.6重印)

21 世纪广告基础教材

ISBN 978-7-5657-2441-1

Ⅰ.①现… Ⅱ.①丁… ②康… Ⅲ.①广告学—高等学校—教材 Ⅳ.①F713.80

中国版本图书馆 CIP 数据核字（2019）第 029023 号

广告学专业"十三五"规划教材

现代广告通论（第四版）

XIANDAI GUANGGAO TONGLUN(DI-SI BAN)

作　　者	丁俊杰　康　瑾
策划编辑	程　平
责任编辑	程　平　蒋　倩
封扉设计	大鹏设计
责任印制	李志鹏
出版发行	中国传媒大学出版社
社　　址	北京市朝阳区定福庄东街 1 号　邮编:100024
电　　话	86-10-65450528　65450532　传真:65779405
网　　址	http://cucp.cuc.edu.cn
经　　销	全国新华书店
印　　刷	北京中科印刷有限公司
开　　本	787mm×1092mm　1/16
印　　张	20.5
字　　数	497 千字
版　　次	2019 年 6 月第 4 版
印　　次	2020 年 6 月第 3 次印刷
书　　号	ISBN 978-7-5657-2441-1/F・2441　定　价　56.00 元

版权所有　翻印必究　印装错误　负责调换